新大城市综合交通体系发展策略与规划实务

主　编　杨　涛
副主编　钱林波　孙　俊　於　昊
　　　　杨　明　何世茂

科学出版社
北　京

内 容 简 介

本书系统介绍我国改革开放40年来城市化、机动化过程中大城市综合交通发展面临的重点和热点问题、症结根源与对策建议。全书共分为六篇：高铁枢纽规划与地区开发、公交优先引领与新公共交通体系、机动化及其综合对策、健康城市道路网体系、现代物流业与物流体系规划、人性化城市交通。内容涉及城市与交通发展战略政策、规划设计、管理治理等方面。

本书对于从事城市与交通规划的领导干部、专业技术人员是一本可供参考借鉴的规划与策略实务资料；对高等院校在读研究生和本科生来说，则是一本理论教科书之外的实践经验参考书。本书还可供对城市与交通规划建设感兴趣的读者阅读。

审图号：GS（2020）781号

图书在版编目（CIP）数据

新大城市综合交通体系发展策略与规划实务 / 杨涛主编. —北京：科学出版社，2020.6

ISBN 978-7-03-065447-2

Ⅰ. ①新… Ⅱ. ①杨… Ⅲ. ①城市交通系统－研究－中国 Ⅳ. ①U12

中国版本图书馆CIP数据核字（2020）第097884号

责任编辑：惠 雪 石宏杰 / 责任校对：杨聪敏
责任印制：徐晓晨 / 封面设计：许 瑞

科学出版社 出版
北京东黄城根北街16号
邮政编码：100717
http://www.sciencep.com

北京中科印刷有限公司 印刷
科学出版社发行 各地新华书店经销

*

2020年6月第 一 版　开本：720×1000　1/16
2021年1月第二次印刷　印张：23
字数：460 000

定价：179.00元
（如有印装质量问题，我社负责调换）

前　言

　　本书取名《新大城市综合交通体系发展策略与规划实务》，是颇费一番脑筋，犹豫再三、斟酌再三，才决定下来的。纠结的焦点是标题中要不要加"新"？以及这个"新"加在哪里更合适？是新综合交通体系、新发展策略、新规划实务，还是涵盖了以上几个方面乃至更加丰富的含义？

　　大城市综合交通问题并不是新问题，始终是现代大城市发展中的突出问题、热点问题和关键问题。而且，作为一种派生的需求，城市交通从来不是孤立的，而是与城市整体及社会、经济、文化、生态等方方面面共生的。国际上先发展工业的国家的大城市已经走过了百余年历程，无不经历了机动化（包括城市铁路、地铁轻轨、公共汽（电）车、小汽车等各种现代城市交通工具及出行方式）带来的严峻城市问题和交通问题，也就是所谓的"城市病"，如过度拥挤、空气污染、疾病流行、交通事故、能源危机等。为了找到医治这些"城市病"的良药，无数西方学者对现代大城市城市化与机动化的模式、路径、后果等进行了深刻的反思与检讨，在理论与实践上做出了不懈的探索创新。例如，从早期玛塔的"线形城市"、霍华德的"田园城市"、佩里的"邻里单位"、赖特的"广亩城市"、柯布西耶的"光明城市"等理论，以及由此形成的伦敦、巴黎、纽约、昌迪加尔等规划建设实践和《雅典宪章》颁布；到随后的区域主义兴起，沙里宁的"有机疏散"、芒福德的"区域城市"、戈特曼的"大城市带"、霍尔的"区域规划"等理论，以及在大巴黎、大伦敦、哥本哈根、斯德哥尔摩、大纽约等欧陆、北美大都会区域的规划实践和《马丘比丘宪章》颁布；再到雅各布斯对机动化主导下城市规划理论与北美实践弊端的强烈质疑与批判，瑟夫洛等的新城市主义、公共交通导向型发展（transit-oriented development，TOD）、精明增长等理论的盛行，以及种种实践尝试和《公交都市》出版，等等。在大城市交通体系规划设计、政策策略、管理治理的理论与实践方面，从早期最简单朴素的交通工程与管理技术发明与应用（还谈不上理论），到伴随系统论、控制论兴起的居民出行调查、交通需求建模与分析、综合交通系统规划理论与实践的广泛应用，再到交通系统管理（traffic system management，TSM）、交通需求管理（traffic demand management，TDM），以及英国的交通白皮书、美国的交通政策规划，直至今天欧美开始盛行的可移动性规划、可移动性服务，等等。

　　上述西方的城市与交通规划理论、策略与实践，对当代中国的城市与交通规划理论、策略与实践具有重要而深刻的影响，至今在国内的城市与交通规划的理论界依然是主流语境、主流标准和主流范式。中外城市交通技术的进步、城市交通发展历程及其特性特征，具有更多的普遍性和规律性。中国作为后发国家，充分借鉴吸收国际先进的城市交通科学理论与实践经验，是十分必要的。

但是，城市交通技术的进步、城市交通发展历程及其特性特征又带有很强的时代性、地方性、特殊性。我国改革开放40多年来城市化、机动化的历程，当代中国城市与交通发展的特征，面临的问题及其症结与根源等，都带有强烈的中国特色与地方特点。首先，最突出的就是我国14亿人口的基数和目前尚处于中低位的城市化水平，意味着我国必须要充分考量大城市未来的成长性，40多年来我国东部地区大中城市人口快速集聚、规模快速扩张就是明证。未来增长与扩张的速度会减缓，但继续集聚与扩张的总趋势短期内不会改变。这是我国城市与交通规划必须首先考虑的最大背景。其次，我国汽车产业政策的强势与汽车交通政策的缺失之间的矛盾与冲突尤其突出，加之长期公务车配置与使用形成的小汽车导向思维定式，使面向小汽车拥有、使用、停放等的许多调控措施要么无人问津、要么胎死腹中、要么难以实施，这是我国城市与交通规划建设和治理必须首先考虑的最大难题。最后，我国大中城市均质化高密度开发与公共交通支撑和发展滞后的矛盾相当突出；中华人民共和国成立后30多年的计划经济与苏联规划模式打下的烙印，使"大院子""大地块""大马路"等非健康用地布局模式与道路网结构模式难以突破和改变。以上特殊背景与突出问题的多重叠加，使我国城市交通发展与治理面临独一无二的困难与危机，而且这样的困难与危机并没有被广泛认识，这意味着未来我国城市交通发展必将面临更大的困难与危机。

因此，我国的城市交通发展战略、规划设计、管理治理，均不能简单照搬国外既有的理论成果和实践经验，而必须脚踏实地，深入调研分析，深刻理解和把握我国城市交通发展的特殊背景、交通特征、问题特性与症结，量身定制地提出有针对性的切实可行的对策建议与解决方案。近年来，我国快速发展的高铁技术，建立在"互联网+"基础上的网约出租车、共享单车、共享停车、共享巴士等，是全世界关注的新生事物。这些交通领域内的新技术、新事物，对我国的城市发展、交通发展产生着广泛而深远的影响，由此也对我国的城市与交通规划建设、管理治理带来许多新突破、新课题、新挑战。

本书并非纯理论性研究的学术专著，也不是简单的规划设计与咨询的案例汇编，更不是严谨系统规范的教科书。如果一定要给本书性质做一个定义，可以采用一个不太确切的比喻，它就有点像当下流行的一部平板电脑或者智能手机（当然还是不完全成熟的）。本书未能完整阐述大城市综合交通体系的构成与构建，但基本涵盖了当前我国大城市交通规划建设的主要问题、重点问题及热点问题；它借鉴并继承了国内外大城市交通理论与实践的主要成果和经验，但并非简单照搬照抄，更多地兼顾了我国大城市综合交通的特征与需要；它并不局限于大城市综合交通规划传统议题，而是更多地阐述了我国大城市及其交通发展的根本性战略与策略；它并不止步于城市与交通科学发展、健康发展的理念与理论阐述，还引用了大量国内外案例特别是江苏各大城市的案例进行佐证；它也并不局限于综合交通体系本身的规划设计与战略策略的论述，还拓展到了城市空间规划、土地利用规划与开发的视角进行思考与阐述。以上特点也许可以作为本书书名的一个注解。我们始终牢记和倡导的是以"面向政府决策、面向城市建设、面向规划管理"为宗旨，以客户（各城市党委政府、相关各部门与企业）服务为导向，担当起专业机构、专业人士对国家、对城市、对百姓应有的专业理性和责任，主动创造客户需求、科学引导客户需求、合理满足客户需求。这是本书写作的主要立意、追求和期望。

本书的作者大多是相当年轻的一线规划设计师，理论水平、实践经验和写作能力均有限，还有很大的提升空间，如有不当之处，敬请学界、业界精英和广大读者批评指正。

杨 涛

2020 年 4 月 6 日

目 录

前言
绪论：新型城镇化背景下的城市交通发展策略 ······················· 1
  1 规划引领、率先发展，江苏城市交通状况全国领先 ············· 1
  2 正视问题、面对挑战，江苏城市交通状况仍需正确认识、积极应对 ····· 3
  3 新型城镇化等国家新战略对江苏城市交通发展的新机遇、新要求 ······· 4
  4 新型城镇化背景下江苏城市交通发展对策与举措 ··············· 5
  参考文献 ··· 7

第一篇　高铁枢纽规划与地区开发

1 高速铁路及其综合客运枢纽规划建设关键问题综述 ··············· 11
  1.1 高速铁路的历史回顾 ·· 11
  1.2 高速铁路的相关概念 ·· 12
  1.3 高速铁路的基本特性 ·· 14
  1.4 高速铁路的功能效应 ·· 15
  1.5 高速铁路及其综合客运枢纽规划设计编制体系 ················ 16
  1.6 城市铁路枢纽总图规划 ·· 17
  参考文献 ·· 19
2 高铁枢纽合理选址 ··· 20
  2.1 国际典型高铁站选址分析 ··· 20
  2.2 高铁站选址的思路与原则 ··· 21
    2.2.1 人便于行 ··· 21
    2.2.2 空间引导 ··· 21
    2.2.3 高效集散 ··· 22
    2.2.4 综合协同 ··· 22
  2.3 江苏首轮高铁站选址得失经验比较分析 ························ 22
    2.3.1 京沪高铁江苏段车站选址情况 ························· 22
    2.3.2 南京南站选址分析 ··· 23
    2.3.3 南通东站功能定位和选址分析 ························· 24

  2.3.4 扬州东站选址分析 ·· 25
  2.3.5 对新一轮高铁站选址的启示 ······································ 26
 2.4 结论与建议 ··· 26
 参考文献 ··· 27

3 高铁枢纽一体化衔接 ·· 28
 3.1 高铁客运枢纽分类 ··· 28
  3.1.1 中心型铁路客运枢纽 ··· 29
  3.1.2 综合型铁路客运枢纽 ··· 29
  3.1.3 区域接驳型铁路客运枢纽 ··· 29
  3.1.4 通勤型铁路客运枢纽 ··· 30
 3.2 基于客流特性的换乘特性分析 ·· 30
  3.2.1 高铁客运枢纽客流特性分析 ······································· 30
  3.2.2 客流换乘差别化 ··· 31
 3.3 典型案例 ·· 31
  3.3.1 一体化交通设施布局 ··· 31
  3.3.2 一体化的客流组织 ··· 31
  3.3.3 交通设施空间一体化共享 ··· 33
 参考文献 ··· 35

4 高铁站周边城市开发 ·· 36
 4.1 高铁站与城市发展的关系 ·· 36
  4.1.1 高铁站空间布局类型 ··· 36
  4.1.2 快速城镇化发展时期铁路站影响城市单中心发展结构 ················ 36
  4.1.3 区域一体化发展时期高铁站引导城市多中心发展格局 ················ 38
 4.2 高铁站对周边地区开发的影响 ·· 40
  4.2.1 影响范围 ··· 40
  4.2.2 高铁站周边产业发展 ··· 42
  4.2.3 高铁站周边用地布局 ··· 43
  4.2.4 高铁站周边开发强度 ··· 43
 4.3 典型案例 ·· 44
  4.3.1 日本新大阪站 ··· 44
  4.3.2 香港西九龙站 ··· 46
  4.3.3 南京南站 ··· 49
  4.3.4 扬州东站 ··· 52
 参考文献 ··· 54

第二篇 公交优先引领与新公共交通体系

5 公交优先引领城市可持续发展 ·· 57
- 5.1 公交优先的发展背景 ·· 57
- 5.2 公交优先的成功经验 ·· 58
- 5.3 公交引领城市发展的规划模式 ·································· 59
- 5.4 顶层化、长效化的公交制度体系 ································ 59
- 5.5 多层次、一体化的公交网络体系 ································ 60
  - 5.5.1 不同规模城市的公交模式 ································ 60
  - 5.5.2 多元公交网络体系 ···································· 60
  - 5.5.3 公交延伸补充体系 ···································· 61
  - 5.5.4 无缝换乘枢纽体系 ···································· 62
- 5.6 专路权、高效率的公交设施体系 ································ 62
  - 5.6.1 公交路权 ·· 62
  - 5.6.2 轨道交通 ·· 62
  - 5.6.3 中运量公交 ·· 63
  - 5.6.4 公交专用车道 ······································ 64
- 5.7 高品质、智慧化的公交服务体系 ································ 65
- 参考文献 ·· 65

6 公交导向下的城市空间布局 ·· 66
- 6.1 公交导向下的城市空间发展历程 ································ 66
- 6.2 公交对城市空间布局的引导作用 ································ 67
  - 6.2.1 公交走廊引导城市轴线型空间形态 ························ 67
  - 6.2.2 公交枢纽锚固城市中心体系 ······························ 68
  - 6.2.3 公交节点引导用地合理开发 ······························ 69
- 6.3 典型案例 ·· 71
  - 6.3.1 哥本哈根 ·· 71
  - 6.3.2 库里蒂巴 ·· 74
  - 6.3.3 南京 ·· 77
- 参考文献 ·· 79

7 构建多模式、一体化公共交通体系 ·································· 80
- 7.1 多模式、一体化公共交通概念 ·································· 80
  - 7.1.1 公共交通系统分类 ···································· 80
  - 7.1.2 多层次公共交通系统功能定位 ···························· 80

7.2 不同规模城市的一体化公共交通体系 83
7.2.1 特大城市的公共交通体系——"轨道主体型" 83
7.2.2 大城市的公共交通体系——"轨道骨干型" 85
7.2.3 中等城市的公共交通体系——"中运量公交型" 87
7.2.4 小城市的公共交通体系——"常规公交型" 88
7.3 典型案例 89
7.3.1 香港——无缝隙全覆盖的公交服务体系 89
7.3.2 斯德哥尔摩——以轨道交通为支撑的一体化公共交通体系 92
7.3.3 苏州——迈向公交都市的多层次公共交通体系 94
参考文献 99

8 城市轨道交通功能定位与规划布局 100
8.1 轨道交通功能定位 100
8.1.1 轨道交通在世界大城市交通中的定位 100
8.1.2 轨道交通在我国城市交通中的定位 101
8.2 轨道交通发展必要性 102
8.2.1 解决城市既有交通问题 102
8.2.2 支撑城市未来发展格局 104
8.2.3 保护城市历史生态资源 105
8.2.4 响应国家相关政策 106
8.3 轨道线网形态与城市布局 106
8.3.1 轨道线网形态控制要素 106
8.3.2 城市空间布局对轨道交通的要求 109
8.4 典型案例 111
8.4.1 巴黎 111
8.4.2 东京 111
8.4.3 斯德哥尔摩 113

9 多样化的新公共交通系统 114
9.1 对新公共交通系统的界定 114
9.2 新公共交通系统发展历程 116
9.2.1 现代有轨电车发展 116
9.2.2 BRT 发展 116
9.2.3 "互联网+"下的新公交服务模式发展 117
9.3 新公共交通系统特征 117
9.3.1 运量与速度 117
9.3.2 车辆 118

9.3.3	所需设施	119
9.3.4	实施条件	120
9.3.5	运营组织	121
9.3.6	费用投入	122
9.3.7	报批和建设周期	122

9.4 新公共交通方式定位 123
9.5 新公共交通方式适应性 123
9.6 典型案例 124
  9.6.1 广岛有轨电车 124
  9.6.2 淮安有轨电车 125
  9.6.3 常州 BRT 127
  9.6.4 宜昌 BRT 128
参考文献 129

10 公共交通系统一体化衔接与服务 130
10.1 公共交通系统一体化衔接与服务内涵 130
10.2 网络衔接一体化 131
  10.2.1 不同发展阶段下"轨道-公交"两网融合模式 131
  10.2.2 "轨道-公交"两网融合优化策略与思路 133
  10.2.3 网络一体化衔接的指标体系 134
10.3 枢纽设施一体化 134
  10.3.1 枢纽交通换乘功能一体化 135
  10.3.2 枢纽与城市功能一体化 137
10.4 典型案例 139
  10.4.1 轨道站周边用地一体化开发 139
  10.4.2 轨道站周边接驳交通设施一体化布局 143
参考文献 148

第三篇 机动化及其综合对策

11 机动化的理性认识与交通综合治理策略 151
11.1 对机动化的正确认识与国际经验 151
11.2 江苏省城市化与机动化发展总体状况及其交通影响 152
  11.2.1 城市化快速发展带来出行总量、出行距离及出行分布的变化 152
  11.2.2 汽车化的高增长引起交通拥堵加剧和蔓延 153
  11.2.3 公交出行比例有所上升,步行、自行车出行比例下降 155

11.3 对城市交通综合治理的认识和思考 ……………………………… 155
11.4 江苏城市交通综合治理的目标与策略 ………………………… 156
  11.4.1 政府负责，形成交通综合治理的长效机制 ……………… 157
  11.4.2 强化规划引领，促进城市交通与土地利用的协调发展 …… 157
  11.4.3 规划建设功能完善的综合交通体系 ……………………… 157
  11.4.4 构建多层次、多模式、一体化的公共交通系统，全面提升公共交通服务水平 ……………………………………………… 158
  11.4.5 强化城市交通需求管理，均衡城市交通供需关系 ……… 159
  11.4.6 继续加强和完善道路交通基础设施建设 ………………… 159
  11.4.7 优化停车系统规划、建设和管理，发挥以静制动的需求调节作用 … 159
  11.4.8 提高科学化和精细化管理水平，充分发挥道路交通基础设施效能 … 160
  参考文献 …………………………………………………………… 161

12 汽车化与城市发展 …………………………………………………… 162
12.1 势不可当的汽车化浪潮 ………………………………………… 162
12.2 汽车化对城市发展的影响 ……………………………………… 164
  12.2.1 汽车化对城市发展的积极作用 …………………………… 164
  12.2.2 汽车化给城市发展带来的挑战 …………………………… 164
12.3 汽车化发展应对策略 …………………………………………… 165
  12.3.1 突出公交优先发展战略 …………………………………… 165
  12.3.2 强化公共交通导向下的交通与土地利用协调 …………… 166
  12.3.3 加强城市交通基础设施建设 ……………………………… 166
  12.3.4 科学地管理交通，理智地使用资源 ……………………… 167
12.4 典型案例 ………………………………………………………… 167
  12.4.1 公共交通主导模式 ………………………………………… 167
  12.4.2 小汽车与公交并重模式 …………………………………… 174
  12.4.3 小汽车主导模式 …………………………………………… 175
12.5 结论 ……………………………………………………………… 177
参考文献 ………………………………………………………………… 178

13 城市交通需求管理 …………………………………………………… 179
13.1 概念与历程 ……………………………………………………… 179
13.2 交通需求管理重点策略 ………………………………………… 181
  13.2.1 交通需求管理要求优化土地利用模式 …………………… 181
  13.2.2 交通需求管理要求优化出行方式结构 …………………… 181
  13.2.3 交通需求管理要求优化交通流的配置 …………………… 182
13.3 典型案例 ………………………………………………………… 182

      13.3.1　东京 ………………………………………………………………… 182

      13.3.2　新加坡 ……………………………………………………………… 186

      13.3.3　香港 ………………………………………………………………… 188

      13.3.4　北京 ………………………………………………………………… 190

      13.3.5　上海 ………………………………………………………………… 192

  参考文献 ………………………………………………………………………… 194

14　停车发展综合对策 …………………………………………………………… 195

  14.1　国际经验总结 …………………………………………………………… 195

      14.1.1　优化调整停车发展定位与政策 …………………………………… 195

      14.1.2　制定差别化的停车供应和消费政策 ……………………………… 196

      14.1.3　形成配建为主、公共为辅和路内为补充的停车供应方式 ……… 196

      14.1.4　推进市场为主和政府引导相结合的停车设施建设模式 ………… 196

      14.1.5　实施严格的法规与严厉的处罚并重的停车管理措施 …………… 196

      14.1.6　强化停车诱导系统与信息化建设 ………………………………… 196

      14.1.7　合理发展停车换乘系统 …………………………………………… 197

  14.2　当前阶段我国城市停车发展主要的综合对策 ………………………… 197

      14.2.1　建立停车政策分区，明确差别化的停车政策 …………………… 197

      14.2.2　优化停车设施供给，缓解停车供需矛盾 ………………………… 198

      14.2.3　提高停车管理水平，保障停车秩序与使用效率 ………………… 198

      14.2.4　制定停车建设扶持政策，引导停车产业化发展 ………………… 198

  14.3　典型案例 ………………………………………………………………… 198

      14.3.1　日本 ………………………………………………………………… 198

      14.3.2　阿姆斯特丹 ………………………………………………………… 200

      14.3.3　南京 ………………………………………………………………… 204

  14.4　结语 ……………………………………………………………………… 209

  参考文献 ………………………………………………………………………… 209

第四篇　健康城市道路网体系

15　构建健康可持续的城市道路网体系 ………………………………………… 213

  15.1　我国城市道路网建设中存在的问题 …………………………………… 213

      15.1.1　发展目标上：重畅通、轻通达的目标体系错位 ………………… 213

      15.1.2　建设重心上：重骨架、轻支脉的道路网络错构 ………………… 213

      15.1.3　服务对象上：重通行、轻活动的街道空间尺度错配 …………… 214

  15.2　树立城市道路网络发展新理念 ………………………………………… 214

15.3 骨架路网与城市空间布局紧密结合 ················· 215
15.4 优化道路的功能分类与分级 ····················· 216
 15.4.1 道路功能分类的模式和方法 ················· 216
 15.4.2 对我国城市道路功能分类的优化 ··············· 217
15.5 更可靠更便利的密路网发展模式 ··················· 219
 15.5.1 加密道路网络 ························ 219
 15.5.2 缩窄街道宽度 ························ 220
15.6 塑造步行和公共空间友好的街道空间 ················· 220
 15.6.1 面向活动的街道和面向交通的道路 ·············· 220
 15.6.2 完整街道："以人为本"而非"车本位" ············ 221
 15.6.3 实现小街区需要减低建筑退让 ················ 221
15.7 结语 ·································· 222
参考文献 ·································· 222

16 发达城市化地区高快速路一体化规划 ················ 223

16.1 问题的提出 ······························· 223
16.2 高速公路和快速路区别 ························ 224
 16.2.1 设计车速与线形设计标准 ··················· 224
 16.2.2 横断面设计 ························· 224
 16.2.3 红线控制要求 ························ 225
 16.2.4 出入口数量 ························· 225
 16.2.5 车种构成 ·························· 225
16.3 高速公路和快速路相似相容性 ···················· 226
 16.3.1 相似性具体表现 ······················· 226
 16.3.2 相容性具体体现 ······················· 227
16.4 发达城市化地区高快速路一体化规划建设模式的内涵 ········· 228
16.5 发达城市化地区高快速路空间层次与功能分类 ············ 229
 16.5.1 区域性功能 ························· 229
 16.5.2 转换功能 ·························· 229
 16.5.3 集疏散功能 ························· 230
 16.5.4 联络功能 ·························· 230
16.6 典型案例 ······························· 231
 16.6.1 昆山市域高快速路网一体化规划 ··············· 231
 16.6.2 南京高快速路网规划 ····················· 234
参考文献 ·································· 236

17 城市路网体系构建 ·· 237
17.1 城市路网体系构建的基本要求 ··· 237
17.1.1 满足组织城市各部分用地布局的"骨架"要求 ···················· 237
17.1.2 满足城市交通运输要求与交通管理要求 ···························· 238
17.1.3 满足城市环境要求与工程管线要求 ·································· 238
17.2 城市路网体系构建的布局形态 ··· 239
17.2.1 方格网式 ··· 239
17.2.2 环形放射式 ·· 239
17.2.3 自由式 ·· 240
17.2.4 混合式 ·· 240
17.3 城市路网体系构建的主要指标 ··· 240
17.3.1 道路面积率 ·· 241
17.3.2 道路网密度 ·· 242
17.3.3 道路网级配 ·· 242
17.4 典型案例 ··· 244
17.4.1 新加坡 ·· 244
17.4.2 扬州 ··· 245
17.4.3 案例启示 ··· 249
参考文献 ·· 249

18 快速路系统规划实务 ··· 250
18.1 快速路的定义和功能 ··· 250
18.1.1 进行城市内外交通转换,保护中心城区环境 ························ 250
18.1.2 联系城市各个功能分区、组团或交通枢纽,提供高效的交通服务 ·· 250
18.1.3 缓解交通拥堵,改善交通环境 ·· 250
18.1.4 带动沿线的土地开发,形成城市建设的风景带 ···················· 251
18.2 快速路规划建设的关键问题分析 ··· 251
18.2.1 快速路规划建设条件分析 ··· 251
18.2.2 快速路选址和布局 ·· 252
18.2.3 快速路系统构造形式 ··· 254
18.2.4 快速路的系统性与协调性 ··· 257
18.2.5 重视快速路的人性化需求 ··· 259
18.3 结语 ·· 259
参考文献 ·· 259

19 "小街区、密路网"解析与实务 ··· 260
19.1 "小街区、密路网"含义与由来 ·· 260

- 19.1.1 西方城市街区发展 ... 260
- 19.1.2 我国城市街区发展 ... 263
- 19.2 大街区路网的反思 ... 266
  - 19.2.1 对商业活力和宜居氛围的影响 ... 266
  - 19.2.2 对城市路网的割裂影响 ... 266
  - 19.2.3 对绿色交通的影响 ... 267
  - 19.2.4 对交通运行安全与效率的影响 ... 267
- 19.3 小街区路网的意义 ... 267
  - 19.3.1 构建和谐生活街区，提高城市活力和宜居环境 ... 267
  - 19.3.2 高效利用土地，繁荣商贸服务 ... 268
  - 19.3.3 鼓励绿色低碳交通出行 ... 268
- 19.4 "小街区、密路网"系统的实现 ... 268
  - 19.4.1 源头抓起 ... 268
  - 19.4.2 规划设计方法改进 ... 269
  - 19.4.3 制度保障 ... 270
- 19.5 典型案例 ... 271
- 参考文献 ... 273

第五篇 现代物流业与物流体系规划

20 现代物流业发展趋势 ... 277
- 20.1 物流业发展历程 ... 277
- 20.2 物流业在国民经济中的作用 ... 278
- 20.3 物流业主要分类 ... 278
- 20.4 现代物流产业发展主要趋势 ... 279
  - 20.4.1 发展环境 ... 279
  - 20.4.2 发展类型 ... 280
  - 20.4.3 物流现代化 ... 282
- 20.5 国内外城市物流业发展经验 ... 284
- 参考文献 ... 284

21 现代物流体系构建 ... 285
- 21.1 现代物流体系构成 ... 285
  - 21.1.1 物流产业的实体载体 ... 285
  - 21.1.2 物流节点布局原则 ... 286
  - 21.1.3 物流产业的虚拟平台 ... 287

21.2 典型案例 ·· 288
   21.2.1 南京 ·· 288
   21.2.2 苏州 ·· 289
   21.2.3 香港 ·· 291
21.3 启示 ·· 292
参考文献 ·· 292

第六篇 人性化城市交通

22 创建体贴、多样的人性化城市交通 ·························· 295
22.1 人性化交通的发展历程 ···································· 295
22.2 当前我国人性化交通存在的问题 ···························· 295
   22.2.1 规划层面，交通与城市空间协同的规划编制体系尚未完全形成 ····· 295
   22.2.2 设施层面，以人为本的交通空间缺乏充分保障 ·············· 296
   22.2.3 管理层面，交通管理与服务的品质尚需提升 ··············· 296
22.3 人性化交通的实现 ·· 296
   22.3.1 交通规划阶段的人性化 ································ 297
   22.3.2 交通设计与建设阶段的人性化 ·························· 297
   22.3.3 交通管理服务阶段的人性化 ···························· 298
参考文献 ·· 299

23 人性化的公交票制票价 ·· 300
23.1 公交票制分类 ·· 300
23.2 票制票价一体化的具体措施 ································ 301
23.3 典型案例 ·· 301
   23.3.1 名古屋 ·· 301
   23.3.2 南京 ·· 302
23.4 结论 ·· 307
参考文献 ·· 307

24 人性化的交通指引系统 ·· 308
24.1 公交指引 ·· 308
   24.1.1 公交专用车道的指引 ·································· 308
   24.1.2 公交停靠站的指引 ···································· 312
   24.1.3 应用效果 ·· 314
24.2 小汽车指引 ·· 314
   24.2.1 指引信息 ·· 315

		24.2.2 一般城市道路指路标志	315
		24.2.3 快速路指路标志	317
	24.3	步行和自行车指引	319
		24.3.1 行人和自行车指引	319
		24.3.2 轨道站指引	320
	24.4	案例启示	323
	参考文献		324
25	无障碍交通服务		325
	25.1	研究背景和意义	325
	25.2	国际经验	326
		25.2.1 美国的无障碍经验	326
		25.2.2 英国的无障碍经验	327
		25.2.3 日本的无障碍经验	327
	25.3	我国无障碍交通发展现状与问题	328
	25.4	无障碍交通服务策略	330
		25.4.1 建立无障碍设施建设、运营、管理的保障体系	330
		25.4.2 深化无障碍交通设施技术标准的制定	331
		25.4.3 建立连续安全的无障碍出行链系统	332
		25.4.4 引进新技术，提升无障碍设施的便捷性	333
		25.4.5 加强对无障碍设施的管理维护	334
		25.4.6 提高公众的无障碍交通意识	334
	参考文献		334
26	交通稳静化设计		336
	26.1	交通稳静化发展历程	336
	26.2	交通稳静化措施	337
		26.2.1 规划设计层面的交通稳静化策略	337
		26.2.2 交通稳静化工程设施设计和交通管理	338
	26.3	江苏省交通稳静化实践	339
	参考文献		344
后记			**345**

绪论：新型城镇化背景下的城市交通发展策略

1　规划引领、率先发展，江苏城市交通状况全国领先

高德地图发布的 2018 年第二季度全国拥堵指数前 100 的主要城市中，江苏除省会城市南京之外，其余 12 个省辖城市拥堵指数全部排在 50 名之外，分别为苏州（56）、宿迁（58）、扬州（71）、徐州（79）、无锡（83）、连云港（84）、淮安（88）、常州（92）、镇江（95）、盐城（97）、南通（98）、泰州（100），相对而言都是全国较为畅通的城市。南京排全国第 31 名，相对而言也是比较畅通的城市。因此，可以说江苏是目前全国城市道路交通状况较好的省份之一。

江苏作为我国东部经济发达的省份之一，21 世纪以来率先进入全面小康、高度城市化、高度机动化的发展时期。这既反映了自改革开放以来，江苏省率先发展、科学发展和创新发展的巨大成就与实际效果；同时也比其他内陆省份城市更先面临城市化与机动化高潮到来的挑战与冲击，如乘车难、停车难、行路难及交通污染加剧等。为此，从 21 世纪初开始，江苏省委省政府就高度重视城市交通问题，要求对全省各城市交通状况开展调研，及时提出对策建议，指导各市城市交通规划建设与综合治理。

早在 2003 年，中共江苏省委研究室、江苏省住房和城乡建设厅就先后组织开展了"江苏省城市交通问题与对策研究"和"江苏省城市交通拥堵治理对策研究"两轮调研。2005 年，江苏省住房和城乡建设厅组织编制发布了《江苏省城市综合交通规划导则》，并发出通知要求各设区城市三年内完成一轮城市综合交通规划编制工作。随后又先后制定发布了公共交通、停车设施、步行与自行车交通的规划导则，建立了较为完整的城市交通规划编制体系。南京在全国同类城市中第一个编制发布了《南京交通发展白皮书》。由此，推动了全省各市对城市综合交通规划和各交通子系统专项规划的编制工作，有效指导了各市 10 多年来的城市交通政策制定、设施建设与运营管理，对江苏城市交通的科学发展起到了重要的战略指导作用。

过去 20 多年是江苏省区域交通、城市交通和城乡交通发展最快、最好的时期。在区域交通方面，江苏省打赢了跨江通道建设和高速公路建设（特别是苏北高速公路建设）两大战役。截至 2018 年年底，江苏境内已建成的跨长江通道包括南京长江大桥、二桥、三桥、四桥，润扬大桥、泰州大桥、江阴

大桥、苏通大桥、崇启大桥、大胜关铁路大桥,南京长江隧道、南京扬子江隧道,南京地铁 3 号线、10 号线、S3 号线 15 条通道,还有在建的南京长江五桥,以及五峰山长江特大桥和沪通长江大桥(暂名)等两座公铁合用过江通道。截至 2017 年年底,全省高速公路通车里程超过 5000km,形成了"五纵、九横、五联"总体格局,实现了县县通高速公路的目标。与此同时,京沪高铁、宁杭高铁、沪宁城际、宁合城际、宁安高铁 5 条高速铁路和城际铁路开通,一大批港口、机场、高铁综合枢纽新建、扩建完成。这些过江通道、高速公路、高速铁路、综合枢纽等重大交通基础设施建成开通,不仅极大地提升了国家和区域跨江交通运输能力,极大地改变和提升了江苏省中部和北部自中华人民共和国成立以来长期落后的交通区位条件、综合交通设施水平与服务能力,也直接带动了江苏全省对外开放和城镇、产业的快速发展,有力引领和支持了苏南、苏中和苏北的区域协同发展、城市与城乡一体化发展及江苏率先实现小康和基本现代化步伐。

在城市交通方面,2014 年江苏省政府发布了《江苏省政府关于进一步落实城市公共交通优先发展战略的实施意见》(苏政发〔2014〕80 号),全省各市,尤其 13 个省辖市均旗帜鲜明地将优先发展公共交通作为城市交通最重要的发展战略。从此,公共交通特别是轨道交通、快速公交设施建设取得突破性进展。在城市轨道方面,截至 2018 年年底,已经有南京、苏州、无锡、常州、徐州、南通 6 个城市获得国家批准建设城市轨道交通,是全国获批城市最多的省份。截至 2018 年年底,南京、无锡和苏州 3 个城市共建成 17 条轨道交通线路,总长度达 570.6km;常州、盐城、连云港 3 个城市共建成 19 条快速公交系统(BRT)线路,总长度达 384.3km,其中常州 BRT 更是走在了全国的前列;南京、苏州和淮安 3 个城市建成了 6 条有轨电车线路,总长度达 90.6km。截至 2016 年,全省城市居民每万人拥有公交车辆已达到 15.5 标台(2005 年年底为 9.1 标台);江苏省 2013 年城市公共交通分担率已达到 20.1%(2011 年年底为 18.9%)。南京和苏州分别被批准为全国首批和第二批国家公交都市建设示范城市。南京公交电动化获得"全球城市交通领袖奖",常州公交获得了"国际推动公共交通贡献奖"。南京、苏州、无锡、常州、南通、徐州等基本建成了较为完善的城市快速路系统;各城市主次干路网基本形成。与此同时,各城市也高度重视城市交通近期改善、综合治理及步行、自行车交通提升,并取得了明显成效。例如,南京、常州等城市被评为全国畅通工程示范城市;常熟、昆山等城市成为全国步行、自行车交通系统建设示范城市。

2 正视问题、面对挑战，江苏城市交通状况仍需正确认识、积极应对

尽管江苏是目前全国区域交通和城市道路交通状况较好的省份之一，但是仍然不能盲目乐观，要保持清醒头脑，看清问题、直面挑战，正确认识、积极应对。

在区域交通方面，虽然江苏省已经有京沪高铁、宁杭高铁、沪宁城际、宁合城际、宁安高铁5条高速铁路和城际铁路建成通车，居全国领先水平，但是这5条高速铁路和城际铁路主要集中在苏南地区，苏中、苏北，尤其是江苏沿海地区的高速铁路和城际铁路发展相对滞后，呈现出较严重的区域不平衡态势。虽然目前已经开工建设连盐铁路（沿海铁路江苏段，连云港—盐城—南通—上海）、青连铁路（青岛—日照—连云港）、连淮扬镇铁路（连云港—淮安—扬州—镇江）、徐连客运专线（陇海客运专线徐连段，徐州—连云港）、徐宿淮盐城际铁路（徐州—宿迁—淮安—盐城）等铁路将极大改善江苏省内南北不平衡现象，但在高铁时代背景下，仍应重视可能存在的区域间交通区位落差和发展机会落差，并及时审视、及时施策。在已建和拟建的高速铁路、城际铁路工程中，高速铁路、城际铁路及其综合枢纽的选线选址需要审慎论证、科学决策。高铁综合枢纽一体化交通规划设计及其周边地区整体城市设计需要进一步提高质量、提升水平。

在货运物流方面，需要高度重视、重点突破两大瓶颈，一是多式联运瓶颈特别是铁水联运瓶颈；二是枢纽、运输、物流、产业按照市场化机制融合的瓶颈，以尽快释放江苏省地处沿海、沿江和欧亚大陆桥桥头堡等诸多交通区位优势的能量与潜力。

在城市交通方面，首先面临的最大挑战是小汽车的持续高增长与有限的道路资源之间日益突出的矛盾。2015年年末江苏省个人汽车保有量第一次突破1000万大关，达到1076.9万辆；2016年更是达到1252.2万辆，净增175.3万辆，比上年末增长16.3%。特别是苏南部分城市或地区已经达到基本普及化阶段（千人拥有超过300辆），这种趋势在未来5~10年将进一步加快。与之对应的是道路的容量增长空间在缩小，而且存在着总体路网密度低、次干路与支路网薄弱、设施粗放化等结构性问题和功能性缺陷。其次面临的挑战是江苏省城市公交的整体服务能力和水平还不能完全满足高水平城市化发展的需要、人民群众对高品质公交服务的需要，还难以担当城市客运交通主体的功能作用——大城市轨道交通建设还需要投入巨大财力且需要花费相当长的时间，路面公交存在着线网密度低、层次单一、布局不合理，公交车到站不准时、车内较拥挤、乘客等车时间长、换乘不方便等诸多问题。

因此，政府和社会各界都要从我国国情、各省实际出发，理性认识和正确对待机动化发展和城市交通拥堵治理。早在1962年，美国公共政策与公共行政管理

学者安东尼·唐斯（Anthony Downs）研究发现，如果对小汽车交通需求不进行有效管理和控制，新建的城市道路设施会诱发新的交通量，而城市小汽车交通需求总是倾向于超过城市道路交通供给能力[1]。因此，期望通过不断增加道路设施建设和供应的办法来缓解道路交通拥堵是不可能、不现实的，这就是著名的"唐斯定律"。对于江苏而言，人口密集、土地资源紧张、道路基础设施薄弱、生态环境压力大等现实情况不允许、也没有条件满足无节制的小汽车交通需求。解决城市交通问题的根本出路还在于优先发展公交，更加重视以人为本的交通供给与服务，积极推行绿色出行与文明交通。对小汽车发展应当采取允许拥有，但引导和调控使用的方针，加强交通需求管理和道路交通综合治理。除此之外，江苏的区域交通和城际交通也亟须突破公路运输占绝对主导的单一模式，积极推动城际轨道交通和多式联运发展，走综合运输协调发展之路。

3 新型城镇化等国家新战略对江苏城市交通发展的新机遇、新要求

十八大提出的"新型城镇化"，是在未来城镇化发展方向上释放出了"转型"的新信号。国家在新型城镇化综合试点方案中，已经将江苏省列入了试点名单。国家新型城镇化的推进，要求城市面向新型城镇化和城乡一体化要求，从主要解决中心城区交通问题向统筹城乡和区域一体化交通转变，加快构建长江三角洲（以下简称长三角）地区世界级城市带交通、同城化都市圈交通、高效高品质绿色化的城市交通以及均等化城乡交通。

作为"一带一路"倡议的交会地区，江苏省特别是苏北地区将面临重大的战略机遇，这也对江苏省构建西向的亚欧大陆运输通道以及海向的国际航运提出了更高的要求，即要求江苏省面对经济的全球化，应与国际运输充分对接，向全面进入以江海直达联运、航空、高速铁路、高速公路为主导的国际化、现代化综合运输时代迈进，其中客运交通应向便捷化、高速化、舒适化转变，货运交通应向专业化、网络化、信息化转变。

国务院《关于依托黄金水道推动长江经济带发展的指导意见》提出，依托长江黄金水道，统筹铁路、公路、航空、管道交通建设，加强各种运输方式的衔接和综合交通枢纽建设，加快多式联运发展，建成安全便捷、绿色低碳的综合立体交通走廊，增强对长江经济带发展的战略支撑力。对于江苏而言，如何抓住推进-12.5m深水航道建设的战略机遇，推进沿江港口海港化和临港产业与城市发展；如何尽快突破联运方式"单一化"和集疏运体系不配套的瓶颈，扩大港口与产业辐射腹地；如何尽快突破北沿江陆路交通尤其是高速铁路、城际铁路严重滞后的瓶颈，主动融入上海都市圈、南京都市圈和苏锡常都市圈，真正推动和迎接苏中

崛起和苏北振兴；如何严格保护长江和沿江两岸生态环境、自然与人文景观、生物与人文资源等，这些都是亟待思考和回答的重大问题。

2015年中央城市工作会议和2016年中共中央、国务院发布的《中共中央国务院关于进一步加强城市规划建设管理工作的若干意见》（以下简称《意见》）要求正视和重视环境污染、交通拥堵等"城市病"蔓延加重的趋势，贯彻落实创新、协调、绿色、开放、共享的发展理念，认识、尊重、顺应城市发展规律，积极适应和引领经济发展新常态，把城市规划好、建设好、管理好，促进以人为核心的新型城镇化发展。《意见》特别强调"优化街区路网结构。加强街区的规划和建设，分梯级明确新建街区面积，推动发展开放便捷、尺度适宜、配套完善、邻里和谐的生活街区""优先发展公共交通。以提高公共交通分担率为突破口，缓解城市交通压力"。这对江苏城市与交通发展而言，具有十分重要的现实针对性和战略指导意义。

4 新型城镇化背景下江苏城市交通发展对策与举措

打赢江苏高铁和综合枢纽建设新战役。未来20年，仍将是我国高速铁路建设发展的黄金时期。江苏地处东部沿海、长江沿江和兰新陇海三条"π形"国土轴交会地带，应紧抓高铁建设机遇，在积极推进在建的沪通铁路、连徐铁路、连淮扬镇铁路、徐宿淮盐铁路、盐通苏嘉城际等铁路建设基础上，积极推动大沿海高铁、北沿江高铁和宁淮连高铁三条具有国家战略意义的高铁大动脉的早日启动建设，提升全省高速铁路和城际铁路网总体水平，支撑江苏担当起"一带一路"倡议和"长江经济带""长三角一体化""沿海开发"等国家战略的使命，支持"苏中崛起"和"苏北振兴"，实现更高质量的"三苏"协同、协调发展，支持全省城镇体系与产业的布局优化和健康可持续发展。随着高速公路、高速铁路及沿海、沿江通道的建设，江苏省在新的阶段需要进一步加快综合客、货运枢纽的建设，实现多通道、多运输方式的有序衔接和高效转换。因此，要加快构建南京禄口国际机场和苏南硕放国际机场综合航空客运枢纽，积极争取增加国际航线航班，积极谋划城际铁路、城市轨道与国际空港无缝对接；同时加快南通、盐城、连云港、徐州等机场扩容或异地新建，积极主动争取将南通兴东国际机场作为上海都市圈的第三机场。要进一步加强通州湾港、连云港、洋口港等沿海重点港口建设以及南京龙潭港和西坝港、苏州港、南通港等沿江重点港口建设；加快铁路进港和高快速集疏运道路网建设；加快港口物流与枢纽经济发展。要加快建设一批高效便捷的大型高铁或城际铁路综合客运枢纽，支撑城市空间结构和中心体系优化，带动一批城市发展的新增长。

突出公交优先、绿色交通、人性化交通新发展。按照国家住房和城乡建设部和公安部创建"绿色交通示范城市"的要求，在城市交通规划、建设、管理中要积极倡导绿色交通的理念，逐步建立起以公交（包括快速轨道交通）为主体、融个体交通（步行、自行车、小汽车等）为一体的、多元化协调发展的绿色城市交通体系。坚持将公交优先发展作为大城市交通发展长期坚持的战略。要把优先发展公交作为一项重要的城市公共政策，作为各市党委和政府义不容辞的目标任务。要广泛深入推动"公交都市示范城市"创建；通过政策、技术、行政和管理等多种途径，落实公交优先发展措施；既要通过市场化改革，吸引多元化投资、调动各种积极因素发展公交，更要切实建立政府主导下的公交事业发展倾斜扶持政策、服务监督体系、效益保障机制。要积极汲取欧洲、日本，特别是新加坡、我国香港等先进城市公交优先发展经验，在大力发展常规公交的同时，积极推进轨道交通、快速公交系统、支线（小型）公交等多种公交方式和网络的发展建设；要做好新区接驳公交线网的规划，要结合轨道站合理规划停车换乘系统，预留足够的停车空间。同时，更要坚定不移地重视发展常规公交，认真做好常规公交线网规划、场站布局与用地控制规划、公交组织调度规划，特别要重视大型公交枢纽设施规划及周边的土地利用规划。应注重城市交通的细节管理与人性化关怀。例如，加强步行、自行车交通系统规划建设，改善残疾人交通设施与服务等。

建设以小街区、密路网、精细化为特色的道路网新体系。要按照《意见》要求，充分借鉴国际经验，加快建立快速路、主干路、次干路和支路相匹配的完整道路网等级结构体系。在路网布局规划上要大胆突破计划经济时代形成的"宽马路、大街区、低密度"的路网模式，结合江苏各市实际，按照"因地制宜、循序渐进、逐步更新、微创织补"的原则，积极推进小街区、密路网、精细化的新型道路网体系。严格规划督查制度，杜绝随意修改控制性详细规划、随意取消规划支路等现象。要重视城市道路的精细化交通设计与精细化交通管理。通过合理组织交通、科学分配交通路权、改善道路设施各要素配置和强化道路沿线出入口管理等方法提高道路空间资源的使用效能。要加强道路交叉口渠化改造和设施管理，改进交通信号配时设计。强化行人过街设施的科学布局和人性化设计，对双向四车道以上（含四车道）的干路，行人过街要设置二次过街安全岛。要还道路给行人、自行车和公交车，对路内停车位的设置应慎之又慎、严格管理，避免不合理的路内停车造成交通拥堵、交通事故乃至公共安全事故。

实施差别化的小汽车发展和停车发展新策略。根据国家汽车产业政策，鼓励私人小汽车发展已经成为一条既定方针。发展私人小汽车对江苏省经济增长具有积极拉动作用，也是广大老百姓收入水平和生活水平提高以后的一种现实需要，理应予以适度满足。同时，应对小汽车超高速增长和过度使用给城市带来的负面影响和冲击、江苏省土地资源的紧缺性和城市道路承受能力的局限性有足够的认识和重视。小汽车交通发展要因市、因地、因时制宜，取其利而弃其弊。特大城市和大城市应优先发展公交，引导居民理性购买、减少使用私人小汽车，对城市核心区、主城区、外围新区、新城等不同区域的汽车发展和使用区别对待，有不同的交通引导政策、不同的规划建设标准。中小城市在搞好步行、自行车交通系统规划建设和必要的公交服务的前提下，对小汽车发展和使用可采取相对宽松的政策。与此同时，要科学合理地引导停车供应与管理。城市停车要坚持贯彻以配建为主、公建为辅的方针，抓好差别化的《建筑物配建停车设施设置标准与准则》的制定与执行；做好城市公共停车设施规划，重点解决城市核心区、商业繁华地带和配建车位严重不足的老旧居住小区的停车问题。为了鼓励社会各方面组织团体共同参与停车场的开发、建设和经营，政府要制定相应的优惠政策和配套管理政策，通过停车设施建设投资体制的多元化和民营化改革促进城市停车设施发展的良性循环。

参 考 文 献

[1] Downs A. The law of peak-hour expressway congestion [J]. Traffic Quarterly, 1962, 16（3）: 393-409.

第一篇　高铁枢纽规划与地区开发

1 高速铁路及其综合客运枢纽规划建设关键问题综述

对于中国这样一个人口众多、幅员广阔的大陆型国家，铁路运输具有得天独厚的优势。尤其是高铁时代的到来，高速铁路、快速铁路对国家"一带一路"倡议和"长江经济带""新型城镇化"等战略的响应和支撑，对区域和城市发展的支撑、引领和促进等强大优势和作用日益显现，已经受到国家和地方的高度重视。江苏地处国家大沿海、长江大沿江和陇海欧亚大陆桥交会之处，京沪铁路、京沪高铁、沪宁城际、宁杭高铁等国家高等级铁路干线是支撑江苏经济、产业、城镇和交通发展的脊梁和大动脉。相对而言，江苏又是铁路资源相对欠缺滞后的省份，苏中沿江、苏北腹地、江苏沿海地区几乎是铁路空白地区。在高铁时代到来之际，铁路资源如此不平衡，有可能对江苏的区域协调发展产生不利影响，使江苏难以担当新形势下的重大国家使命。因此，江苏需要站在落实国家战略、引领全省发展、造福全省人民的高度，高瞻远瞩、脚踏实地抓好全省铁路网尤其是高速铁路网的规划建设，全省各市也需要高瞻远瞩、脚踏实地抓好各自的铁路枢纽总体布局规划，尤其是高铁综合客运枢纽的选址布局、规划设计、用地预留和建设实施。

1.1 高速铁路的历史回顾

一百年前孙中山说："交通为实业之母，铁道又为交通之母，国家之贫富，可以铁道之多寡定之，地方之苦乐，可以铁道之远近计之"[1]。从1825年世界上第一条铁路建造成功，发展至今不到200年历史，铁路已经改变了世界格局、国家命运、城市规模与结构，以及人们的生产与生活方式。铁路既是工业革命的直接产物，又是工业革命深化、扩散和传播的助推器。欧洲和日本等先期工业化国家无一例外都是铁路高度发达、普及的国家。铁路是支撑这些国家国土开发、产业发展、城镇格局与空间结构形态的脊梁，是引领西方国家工业化、城市化发展，整体国力提升及政治、军事、经济霸权和扩张的发动机。

人类的进步是速度的进步，人类的竞争是速度的竞争，人类的未来是速度的未来。一百多年来，铁路技术本身在不断革新和进步，其中最关键的标志是铁路速度的不断提升和突破。1903年德国用电力机车牵引的列车试验速度就达到了210km/h。1954年法国用电力机车牵引的列车试验速度达到243km/h，1962年日本用电力机车牵引的列车试验速度达到 256km/h。到了 20 世纪八九十年代,法国、德国、日本用电力机车牵引的列车试验速度达到 400km/h 以上,特别是法国 1990 年的试验速度达到 515.3km/h,成为当时的世界最高纪录。而到了 2015 年 4 月,日本 7 辆编组载人试验的磁悬浮列车 L0 速度达到了 603km/h。

1964 年 10 月 1 日,日本东海道新干线正式开通运营,运行时速 210km/h。从东京至大阪的旅行时间由 6.5h 缩短到 3h。新干线的开通代表了当时世界高速铁路技术的最高水平,也标志着世界高速铁路由试验阶段跨入了商业运营阶段。1981 年,法国高速列车(TGV)在巴黎与里昂之间开通,商业运营时速为 270km/h。随后多条新线路在法国南部、西部和东北部建成。如今法国已形成以巴黎为中心、辐射法国各城市和周边国家的铁路网络。此后,欧洲的德国、英国、意大利、荷兰、比利时等国家相继发展了高速铁路。1990 年,欧盟交通白皮书计划把各国高速铁路联网,建成泛欧高速铁路网。到 1994 年,全世界时速超过 200km/h 以上的高速铁路里程已经达到 4000km,如果包括时速 200km/h 的线路,就已经超过 10 000km。进入 21 世纪以来,欧洲各国正在继续加强合作,调整运输结构,计划构建总长达 24 000km 的高速铁路网。

我国的高速铁路建设虽然起步稍晚,但技术进步和建设发展速度远远超过了欧洲和日本。我国大陆的第一条高速铁路——京津城际铁路,全线于 2005 年 7 月 4 日正式开工,2008 年 8 月 1 日正式开通运营,设计时速达到 350km/h。京沪高铁于 2008 年 4 月 18 日正式开工,2011 年 6 月 30 日通车,全长 1318km,是世界上建成里程最长的高速铁路。截至 2015 年年底,我国高铁运营里程超 17 000km,稳居世界第一。

1.2 高速铁路的相关概念

高速铁路是相对传统的普通铁路或普速铁路而言的。普速铁路,是指设计时速不超过 160km/h 的铁路。普速铁路如京沪铁路、京广铁路等,本身也按运行时速区分:普速列车速度一般在 60~90km/h,快速列车(K 字头)最高运行速度 120km/h,特快列车(T 字头)最高运行速度 140km/h,直达特快列车(Z 字头)最高运行速度 160km/h。介于高速铁路与普速铁路之间的铁路,可以称为快速铁路或者准高速铁路,通常为动车组列车(D 字头),设计运行时速 160~250km/h。高速铁路,不同国家不同时代有不同规定。按照我国国家铁路局的定义,高速铁路为新建设计运行 250km/h(含预留)和以上动车组列车,初期运营速度不小于 200km/h 的客运专线铁路(G 字头)。高速铁路一般用无砟轨道。而欧洲早期组织即国际铁路联盟把旧线改造时速达 200km/h、新建时速达 250~

300km/h 的铁路定义为高速铁路；1985 年，联合国欧洲经济委员会在日内瓦签署的"国际铁路干线协议"规定：新建客货共线型高铁时速为 250km/h 以上，新建客运专线型高铁时速为 350km/h 以上。客运专线铁路（客专）是专供旅客列车（客车）行驶的路线。更通俗地说，客专只跑客车、不跑货车。它在铁路等级里的地位高于客货共线和货运专线，一般用无砟轨道。我国的客专分两级：一是高铁级客专（高客线），时速 250km/h 以上。二是快铁级客专（快客线），是时速低于 250km/h 的客运专线，一般用于市域快铁和一些城际铁路，如长株潭城际铁路等。而城际铁路的定义，早期没有时速规定，认为城际铁路是中短距离的客运专用铁路。2015 年 3 月 1 日起实施的《城际铁路设计规范》（TB 10623—2014）规定：城际铁路是指专门服务于相邻城市间或城市群，属于快速铁路范畴。旅客列车设计速度 200km/h 以下的中短途线路，城际铁路线路长度一般为 50～200km；城际铁路车站间距一般为 15～50km。

与高速铁路线路密切关联的是高铁综合客运枢纽。广义的"运输枢纽"是指一个城市或者一个地区。它处在国家或区域运输网络中多条运输通道、走廊或线路的交会处，承担区域和城市间的大量到发、中转、过境客货运输量和运输服务，对国家或区域运输网络具有重要支撑作用，同时，又对该城市或地区的经济社会发展起到重要的支撑作用。因此，可以称之为枢纽城市或枢纽地区。狭义的"运输枢纽"则是指枢纽场站。它处在多种运输方式（两种以上）或多条运输线路的交会与衔接处，是为办理旅客或货物的发送、中转、到达所需的多种运输设施和辅助功能设施的有机综合体。服务于某一种交通方式的枢纽称为"单式交通枢纽"，如单一的铁路枢纽、水运枢纽、公路枢纽、航空枢纽等。服务于两种或两种以上交通方式的枢纽称为"综合运输枢纽"。就铁路系统而言，广义的"铁路枢纽"是指在铁路网上，几条铁路干线相互衔接或相互交叉的地方，需要修建一个联合车站或几个专业车站（客运站、货运站、编组站），以及连接这些车站的联络线、进站线路和线路疏解等设备。由一系列站场和设备有机联系构成的整体，称为铁路枢纽。而狭义的"铁路枢纽"是指广义铁路枢纽整体中的某个铁路客站，是铁路部门办理客运业务、供旅客上下车用的建筑。铁路客运站按站房与铁路线的平面关系，可分为线端式（尽头式）、线侧式（通过式）和混合式三类；按站房室内地面与站台面的高差关系，可分为线平式、线上式和线下式三类；按同一时间内旅客在站最高聚集人数可分为特大型站（4000 人以上）、大型站（1500～4000 人）、中型站（400～1500 人）和小型站（400 人以下）。本书重点讨论的高铁综合客运枢纽是指以高铁客运站为主体，城市内外交通有机衔接，高速铁路、城际铁路、城市轨道、公共汽（电）车、出租车、小汽车、步行、自行车等多种客运方式集成一体的高铁综合客运枢纽（站）。

1.3 高速铁路的基本特性

与普速铁路和其他运输方式相比，高速铁路具有如下明显特点和优势。

（1）高速度。高速铁路的运行时速可达 300～350km/h，而普速铁路最高运行时速不超过 160km/h，高速公路一般限速仅为 120km/h。飞机尽管比高速铁路列车要快，但机场一般远离市区，距离市中心大多在 20～40km 甚至更远；而高铁站通常距市中心 10km 以内（有条件的可以更加接近市中心）。如果将往返机场、候机、安检和登机的时间计算在内，在 700～1000km 的出行距离范围，乘坐高速铁路依然比乘坐飞机更有明显优势。

（2）大容量。我国目前高速铁路列车通常采用 8 节编组和 16 节编组两种规格。8 节编组的列车全车定员 560～580 人，16 节编组的列车全车定员达 1000 人左右。高速铁路的安全发车间隔最小可达 3min，因此从理论上讲，高速铁路每天最高可运送 20 万人次以上。日本东海道新干线最高达到了 37 万人次/日。如果按通常的 10min 间隔，每天有效运营时间 10h，平均每列承载 600 人，则每天可运送旅客 36 000 人。

（3）全天候、准时性。高速铁路在高强度混凝土基础、无砟轨道上运行，由计算机全程控制运行，根据车内信号行车，基本不受风雨雪雾等恶劣天气影响。列车正常情况下完全按规定时刻到发与运行，可以精确到 1min 以内。这是飞机、汽车和其他运输方式都不能比拟的。

（4）安全、可靠。资料显示，日本新干线建成运营 50 多年，运输旅客 35 亿人次，日本每年每 10 亿人千米的死亡人数，铁路不足 2 人，公路 18.9 人，飞机 16 人。法国巴黎到里昂高速铁路全长 1100 多千米，每年运输旅客达几千万人次，至今没有发生一起伤亡事故。欧盟每年因公路交通事故死亡 54 000 人，伤 170 万人，伤亡人数总和超过铁路的 125 倍。

（5）节能、节地。在能耗方面，若以普通铁路每人每千米消耗能源为 1 个单位，则高速铁路为 1.3，小汽车为 8.8，飞机为 9.8。在占地方面，高速铁路的用地宽度只相当于一条 4 车道高速公路的一半，更不用说 6～8 车道的高速公路了。

（6）舒适度高。高速铁路列车车厢内活动空间大，旅客卧、坐、行都比其他运输方式舒适。

（7）低污染。电气化高速铁路没有粉尘、煤烟和其他废气污染。高速铁路的噪声也比公路要小 5～10dB。

1.4 高速铁路的功能效应

高速铁路的蓬勃发展，不仅带来了铁路运输复兴，更成为日本经济起飞的引擎和欧盟一体化的助推器，促进了日本、欧洲的国土开发、经济社会转型、大城市群（带）的发育成长。

高速铁路作为高速度、高容量、高性能、高品质的国家和区域骨干运输方式，对国家、区域、城市和城乡具有极大的支撑效应、集聚效应、引导效应、虹吸效应。它可以改变国家、区域与城市的交通区位、经济区位，从而改变国家、区域与城市的地位和命运；可以极大缩短长距离广域国土空间特别是城际间的时空距离，成数十倍乃至上百倍扩大城际一日交流圈范围，成倍、成数倍扩大城市半日生活圈和一小时通勤圈范围；可以加大和加快人流、物流、信息流、技术流、产业流等要素流动，扩大经济、科技、社会、文化要素广泛集聚与扩散的空间，改变乃至重塑城市空间结构、中心体系、产业布局和土地利用[2,3]。

（1）支撑效应。日本新干线建成后，成了支撑日本中央国土轴和东京—名古屋—大阪大城市带的脊梁。同样，TGV开通后，支撑了法国中部城市群、高新产业带等的发展。我国地理学家和区域经济学家根据经济地理的"点-轴"发展理论，早就提出我国的国土开发主轴呈"一纵二横""π形"的总体布局，即大沿海国土轴、兰新陇海国土轴、长江大沿江国土轴。这"π形"的三条国土轴均延绵数千千米，集中了我国至少60%以上的人口、城镇和产业。就其覆盖的国土疆域、人口基数、城镇密度和经济规模而言，每一条国土轴都具有巨大的客流和物流需求，最适合也最需要高速、快速、大容量的铁路运输支持服务，都需要高速铁路、城际铁路、普速铁路等多层次、多通道、多线路的铁路支撑，应当是我国350km/h高速铁路优先规划布局和建设的国家运输通道。江苏省恰好处在"π形"三条国土轴最集中的核心位置。遗憾的是，江苏铁路网恰恰又是全国薄弱的省份之一。在整个东部沿海，江苏沿海地区几乎是南北铁路空白地区，江苏北沿江地区也是长江流域铁路最为薄弱的地区。因此，要支撑江苏的沿海开发、沿江开发，带动苏中崛起、苏北振兴，就必须尽快加快促成北沿江高铁和大沿海高铁的规划建设，这无论是对江苏自身区域的协同发展，还是对国家的整体经济社会发展都是具有极为重要且深远战略意义的。

（2）集聚效应。高速铁路依托其"高速度、大运量、高性能、公交化"的特殊优势，提升区域和城市间交通的可达性（accessibility）和便利性，使面对面交流机会大幅度增加，交流沟通的时间成本、商务成本、交易成本大幅降低，可以极大地提高人才、信息、技术、知识、资金等各种资源的流通与传播速度和效率，促使各类要素聚集和辐射能力提升，城市间融合程度增强。高速铁路对城市群产生促进城际协作的"同城效应",在城市层面产生促进城市重新定位、产业转型的"催化效应",在枢纽相关地段产生促进多种城市功能高度聚集、相互关联的"联动效应"。以法国里尔市为例,里尔原来是法国西北部的一座只有20万人口的工业小城市,位于法国巴黎、英国伦敦和比利时布鲁塞尔三个首都城市的几何中心。随着连接伦敦、巴黎、里尔和布鲁塞尔的欧洲之星(Eurostar)高速铁路的建设,当时的里尔市市长雄心勃勃要将里尔打造成"欧洲之心",并力主里尔高铁站不能建在郊外,而要与既有的里尔老中央火车站联为一体。围绕高铁站,建成了总面积为45万 m^2 的欧洲办公大厦(著名的"欧洲之靴")、银行大楼、会展中心和大型商业综合体。里尔由此成功实现了由单一的工业城市向欧洲文化之都、时尚之都、商务之都的转型。

(3)引导效应。在城市区域层面上,高速铁路凭借其便捷的远程城际交流机动性和近端集散交通可达性,具有强大的引导、集聚和支撑效应,可以带动老城中心更新复兴(如法国里尔中央高铁站与老火车站连体的周边地区、大阪梅田火车站地区和哈尔滨中央火车站地区,江苏省的苏州、无锡、常州、镇江、南京沪宁城际铁路沿线车站地区以及未来的盐城火车站地区等),或者带动外围副中心崛起(如东京的临海副都心、大阪的新大阪站地区和上海虹桥枢纽地区,江苏省的南京高铁南站地区、徐州高铁东站地区、常州高铁北站地区以及未来的南通东站地区、泰州南站地区、扬州东站地区等),从而重构城市空间形态结构和城市中心体系。

(4)虹吸效应。值得注意的是,高铁及其枢纽会给沿线区域、城市和周边地区带来强大的支撑、集聚和引导效应,这必然会对非高铁沿线和非车站周边的地区带来巨大的虹吸效应,打破原有的区域发展平衡状态,形成区域间、城市间新的区位优势落差、发展机会落差。这正是当下各省、各地、各市都在积极向国家争取高铁线路和枢纽选址布局建设的内在原因和动力。江苏应该积极争取国家大沿海、大沿江(北沿江)、东陇海及宁淮连高铁等国家大区域高铁线路的布局规划和建设,以此消除苏北、苏中与苏南之间由高铁布局不均带来的新的区域不平衡,带动苏南、苏中、苏北"三苏"进一步协同融合发展。

1.5 高速铁路及其综合客运枢纽规划设计编制体系

如上所述,随着高铁时代的到来,各个城市充分意识到了高铁的重要性,纷纷通过各种途径,积极争取高铁线路在本市途经并设站。但是,高铁(包括城际铁路等)都是投资大、运能高、技术密集的百年工程,必须从区域与城市战略高度和长远发展的视野出发,从城市战略规划和总体规划层面,系统研究、谋划、绘制城市铁路网和铁路枢纽总体布局规划（总图规划）。在此基础上，再来谋划城市某个具体的高速铁路客运枢纽站的规划设计。即使单个高铁枢纽地区的规划设计也并非简单地"就铁路论铁路"编制高铁枢纽站场设计，而需从高铁综合客运枢纽地区概念规划（城市设计）、高铁综合客运枢纽车站地区综合交通规划（控制性详细规划）、高铁综合客运枢纽核心区详细交通规划（城市设计）、高铁综合客运枢纽综合体交通设计（建筑设计）等层面，由战略到战术、由宏观到微观、由整体到单体、由粗到细、由浅入深，多专业多工种配合、多层次多阶段展开，形成完整的高速铁路及其综合客运枢纽规划设计编制体系（图1.1）。

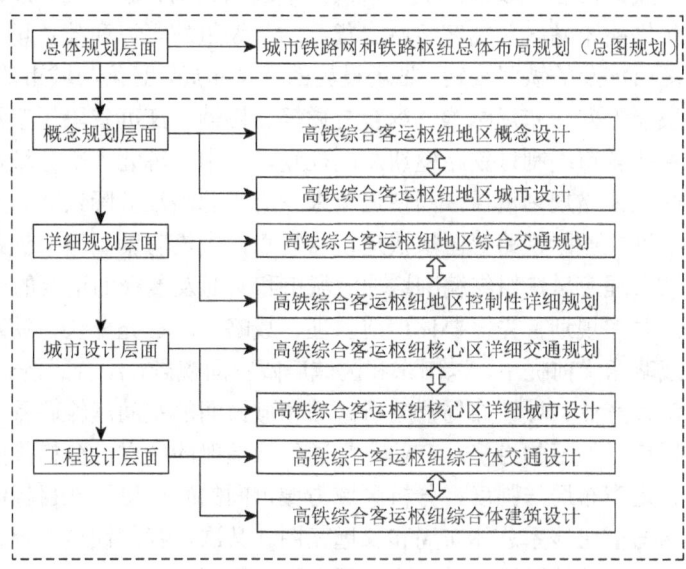

图1.1 高速铁路及其综合客运枢纽规划设计编制体系

1.6 城市铁路枢纽总图规划

欧洲典型城市铁路枢纽布局概况如下。

（1）伦敦铁路枢纽连接了20多条铁路线，550多座铁路车站（绝大部分为客运站）。仅伦敦市中心就有15座大型铁路客运站。

（2）巴黎铁路枢纽连接了16条铁路线，全部引入中心城区范围，由两条环线将16条铁路线串联起来。枢纽内共有250多座各类铁路客站。其中，年旅客发送量超过1000万人次的客运站就有100多处。

（3）城市规模较小的德国柏林，其铁路枢纽由两条环线连接了15条铁路干线。枢纽内包含60多座车站，其中10个为客运站，4个大型客运站均位于柏林市中心。

如上所述，铁路尤其是高速铁路及其综合客运枢纽对城市地位、交通区位、产业布局、城市形态、空间结构、中心体系等具有极为重大且深远的影响。因此，城市总体规划、综合交通规划都应将铁路及其综合客运枢纽规划作为最重要的内容，开展专题研究和专项规划，并将其成果纳入城市总体规划和综合交通规划成果中。城市总体规划和综合交通规划层面的铁路专项规划，按照我国现行铁路专业规划习惯（实际是从苏联传承而来），称为"铁路枢纽总图规划"，可以用"城市铁路枢纽总体布局规划"来更确切地表达。

通常来说，两条以上干线铁路相交的铁路枢纽城市，都必须编制"铁路枢纽总图规划"。规划内容一般应涉及各条铁路干线、支线、联络线等线路走向、选线，以及多种铁路车站（包括客运站、货运站、编组站等）和准备场的选址等。铁路枢纽总图所涉及的铁路线路、站场设施的选址布局，必须与城市的地形地貌、空间形态、发展方向、布局结构、综合交通等相协调。江苏省除了京沪铁路和陇海铁路沿线主要城市编制过铁路枢纽总图规划，苏中、苏北大部分城市由于长期缺乏国家和区域铁路规划覆盖，即使近年来考虑了北沿江城际铁路、盐通苏嘉城际铁路、徐宿淮盐城际铁路等区域快速铁路规划，也没有编制城市铁路枢纽总图规划。这些城市理应尽快组织编制这项对城市和交通发展极为重要的专项规划。

铁路枢纽总图规划首先需要体现前瞻性、战略性。在充分认识铁路尤其是高速铁路重大战略意义前提下，以国家和区域广阔空间视野，结合经济带、城市群、都市圈等经济、产业、城镇布局，分析区域和城镇间的空间运输联系，分析国家和区域中心城市引领下的经济、产业、交通集聚辐射的指向，分析国家和区域客货运输枢纽、走廊布局与强度，分析区域与城市间的时空可达性目标等，科学谋划城市铁路网与枢纽体系总体布局和长远蓝图。其次，我国铁道工程技术权威、工程设计大师、中铁第四勘察设计院集团有限公司原总工程师陈应先先生对具体的城市铁路枢纽总图规划设计的理念和思想进行了很好的归纳总结[4]。他提出新时期城市铁路枢纽总图规划的设计理念："以人为本、服务运输、着眼发展、强本简末、系统优化"。铁路枢纽总图规划的主要设计思想如下：①总图发展趋势应客运分散、货运集中（大城市枢纽总图规划宜设置适当数量的客运站并应合理分布，避免客运过于集中，体现了方便旅客、"以人为本"的理念，以及协调、和谐发展交通运输的设计思想）。②着眼发展，构思总图框架（新总图框架构思，要从估计我国建成现代化发达国家、国富力强的状况出发。规划不仅要满足研究年度远期运量的需要，还必须展望远景发展和科技发展与时俱进的需要，留有足够的发展空间是必要的）。③新形势下总图规划的多元化概念（鉴于高速铁路、客运专线、城际铁路等快速铁路蓬勃发展，城市要在原普速铁路枢纽的总体基础上，考虑快速铁路线加入后枢纽总图的更新叠加。要"建立多元化总图的概念，便于逐张总图的分析研究，在各系统布局确定之后，再研究各系统之间的关系"，包括"互通关系、共线关系和交叉关系；联系的方式多为联络线，共线或疏解"）。④落实为运输服务的思想（"设计为运输服务"是所有交通系统的共同宗旨。要主动从有利于运输的角度出发考虑问题，从总图布局、方案选择、设备能力等乃至具体设计细节，都要满足运输需要，并衡量对运输的利弊）。⑤以人为本，自主创新（设计是建设的蓝图，民生之百年大计，更要敢于自主创新，体现人性化的设计，创造综合运输链中节点的"零换乘"条件。推广多样式的客运站与城市交通"零换乘"）。陈应先先生的上述设计理念和思想是编制铁路枢纽总图规划的至理名言。

（作者：杨涛）

参 考 文 献

[1] 中国社会科学院近代史研究所中华民国史研究室，中山大学历史系孙中山研究室，广东省社会科学院历史研究室. 孙中山全集（第二卷）[M].北京：中华书局，1982.
[2] 乔洁，秦萧，沈山. 高速铁路经济效应研究进展与前瞻[J]. 经济问题探索，2012，（8）：112-118.
[3] 王缉宪. 高速铁路影响城市与区域发展的机理[J]. 国际城市规划，2011，26（6）：1-5.
[4] 陈应先. 铁路枢纽总图规划有关问题探讨[J]. 铁路标准设计，2006（s1）：24-29.

2 高铁枢纽合理选址

高铁时代到来，高铁枢纽成为城市空间重构、功能重组、城市更新、新城开发的重要引擎和触媒。高铁车站选址合理与否，直接影响高铁自身功能发挥、技术标准的实现，更会影响城市的竞争力提升、旅客出行便利性、城市空间形态结构优化与土地开发前景。本章总结了国际城市高铁站选址的成败得失经验、高铁站选址的主要原则，并以京沪高铁江苏段车站南京南站、南通东站、扬州东站为例，剖析了江苏省高铁站选址的利弊得失及相关建议。

2.1 国际典型高铁站选址分析

国际上典型的高铁站选址主要分为城市中心型、中心边缘型和外围新区型三大类。其中以城市中心型和中心边缘型占据主导，特别是在传统铁路站基础上升级而成的高铁站，因为这些站在过去漫长的发展过程中已经成为城市或地区中心，高铁的建设进一步强化了铁路站作为城市中心或地区中心的功能。而新选址的一些高铁站也充分考虑了枢纽与城市中心的关系，尽量靠近中心，以期既可通过高铁来提升中心的服务辐射范围，同时也为高铁提供稳定的客流来源。

法国里尔的高铁站——里尔欧洲站，始建于 20 世纪 80 年代，为了将里尔打造成真正的"欧洲之心"，里尔欧洲站的选址距里尔市政厅仅 1km，距里尔弗朗德车站仅 200m，通过地下通道联为一体，属于典型的城市中心型车站。里尔欧洲站通过完善便利的道路系统和公交系统，能够快捷地通达里尔市区、巴黎市区、伦敦市区及夏尔·戴高乐国际机场等重要节点，从而使里尔一跃成为欧洲可达性较好的城市之一。

有着百余年历史的日本东京火车站位于东京市中心，引入 6 条新干线和 7 条国铁干线，但其地理区位的中心化并未使人流高度聚集的高铁站产生混乱。东京火车站连接着 13 条轨道线路，集散效率很高，每天吸纳百万人以上的客流还能够保持高效有序运转。1964 年建成的新大阪站则是典型的中心边缘型高铁站，它距离大阪中央火车站——大阪站 3000 多米。当年新干线在选线时无法接入大阪站，因此选择了 3000 多米外城郊的这片工业与农地结合的地区设站。新大阪站与地铁御堂筋线北延段同步开通，后者将新大阪站、大阪站和市中心串联起来，从而带动了周边土地的更新转型，目前已发展成为大阪集金融、酒店、办公、商业和居住的新城市副中心。

当然也有反例，如日本东海道新干线上的岐阜羽岛车站。该车站选址于距离岐阜市中心15km的一片稻田里，属于典型的外围新区型车站。当时试图将其发展成为岐阜市的城际出行门户。然而，由于当时未充分考虑进出岐阜市中心的配套交通系统，居民只能选择半小时的私家车出行或乘坐火车绕行名古屋车站，导致车站自1964年开通后长时间客流量较少，高铁枢纽周边发展缓慢[1]。

2.2 高铁站选址的思路与原则

由于高铁站同时兼备节点价值和场所价值，在场址选择时应坚持"位置最优、节约成本"的原则。重点分析城市空间结构、交通体系及既有铁路设施利用等方面的情况，保证高铁站在促进经济效益、社会效益和环境效益的平衡发展中发挥作用。具体来说，高铁站的选址应遵循"人便于行、空间引导、高效集散、综合协同"的原则。

2.2.1 人便于行

高铁最大的优势在于其快捷性、时效性。对旅客来说，乘车要方便、快捷，尽量缩短出行距离和时间；对铁路营运者来说，要最大可能地吸引客流。高铁站以服务城市对外中长距离交通为主，其站址选择不宜距离主城过远，特大城市宜以城市轨道交通和快速路半小时通达为限，大城市以轨道交通和快速路20min内通达较为合适，中小城市以快速公交系统和小汽车一刻钟通达为宜，过远则难以发挥高铁优势，也会削弱高铁的竞争力。

2.2.2 空间引导

高铁站的建设对城市开发的引领作用巨大，高铁站选址宜在城市空间的主要拓展方向上布设，但又不宜距离既有建成区或主城过远。可在主城和新区之间的合适位置选址，既方便主城居民使用，又能带动新区开发。从城市规划角度看，要有长远眼光，在城市主要发展方向预留宽裕的基础设施廊道和枢纽发展空间。有条件的城市，也可以考虑通过高架或地下等方式，将高铁线路和车站引入城市建成区甚至中心地区，引导城市空间重构、城市更新和土地再开发。

2.2.3 高效集散

高铁站将是城市主要的综合客运枢纽,其选址要与城市综合交通体系布局相协调,特别是与城市轨道交通网络和城市高快速路网布局相协调,做好枢纽本体、枢纽地区和周边地区的综合交通规划,形成立体化的综合交通枢纽,保障高铁车站快进快出、广域服务、无缝衔接、高效集散。

2.2.4 综合协同

高铁新线和车站在引入既有铁路枢纽时,要注重对枢纽总图布局的优化,按照"客货分线、客内货外、作业集中、疏解灵活"的总体思路,将有条件迁移的编组站、货场逐步外迁,改善位于城市中心的客运站条件和配套能力[2]。

2.3 江苏首轮高铁站选址得失经验比较分析

2.3.1 京沪高铁江苏段车站选址情况

京沪高铁是我国首批启动建设的高速铁路,其车站选址受高铁建设速度要求等影响,以远离既有城区为主。以京沪高铁江苏段为例(表 2.1),沿线共 8 座高铁站,这 8 个城市均已有普速铁路站,其中 5 座车站所在城市已经开通了城市轨道交通,且均与高铁站有连接;3 座车站所在城市规划建设轨道交通,也均与高铁站相连。

表 2.1 京沪高铁江苏段车站选址情况一览表

站名	车站所处区位	与城市中心距离/km	与既有普速铁路站距离/km	集散交通设施
徐州东站	外围新区中心、远离老城	11	9	规划 3 条轨道(已建成 1 条)、高速公路、城市快速路
南京南站	主城副城之间、市级中心	8.5	13	规划 5 条轨道(已建成 4 条)、高速公路、城市快速路
镇江南站	外围新区中心、靠近老城	6.5	5	规划 2 条轨道、高速公路、城市快速路
丹阳北站	外围新区中心、远离老城	10	7.5	规划 BRT、城市干路
常州北站	外围新区中心、远离老城	9	8	规划 2 条轨道(已建成 1 条)、高速公路、城市快速路
无锡东站	外围新区中心、远离老城	16	15	规划 2 条轨道(已建成 1 条)、城市快速路

续表

站名	车站所处区位	与城市中心距离/km	与既有普速铁路站距离/km	集散交通设施
苏州北站	外围新区中心、远离老城	14	11	规划2条轨道（已建成1条）、城市快速路
昆山南站	外围新区中心、靠近老城	3.5	1.5	规划2条轨道、城市快速路

首轮建设的高铁站出现的主要问题是多数车站距离既有城区过远，而对应的城市交通集疏运体系不够健全，未能很好地发挥高铁的速度优势和引导开发优势。高铁站与市中心联系不便，在很大程度上抵消了高铁本身的速度优势。

2.3.2 南京南站选址分析

南京南站地处主城与东山副城之间，距新街口市中心直线距离 8.5km，可直接衔接老城、河西、江北、江宁等地区，配置了 5 条城市轨道线路与其立体对接、无缝换乘（seamless transfer），南北落客平台分别与绕城公路、机场高速、双龙大道、宏运大道 4 条高速公路和快速路匝道衔接，实现快进快出，集散交通十分便捷。由于站址和线路走廊长期稳定预控，建设时以较小的代价实现了高铁站的近城布局、周边土地的集约使用和极大增值。南京南站位于主城和东山副城的区位与周边的用地潜力奠定了南部新城开发的基础，南站中心与新街口市中心、河西新中心形成三角形的市级中心体系，共同服务于市域和都市圈的发展（图2.1）[3]。

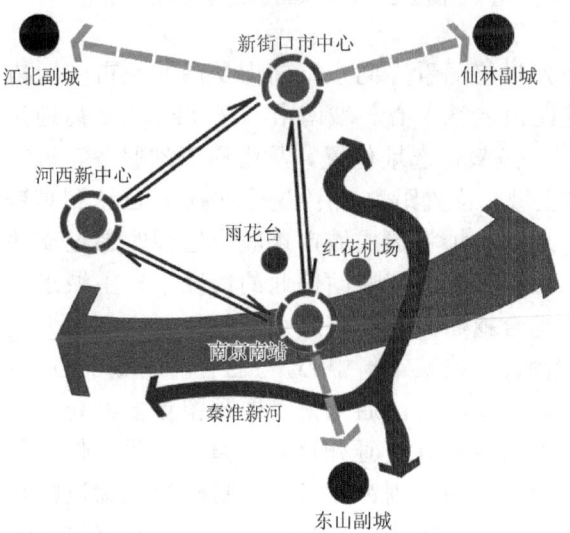

图 2.1 南京南站区位以及与中心体系的关系

2.3.3 南通东站功能定位和选址分析

南通是沿海运输大通道与沿江运输大通道交会的国家枢纽城市。南通铁路枢纽整体上呈"南通站、南通西站、南通东站三站并立、分工协作、互为补充"的格局。依据现状铁路布局和规划过江通道位置,南通东站有两个备选站址——既有宁启国铁线南通东站站址和通州站站址(图2.2)。

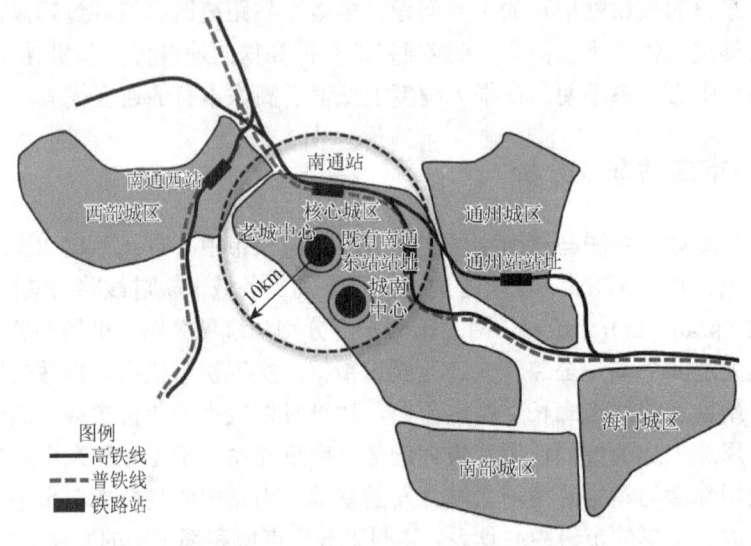

图 2.2 南通东站选址分析示意图

从南通城市发展格局看,向东、向南是南通城市空间拓展主导方向。既有南通东站位置距离老城中心、城南中心 6~8km,距离通州城区中心、南部城区 10km 左右,是最佳选址位置。从南通东站服务客流来看,其服务客流 80%以上将来自主城,位置距主城中心近 10km,已达到高铁枢纽第一服务圈层的最大极限;通州站址将造成城市接驳交通耗时超过高铁在途时间,特别是在南通西站已经偏西北、南通站偏北的情况下,主城东南地区就更加需要一个便捷的高铁综合枢纽。既有南通东站的位置更加贴近主城,可形成高品质、高定位枢纽新城,构建城市新中心,与已有的老城中心、中央商务区(CBD)中心形成三角中心关系,为南通未来发展预留更多机会。此外,东站位置可通过轨道和快速路网与 CBD、通州区形成直达联系,保证各方向半小时内通达,与南通兴东国际机场一刻钟互通。从基础设施廊道归并和减少对城市分割上看,东站位置及其衔接线路走廊集中,且为既有线路走廊,有利于协调沿线关系。通州站站址的衔接线对通州区、主城区用地分隔严重，而且其衔接线和通吕运河、沈海高速、宁启铁路将通州城区一分为三。

综上分析，既有宁启国铁线南通东站的位置更加贴近主城，集疏运条件更好，对客流服务更好，接线廊道集中，对城市分割小，具有明显优势。

2.3.4 扬州东站选址分析

扬州东站是连淮扬镇铁路和北沿江高铁交会的枢纽站，东向沟通沪杭，西向衔接南京，南向对接苏南，北向连接徐、淮、连等主要城市和地区，是扬州市对外交通的主枢纽。

扬州东站选址一方面要考虑对扬州东部新城区的带动，另一方面要方便整个中心城区的对外出行，同时还要兼顾铁路线形满足高铁运行要求。可供选择的两个站址包括江都东站和廖家沟站（图2.3）。两个站址都能满足铁路场站布设的基本用地要求，但在与城市中心体系和空间结构的关系、城市交通接驳网络等方面有所区别。

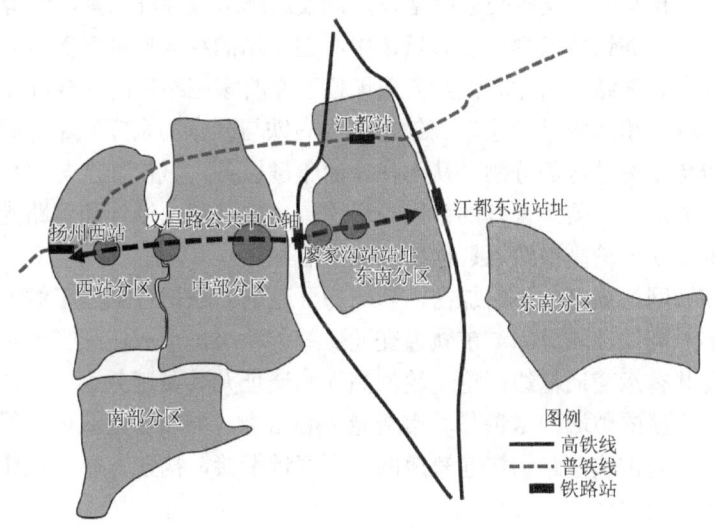

图 2.3 扬州东站选址分析示意图

从与城市中心体系的引导和支撑看，廖家沟站紧靠城市中心，具有明显优势；而江都东站尽管其衔接五峰山过江通道的接线线形比较顺直，但是偏于江都东侧。从方便旅客的角度看，廖家沟站站址更贴近老城，且与城市轨道交通网络和快速路网衔接顺畅，可以保证半小时覆盖中心城区绝大部分人口与客源地；而江都东站在廖家沟站以东约10km，远离客流中心，基本无法为扬州市区乘客提供可接受时耗内的接驳服务，大部分旅客交通接驳时耗超过40min甚至1h。

从城市空间结构拓展的需要和铁路对旅客服务的需要来看，廖家沟站站址贴近城市中心、更靠近老城，也更靠近扬州中心城区的居住和商办用地的重心，集疏运条件更好，具有明显优势，铁路部门在实际建设中采纳了这一选址，目前连淮扬镇铁路扬州东站已经在廖家沟站站址开工建设，接驳的轨道交通线路等前期工作已经开展，未来扬州东站将成为多模式一体化的综合换乘枢纽。而该站址的确立对带动扬州东部CBD和生态科技城的开发建设，推动江广一体化、江都融入扬州主城等均有极大的促进作用。

2.3.5 对新一轮高铁站选址的启示

"十四五"期间，我国高铁建设将进入一个新的快速发展时期。以江苏为例，北沿江高铁、宁淮高铁全面开工建设，新一轮高铁站选址如何避免上一轮高铁站建设远离主城的弊端，如何更好地发挥高铁拉近时空距离、构建高速高频交流圈的优势，需要在充分借鉴上一轮高铁站建设的经验教训基础上，因地制宜、因城而异，综合城市空间、集散交通网络、基础设施廊道等各种因素，统筹考虑。

国内上一轮高铁建设中，也有城市中心型车站的经典选址案例——石家庄新客站。石家庄新客站（新建高铁站）选址位于原石家庄站以南3.5km处，距城市主中心仅4km。引入该站的京广高铁、石太高铁与既有的京广铁路并廊，局部地下敷设，避免了对城区的分割，从而在客流集散服务、城市开发与更新、跨铁路交通组织等方面均取得了良好的效果，堪称国内铁路车站选址和线路走廊布局的典范，值得在新一轮高铁站规划选址工作中借鉴。

由于高铁网络规划的不断加密，新一轮开建的高铁站普遍为多线汇集的枢纽站，一般都对高铁、城际和城市轨道交通做统筹考虑，形成城际交通和城市交通一体化的公共客运交通枢纽。这一轮的高铁站选址尤其要避免上一轮选址时部分高铁站远离主城的弊端，尽量与城市新老中心结合，更加靠近城市的用地重心和客流重心，与城市快速路和快速轨道网络更好地衔接，构建方便、快捷的区域和城市一体化交通体系。

2.4 结论与建议

1）高铁站尽量靠近城市中心最为便捷和有效

国外如欧洲、日本多数高铁站都设在市中心或相对靠近市中心的地方，如此方能最方便、最有效地利用现有的城市交通体系。如果需要以高铁站带动外围新区开发，那么一般也应在先建设完成市中心高铁站的情况下，考虑在外围设置新站。

2）高铁站选址需要结合城市规模、空间结构、枢纽总图等多种因素确定

特大城市、大城市一般为多中心结构，其车站一般也设有多个。位于城市外围的高铁站可以带动新城、新区开发，甚至形成城市新的发展中心，这一点可作为重要参考因素，但也不宜过于远离城市中心，否则，"蛙跳"式的高铁站和高铁新城往往难有充足的客流和理想的效益。

中小城市的高铁站选址宜尽量靠近城市中心，否则以其尚不十分发达完备的交通网络一般难以支撑这种离岛式的对外枢纽集散要求，对城市的服务、形象和空间等都将产生不利影响，并有可能失去高铁建设带来的发展机遇。

3）高铁站需与城市综合交通体系密切配合，形成功能完善的内外一体化交通网络

为充分发挥高铁的高速度、高品质运输对城市和区域的带动作用，高铁站需与城际铁路网、普速铁路网、市域铁路网、高速公路网和城市轨道网、城市快速路网等结合，形成换乘高效、集散快捷的辐射服务网络，扩展高铁的服务范围，最大限度地发挥高铁的优势和功能。

（作者：郜俊成）

参 考 文 献

[1] 刘高琎. 论铁路枢纽内设备位置选择与城市规划的配合[J]. 铁道工程学报，1996，（4）：97-100.

[2] 陈应先. 铁路枢纽总图规划有关问题探讨[J]. 铁道标准设计，2006（s1）：24-29.

[3] 阿特金斯顾问有限公司，南京市交通规划研究所有限责任公司. 铁路南京南站地区综合交通规划与设计[R]. 南京：南京市规划和自然资源局，2007：21-29.

3 高铁枢纽一体化衔接

3.1 高铁客运枢纽分类

我国正迎来以高速化、现代化、信息化为特征的新一轮铁路大发展。以客运专线为特征的新一轮铁路建设正前所未有地改变着人们的出行观念，其中关键的突破口和作用力将由城市综合客运枢纽完成和发挥。

长期以来，铁路车站地区交通流量巨大，交通拥堵、人车混行的现象普遍存在。从空间布局角度看，与铁路客运站相关的交通换乘设施布局分散，配套设施资源缺乏有效整合，客流换乘系统缺乏一体化设计（集中表现为换乘距离远、换乘时间长），加剧了高铁客运枢纽内外交通设施的压力。而在客运枢纽规划设计法规、规范方面，受到视野、对象和行政管辖的制约，铁路、公路客运车站、枢纽的既有规范相对独立，在重视站区自身规划设计时，未能充分体现客运枢纽机体之间的内在必然联系，缺乏对枢纽内部和外部出行方式结构、客流换乘关系和特征等方面的深入研究。

高铁客运枢纽视其所处城市区位和功能特征的不同，可以大体分为四种类型（图 3.1），即中心型枢纽、综合型枢纽、区域接驳型枢纽、通勤型铁路客运枢纽。

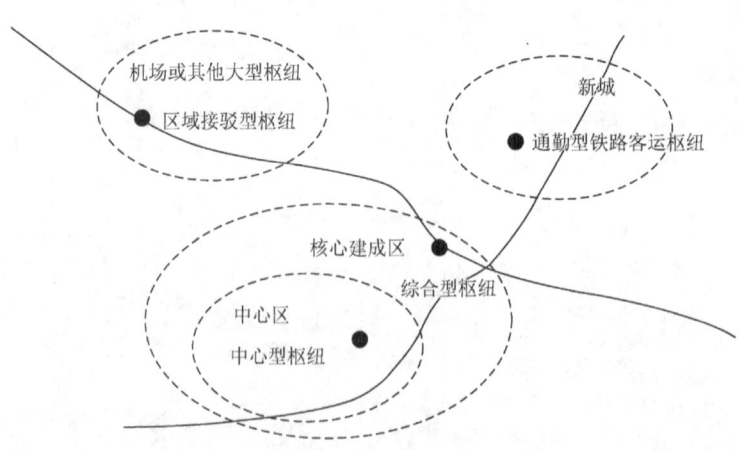

图 3.1 高铁客运枢纽功能分类示意图

3.1.1 中心型铁路客运枢纽

中心型铁路客运枢纽与周边城市设施完全融为一体,开发强度和密度进一步提高,普通的商业、服务业部分置换为金融、办公、公寓式住宅等能够承受更高地价的功能。在特大城市或铁路枢纽地位较高的城市中心才会出现中心型铁路客运枢纽。国外这类铁路客运枢纽通常具有以下特征。

(1)接驳换乘方式相对简化。中心型铁路客运枢纽一般不须布置长途汽车站和公共汽(电)车首末站,只需要满足一定的公共汽(电)车换乘功能。同时,地铁在交通换乘中的分担率已达到80%,成为支撑中心型铁路客运枢纽和周边地区高密度开发的重要基础。

(2)周边土地利用功能以城市公共服务中心功能为主导,服务对象是整个城市或更大的区域而不只是铁路乘客。例如,经过改建的里尔欧洲站综合体中,与交通功能无直接关系的商业服务业功能占总建筑面积的60%以上,主要服务对象是临近社区的居民;日本大阪站综合体设置了大量吸引游客的地下商业街、饮食店、茶室、咖啡屋等,还包括一个拥有671间客房的旅馆。

(3)常以建筑综合体的面貌出现,充分利用地下和铁路线以上空间,铁路站房与周边城市设施实现一体化开发。例如,大阪站地下4层、地上27层,集中了3个火车站和3个地铁站;法国巴黎塞纳河南岸的巴黎高切河(Paris River Gauche)新车站,将铁路线两侧上方的城市空间开发为公寓、办公楼和各种服务设施。

3.1.2 综合型铁路客运枢纽

与欧洲不同,我国和日本等亚洲国家的高铁发展期也是城市化快速发展时期。在此背景下,城区边缘新建高铁站有助于带动城市结构调整和城市规模扩展,常常成为城市发展战略的重要组成部分,在城市发展战略的引导下,发展成为新的城市中心城区,如东京新宿站、大阪新站等。在上述案例的鼓舞下,我国南京南站、郑州东站、济南西站、石家庄新客站等也纷纷将铁路客运枢纽周边地区定位为城市副中心,发展城市综合服务功能。同时,这些新建高铁站用地相对宽松,将成为包括大型长途汽车站和城市公共汽(电)车枢纽站在内的综合型铁路客运枢纽。

3.1.3 区域接驳型铁路客运枢纽

21世纪以来,随着航空业的迅猛发展以及欧洲一体化进程的逐步深化,欧洲特大型机场开始考虑通过接入高铁线路以增强航空港对区域的辐射能力。于是，铁路车站与机场结合的新型枢纽形式应运而生，如德国法兰克福机场站、巴黎夏尔·戴高乐国际机场站等。由于这一类型铁路客运枢纽的设置是基于优化航空运输功能的初衷，因此，其选址、功能以及周边地区的开发定位受到机场的影响和控制，具有以下特点：铁路客运以高速铁路城际线为主，选址远离中心城区，主要服务于城市所在的区域；地面交通集散方式与普通机场类似；周边地价较低，且受到机场净空的限制，多分布与机场有关的物流园和较低密度的产业园。

随着我国城镇群的发展，各城镇群中的首位城市逐渐认识到通过强化交通枢纽的定位和功能来提高城市和区域竞争力的重要性和可能性。上海、郑州、长沙等城市纷纷借鉴机场与铁路组合发展的模式，开始建设具有中国特色的区域接驳型铁路客运枢纽，如上海虹桥站、郑州机场站和长沙机场站等。

3.1.4　通勤型铁路客运枢纽

随着高铁的发展，中心城区"1 小时通勤圈"的影响范围随轨道交通线路扩散至沿途车站，使特大城市（如北京、上海、巴黎、东京）附近的小城镇铁路客运站周边地区成为其"通勤郊区"和"商业、服务业一体化地区"。事实上，在高铁建设以前或建设初期，各国政府在"有机疏散"等理论的引领下已经开始制定新城发展政策，实现有序的空间扩散。而高铁城际线车站与新城的结合发展为这些地区提供了更好的交通条件，进一步促进了新城开发。由于这些车站主要服务于新城、卫星城与主城之间的日常通勤交通，因此称为通勤型铁路客运枢纽，如德国卡塞尔站、法国南特站、北京亦庄站、天津滨海新城站等[1]。

3.2　基于客流特性的换乘特性分析

3.2.1　高铁客运枢纽客流特性分析

高铁客运枢纽的配套交通设施由公路、城市轨道、常规公交、出租车与社会车中的两种以上方式组成；换乘客流分为三大类，即对外交通方式之间的换乘客流、对外交通方式与城市内部交通方式之间的换乘客流、城市内部交通方式之间的换乘客流，主要包括铁路与公路换乘、铁路与轨道换乘、铁路与常规公交换乘、铁路与出租车换乘、铁路与社会车换乘、公路与轨道换乘、公路与常规公交换乘、公路与出租车换乘、公路与社会车换乘、常规公交内部换乘等客流。

采用铁路、公路出行的旅客将会在出行时间与出行费用两者间进行权衡。对于一般旅客，除非是时间安排紧张，较大多数会首先考虑出行费用，优先选择城市公交。城市公交包括轨道交通与常规公交两大类。其中，轨道交通的时间效益高、运行速度快，对出行起终点在轨道站附近的乘客具有较大的吸引力，但其覆盖率相对低；常规公交覆盖率高、票价便宜，但运行速度受到其他机动车的干扰，对轨道站未覆盖区域的乘客有较大吸引力。

采用铁路、公路出行的旅客大多行李较多、较重，对高铁客运枢纽内部交通换乘距离的承受程度较低，需要在规划设计中特别关注。

3.2.2 客流换乘差别化

高铁客运枢纽内部各类设施客流换乘距离是评价设施布局、客流组织一体化衔接优劣的参数。由于枢纽场地空间的限制，保证每类客流换乘距离都达到最理想的目标基本无法实现，这就有必要对客流换乘距离进行差别化约束。

高铁客运枢纽客流对出行时间、出行费用、换乘距离的差异，使得在综合客运枢纽规划设计工作中需要充分认识客流换乘的差别化，对各类换乘客流区别对待，以此为基础合理布置综合客运枢纽交通设施并进行交通流线组织。

综合客运枢纽内部各类交通方式的换乘强度由强至弱：铁路与轨道换乘＞公路与轨道换乘＞铁路与常规公交换乘＞公路与常规公交换乘＞常规公交内部换乘＞铁路、公路与出租车、社会车换乘＞铁路、公路与非机动车式换乘。

3.3 典型案例

3.3.1 一体化交通设施布局

从服务对象看，高铁客运枢纽中铁路与公路汽车客流都是中长途客流，旅行距离较远，随身携带物品、行李较多，其中工薪阶层占大多数，选择换乘轨道、常规公交的可能性较大。从这种意义上看，从平面或立体空间角度将铁路客运站、公路汽车站、轨道交通站厅、公交场站四者布置在距离较近的位置，合理安排换乘流线，最小化换乘距离，将有利于多数换乘客流的集散。其中，铁路客运站、轨道交通站厅通常受到工程设计规范的影响，具体位置比较固定，因此枢纽设施布局的优化应重点考虑公路汽车站、公交场站的布局优化。

3.3.2 一体化的客流组织

枢纽内部客流组织与设施布局两方面工作相辅相成、相互制约、互为规划设计前提条件，可以先分别设计布局与客流组织的最佳方案，然后进行方案组合比选，推荐两者协调后的最合理方案。

一体化的客流组织包括铁路客运站客流组织一体化、枢纽客流与车流的协调组织一体化、枢纽内部换乘客流组织一体化。

3.3.2.1 铁路客运站客流组织一体化

铁路客运站客流组织一体化应做到铁路客运站进站、出站客流分离，避免混合交叉引起混乱。进出站客流分离可以通过平面分离、立体分离两种形式实现。通常情况下，根据旅客进出站交通组织的立体化程度，客流立体分离的组织模式包括"高进低出""中进低出""低进低出"三类。其中"高进低出"能够完全实现铁路旅客进出站的立体化分离，当外部规划条件允许时应优先考虑。

南京火车站是"高进低出"交通组织的典型案例。来自地铁、公交和长途汽车的客流通过自动扶梯直接到达二层进站平台，出租车和社会车乘客通过高架匝道到达二层送站平台直接进站。出站旅客从地下一层出站后，可选择在同层（地下一层）直接换乘地铁、出租车、社会车，或者通过自动扶梯回到地面层换乘常规公交。

3.3.2.2 枢纽客流与车流的协调组织一体化

枢纽客流与车流的协调组织一体化，指的是枢纽内部各类换乘客流与车流的分离。通常情况下也是通过平面分离与空间立体分离两种方式实现。条件允许的情况下，应首先考虑空间立体分离方式，保证客流换乘的连续性与舒适性，换乘过程中不被连续的车流干扰。

以南京南站为例，其设计方案充分利用地铁地下空间规划地下通道，通过立体交通联系长途车、常规公交和地铁，从而减少客流换乘过程中的人车冲突（图3.2）。

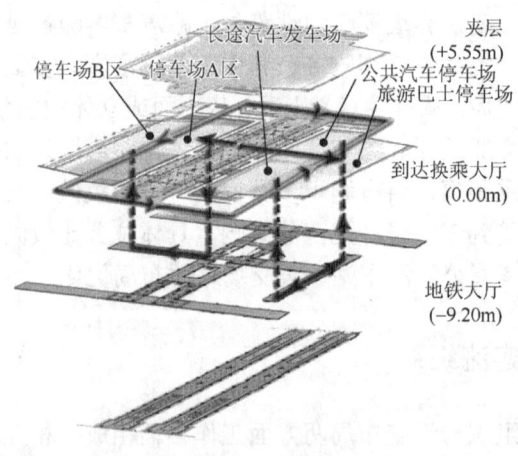

图 3.2　南京南站客流立体换乘示意图[2]

3.3.2.3 枢纽内部换乘客流组织一体化

相比之下，枢纽内部换乘客流之间的冲突不像人车流冲突那样严重，但如能实现各类换乘客流的分离，则更能体现枢纽一体化特点。枢纽内部换乘客流组织的一体化主要通过平面分离实现，同时安排布置合理的客流分离点与汇集点。建议参考以下方法。

（1）各类客流换乘流线合理换乘距离宜控制在 200~250m，不应超过 300m。

（2）在同一交通方式内部（如铁路枢纽内部、地铁枢纽内部等）的换乘应当在该子系统自身内部设置便捷的站内换乘通道，避免矛盾外部化。

（3）对于在铁路两侧分别设置的侧式铁路车站，如果要分别形成综合枢纽，除应合理设置连通两侧的内部进、出站通道外，还应在临近站区的位置设置跨铁路的非付费通道，使两侧枢纽真正形成一体化综合性客运枢纽。

3.3.3 交通设施空间一体化共享

综合客运枢纽内部交通设施空间的一体化共享包含多重内容，包括用地设施一体化共享、换乘空间一体化共享与换乘通道一体化共享等。

3.3.3.1 用地设施一体化共享

在枢纽的规划设计工作中，实现用地设施共享需要充分利用枢纽内部一切可利用空间。例如，南京南站利用高架铁路下方空间布置长途汽车站场、公共汽车停车场、社会车辆停车场、出租车候客区（图 3.3）；南京站北广场综合客运枢纽将地下停车场的机动车出入口与地面广场有机融合，实现了对机动车驾驶员的人性化考虑。

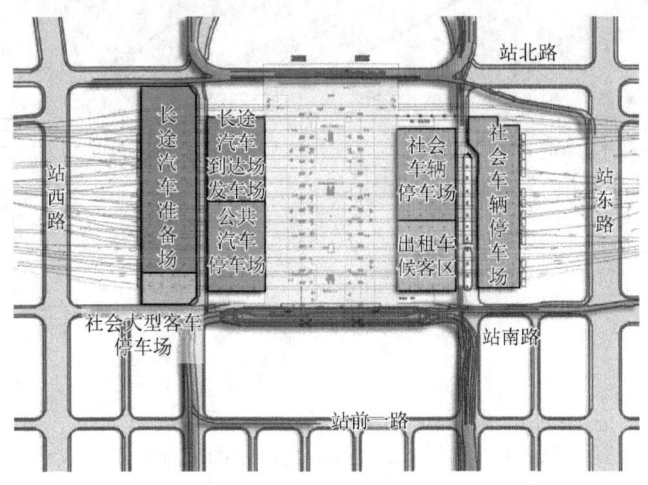

图 3.3 南京南站配套设施总体布局[2]

3.3.3.2 换乘空间一体化共享

换乘空间一体化共享是指整合枢纽各类设施之间的换乘空间，实现资源共享与节约，具体体现为综合换乘大厅的规划设计。

综合换乘大厅是客流换乘的集散空间，各类客流可以通过综合换乘大厅这一媒介，转乘其他交通方式。综合换乘大厅应给人以宽敞、舒适的直观感受，同时在换乘大厅与各类设施（铁路、公路、轨道、常规公交、出租车、社会停车场等）的连接处设置准确、易懂的换乘诱导标识，引导客流有序换乘，保障换乘的连续性与舒适性。

例如，南京站北广场综合客运枢纽在铁路站房北侧设置玻璃雨棚作为换乘大厅，将汽车站、地铁站厅以及地下出租车、社会车的乘客地面出口联系起来，构建开敞空间供乘客换乘使用，避免乘客受到日晒雨淋（图3.4）；同时，在站前广场地下一层布置地下换乘大厅，满足公路客运、轨道、出租车、社会车的客流联系，从而充分体现铁路综合客运枢纽规划一体化的规划理念（图3.5）。

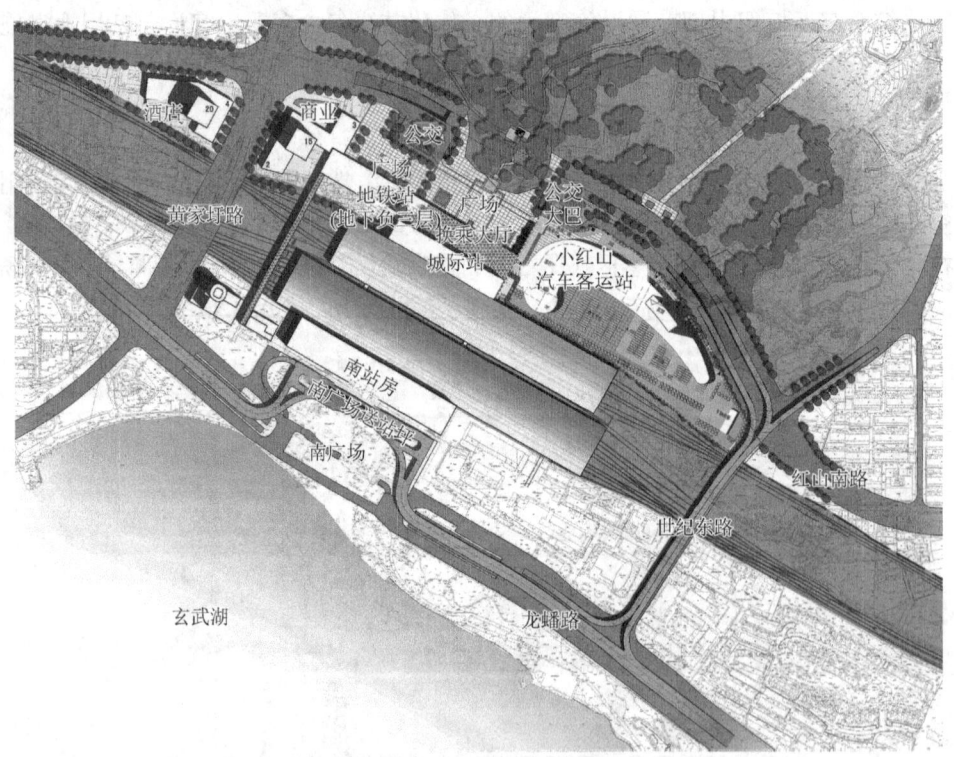

图3.4 南京站北广场综合客运枢纽总平面图[3]

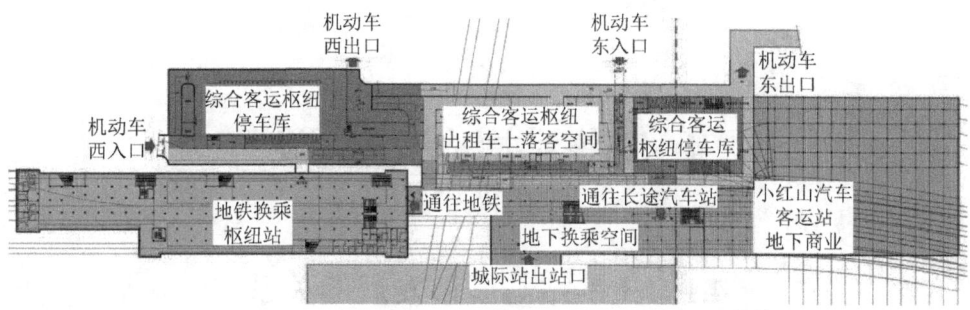

图 3.5 南京站北广场综合客运枢纽地下一层换乘空间布局[3]

3.3.3.3 换乘通道一体化共享

除了保证综合客运枢纽内部换乘空间一体化，还需要实现换乘通道一体化共享，具体包括换乘车行通道共享、非付费跨铁路人行通道共享。

例如，南京站北广场综合客运枢纽在城际站站房西侧规划了非付费跨铁路人行通道，方便旅客往来于南北广场。

在经济全球化、区域一体化的今天，对外综合客运枢纽已经成为城市的门户和名片，成为紧密连接人们各类交通出行的纽带。在综合客运枢纽规划设计的各个阶段、各个层面，充分重视和体现一体化的规划设计理念，主动从一体化角度整合功能、优化布局和精细化设计综合客运枢纽，不仅是枢纽优质、高效、安全运行的有力保障，同时也必将对支持和引领城市和交通的可持续发展产生积极而深远的影响。

（作者：罗崴）

参 考 文 献

[1] 王昊，胡晶，赵杰.高铁时期铁路客运枢纽分类及典型形式[J].城市交通，2010，8（4）：6-154.
[2] 阿特金斯顾问有限公司，南京市交通规划研究所有限责任公司.铁路南京南站地区综合规划[R].南京：南京市规划和自然资源局，2007.
[3] 南京市城市与交通规划设计研究院股份有限责任公司，东南大学城市规划设计研究院.铁路南京站北站房、北广场综合客运枢纽规划（送审稿）[R].南京：南京市规划和自然资源局，2009.

4 高铁站周边城市开发

4.1 高铁站与城市发展的关系

以高铁站为代表的综合交通枢纽,作为城市重要的交通门户,成为区域和城市空间发展与重构的动力引擎,对提升城市的都市圈功能与辐射力、带动周边地区发展、优化城市结构具有重要的意义。

在不同历史时期,铁路站建设都与城市的发展息息相关,并在空间上得以反映。铁路站的兴建大多起于城镇化快速发展阶段,而高速铁路的建设正值区域一体化的发展时期。分析铁路枢纽与城市发展的关系,可以从宏观层面把握高铁站作为城市发展触媒、带动城市更新的重要作用。

4.1.1 高铁站空间布局类型

分析国内外的相关案例,高铁站空间布局主要分为三种类型:城市中心型、城市边缘型和机场地区型(图 4.1)。由于欧洲城市发展已进入平稳期,缺乏城镇化的动力,高铁站大多布置在城市的中心地区。我国目前已建和在建的高铁通常选择从中心城区边缘或郊区通过,相应的站点也选择在距离中心城区较近的"切点"附近。还有一些国内外城市把高铁站和机场结合形成辐射范围更大的综合交通枢纽[1]。

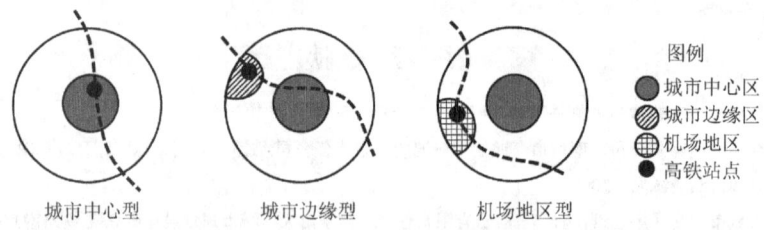

图 4.1 高铁站空间布局类型

4.1.2 快速城镇化发展时期铁路站影响城市单中心发展结构

在城镇化快速发展时期,城市大多处于单中心发展阶段。铁路站不仅成为城市的对外交通枢纽，也集聚了诸多新的城市功能。原本位于城市建成区边缘的铁路站逐渐被新增的城市功能包围，并最终发展成为城市的商业服务中心（图4.2）。可见，铁路站对城市空间的构建发挥了巨大的触媒作用[2]。

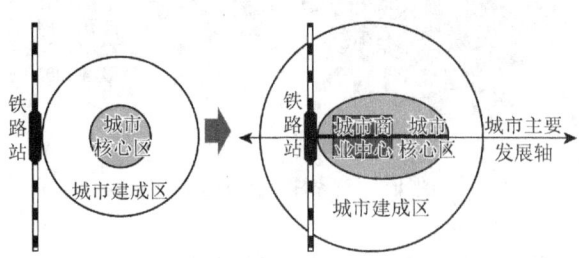

图4.2　快速城镇化阶段铁路站与城市发展的关系示意图

国内外许多城市的发展都出现了类似的规律。例如，日本的东京老火车站建成后，其东侧的银座商业中心逐渐发展成为东京乃至全日本最重要的商业和娱乐业中心（图4.3）；又如，我国的徐州火车站建设后，在火车站与老城之间迅速形成新的城市商业聚集区和发展轴（图4.4）；而石家庄则始终以火车站为中心向四周圈层式发展，火车站的城市中心地位不可动摇（图4.5）。

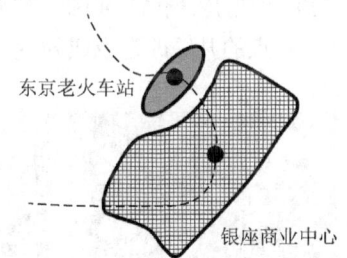

图4.3　东京老火车站周边开发

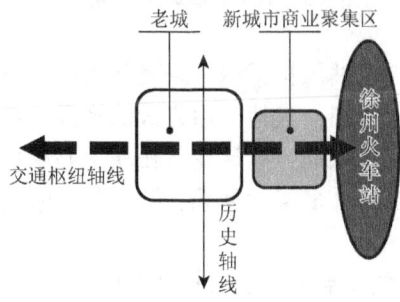

图4.4　徐州城市结构演变

图 4.5　石家庄城市形态演变

4.1.3　区域一体化发展时期高铁站引导城市多中心发展格局

在区域一体化发展的背景下，高速铁路的技术应用为高铁站周边城市的发展注入了新的活力。高铁站的枢纽功能与城市功能融为一体，逐步带动周边地区的复兴或城市新区的发展，引导空间结构的改变，成为城市由单中心向多中心发展的重要引擎。

这一方面表现在对位于城市中心城区的高铁站进行升级改造，通过高强度、高密度的土地再开发，从而带动周边地区的更新和复兴。例如，东京新火车站体现了高强度开发的再城市化特征，其站点西侧的新商务中心在三维形态空间方面表现得尤为明显。南京火车站、苏州火车站等站点的升级改造也成为城市更新的重要动力（图 4.6）。

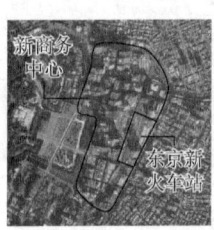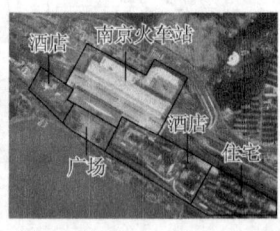

图 4.6　火车站周边土地再开发

另一方面，新建的高铁站承担了城市培育新的增长点和疏解中心城区压力的职能，以服务区域为主，承担与其他交通方式的换乘，在功能布局上由单一的商业集中区向功能复合、特色化的方向转变，在城市乃至更大范围内体现自身的分工特色，构筑城市的多功能、多层次体系。国内外一系列新建铁路站的发展案例均体现了这一规律。

例如，日本东京地区的发展得益于快捷便利的铁路运输条件，逐步形成了"中心城区-副都心新城-周边新城"的城市格局（图 4.7）。其中，新宿站地区在建成后迅速发展成为继东京市中心之后第二个依托铁路枢纽形成的中央商务区，分担了东京中心城区的高密度压力，引导城市由单中心向多中心结构转变。德国卡塞尔高铁站成为引导城市西部地区增长的动力引擎，提高了城市服务功能，站点周边地区的各类公共服务设施的需求量都有所增长，并吸引了更多的工业、商业、服务业企业的到来，甚至吸引了更多的资金来帮助大学教育和政府机构的发展。

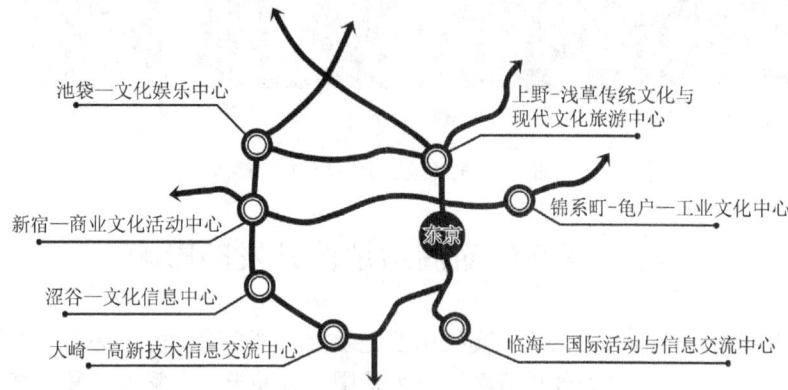

图 4.7 东京都市区多中心结构示意图

我国依托高铁站带来的发展机遇形成一个个功能复合的城市副中心，实现城市跨越式发展。例如，在天津市域"一轴两带三区"的空间布局结构发展中，天津西站地区成为优化城市功能、促进城市职能重构的良好节点（图 4.8）。

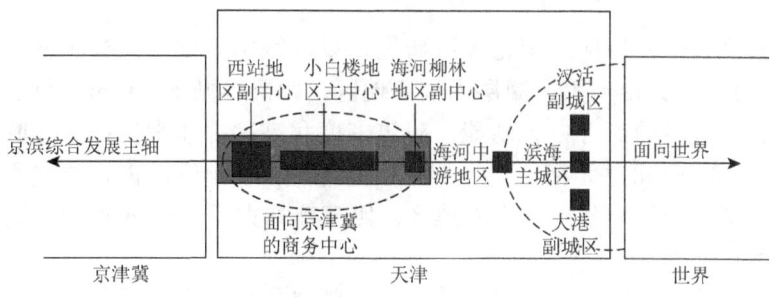

图 4.8 天津西站周边开发

高速铁路在区域一体化的背景下，还促进了辅助型高铁站的产生，形成为区域服务的特殊功能型节点。其中最典型的是结合大型区域机场建设的铁路客运站，例如，法兰克福机场的高铁站主导着城市多式联运枢纽的发展，机场地区日益发展成为充满活力的空港城。我国上海虹桥机场综合交通枢纽中心集高速铁路、城际铁路、轨道交通、长途客运、城市公交等多种换乘方式于一体（图 4.9）[3]。

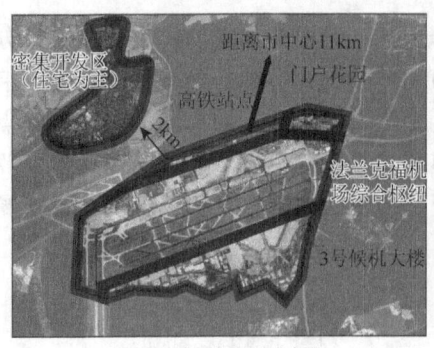

(a) 法兰克福机场综合枢纽　　　　　(b) 上海虹桥机场综合枢纽

图 4.9　机场综合枢纽周边开发

4.2　高铁站对周边地区开发的影响

作为城市对外联系的门户，高铁站首先承担的是交通功能，提高站点的可达性和通达性，使其更加方便地服务于更大范围，有助于最大限度地发挥高速铁路对城市的带动作用。在满足交通功能的前提下，充分发挥高铁站及其周边地区的城市功能开发，灵活开发商业、旅游和居住等功能空间，形成空间综合开发利用、增值资金补偿投资的良性循环。

4.2.1　影响范围

根据"三个发展区"理论模型研究，以高铁站为核心向外划分为三个圈层（图 4.10）。其中，第一圈层为核心地区，距离车站 5~10min 可达距离，主要发展高等级的商务办公功能，建筑密度和高度都非常高；第二圈层距离车站 10~15min 可达距离，也主要集中商务办公和配套功能，建筑密度和高度较高；第三圈层为外围的影响地区，距离车站大于 15min 可达距离，适合发展多种功能[4]。

根据对国内外高铁站的对比分析，各圈层的范围大小不尽相同。例如，芝加哥高铁站、曼哈顿火车站周边核心区范围为 1300m，上海站周边核心区范围为 1000m，广州站、新大阪站周边核心区范围为 800m，福冈站周边核心区范围为 700m（图 4.11）。不同规模和等级的铁路站依据其自身特点对周边地区的影响也是复杂、多样的，大致可以分为 500~800m 的核心区，800~1500m 的拓展区，以及 1500m 以外的影响区三个圈层（图 4.12）。

4 高铁站周边城市开发

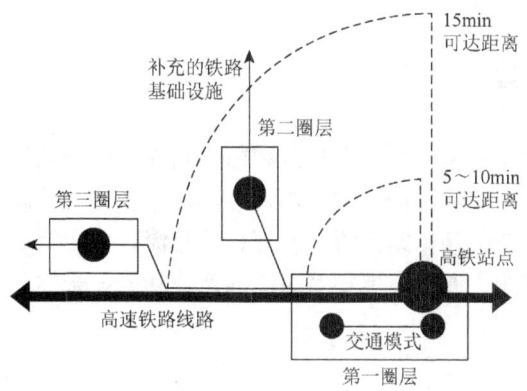

图 4.10 "三个发展区"理论模型

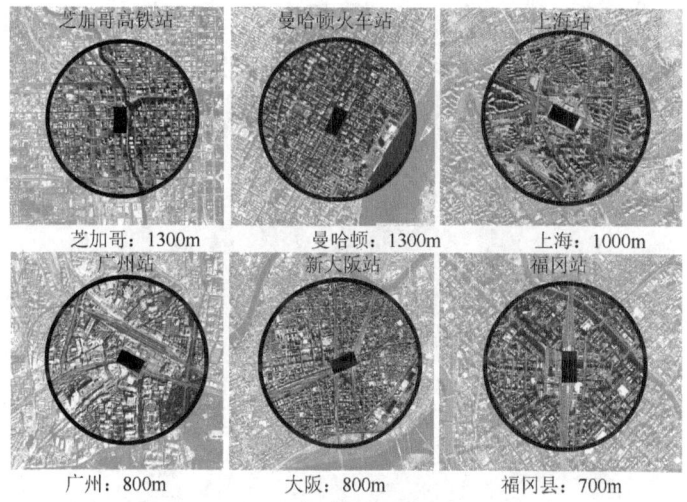

图 4.11 国内外城市高铁站周边核心区范围

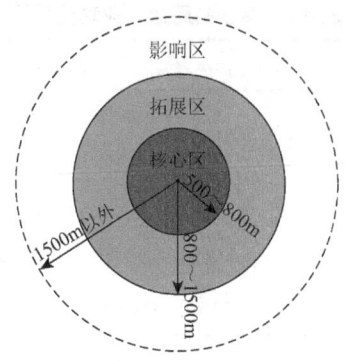

图 4.12 高铁站周边圈层影响范围

4.2.2 高铁站周边产业发展

高铁站周边主要集聚车站配套功能和衍生功能。配套功能主要是针对车站的需要而提供的补充性功能,如站前广场、停车场、长途客运站、公交换乘点、海关等。衍生功能则是依赖车站人流、物流、信息流、资金流等的集散而发展的功能,主要是第三产业。通过发展相对高端的产业功能,来提升地区的形象和影响(图 4.13 和表 4.1)[5]。

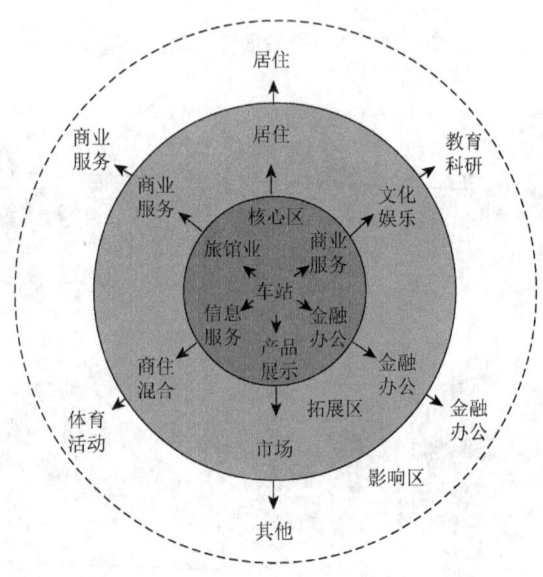

图 4.13 高铁站周边产业功能分布示意图

表 4.1 高铁站周边产业功能示例

高铁站	产业功能
日本幕张	国际会展中心、商务、休闲
日本埼玉	政务中心、商业
法国里尔	欧洲会展与商业中心、商务、休闲
法国里昂	南欧物流中心和欧洲博览中心、轻工业、金融、汽车、医药
德国卡塞尔	科研中心与区域服务中心、服务、居住

4.2.3 高铁站周边用地布局

高铁站周边不同产业的集聚对用地的需求也明显不同。分析国内外的相关案例，在高铁站周边尤其是500~800m核心区范围内，商务、商业、居住三类产业功能对用地空间布局需求最多，且均呈现较高密度和强度的开发（图4.14）。

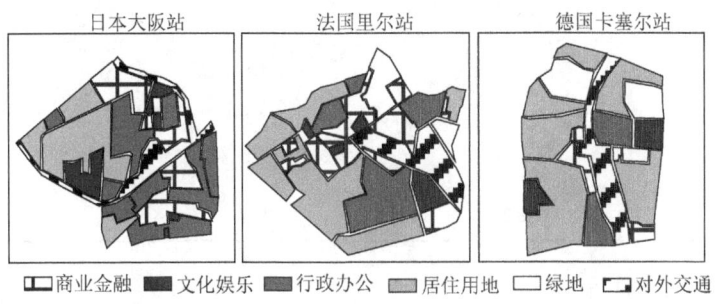

图4.14 高铁站周边用地布局

4.2.4 高铁站周边开发强度

高速铁路的运营实现了区域层面的经济集聚，为沿线地区的经济增长提供了重要的发展机遇。为充分发挥高铁站的区位优势和节点效应，提升站点周边的功能价值，根据TOD模式，土地开发强度以站点为核心聚集，不同半径范围内逐步递减（图4.15）[6]。对比我国高铁站周边地区的开发强度（表4.2）[7]，建议优先考虑功能复合型枢纽，强调地下空间开发，在减小用地规模的基础上提高容积率。

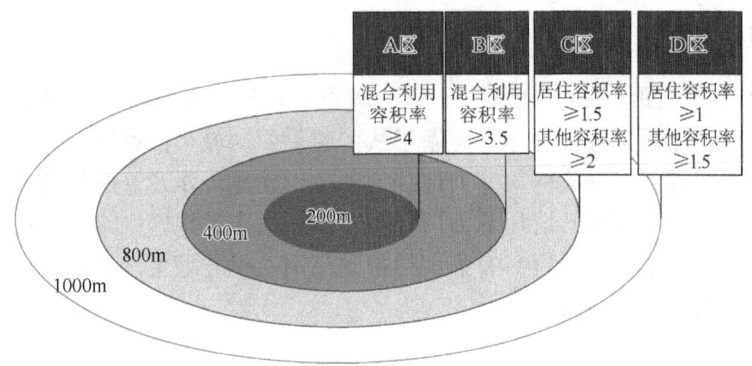

图4.15 高铁站周边开发强度示意图

表 4.2　高铁站周边开发强度统计表

高铁站	开发总建筑面积/万 m²	开发用地面积/hm²	开发地块平均容积率
广州站	45.2	16.5	2.73
沈阳北站	193.7	38.9	4.97
杭州站	28.1	8.7	3.22
上海站	158.3	39.4	4.02
昆山站	129.4	92.2	1.40
无锡站	171.7	74.1	2.32
苏州站	39.9	35.2	1.13
南京站	23.4	13.8	1.70
合肥站	248.3	91.9	2.70

4.3　典型案例

4.3.1　日本新大阪站

4.3.1.1　站点概况

新大阪站位于日本大阪府大阪市淀川区西中岛五丁目，是东海旅客铁道（JR 东海）、西日本旅客铁道（JR 西日本）、大阪市营地下铁的铁路车站，同时也是东海道新干线的西端终点站和山阳新干线的东端终点站。

4.3.1.2　高铁站引导城市空间结构

大阪市的空间结构为"两轴、一园、两区、六核"（图 4.16）。历史上，大阪沿淀川南岸呈东西向发展，东海道新干线的建设带动城市沿铁路呈南北向发展，推动了新大阪地区由原先的市郊交通要道的单一功能逐步发展成为综合型多功能的城市副中心，形成淀川北岸的新兴商业区。新大阪站地区则承担了商务核心的职能，对城市新中心的发展具有强大的推动作用，引导城市跨越式发展，成为大阪市的重要门户（图 4.17）。

4 高铁站周边城市开发

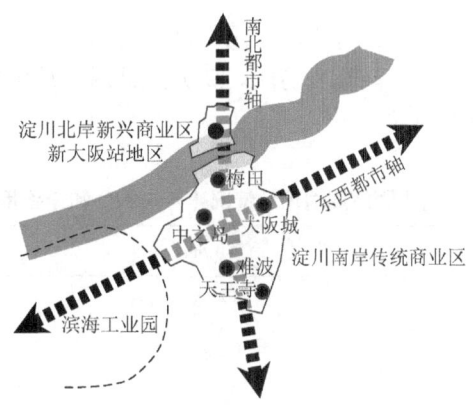

图 4.16 大阪市空间结构

图 4.17 新大阪站

图片来源：百度百科

4.3.1.3 高铁站对城市产业和就业的影响

大阪原有的主导产业为钢铁和石化等传统工业，新大阪站所在区域的经济发展以农业为主。新大阪站的建成，带动了区域产业结构的重组，促进了新大阪站地区的产业能级提升，逐渐形成了服务型产业集群和总部基地集群，扩大了相关行业的人员就业[8]。

4.3.1.4 站点周边功能布局

新大阪作为围绕高铁站形成的城市新区，站点周边的用地功能布局呈现其独特性。核心区以金融、商贸、商业、娱乐休闲、交通枢纽等功能为主，外围形成居住区、教育配套区等，完善城市功能。新大阪站周边地区的金融办公用地的比例高达30%以上（表4.3）[9]。

表 4.3 新大阪站周边用地情况（除去铁路和道路用地）

用地类型	面积/hm^2	比例/%
保留用地	4.38	21.57
教育用地	1.92	9.45
金融办公用地	6.61	32.55
居住用地	4.82	23.73
绿地用地	0.53	2.61
商业用地	1.53	7.53
体育用地	0.52	2.56
总计	20.31	100.00

4.3.2　香港西九龙站

4.3.2.1　站点概况

西九龙站位于香港特别行政区油尖旺区畅运道，处于新界和香港岛之间，在香港国际机场东侧。九龙的东南西三面被维多利亚港包围，与一海之隔的香港岛共同构成香港最繁华的城市核心区。作为京九高铁终点站的西九龙站，其位置在西九龙文化区旁，毗邻机场铁路九龙站和九龙南线九龙西站，通过现有铁路与中环心脏地带紧密相连。配合九龙站新的商业发展，西九龙成为重要的铁路枢纽和商业中心。

4.3.2.2　高铁站引导城市对外发展

西九龙站点将引导香港与内地的进一步融合，增强香港对珠三角地区的影响力。2018年9月23日，广深港高铁香港段正式通车，香港西九龙站与25 000km的内地高铁网以及沿线几十座主要城市的高铁站相连，与北京、上海的时空距离大大缩短，并形成"广深港半小时经济圈"，对香港和内地未来在经济、社会等各方面的发展意义极为重大（图4.18和图4.19）。

4 高铁站周边城市开发

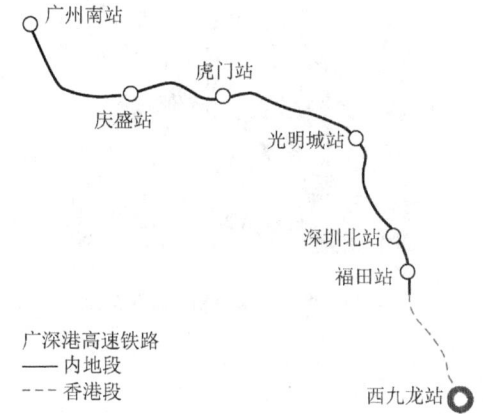

图 4.18　广深港高铁线路图

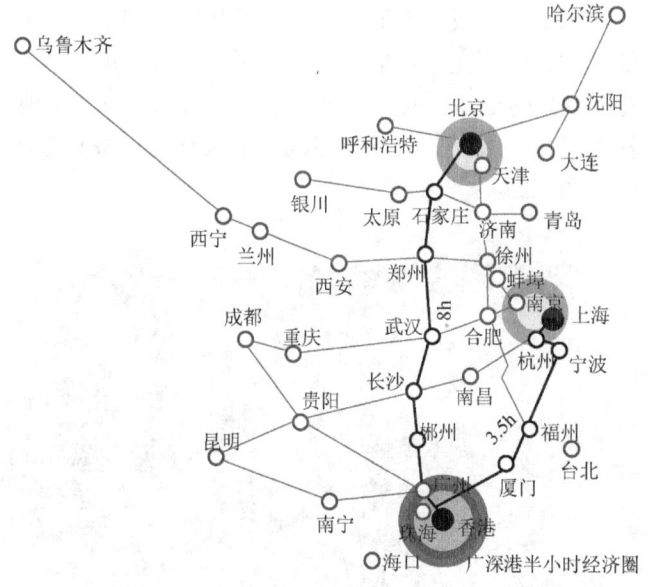

图 4.19　西九龙高铁站与其他城市联系图

4.3.2.3　高铁站对城市人口和就业的影响

西九龙站周边 5km 半径范围内可以涵盖香港近三成居住人口（约 210 万人）和近五成工作人口（约 170 万人）。从西九龙站换乘港铁，约 15min 内便可到达大部分商业区（如尖沙咀、中环等），约 30min 内可到达大部分住宅区（如太古城、沙田和荃湾等）（图 4.20）。

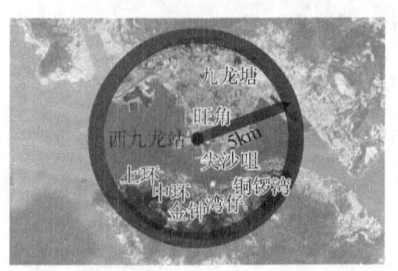

图 4.20　西九龙站 5km 辐射范围

4.3.2.4　站点周边功能布局

西九龙站在规划时结合了未来的上盖商务办公和零售用途发展，这样可以充分利用总站的地理优势，使西九龙地区不仅成为交通枢纽，还能引导人们在此进行各种商务和购物等活动，成为人们工作生活的目的地和交流场所。

西九龙站的规划设计还充分考虑了市民、乘客和行人的需要，采用地下车站的设计，以便腾出最大的地面空间作为公众可使用的绿化休憩用地（图 4.21）。站点同时为旅客提供最直接最高效的行走路线，多条行人天桥和地道实现了便捷、舒适的步行接驳（图 4.22）[10]。

图 4.21　西九龙站站房及绿化广场

图片来源：百度百科

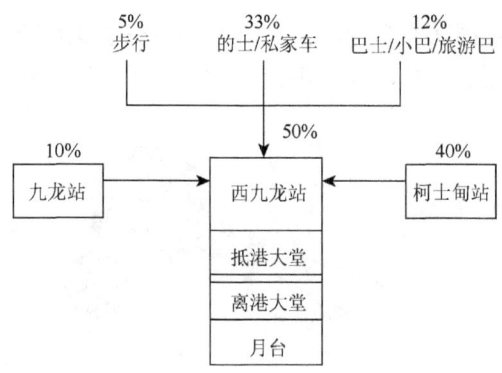

图 4.22 西九龙站客流到达方式流线图

4.3.3 南京南站

4.3.3.1 站点概况

南京南站为京沪高铁沿线五大始发站之一,是华东地区最大的交通枢纽,也是连接 8 条高等级铁路的国家铁路枢纽站。南京南站建有 15 个候车厅、15 个站台、28 条轨道,高铁客流量逾 4000 万人次/a。在南京市抢抓国家战略机遇、大力发展枢纽型经济的大背景下,南京南站成为高铁枢纽经济区的核心空间载体。

4.3.3.2 高铁站引导城市空间结构

由于地处城市南北纵向发展轴和江南综合产业带中部,南京南部新城将作为未来的主城南部中心,与新街口中心、河西中心共同构建成三足鼎立的格局。南京南站地区(约 5.63km^2)将成为主城副中心(图 4.23),重点发展商贸商务、总部经济和现代服务业。

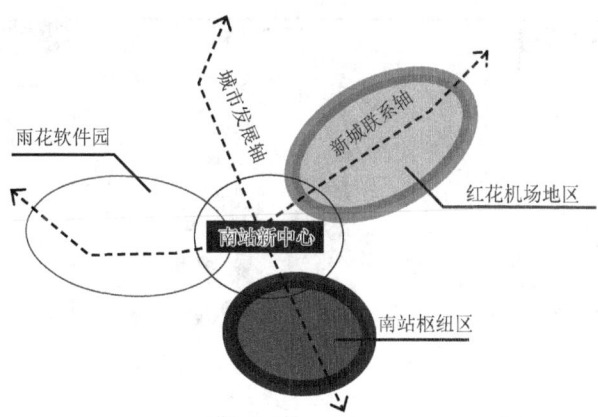

图 4.23 南京南站引导南京南部新城发展

基于枢纽经济的圈层发展理论,南京高铁枢纽经济区以南京南站为核心,打造"一心两片"的圈层发展格局(图4.24)。其中,南站枢纽区承载交通集散和城市门户功能。

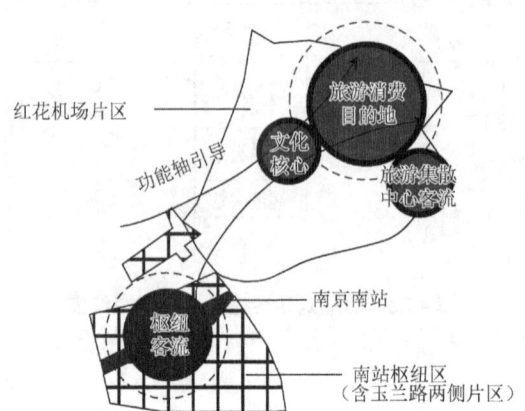

图4.24 南京南站引导高铁枢纽经济区发展

4.3.3.3 高铁站对城市产业发展的影响

通过研究城际交通的圈层经济效应,高铁 500~700km 的辐射半径是最合适进行互动发展的范围,可围绕南京南站重点发展 2 小时经济圈(图4.25)。南站地区是高铁枢纽经济区的核心区,以枢纽型商贸商务业和总部经济为主导产业,同时安排了适量居住用地,以增加地区活力。通过梳理高铁"3 小时经济圈"内城市的主导产业,南京或将承接以研发设计为主的上游产业、以生产性服务业(健康、医疗、咨询等)为主的下游产业和以高新技术、会展、新能源等产业为主的关联产业。此外,通过高铁枢纽建设,南京或将成为周边制造业企业总部、营销类功能性部门的选址地(图4.26)。

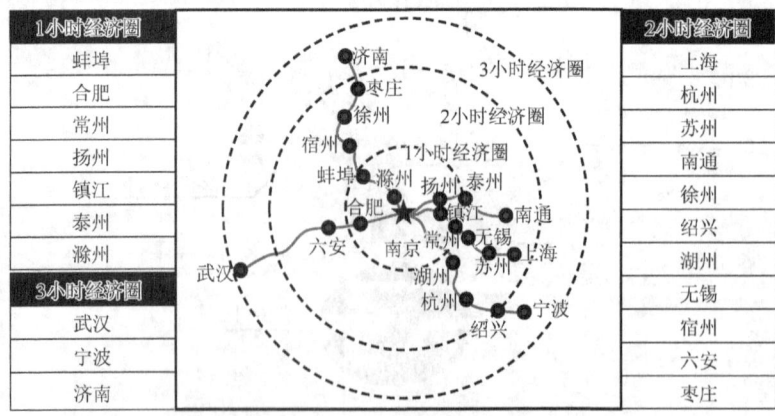

图4.25 南京南站高铁三小时经济圈

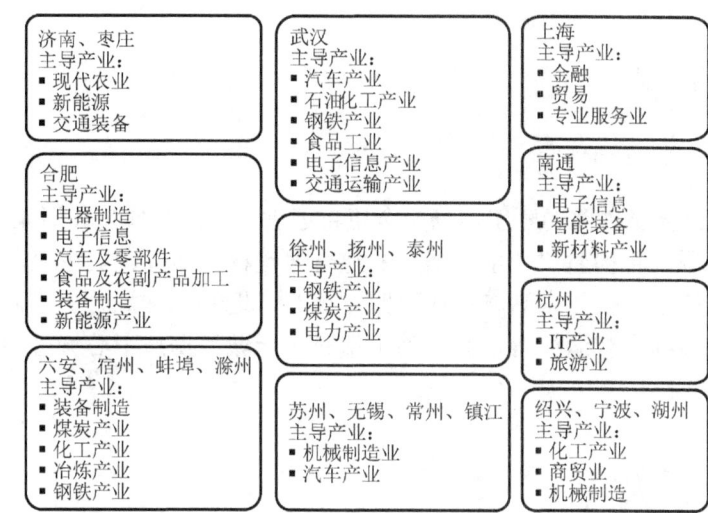

图 4.26 南京南站高铁 3 小时经济圈内城市主导产业

4.3.3.4 站点周边功能布局

南京南站地区以南站枢纽为核心，以铁路线为界，划分为北、中、南三大片区。北部片区规划混合建设用地和为南站枢纽服务的公共服务设施用地；中部片区为铁路用地；南部片区为商业、商办混合、居住、公共绿地和文化娱乐用地。规划形成"一个公建发展带（沿中轴线由北到南为公共服务设施区、商务商业区、文娱商业区），一个对外交通设施区，三个居住社区，两个混合建设区"的总体布局结构（图 4.27）[11]。

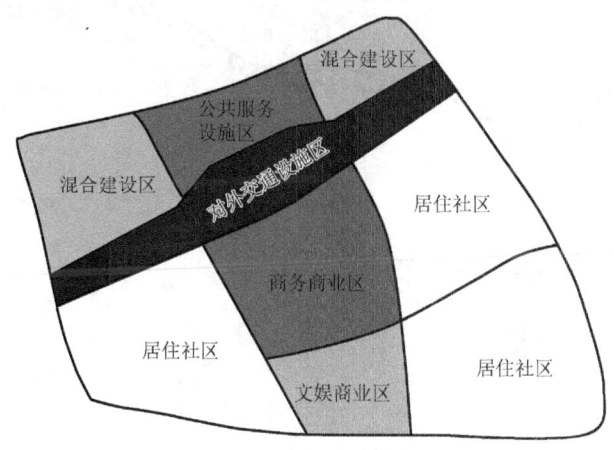

图 4.27 南京南站地区功能分区图

4.3.4 扬州东站

4.3.4.1 站点概况

随着连淮扬镇铁路的开工，扬州全境将迈进"高铁时代"（图4.28），扬州中心城区范围内将构建"一主一辅"的综合客运枢纽布局，其中"一主"为扬州东站综合枢纽。扬州东站将形成铁路、公路、地铁、常规公交"四位一体"的一体化换乘综合客运枢纽，对带动生态科技新城和扬州中心城区的发展至关重要（图4.29）。

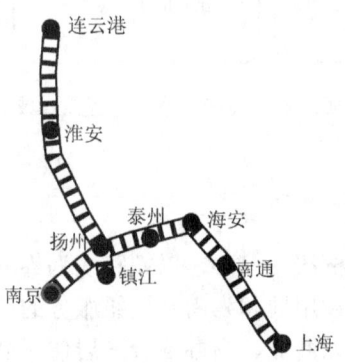

图4.28 连淮扬镇高铁线路图

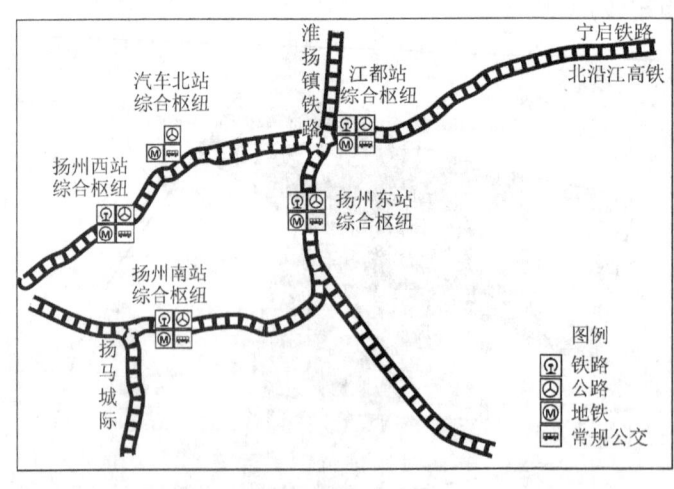

图4.29 扬州中心城区综合客运枢纽总体布局规划图

4.3.4.2 高铁站引导城市空间结构

扬州东站的建设将进一步缩短扬州与京沪之间的时空距离，促进其更好地融入"长三角"宁沪杭发展轴，服务扬州市域和周边地区，扬州东站将成为城市大型活动汇聚的中心（图4.30）[12]。

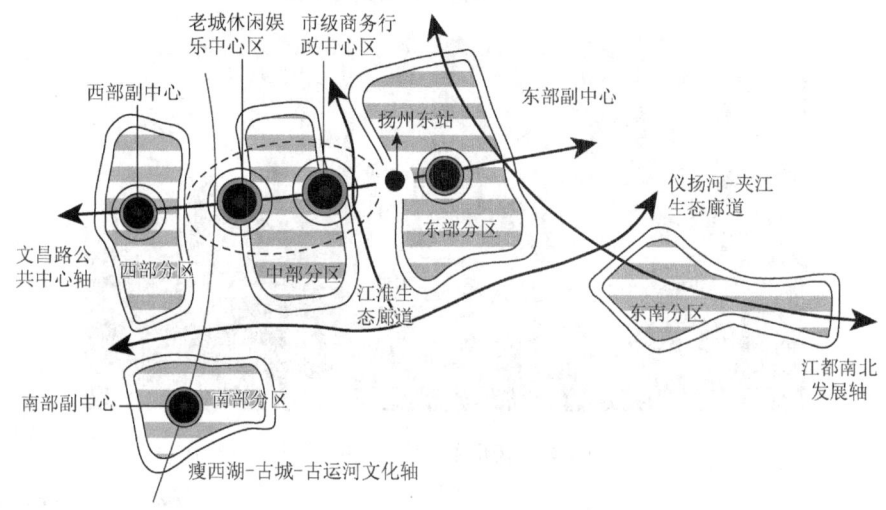

图 4.30 扬州东站与城市空间结构图

4.3.4.3 高铁站对城市产业的影响

围绕扬州东站规划的商务服务中心将成为新城以及扬州科技创新中心，支持扬州的经济发展，成为一个可持续环境和宜居城市的典范。枢纽核心区除了商业，还将为整个地区的居民和游客提供文化、娱乐和休闲功能，同时为产业提供一个一流服务的公共技术平台。

4.3.4.4 站点周边功能布局

除布置必要的配套设施外，扬州东站周边利用人流集散组织商务、办公、购物空间（图4.31），通过多种复合功能有机融合，使高铁站综合体产生巨大的生命力与聚合力，既汇聚大量人气带来商业繁荣，也创造出市民生活的新中心，成为集高铁枢纽、中部城市枢纽、江广融合综合体、廖家沟城市中央公园服务中心四位一体的综合中心（图4.32）[13]。

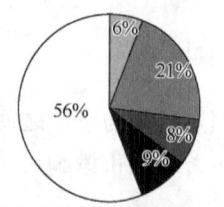

图 4.31 扬州东站周边规划用地比例

图 4.32 扬州东站周边效果图[11]

（作者：宣婷）

参 考 文 献

[1] 丁甲宇，郭旭东. 高铁客运枢纽对城市周边地区发展影响研究[C]. 2013 中国城市规划年会，青岛，2013：1-10.
[2] 王昊，胡晶，赵杰. 高铁时期铁路客运枢纽分类及典型形式[J]. 城市交通，2010，8（4）：7-15.
[3] 孟宇. 高速铁路建设对城市的影响及高铁站地区规划[C]. 2008 中国城市规划年会，大连，2008：1-9.
[4] 郑德高，杜宝东. 寻求节点交通价值与城市功能价值的平衡——探讨国内外高铁车站与机场等交通枢纽地区发展的理论与实践[J]. 国际城市规划，2017，22（1）：72-76.
[5] 段进. 国家大型基础设施建设与城市空间发展应对——以高铁与城际综合交通枢纽为例[J]. 城市规划学刊，2009，（1）：33-37.
[6] 杨光. TOD 开发模式下的高铁站点周边地区土地利用研究[D]. 成都：西南交通大学，2016:19.
[7] 张洋. 高铁枢纽与周边用地关系研究[D]. 北京：北京工业大学，2015:33.
[8] 华中师范大学城市与科学环境学院. 城市特色与细节营造——基于日本大阪城市规划建设的启示[Z]. 2015：9-37.
[9] 张洋. 高铁枢纽与周边用地关系研究[D]. 北京：北京工业大学，2015：28-30.
[10] 林世雄. 香港高铁的规划与建设[C]. 粤港京沪铁道学会第十四届学术年会，香港，2010：265-268.
[11] 仲量联行测量师事务所（上海）有限公司. 南京高铁枢纽经济区发展规划[Z]. 2015：15-83.
[12] 南京市城市与交通规划设计研究院. 扬州市城市总体规划修编（2012—2020）交通专项规划[Z]. 2012:12-64.
[13] 深圳城市规划设计研究院. 扬州市生态科技新城综合规划[Z]. 2015：75-107.

第二篇　公交优先引领与新公共交通体系

5 公交优先引领城市可持续发展

城市公共交通具有集约高效、节能环保等优点。运送相同数量的乘客，公交与小汽车相比节约能耗80%以上，减少污染物排放约85%，节约道路资源约90%，交通事故率和伤亡率减少约90%。城市公交可引导城市空间合理布局、城市土地集约利用、城市有序健康发展。目前，优先发展公交已成为世界各国共识。随着我国城镇化迅速发展，交通拥堵、环境污染和乘车难、行车难、停车难等"城市病"日益显现。从土地、资源、环境等层面考虑，优先发展公交已经成为我国国家发展战略。江苏地处东部沿海经济发达地区，面临城镇化、工业化和机动化快速联动发展的巨大压力，因此大力推行公交优先更为必要，也更为迫切。

5.1 公交优先的发展背景

近年来，我国处于加快推进新型城镇化建设的关键时期，也是推进城市公交优先发展的战略机遇期。中央先后下发了一系列指导文件：《建设部关于优先发展城市公共交通的意见》（建城〔2004〕38号）、《国务院办公厅转发建设部等部门关于优先发展城市公共交通意见的通知》（国办发〔2005〕46号）、《交通运输部关于开展国家公交都市建设示范工程有关事项的通知》（交运发〔2011〕635号）、《国务院关于城市优先发展公共交通的指导意见》（国发〔2012〕64号）、《交通运输部关于贯彻落实〈国务院关于城市优先发展公共交通的指导意见〉》（交运发〔2013〕368号）等，对公共交通的发展起到了巨大的指导作用。尤其是国发〔2012〕64号文作为第一个以国务院名义印发的城市公交综合性意见，进一步强化了公交优先理念，明确了一系列重大政策制度，标志着我国城市公交发展进入了新的历史时期。

2012年开始，为落实公交优先发展战略，交通运输部在全国开展了"公交都市"创建活动。江苏省南京、苏州、常州、扬州和昆山分别入选了国家公交都市建设示范前三批城市；南京和上海已被授予首批"国家公交都市建设示范城市"称号。通过创建活动，"公交引领城市发展"的理念得到了新提升，城市公交政策保障体系建设实现了新突破，公交基础设施建设、运营保障能力和服务水平都跃上了新台阶。

江苏省第十二次党代会提出实施"民生幸福工程",在省委省政府发布的"江苏基本实现现代化指标体系"中,"城市公共交通出行分担率"纳入30个经济社会现代化指标之一。为深入实施公交优先发展战略,提高政府基本公共服务水平,江苏省成立了由分管副省长为联席会议总召集人的全省城市客运工作联席会议制度,并发布了《江苏省政府关于进一步落实城市公共交通优先发展战略的实施意见》,提出到2020年全省城市公共交通出行分担率平均达到26%,完成10个公交优先示范城市创建,将江苏打造成全国公交优先示范省。

5.2 公交优先的成功经验

公交优先效果的最终达成和检验标志是公交服务水平从有乘→可乘→宜乘→愿乘→乐乘逐渐转变,最终"老百姓愿意乘公交、更多乘公交"。国际城市的经验表明,城市交通可持续发展的策略可以总结为:公交导向的城市空间形态和土地利用规划、大力发展公交系统、削减私家车交通三大措施并举。纵观全世界公交最为发达、优秀、成功的城市,如香港、新加坡、首尔、伦敦、巴黎、东京、苏黎世等,其公交优先的成功经验无外乎以下几个方面[1]。

(1)始终坚持公交优先的发展理念,实施一系列"公交第一"的法律、政策和制度,从规划、建设、运营、管理、资金、补贴等方面予以强有力的支持,政府、企业和公众多方位的参与和宣传,保障公交持续发展。

(2)以公交引领城市发展,沿轨道走廊、轨道站点进行居住、商业、办公、公共设施等土地的高强度混合开发,构建紧凑型城市,实现城市的精明增长。

(3)根据不同城市规模、城市不同区域、不同客流走廊,因地制宜地构建多层次、多方式、一体化、全覆盖的综合公交网络系统,建设高效率、多模式、一体化的无缝换乘枢纽。

(4)十分发达的公交专用路权设施,市郊铁路、地铁、有轨电车等轨道交通系统以及遍布全城的公交专用车道、公交信号优先系统,保证了公交的准点、快捷,不受交通拥堵的影响,有效提升公交吸引力。

(5)以人为本,提供全天候、全覆盖的高品质服务体系,构建"一个机构、一张网、一张表、一张票"的优质公交系统,让公交具有快捷、可靠、方便、可达、舒适、经济、安全等特点,无论是领导官员、白领还是普通老百姓,都愿意使用公交。

(6)辅以必要的交通需求调控和管理措施,包括限制停车供给、限制中心城区通行、缴纳高峰通行费、提高停车收费等措施,削减小汽车交通量,确保公交的主导地位。

5.3 公交引领城市发展的规划模式

国发〔2012〕64 号文提出的倡导公共交通支撑和引导城市发展的规划模式，科学制定城市综合交通规划和公共交通规划，包含两层含义：一是建立 TOD 模式，促进城市交通与土地利用的协调发展，从源头上降低城市交通需求压力，是缓解交通拥堵等"城市病"的治本之策；二是强化规划的地位和指导作用，在城市总体规划、城市控制性详细规划、城市综合交通规划中充分体现公交优先的要求。

TOD 战略是公交都市的核心，成功的公交都市都是城市公交系统与空间土地利用完美结合的结晶。公共交通导向型发展规划包含三个方面：①宏观层面以公交走廊引导城市轴线形态，引导城市紧凑发展，走廊沿线开发强度提高，走廊沿线职住平衡；②中观层面以公交枢纽实现城市中心体系的锚固；③微观层面结合公交节点特征合理安排土地开发，围绕站点建设公交社区，实施综合开发。

综合交通规划和公交规划的编制应体现公交优先。首先，城市综合交通规划应该与城市总体规划同步编制，针对带状、指状、团块状、组团状等不同形态的城市，分析公交优先的差别适应性，引导城市合理布局。其次，发挥综合交通规划在公交优先中的统领作用，以公交优先为导向确定城市交通发展战略和目标，并进行交通设施规划，包括道路网规划承载公交优先、公交线路和场站规划保障公交优先、枢纽规划整合公交线网、停车调控促进公交优先、慢行交通加强与公交的衔接，优先保障轨道走廊、线路、场站等用地空间的预留预控[2]。最后，形成面向公交优先的公共交通规划完整体系，包含战略规划、发展规划、政策制度规划、线网规划、枢纽场站规划、运营组织规划、专用车道规划、快速公交系统规划、城乡公交规划、特色公交规划、近期改善规划等。

5.4 顶层化、长效化的公交制度体系

（1）理念和组织保障。决策层必须始终树立"公交第一"的理念，突出城市公交的公益属性，将公交发展放在城市交通发展的首要位置，这是公交优先能否顺利推行、能否取得成效的关键。另外，需要成立城市公共交通委员会，形成高位统筹协调机制，并引入公众团队与技术团队。政府主导、部门合力，解决公交发展过程中的重大问题、重大政策、扶持措施等，形成联席会议机制、协同工作机制、信息共享机制、督察督办机制，以保障公交优先的发展。

（2）政策和制度保障。形成涵盖规划、建设、管理、财政、运营、监管等方面的制度体系，保障公交优先的长效化、可持续发展。相关的政策制度包括：公交设施用地配套实施方案、公交用地综合开发实施方案、路权优先分配实施细则、

公交管理体制与经营模式、政府购买公交服务实施方案、公交补贴补偿实施方案、公交运营服务标准化办法、公交服务考核与监管制度等[3]。

（3）资金和补贴保障。形成稳定的对城市公交的投入补贴政策，将公交投入纳入公共财政预算体系，建立多级政府公交专项基金。拓展融资渠道，鼓励"轨道+用地"联合开发，政府财政每年将一定比例的土地出让金作为公交发展资金，利用部分小汽车相关税费补贴公交。完善公共财政补贴补偿制度，改善补贴补偿"一事一议"现象，对公交企业实行税收优惠政策。

（4）用地和路权保障。按照"统一规划、资源共享、分级管理、有偿使用"的原则，建立公交用地的储备机制和场站用地使用跟踪管理制度。实施大型居住区和大型公共建筑的公交场站配建制度，公交场站作为配套设施纳入设计要点，由开发商建成后移交政府。在路权分配上给予公交一定的优先，按照出行人数而不是出行车辆进行路权的分配。

（5）监管和考核保障。加强监管评估，建立绩效考核评估机制和定期评估制度，建立企业运营成本和服务质量信息公开制度，完善公众咨询制度，保障公交都市建设项目的有效开展。

5.5 多层次、一体化的公交网络体系

要使公共交通在与小汽车的竞争中取得优势，必须面向不同出行群体、不同区域、不同走廊的差别化需求，构建完整的、多层次、一体化的公交网络体系和枢纽场站体系。

5.5.1 不同规模城市的公交模式

按照城市轨道和常规公交在城市客运交通体系中所承担的作用，不同规模城市的公交模式可分为超大城市"轨道主体型"、特大城市"轨道骨架型"、大城市"中运量公交型"、中小城市"常规公交型"[4]。例如，南京都市区人口1000万以上，构建"轨道主体型"公交模式，其中轨道线网规模为1000km以上，公交出行占通勤出行的60%以上，其中轨道交通占公交出行的比例为50%以上。

5.5.2 多元公交网络体系

根据服务于城市不同客流需求、不同区域、不同客流走廊，完整的公交网络

体系应由城际公交、城市公交、城乡公交三部分组成，城市多模式公共交通体系包括轨道交通、中运量公交、常规公交、特色公交。

（1）城市轨道。城市轨道交通体系分为轨道交通快线和轨道交通普线，轨道交通快线包括承担市域远郊组团联系的快线 A 和承担近郊组团与中心城区之间联系的快线 B；轨道交通普线包括服务于中心城区高强度客流走廊的大运量轨道交通和服务于中心城区次级客流走廊的中运量轨道交通。目前有些特大城市都市区将普通地铁线路不断延伸为外围组团提供服务，线路甚至达到 50km 以上，导致轨道出行速度慢、时间可达性差、服务性差等问题；或者则把外围轨道中断在城市边缘与市区轨道衔接，导致换乘客流大、换乘不方便等问题。对此，南京、苏锡常等都市区当前必须重点理顺轨道线网的层级体系，加大市郊铁路、轨道快线的建设力度。

（2）城市常规公交。城市常规公交分为公交快线、公交干线、公交支线、公交微循环线四个层级。公交快线联系主要客流集散点、重要枢纽点与外围组团中心等，为城市组团间的长距离公交出行提供快速、直达的服务，大站快车形式，路权优先；公交干线服务于城市主要客流走廊，为片区间中长距离公交出行服务；公交支线深入各居住区和功能片区，服务于城市次要客流走廊；公交微循环线通常在片区内部设置，为短距离公交出行服务。

5.5.3 公交延伸补充体系

（1）互联网＋公交。定制公交、网约公交、高峰巴士等是基于"互联网＋"技术与高品质特色化公交服务相结合，以乘客需求为导向的集约型交通工具，是对传统公交的一种有力补充，进一步丰富了多模式公共交通体系。这类公交作为一种新事物，许多问题需要在实践中一步步解决，需要研究定制公交管理办法，加强行业监管。

（2）慢行交通（步行与自行车交通）。慢行交通是与公交接驳不可或缺的交通方式，是公交发展的基础和保障。必须给慢行交通充分的优先权、通行权，保障慢行通行空间的便捷性、连续性、安全性和舒适性，引导居民采用慢行或慢行接驳公交的出行方式。建好慢行与公交的换乘设施，诸如自行车停放设施等。

（3）公共自行车。公共自行车作为城市公交的延伸，能解决居民出行"最后一公里"问题。自行车租赁点一般按 300m 作为服务半径，主要布设于轨道枢纽、公交站、商业办公集中地、大型居住社区、旅游景点、学校、医院等公共设施。

（4）出租车。出租车是城市综合交通运输体系的重要组成部分，是介于城市公交与私人交通工具之间的准公共物品，为社会公众提供个性化的门到门便捷运输服务，是公交的有益补充。它主要满足特殊人群的出行和普通人群的特殊出行，不属于普遍服务，而是提供效率服务，也是反映城市形象的窗口。

5.5.4 无缝换乘枢纽体系

城市公交客运枢纽是城市公交网络的重要组成部分。形成分级的公交无缝换乘枢纽体系，以便于一体化衔接区域交通、轨道、常规公交、慢行等不同层级、不同方式的客流，服务于不同距离、不同需求的出行群体，对提高公交网络的运营效率、合理调整公交线网布局、合理引导客流走向等有着十分重要的作用。

除综合枢纽外，公交枢纽用地规模不一定很大。公交枢纽以服务人流为主，无论是否具有独立用地，都应设置在人流密集处。应因地制宜，将客流集散和换乘由平面布置转变为立体布局，实现空间集约化；通过复合开发提升公交枢纽的综合服务功能，实现功能多元化；通过精细设计，优化枢纽周边的交通设施布局，实现各种交通方式的无缝换乘。

5.6 专路权、高效率的公交设施体系

5.6.1 公交路权

公交优先的最基本问题是路权分配问题。《北京宣言：中国城市交通发展战略》提出，交通的目的是实现人和物的移动，而不是车辆的移动。路权的分配原则要按照出行人数而不是出行车辆数进行分配，在路权分配上给予公交一定的优先。

根据路权的专用程度，公交路权分为四个类型：第一类是空间路权和时间路权的绝对专用，如地铁、轻轨等；第二类是空间路权独立，但与其他交通存在平面交叉，如有轨电车、快速公交系统等；第三类是路权在空间、时间上部分专用，主要是公交专用车道；第四类是公交与其他车辆共享路权，主要是多乘员车辆车道（high occupancy vehicle lane）。

5.6.2 轨道交通

轨道交通虽然具有运量大、快速准点、安全舒适等优点，但是也具有造价高、运营成本大、建设周期长等特点，而且轨道建设需要一定的条件，并非所有城市都适合发展轨道。《国务院办公厅关于加强城市快速轨道交通建设管理的通知》（国办发〔2003〕81号）对建设地铁、轻轨的城市从城区人口、地方财政一般预算收入、国内生产总值、规划线路的客流规模层面做出了要求。我国城区人口在300万人以上的城市可申报发展地铁，城区人口在150万人以上的城市可建设轻轨交通。《国务院办公厅关于进一步加强城市轨道交通规划建设管理的意见》（国办发

〔2018〕52号）进一步提高了地方财政和地区生产总值的门槛，并增加了政府债务率指标、客流负荷强度等要求。日本、欧美城市对建设地铁的城市人口要求较低，更加注重线路的客流。事实上，对带形城市、山地河谷城市来说，修建轨道应重点参考走廊的客流规模。

轨道交通规划设计的流程包括轨道交通线网规划、轨道交通建设规划、轨道工程可行性研究、轨道工程设计等。轨道交通线网规划应与城市总体规划同步修编，相互反馈，将轨道线网充分体现在城市总体规划的空间布局和土地利用中，并对其发挥引导与支撑作用。

轨道交通线网规划的主要任务包括轨道建设必要性分析、功能定位、线网布局方案、轨道系统规划、近期建设规划等。当前需要重点关注以下几个方面：一是南京、苏锡常等都市区必须理顺轨道线网的层级体系，构建包括市郊铁路、市域快线、轨道干线、轨道加密线的线网体系，加大市郊铁路、轨道快线的建设力度，不宜将普通地铁线路不断地延伸来为外围组团服务。二是线网布局方案必须与"面、线、点"的要素分析相协调，与交通发展战略目标、空间结构形态、客流走廊和规模、主要发生吸引点等相匹配。三是运营组织方面，借鉴国外经验，组织大站快车、越行线、过轨运营的规划，以满足客流多样化的需求，不宜将外围轨道线路中断在城市边缘区换乘。四是轨道近期建设应先侧重解决城区的交通矛盾，在进入稳步发展期后再以向外延伸已有线路为主。五是要重视换乘衔接设施的规划、预控和建设，特别要重视轨道站点周边的土地利用规划和综合开发。

5.6.3 中运量公交

根据《城市公共交通分类标准》（CJJ/T 114—2007），中运量制式包括快速公交系统、跨座式或悬吊式单轨（monorail）、磁悬浮、自动导向轨道系统（AGT/VAL）。现代有轨电车（tram）采用模块化设计，最高可达7个模块，单向运能上限可达1.5万人次/h，进入中运量的范畴。

中运量公交的功能主要包括三个方面。一是作为轨道交通的辅助与补充。在轨道建设前，以中运量公交作为快速公交方式服务于规划轨道的沿线，提前培育客流；轨道建成后，以中运量公交作为快速换乘衔接方式，串联轨道、常规公交等交通网络。二是作为常规公交系统的骨干。中运量公交布设在大、中运量的公交走廊内形成公交的骨干线网，可以促进常规公交的转型发展，支撑公交线网调整。三是作为城市空间拓展的重要工具。中运量公交连接城市外围片区、主城区、交通枢纽、对外交通设施等，能够增强公交在城市外围地区的吸引力，支持和推动城市空间结构的拓展。

快速公交系统在亚洲和南美洲占据主流，亚洲约有60多座城市发展了快速公交系统，其中我国约有 36 座城市。其中，广州、常州、宜昌等城市分别获得了联合国"灯塔奖"、"国际推动公共交通贡献奖"、"世界可持续交通奖"。快速公交系统与有轨电车运量和速度相近，在没有轨道交通线路的城市，都可以作为城市公交的骨干或主体，在已有轨道交通线路的特大城市，可以作为轨道交通网络的补充、延伸和衔接。快速公交系统采用胶轮系统，与路面摩擦力大，能耗大，但加减速性能更好，在中低速交通领域具有更好的适应性。快速公交系统专用车道设置灵活，可连续，也可断续，道路改造小。快速公交系统可兼容常规公交，且可跨线运营，理论最大运能达到 3 万人次/h。同等运量下，快速公交系统的全寿命周期成本小于有轨电车。快速公交系统在投资要求、实施条件、审批周期方面比有轨电车都更为灵活，近远期协调能力强，更适宜于远期发展尚存在不确定性，但近期又亟须建立中运量公交以提升公交服务、改善交通的地区。

欧洲则是有轨电车之乡，共有 288 座城市发展有轨电车；而我国目前约有 14 座城市开通运营了有轨电车，约 18 座城市正在建设。有轨电车采用钢轮钢轨系统，平整度好，乘坐舒适度更高，其黏滞阻力小，能耗少，但也使加减速更慢。有轨电车连续铺轨，一般采用定线运营，理论最大运能达到 1.5 万人次/h。有轨电车外观优美，轨道制式能够提升整个城市或区域的公交品味，在特定地区景观形象塑造、城市名片等方面有其独特优势。但是有轨电车投资较大，建设要求高，适宜布局在中运量公交发展方向较为稳定且对绿色低碳、城市形象要求较高的地区，尤其适合新兴卫星城的内部交通、生态科技新城高品质建设地区、旅游景点地区等。

5.6.4 公交专用车道

公交专用车道是目前普遍采用的公交优先措施之一。国内外公交专用车道的设置经验和教训表明，在规划设计公交专用车道时必须重视以下几点：一是公交专用车道必须网络化、规模化，这是公交专用车道发挥功能的基本前提。二是保障交叉口公交优先通行权是实现公交路权优先的关键。需重点考虑交叉口的渠化设计，尽可能设置公交专用进口道，并设置公交优先信号控制系统。三是选择设置道路时应主要依据公交流量作为依据，道路条件作为参考。道路条件受限时，可结合交通组织优化设置，如禁止左转、在单行路上设置逆向行驶的公交专用车道等。四是必须加强对公交专用车道的管理，突出标志、标线、监控设施的建设，充分发挥公交专用车道的作用和效果。

根据在道路上的空间位置，公交专用车道可分为路中式专用车道和路侧式专用车道。路中式用于建设通勤走廊、培育轨道客流，对两侧绿化影响较小，交叉口处对转向车流影响小，公交运行速度提升 60%～80%，能保证极高的准点率。

路侧式专用车道用于衔接走廊，加密片区线路，但受道路两侧地块进出车辆的影响较大，公交运行速度提升30%~40%。

根据功能目标不同，以南京为例，可将公交专用车道分为走廊型和联络型两种类型。

（1）走廊型公交专用车道是公交干线运行的骨干通道，为乘客提供高运量、高准点率、高效率的快速直达服务，并填补轨道空白，为规划轨道线路培育客流。其客流要求高峰小时单向公交车流量超过80辆或公交客流量8000人次以上。该类型的公交专用车道与规划轨道线路尽量一致，设置在双向四车道以上的道路上，以路中式为主；道路空间条件受限时可采用路侧式。

（2）联络型公交专用车道串联走廊型公交专用车道或既有轨道线路。其客流高峰小时单向公交车流量达60辆或公交客流量4000人次以上，以路侧式为主，道路空间条件受限时可采用单向的公交专用车道环路。

5.7 高品质、智慧化的公交服务体系

高品质、智慧化的公交服务体系体现在以下几个方面：一是路权优先、信号优先、高密度发车保证公交的快捷性；二是通过智能化的车辆运营调度管理系统保证公交的可靠性；三是车站和车厢提供多方面、全方位的信息服务、交通指示、网络购票、手机刷卡等保证公交的方便性；四是根据不同的客流强度、乘行距离要求等，构建层次分明、衔接顺畅、换乘方便的公交线网和枢纽体系以保证公交的可达性；五是结合特殊群体的需求，发展楼巴、厂巴、校巴，基于"互联网＋"技术发展定制公交、网约公交、高峰巴士等，积极灵活响应需求，保证公交的适应性；六是针对残疾人、老人、推车儿童等行动不便人群、低收入人群以及周边农村地区人群提供人性化公交服务，保证公交服务的公平性；七是采用低票价吸引乘客，并提供小时票、日票、月票、通票等多种票制，保证公交的经济性；八是通过安全应急处理、驾驶员的培训等保证公交的安全性。

（作者：孙俊）

参 考 文 献

[1] 中瑞合作管理培训项目江苏子项目执行办公室. 南京公交都市建设管理研究[R]. 南京：江苏省委组织部，2013.
[2] 张泉，黄富民，杨涛. 公交优先[M]. 北京：中国建筑工业出版社，2010.
[3] 南京市城市与交通规划设计研究院有限责任公司. "公交都市"目标导向下的南京城市公交优先和公共交通服务提升保障政策研究[R]. 南京：南京市交通运输局，2015.
[4] 汪光焘，陈小鸿. 中国城市公共交通优先发展战略——内涵、目标与路径[M]. 北京：科学出版社，2015.

6 公交导向下的城市空间布局

6.1 公交导向下的城市空间发展历程

早在 1882 年，结合城市有轨交通的建设，西班牙工程师玛塔（Arturo Soria Y Mata）就提出了线形城市（linear city）的发展理念（图 6.1）[1]。当时距离世界第一条地铁建成（1863 年）不过 20 年时间，马塔认为传统的从城市中心生长点向外圈层式的城市空间扩展模式已经不能适应城市发展的要求，并且设想城市可以沿着宽 40m、设有轨道交通的街道延伸发展，用地集中在街道两侧各 200m 左右的带形区域内，外围则全部是开敞的绿地、农田。

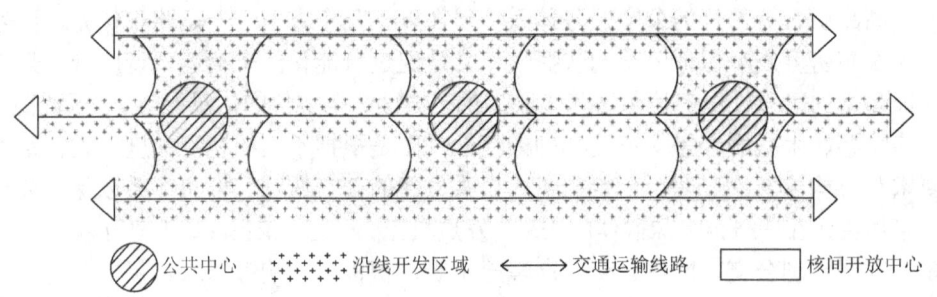

图 6.1 线形城市示意图[1]

19 世纪末到 20 世纪初，日本私营铁路大量出现。为了提升客流，实现铁路盈利，私营铁路经营者在建设铁路的同时，在沿线引入住宅、娱乐、商业等各类开发，形成了公交导向空间发展的雏形。20 世纪 50～70 年代，欧洲的斯德哥尔摩、哥本哈根，日本的东京[2]、大阪等一批城市在新一轮规划中开始明确提出沿轨道轴线向外拓展的带形发展思路。哥本哈根著名的"指状规划"正是在这一时期提出，东京的新宿、涩谷等一批城市中心也在这一时期在轨道枢纽位置集聚形成（图 6.2）。

1993 年，面对美国郊区化带来的一系列问题，美国人彼得·卡尔索普（Peter Calthorpe）总结了欧洲城市发展经验，在他的著作《下一代美国大都市地区：生态、社区和美国梦》中正式提出了 TOD 理念（图 6.3）。其后，以 TOD 理念为基础的空间发展模式开始在全世界广泛展开。

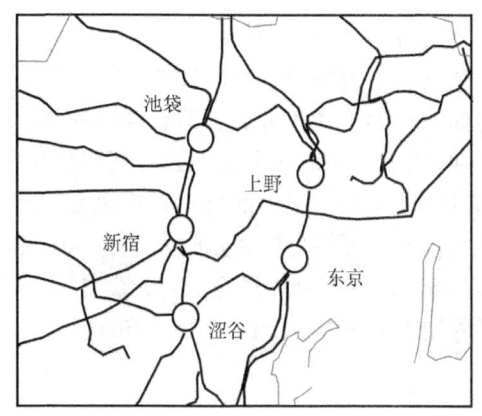

图 6.2　1950 年的东京轨道骨干网络与城市中心[2]

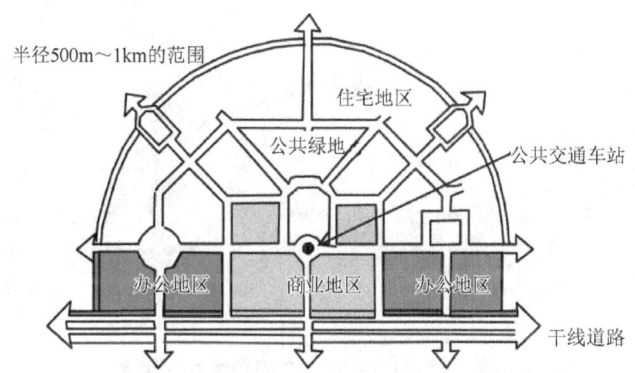

图 6.3　彼得·卡尔索普提出的 TOD 发展模式图

图片来源：http://www.dtchuxing.com/n/news/?p=2714

6.2　公交对城市空间布局的引导作用

公交导向下的城市空间布局强调沿骨干公交线路，根据公交的便利性安排城市空间。宏观层面，以公交走廊引导城市轴线形态；中观层面，以公交枢纽实现城市中心体系的锚固；微观层面，结合公交节点（重要站点）特征合理安排土地开发。

6.2.1　公交走廊引导城市轴线型空间形态

公交的线形特质，以及在公交站点周边 600～800m 范围内步行衔接的高度便捷性，决定了公交导向下的城市空间也会集中在公交走廊两侧呈轴线型发展。在老城地区，多条轴线相互叠加，多呈面状展开；在外围新城地区，公交走廊相对单一，往往呈放射状格局；不同规模、不同发展特征的多条公交轴线组合，形成了各具特色的城市空间发展形态（图6.4）。需要强调的是，轴线型的空间形态并不可能沿轴线无限延伸，而是受到居民公交通勤时间和公交出行方式的双重制约。人们能接受的公交通勤时间越长，采用的公交方式速度越高，则城市轴线能延伸的距离就越长。按照目前居民可接受的通勤时间40～60min考虑，当采用快速运行（设计速度100～120km/h）的市域轨道交通时，城市轴线可以达到距中心60km左右的范围，而当采用城市轨道（设计速度70～80km/h）时，城市轴线则会缩减到30km左右。

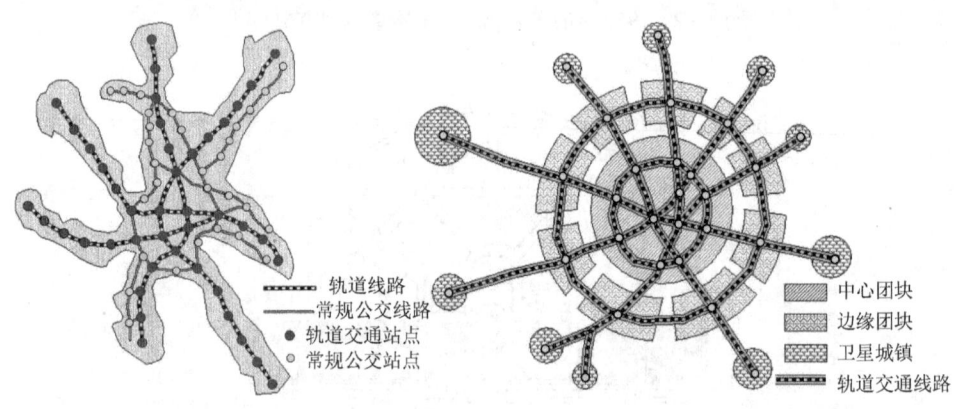

图6.4 公交导向下的城市空间轴线发展组合形态
左图：无环；右图：有环。图片来源：http://www.dtchuxing.com/n/news/?p=2714

6.2.2 公交枢纽锚固城市中心体系

城市中心是城市功能最集聚，也是土地开发强度最高、居民出行需求最大的地区。一方面，城市中心吸引来自各方向的客流，需要与之相匹配的公交枢纽进行组织转换；另一方面，公交枢纽的便捷集散条件，又会使城市中心高度便利，从而进一步吸引客流。因此，公交枢纽对城市中心具有强锚固作用，在空间上表现为公交枢纽与城市中心体系高度耦合的发展形态。城市中心的等级与枢纽的功能、规模直接相关。在铁路客运站等对外枢纽和城市内部多条大、中运量公交线路交会的公交枢纽位置，适宜形成城市级的城市中心；在两条及以上大、中运量公交交会的公交枢纽位置，适宜形成片区或组团级的城市中心（图6.5）。

在中心体系内,则需要通过一体化、高强度的开发,通过超过70%甚至更高比例的商业、办公、公共管理功能汇聚客流,稳定锚固作用。市级中心一般开发容积率适宜超过6（建成区）、8（新建地区）,副城中心适宜超过4（建成区）、6（新建地区）,组团中心适宜超过4（建成区）、6（新建地区）,以高密度支路网、高标准慢行环境实现10min可达整个核心区1.8~2km^{2}范围。

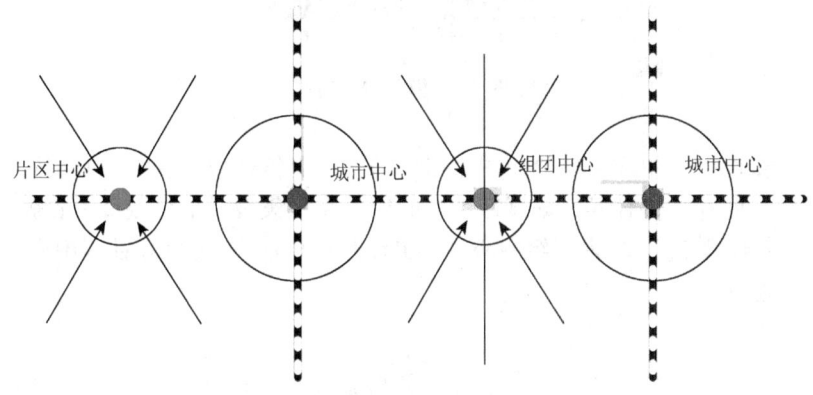

图6.5　公交枢纽与城市中心体系

图片来源：http://www.dtchuxing.com/n/news/?p=2714

6.2.3　公交节点引导用地合理开发

TOD要求城市以地铁、轻轨、干线公交等的节点（重要站点）引导用地开发。在最靠近公交节点的600~800m半径范围内（5~10min步行路程）布局商业、商务、居住等用地,向外再逐步布局各类生产性产业用地,以此在公交节点周边形成集工作、商业、文化、教育、居住等为一体的"混合用途",使得居民在步行服务范围内即可完成日常的生活需求,再通过公交系统实现相互联系,从而降低对小汽车的依赖。

随着TOD理念的不断演进,结合具体的城市节点所在区位特征,又可形成枢纽型TOD、城市中心型TOD和产业型TOD等不同开发模式。

（1）枢纽型TOD（图6.6）。枢纽型TOD依托城市各级对外枢纽构建,存在城市内外客流的转换过程。枢纽型TOD的构建一方面是为了借助枢纽汇聚的人气进行用地高密度开发,提升枢纽地区用地效率;另一方面,通过商业、办公等业态的导入,使枢纽地区由纯粹的换乘功能转变为城市目的地功能,提升居民出行效率。

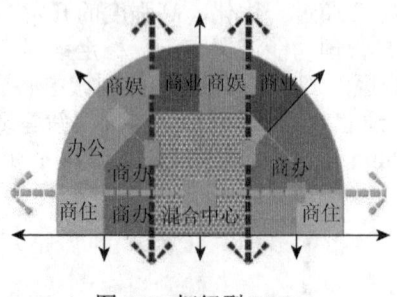

图 6.6　枢纽型 TOD

（2）城市中心型 TOD。城市中心型 TOD 主要依托城市各级中心构建，体现城市居住、商业、办公等常规城市功能的空间点状集聚。结合城市中心等级的不同，城市中心型 TOD 分为市级中心型 TOD、片区中心型 TOD 和社区中心型 TOD（图 6.7~图 6.9）。

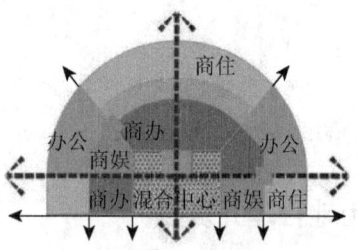

图 6.7　市级中心型 TOD

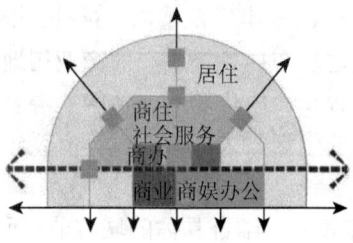

图 6.8　片区中心型 TOD

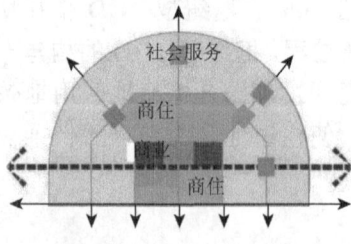

图 6.9　社区中心型 TOD

(3)产业型 TOD(图 6.10)。产业型 TOD 主要是围绕高科技产业、现代服务业等产业节点地区,以配套为主进行的中低强度开发,其典型模式是由内往外逐层布置商业、办公、居住和产业用地。

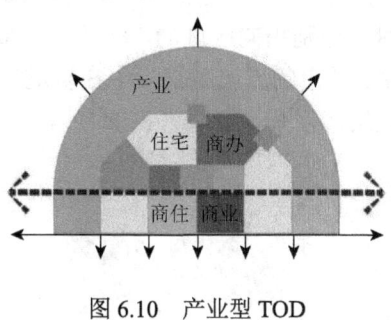

图 6.10 产业型 TOD

6.3 典型案例

纵览国内外公交都市,其公交导向下的城市空间形态演进存在明显的共通性,但也有各自的特点。以下分别介绍哥本哈根(轨道导向型)、库里蒂巴(快速公交系统导向型)以及我国南京的公交与城市形态发展关系成功案例。

6.3.1 哥本哈根

6.3.1.1 城市概况

哥本哈根区域位于丹麦东部的西兰岛上,是丹麦的首都,是政治、经济、文化、交通中心,也是北欧最大的城市。哥本哈根拥有丹麦全国 500 万人口中的 170 万人口,其中城区人口 50 万,区域面积约 2800km^2。2008 年,哥本哈根被联合国人类住区规划署评选为"最适合人类居住的城市"之一,并给予"最佳设计城市"的评价。

哥本哈根轨道网发达,早在 20 世纪初,哥本哈根就开始了通勤铁路的建设,轨道成为城市公交的重要组成部分;至 2002 年,哥本哈根地铁线路开始投入运营,内外一体的轨道网络完全形成。结合公交发展,哥本哈根高度强调发挥步行、自行车的主体作用,将原有的机动车道和路侧的停车区改造为自行车专用车道,通过调整停车设施供应、提高停车收费、缴纳购车税等政策来调节小汽车的使用。

6.3.1.2 轨道导向下的指状空间形态

1947 年，哥本哈根依据城市特点，采用了放射形的发展模式，提出了富有远见的长期规划——"指状规划"[3,4]，五条 30~40km 长的放射形通勤铁路支撑的走廊从中心城区向外辐射，分别指向区域的五个方向；农田、森林和开放空间组成了走廊之间的分隔地带，城市的用地大都集中在轨道站附近。经过长期的发展，目前哥本哈根的这一指状结构已基本形成（图 6.11）。

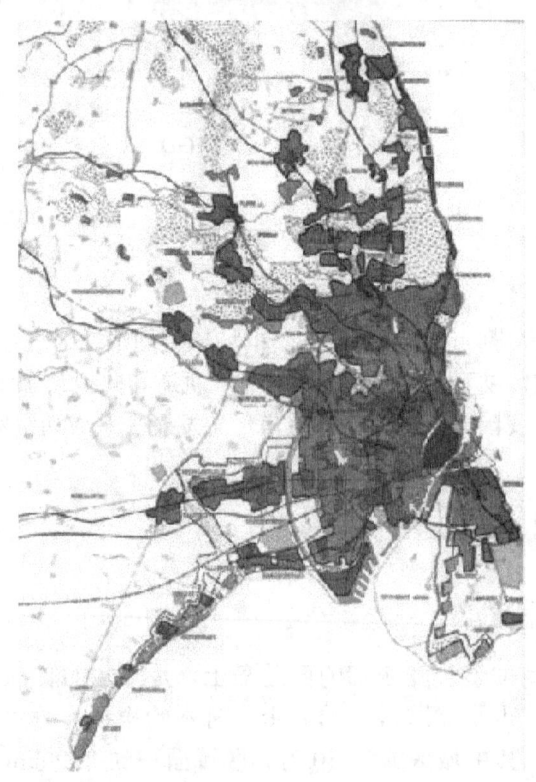

图 6.11 哥本哈根城市空间形态

图片来源：https://kuaibao.qq.com/s/20180621G22QDI00

6.3.1.3 围绕轨道站点发展的多中心组团结构

1989 年，哥本哈根进一步优化城市空间，完成了"指状规划"，重点提出一项"接近车站发展"政策，即在哥本哈根市中心外围的指状空间中结合交通枢纽，发展二级城市中心，提供区域性的商业服务功能与工作等场所。在这一政策引导下，哥本哈根形成了多个二级新城市中心（图 6.12）。

6 公交导向下的城市空间布局

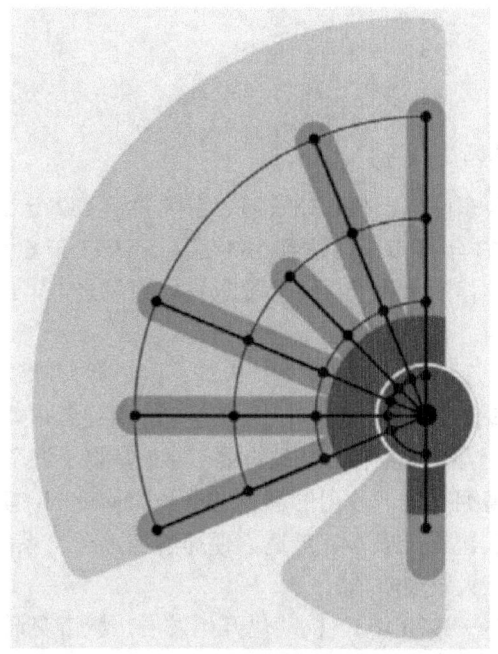

图 6.12 哥本哈根公交系统与城市中心体系关系示意图

图片来源：https://tatlin.ru/articles/ekaterinburg_i_modeli_strategicheskix_planov

6.3.1.4 站点周边 TOD 开发

哥本哈根要求所有的区域重要功能单位都要设在距轨道站 1km 范围内，并颁布了相应的开发密度补贴政策。通过坚持 TOD 理念，哥本哈根形成了中央火车站、Flintholm 站等城市中心型 TOD 的开发布局（图 6.13）。

图 6.13 哥本哈根 Flintholm 站周边 TOD 开发

图片来源：Google 地图

6.3.2 库里蒂巴

6.3.2.1 城市概况

库里蒂巴是巴西东南部巴拉那州首府，市区面积 432km²，加上郊区后的面积为 1.35 万 km²，2013 年城市人口达到 184 万人。1992 年 6 月，库里蒂巴被联合国环境与发展会议推荐为"人类居住环境最佳城市"之一，1994 年又被联合国环境与发展会议推荐为"公共交通示范城市"。

库里蒂巴是巴西除首都巴西利亚之外人均小汽车拥有量最高的城市，汽车拥有量近 100 万辆，汽车普及率达 50%，但四分之三的通勤者是乘坐公共汽车上下班，而且公交系统每天运送的乘客中有 28% 的乘客原来是将小汽车作为交通工具的。

库里蒂巴汽车高拥有但低使用的模式并非一蹴而就的，其实现过程也走了很多弯路，最终是通过建立低成本、舒适、便捷的快速公交系统解决了城市交通问题。具体包括以下三大发展阶段。

第一阶段（1943～1970 年）：机动化开始发展，城市交通拥堵开始有所显现。这一时期是库里蒂巴城市形态的形成时期，奠定了以后公共交通导向型发展、一体化公交网络发展的理论基础。

第二阶段（1971～1988 年）：一体化公交网络规划全面实施。库里蒂巴于 1972 年开始规划建设第一条南北轴线快速公交系统，1978 年建成长约 9km 的东南轴线快速公交系统，1979 年一体化公交网络（integrated transit network，ITN）概念产生。1980 年，中间枢纽站和终点站发展到 9 个，乘客可以在这些车站进行快速线、驳运线和区际线之间的换乘，日均客流量超过 20 万人次。

第三阶段（1989 年至今）：快速公交系统的改革和一系列快速公交系统网络的完善。1991 年，5 条放射轴线快速公交系统全部建成（图 6.14），1999 年，在原有的

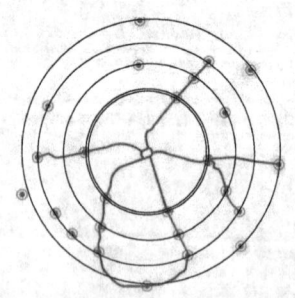

图 6.14 库里蒂巴的一体化公交系统换乘示意图

图片来源：http://belem400.blogspot.com/2012/08/como-e-o-brt-de-curitiba-para-entender.html

放射状快速公交系统网络基础上建成以公交优先为主的环城高速路。在库里蒂巴，快速公交系统承担了骨架公交的作用，其他还包括了大站快线、区际线、区内线、校巴、医巴、残巴（残疾人特别是残疾学生专用）等10多种各色公交线路与车辆。

截至2012年，库里蒂巴的公交系统拥有355条线路，日均客运量226万人次，其中快速公交专用车道72km，共有359个管状快速公交系统车站，30个终端站点。与公交系统相衔接的自行车和步行系统是库里蒂巴交通中不可分割的一部分，库里蒂巴大力兴建自行车道，甚至不惜占用机动车道，在中心布设大面积的步行区，与公交枢纽无缝连接，实现了公交的便捷转换。

6.3.2.2 快速公交导向下的轴线发展形态

库里蒂巴一直保持着公交导向的轴线型发展，城市主要的商务、商业、公共活动等集中在5条快速公交系统引导的交通轴线上，形成了与交通轴线高度契合的城市发展轴，轴与轴之间是严格控制的低容积率的居住区，整个城市形成单中心放射状轴线形布局模式[5]。

从2004年开始，库里蒂巴开始实施一项称为"绿线"的新的公交轴线计划，形成城市的第六条轴线，总长20km，涉及23个辖区。

6.3.2.3 围绕快速公交系统枢纽发展的中心体系

库里蒂巴的城市组团体系清晰，在5线交会的枢纽位置是高强度开发的城市级中心；在快速公交系统线路与区内公交转换的位置，则形成了以外围快速公交系统站点为中心的社区级和城镇级中心（图6.15）。

6.3.2.4 快速公交沿线TOD连绵开发

库里蒂巴鼓励在快速公交系统专用车道旁建设高密度的混合使用建筑，大型购物中心也全部集中在发展轴线范围内。但由于快速公交系统站点对城市功能的集聚作用略弱于地铁等大运量轨道交通方式站点，库里蒂巴的公交节点周边开发相互交织，并未形成节点突出的珠链式形态，而是呈现沿"三重轴"的连绵发展形式，即每条轴线都含有三条平行大道，其中一条大道通向城市中心，第二条背离城市中心，而第三条大道则是处于两者之间的中央大道，中央大道本身又由3条道路组成，其中中间的一条是快速公交系统专用车道。三条大道之间以标准的城市街区隔开（图6.16和图6.17）。

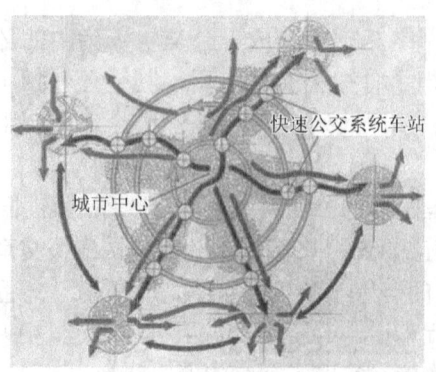

图 6.15　库里蒂巴围绕快速公交系统站点发展的组团体系示意图

图片来源：http://ms.chinaautoms.com/a/new/2019/0606/9943.html

图 6.16　库里蒂巴 Guadalupe 站周边地区

图片来源：Google 街景

图 6.17　库里蒂巴沿快速公交系统站点轴线的连绵开发

图片来源：Google 街景

6.3.3 南京

6.3.3.1 城市概况

南京位于苏皖两省交界位置，2019年全市常住人口850万人，地区生产总值14 030元。南京一直注重发挥公交对城市空间发展的引导作用，早在2001年版城市总体规划中就已明确南京要形成以主城为核心、以长江为主轴，结构多元、间隔分布、多中心、开敞式的都市空间发展格局；提出了突出公交引导新区新城开发，形成以快速轨道交通和快速道路为骨架的高效、安全、舒适的都市发展区综合交通体系的发展要求。2011年版城市总体规划进一步加强了公交对城市空间形态的引导作用，提出了沿轨道交通的"一带五轴"新空间格局。经过多年建设，南京以公交为导向的城市空间发展已取得了较好的效果。

6.3.3.2 轨道交通网络引导的"一带五轴"空间结构初步成型

2005年，南京开通第一条轨道交通线路1号线，接着轨道2号、3号、4号、10号、宁高一期、宁和一期、宁溧城际、宁天一期、宁高城际相继投入运营，1号线二期、2号线二期、5号、6号、7号、宁天二期等轨道的开工建设，南京主城发展得到了进一步支撑，东山、仙林及江北新区沿着轨道轴线方向也有了明显拓展，城市总体规划提出的城市"一带五轴"空间格局在轨道引导下已初步成型（图6.18）。

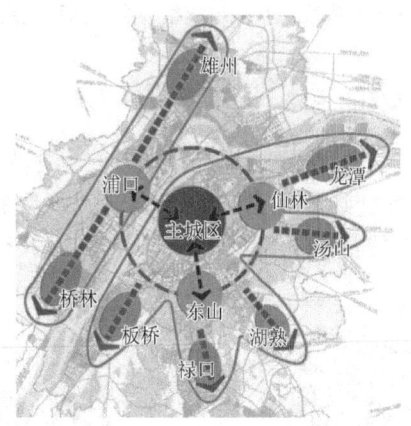

图6.18 南京现状轨道网与"一带五轴"城市空间关系示意图

图片来源：南京市城市与交通规划设计研究院股份有限公司，南京交通、产业和空间协同发展战略与政策研究

6.3.3.3 轨道枢纽支撑与引领了中心体系的完善

南京轨道交通枢纽与中心体系高度耦合,老城中心新街口地区通过轨道1号线、2号线换乘枢纽服务,重点发展的河西中心有2号线、10号线,城南中心有1号线、3号线换乘枢纽提供充分支撑;新拓展的江北中心有10号线、3号线、宁天一期枢纽实现先期引导,带动了其城市功能的集聚(图6.19)。

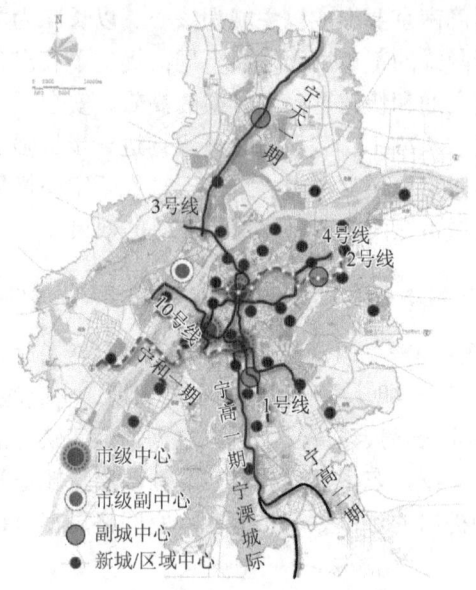

图6.19 南京现状轨道枢纽与中心体系关系图

6.3.3.4 轨道站点促进了周边土地高效集约开发

南京坚持TOD理念,对一般轨道节点,也结合其特征,初步形成了TOD模式,如马群、安德门等交通枢纽型TOD,兴隆大街等商业商务集中的片区中心型TOD,百家湖等居住社区型TOD案例等(图6.20~图6.22)。

图6.20 马群地铁站周边开发

图6.21 兴隆大街地铁站周边开发

图 6.22 百家湖地铁站周边开发

图片来源：百度街景

6.3.3.5 公交导向的进一步加强

2015年7月，南京江北新区获批国家级新区，江北地位的提高对既有的城市空间格局产生了明显影响。在此背景下，南京进一步完善了公交导向下的城市空间发展，结合江北新区新的发展核与放射型的轨道交通，在原有的"一带五轴"掌型发展基础上，提出了"十廊"的城市空间新格局，这将在新的发展阶段进一步引导南京向完全的公交导向城市空间发展目标迈进。

（作者：陈玮、刘芳林、赵静瑶）

参 考 文 献

[1] 杨涛,张泉.公交优先导向下的城市总体规划——构建公交都市的空间框架[J].城市规划,2011,35(2):22-25.
[2] 刘龙胜,杜建华,张道海.轨道上的世界——东京都市区城市和交通研究[M].北京：人民交通出版社,2013.
[3] 冯浚,徐康明.哥本哈根TOD模式研究[J].城市交通,2006,4(2):41-46.
[4] The Danish Nature Agency. The Finger Plan[R]. Ministry of the Environment, Copenhagen, 2015.
[5] 简海云.巴西库里蒂巴城市可持续发展经验浅析[J].现代城市研究,2010,25(11):62-68.

7 构建多模式、一体化公共交通体系

7.1 多模式、一体化公共交通概念

7.1.1 公共交通系统分类

随着公共交通的不断发展,公共交通体系也在不断充实。根据公交系统的运行环境、载客工具技术特征、载客能力、功能定位等,可将公交大致分为快速大运量公交、中运量公交、常规公交、辅助公交、特殊公交和新型公交六大类,每一大类又可根据载客工具特征细分为若干小类(图7.1)。

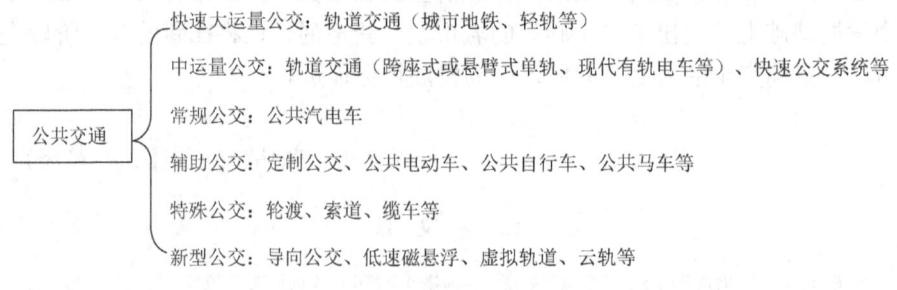

图 7.1 城市公共交通体系构成[1]

快速大运量公交是指"可以快速地运送大批量乘客的系统",具有运量大、速度快、可靠性高的特点,并可促进城市土地开发,一般是城市公交系统的骨架。中运量公交是指运量与速度皆介于快速大运量公交与常规公交之间的一种公共交通方式。其类型既有轨道交通中的单轨、现代有轨电车等,也有常规公交中快速公交系统。常规公交是使用最为广泛的公交服务方式,具有机动灵活的特点,一般是城市公交系统的主体。辅助公交在城市公交系统中发挥辅助和补充的作用。特殊公交在特殊情况下使用。新型公交是结合地区条件而采取的有别于现有公交模式的新型公交方式[1]。

7.1.2 多层次公共交通系统功能定位

公共交通体系中的多样化运输系统可提供多层次服务,一般根据服务圈层不

同大致可以分为以下四类。

（1）国土层面。半径 50～150km 以上，大公交运营范围，设施一般以高速铁路、城际铁路、普通铁路为主。

（2）都市区层面。半径 30～50km，已进入城市公交设施服务范围，一般以轨道快线或市郊铁路为主，对近远郊市镇进行串联。

（3）中心城区层面。半径 30km 范围内，城市高密度开发地区，城市轨道系统（干线、加密线）及中运量公交共同构成公共交通骨架，一般轨道交通覆盖主要客流走廊，中运量服务次级客流走廊。

（4）城市片区层面。对单中心城市为主城或老城区，对多中心城市为各中心片区，约半径 15km 范围。城市高密度开发，交通需求强度高、需求点密度大、服务要求差异化，因此在轨道交通与中运量骨架或网络化基础之上还需要常规公交进行接驳与加密，特殊公交提供个性化服务。

不同圈层的公交设施配置如图 7.2 所示。

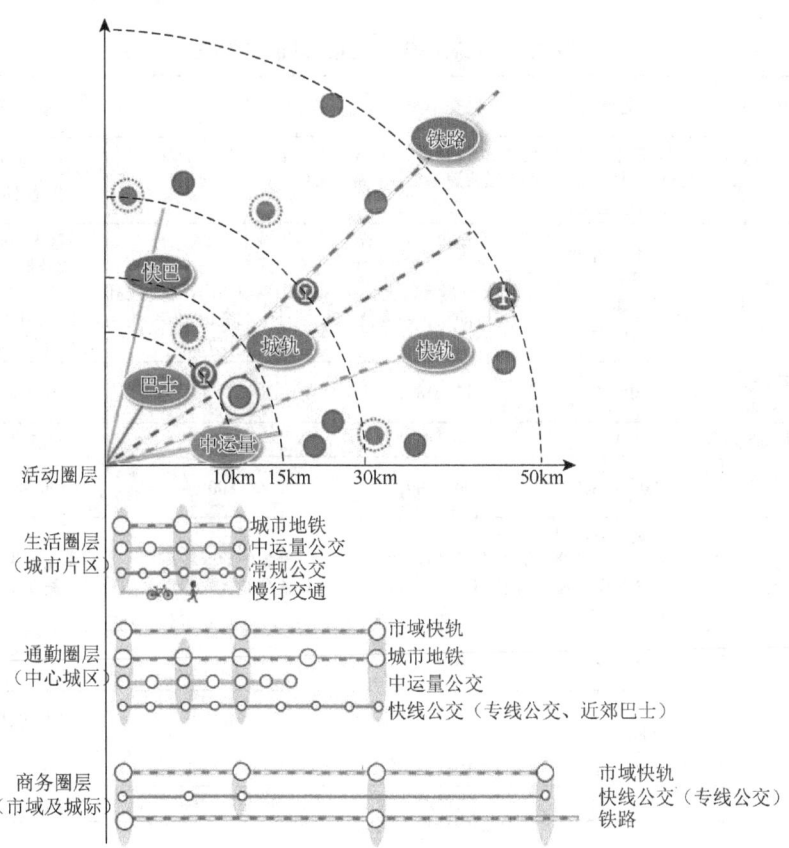

图 7.2　不同圈层的公交设施配置

其中最为复杂的中心城区范围内，在大系统层级下，还可根据城市的具体情况和交通需求，对城市多元公交按功能进行层级化，目前较为常见的分级如下。

大运量公交——地铁、轻轨线，作为城市客运交通的骨架，服务于主要客流走廊，连接主要客流集散点，满足中远距离出行需求。

中运量公交——现代有轨电车、快速公交系统，是对大运量公交的补充，与大运量公交一起成为城市客运交通的骨架，服务于主要客流走廊。

常规公交——是对大运量公交和中运量公交的补充和完善，满足组团内部分乘客中短距离出行的交通需求。其中又可根据线路不同功能分为公交快线、公交干线、公交支线及公交微循环线四个层级。此外还可依据城市特殊需求增设定制式的特色公交，如旅游公交线、通勤公交线、商务公交线、校园公交线等。多级常规公交线路功能与特征如表7.1所示。

辅助公交——对大中运量公交的补充，满足市民的特殊需求或特定情况下个性化需求，如轮渡、公共电单车等。

表 7.1 多级常规公交线路功能与特征

指标		线路分级	公交快线	公交干线	公交支线	公交微循环线
约束性指标		线路特征	大站快车、快速直达，沿快速路、主干路敷设	运力大、线路长、绕行少，沿快速路、主干路敷设	中等运力、填补干线服务空白，走向相对灵活	运力较小、线路较短、设置灵活
		功能定位	为城市组团间的长距离公交出行提供快速、直达的服务	设置在城市主要客流走廊，联系主要城市片区和大型客流集散点，为片区间较长距离公交出行服务	服务于城市次要客流走廊，通常依据干线和换乘枢纽布局，起到填补干线空白、转换衔接的功能	在城市片区内部设置，深入居住地、就业地、枢纽点等，提供短距离公交出行需求服务。对于中小城市，常与公交支线结合考虑
		线路长度/km	20~30	12~18	8~15	6~10
		非直线系数	≤1.4	≤1.4	≤1.8	无要求
		平均站间距/m	1200~1800	500~800	300~800	500以下
		公交优先配套设施	允许进入城市快速路运行，公交专用道对全线覆盖率≥50%	公交专用道对全线的覆盖率在30%以上	公交密集的地区和通道设置公交优先通道	不做优先设施要求
参考性指标		高峰发车间隔/min	5~10	2~5	5~15	5~15
		平均运行车速/(km/h)	≥25 最高限速60	20~25	15~20	不做要求
		车型配置/m	10~12	10~12	8~11	6~8
		首末站	需保障	需保障	至少保障一端	至少保障一端

7.2 不同规模城市的一体化公共交通体系

对不同规模的城市，各类公交乘客的需求量、需求特征都不一样，其公共交通体系模式也有很大差别。例如，人口超千万的超大城市，轨道交通将成为客运交通的主体，必须围绕轨道交通建立多层次的公共交通体系，形成便捷的换乘系统；而对于小城市，公交相对其他交通方式不占优势，公交优先可能在局部区域实施。每个城市都应根据自身城市的规模、客流需求与乘客服务需求特征等，构建多层次、多模式、一体化的公共交通体系。

按照公交的体系结构、常规公交和轨道交通在公共交通体系中所承担的作用，不同规模城市可采用的公共交通体系如表 7.2 所示。

表 7.2 不同规模城市公共交通体系

不同规模的城市	人口指标	公共交通体系
超大城市	人口超过 1000 万	"轨道主体型"
特大城市	人口 300~1000 万	"轨道主体型"
大城市	人口 100~300 万	"轨道骨干型"
中等城市	人口 50~100 万	"中运量公交型"
小城市	人口小于 50 万	"常规公交型"

7.2.1 特大城市的公共交通体系——"轨道主体型"

特大城市与超大城市不仅城市体量巨大，而且一般来说还具有强大的经济辐射能力以及文化娱乐、教育医疗等资源的先天优势，因此特大城市往往是区域的中心城市、都市圈的核心城市、枢纽城市，同时在都市发展区内部，特大城市周边形成若干新城和新市镇。在交通上会呈现区域间的交换客流需求量大、强度高等特征，尤其是与主城间的联系，不仅是都市区内新城、新市镇与主城会有大量的交换量，周边城市进出主城区的交通需求量也较大。而这些长距离的交通需求势必会增强居民对小汽车和轨道交通的依赖程度。

根据调查资料，世界四大都市主城区的轨道交通出行比例：东京 58%、纽约 29%、巴黎 26%、伦敦 19%；在进入中心城区的出行方式构成中，轨道交通比例更大，均达到了 70%左右，东京甚至达到了 86%[2]。

面对巨大的客流规模和高强度的客流走廊，特大城市与超大城市必须形成以轨道交通为主体，以多样化的常规公交为辅助的公共交通体系（图 7.3）。以多层级的轨道交通（包括城际铁路、市域快线、城市地铁、轻轨等）覆盖主要的客流走廊，形成高密度的骨架网络，使轨道交通成为客运交通的主体，满足绝大部分的出行需求，轨道交通在公共交通中的占比超过50%，超大城市甚至可高达60%以上。常规公交则应充分发挥其灵活性，以提高网络可达性、便利性及舒适性为目标，服务中短距离出行。通过运营区域化、线路短行化、车辆小型化、调度智能化等手段拓展常规公交的线网覆盖面，既要积极接驳轨道交通，为轨道交通的集散客流服务，也要结合大数据、"互联网+"等先进技术手段开辟居住小区、商业办公区、旅游景区等专线服务。

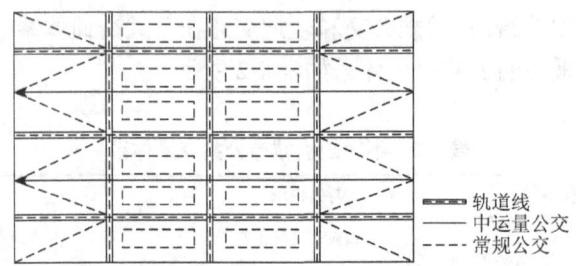

图7.3 特大城市"轨道主体型"公共交通体系

特大城市"轨道主体型"公共交通体系的构建策略主要有以下几点。

（1）充分发挥轨道交通"大运量、快捷、准点"的优势，承担特大城市客运交通的主导模式。

在特大城市都市区内的不同区域，应该根据城市布局、客流规模、出行特征采用不同的轨道形式。在主城区兼顾速度与运能，以地铁为主形成高密度网络；与外围卫星城、新城之间则应以"时间取胜"，形成以通勤铁路为主的放射状轨道网络。

轨道交通作为公交的主导模式，还必须引导城市中心城区人口的有机疏散，使中心城区由单一中心向多中心发展。另外通过建设以轨道交通为主的放射型快速复合交通走廊，支持新城和重点城镇的开发。

（2）加快形成轨道交通的网络规模效应，确立轨道的主体地位。

发达国家城市的成功经验：在城市机动化的快速起步阶段就加快轨道建设，通过一段时期的集中建设构建轨道交通，使之尽快形成网络化，能够较好地应对机动化的发展。同时，在城市化快速发展阶段加快轨道交通建设，也能为城市的外延扩展提供较好的支撑。

国际特大城市中，服务中心城的轨道交通线路普遍较短；在更广的都市区范围，通常是由市域线和市郊铁路提供服务。在轨道网络的起步发展期和集中建设期,轨道建设的重点在城市内部以缓解日益拥堵的交通压力,基本网络着重解决城区的交通矛盾;在进入稳步发展期后,则以向外延伸已有线路为主,侧重引导外围地区的发展(图7.4)。

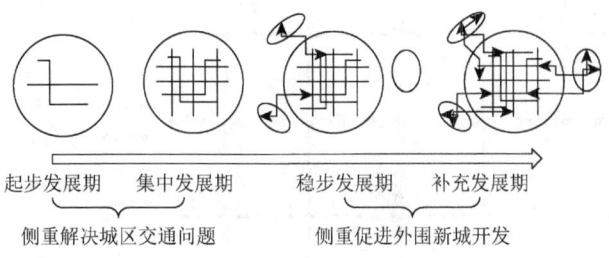

图 7.4 轨道交通建设发展阶段

(3) 常规公交作为轨道交通的补充和完善,以接驳功能为主。

当轨道建设形成基本网络之后,常规公交则应逐步向分区化覆盖发展,通过公交服务分区的划定,发展以接驳功能为主的线路,为轨道交通提供喂给服务,扩大轨道交通的吸引范围,深入居民小区,向支线公交发展,同时填补轨道服务不到的公交盲区。

(4) 建立一体化的综合交通换乘枢纽,形成不同交通方式间的无缝衔接。

特大城市尤其要注重轨道与其他交通方式的换乘枢纽规划建设,最大限度地发挥轨道交通运行效率,实现良好的投资效益。

7.2.2 大城市的公共交通体系——"轨道骨干型"

随着城市人口规模的不断增长,大城市的城市范围也随着扩大。人口由主城区逐渐外迁,外围组团由此形成。同时城市经济水平快速发展,城市功能不断丰富,主城区的集聚效应进一步增强,外围组团与主城间的联系需求迅速增长。

在交通上,大城市呈现以下特征:①出行总量持续增长;②出行距离不断延长;③出行高峰时段逐渐延长;④跨区出行需求快速增长;⑤以购物、休闲为目的的非通勤出行需求快速发展;⑥小汽车拥有率和使用强度快速增长。

大城市的规模决定了机动化出行趋势的必然。因此在受空间、能源、环境等资源限制的背景下,公共交通必须成为大城市客运交通的主体。大城市应形成以轨道交通为骨干、常规公交为主体的公共交通体系(图7.5)。在大城市,轨道交通虽然形成了基本的网架,覆盖了城市主要的客流走廊,但只能起到骨架作用,是客运交通的骨干。常规公交仍是大城市公交的主体,在轨道服务空白区域充分发挥优势,在次一级的客运走廊中提供高质量的公交服务。常规公交系统应形成由公交快线、公交干线、公交支线、公交微循环线(以下简称"快、干、支、微")构成的"功能分级、布局合理、换乘便捷"的四级公交线网。

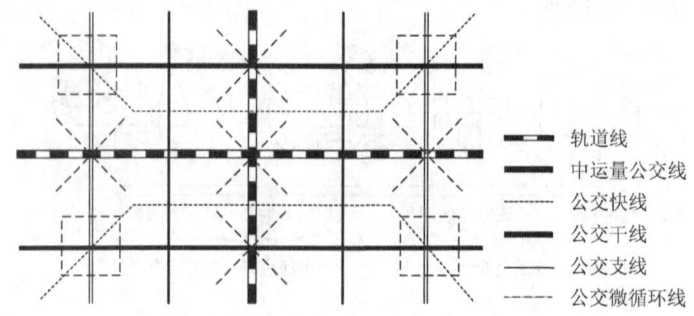

图7.5 大城市"轨道骨干型"公共交通体系

大城市中构建"轨道骨干型"公共交通体系时可主要采取以下策略。

(1)轨道交通承担主要交通走廊的客流,形成公交系统的骨干。

在主城区将轨道作为支撑中心城区主要客流走廊的交通工具;在联系主城区与外围新区新城的跨区通道上,轨道交通应形成放射状的大运量轨道线路,提供长距离服务;在新区新城内部的主要交通轴上,则以中运量轨道承担主要客流,并形成以轨道站为核心的城市副中心和地区中心。

(2)建立"快、干、支、微"多级常规公交网络,担起公交客流主体的重任。

在轨道网络形成的地区,尤其是中心城区,常规公交主要作为轨道交通的接驳方式,起到辅助和补充的作用,充分重视与轨道交通的一体化衔接,并逐步向分区化发展。在轨道交通覆盖不到的次要走廊、轨道建成前的客流走廊、外围新城新区的客流走廊,常规公交应该承担公交服务的主体作用,并有必要在客流走廊上发展快速公交系统和公交专用车道。

(3)基于轨道交通进行公交线网的优化调整,保证公交系统的整体效益。

轨道交通系统效率的发挥,有赖于常规公交网络的调整和配合,二者形成相互补助、合理竞争的机制,避免重复建设造成资源浪费。随着轨道交通骨干地位的建立,常规公交应向扩展网络服务范围、弥补走廊客运能力不足、向轨道集散客流的功能转化(图7.6)。

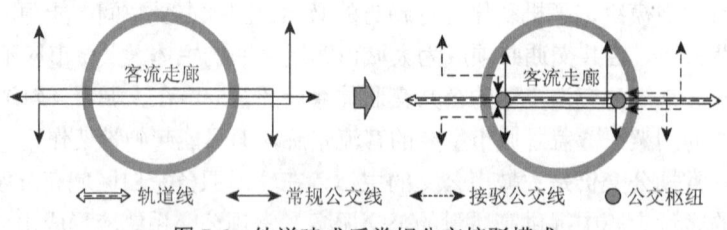

图7.6 轨道建成后常规公交接驳模式

7.2.3 中等城市的公共交通体系——"中运量公交型"

中等城市在发展的过程中，随着城市规模的逐渐扩大，原先集中于老城区的城市功能会逐渐分散或外延，形成一主多副的多中心结构。这些中心不仅是商业贸易中心，更是居民出行和交通走向的集中点。城市格局的变化不仅会带来居民出行距离的加大，也会使交通走廊逐渐清晰，公共交通的优势就会逐步展现。

中等城市应形成以快速公交为骨干、常规公交为主体的公共交通体系（图 7.7）。中等城市往往有若干客运走廊上的客运需求是常规公交无法满足的，它们是城市客运的"脊梁"，在运输方式上可由中运量公交（包括快速公交、现代有轨电车、跨坐式或悬臂式单轨等）构成城市客运的骨架系统。常规公交作为公交系统的绝对主体大力发展，除了密布于全市的常规公交线路，在次一级客流走廊布设快速公交干线，在轨道建成地区则为轨道输送客流。

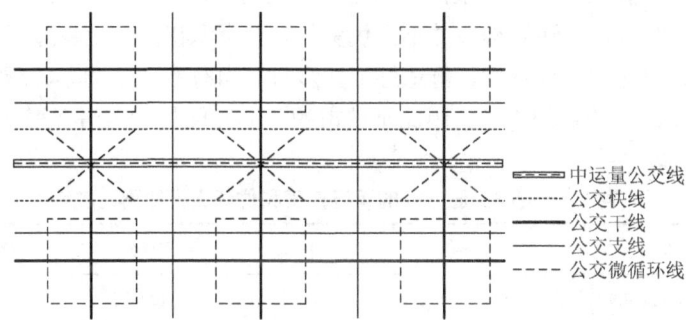

图 7.7　中等城市"中运量公交型"公共交通体系

中等城市"中运量公交型"公共交通体系构建策略主要有以下几点。

（1）中运量公交承担客流走廊的运输需求，构成客运骨架系统。

中等城市的公交客流量中等，可根据城市规模及城市特点因地制宜选择合适的中运量模式，布设在城市最重要的客流走廊上，包括经过市中心的客流走廊以及联系中心与外围组团的放射型走廊。同时对城市的不同发展阶段，中运量公交系统的功能定位将随着城市人口规模、客流量、轨道交通的建设、投资建设能力变化而有所调整变化。

（2）积极倡导低成本的快速公交，尤其是公交专用车道。

与大城市相比，中等城市的公共汽车仍是最主要的公交方式。而中等城市的道路交通量相对通行能力仍然很大，十分容易产生拥堵，公交外部恶劣的运行环境导致其服务水平不断恶化。只有设置公交专用车道，为公交提供优先路权，才能够提高公交的服务水平,改善居民的出行结构,这是缓解中等城市交通问题的有效途径之一。

(3) 常规公交成为客运交通的主要出行方式,是公交系统的绝对主体。

常规公交应成为中等城市公交系统的绝对主体,包括"快、干、支、微"构成的四级公交线网。由于城市规模有限,相对于大城市,市民出行距离稍短,因此对常规公交的直达要求会相应提高。因此,对于微循环线应因地制宜进行设计,避免生搬硬套,减弱公交的服务品质。

7.2.4　小城市的公共交通体系——"常规公交型"

大部分小城市会呈现"单中心"的城市形态。城市功能集中于老城区,城市活动呈现"内密外疏"的态势。因此在老城区交通流密度高,高峰期在核心节点和瓶颈路段容易产生交通拥堵;而在外围地区,交通需求较弱。

小城市用地和人口规模有限,用地混合度较高,居民出行不仅距离短且较为分散。公共交通在城市交通结构中并不占优势,公交资源在分布上也过多地集中于老城区。在出行可达性、经济性、舒适性上,步行、自行车、电动车、摩托车为主体的个体交通反而优势更加明显,因此小城市的公交发展相对滞缓(表7.3)。

表 7.3　各类交通方式的运行速度和优势出行距离比较

交通方式	步行	自行车	常规公交	电动车/摩托车
运行速度/(km/h)	4	10~15	12~20	12~18
优势出行距离/km	<2	<4.5	>3.5	2~6

与特大城市、大城市和中等城市不一样的是,小城市的公共交通不占主导地位,它面临着摩托车、非机动车等私人交通方式的竞争。小城市客流走廊的客运强度和居民的出行距离均不支持轨道交通,公交客流全部由常规公交来承担。在中等城市,主要客流走廊根据需求可能会设置快速公交或公交专用车道;小城市则主要由常规公交承担。

构建小城市"常规公交型"公共交通体系主要有如下策略。

(1) 多元化提升公交的服务水平,增强公交的竞争力。

小城市居民出行距离短,公交与私人交通工具相比没有明显优势,公交的出行比例较低,政府和企业对公交的投入也低,形成了恶性循环。在国家公交优先的大环境下,小城市应加大对公交的集中投入,增加车辆与场站设施资源,以"盲区覆盖、吸引客源"为目标优化线网。中心城区加大客流走廊上的运力配置,减少车外时耗,迅速提高公交的服务水平,实现公交的质变发展。在外围集中客流不明显的地区,宜发展特色公交,采用中小型车辆提供定时定点、需求响应、专项服务等新模式公交,兼顾效率与服务覆盖。

(2) 强调城乡一体,优化换乘衔接。

中等城市甚至小城市是区域的一个增长极或一个地域的公共活动中心。城郊、乡镇的入城客流与大城市相比虽然在总量上较小,但就单位城市空间的接纳能力来说,小城市显得更加脆弱。因此,完善城乡公交线网,建设与经济发展、出行需求相匹配的一体化城乡公交系统是十分必要的(表7.4)。

表 7.4 城乡公交衔接方式表

项目	分方向边缘衔接(近城而不进城)	穿越式衔接
图例	● 客运枢纽 -- 城区公交线 — 农村客运主干线	● 客运枢纽 -- 城区公交线 — 农村客运主干线
特征	城市边缘衔接,线路按照进程方向选择较近的枢纽	城乡线穿越中心,进入城区后利用部分城区公交站点
优点	避开中心城区,对市区交通干扰小	直达性好,增加中心城区的可达性与吸引力
缺点	增加换乘次数,出行便利性受影响	进出城交通对市内交通影响较大,增加公交线路的重叠
适用范围	适用于大中城市,一般有多个枢纽	适用于城区规模较小、道路交通量不大或仅有一个对外枢纽的小城市

7.3 典型案例

7.3.1 香港——无缝隙全覆盖的公交服务体系

7.3.1.1 城市概况

香港是一个充满活力的城市,无论是经济和科技发展还是居民的要求和期望都在不断改变。在20世纪末的十几年间,香港人口由570万增加至约720万,人均地区生产总值快速增长,港口和机场设施的快速扩展,跨组团交通日益频繁,令香港对交通基建的需求极为殷切。

香港又是一个山地丘陵城市,土地面积 1107km^2,但仅有不到 20%为城市建设用地,面积仅 200km^2。面对有限的城市资源以及高密度的人口,香港特区政府只能选择节约发展城市用地和高密度开发城市建筑的方式来建设。

香港道路全长约 2076km,人均道路不足 0.3m,而且道路非常狭窄,每公里道路承载车辆数高达 385 辆。尽管如此,大范围的堵车并不常见,这还得归功于香港非常发达的公交系统。公交是香港的主要出行方式,约占机动化出行的 90%、全方式出行的 53%,而小汽车仅占全方式出行的 10.5%,私人小汽车拥有率仅 52 辆/千人[3]。

7.3.1.2 无缝隙全覆盖的公交服务体系

香港优先发展以城市轨道为重点的公交系统,为满足居民多样化的出行需求,香港构建多元化的公交系统,形成了无缝隙全覆盖的公交服务体系(表 7.5),包括城市轨道、巴士、公共型小巴、出租车、电车、渡轮和缆车等,每天载客超过 1260 万人次。香港公交系统的发达使得香港成为世界上唯一一个无须政府直接补贴,且能实现市场化盈利的大都市公交系统。

多方位打造轨道交通的主导地位。轨道是香港公交系统的骨干,包括本港铁路系统与区域性的轻轨系统,满足居民通勤、购物等日常出行需求。截至 2017 年年底,已开通 11 条地铁,全长 264km。轻轨系统于 1988 年投入使用,以满足新界西北部居民的区内出行需求,网络全长约 36.2km,68 座车站。多模式的轨道交通网络引导整个香港城市沿轨道交通主要站点形成组团式的用地空间布局,城市用地开发围绕轨道交通沿线进行,其他地区不再进行大规模的城市用地开发,城市生态环境得到良好保护,实现城市的可持续发展。到 2018 年,香港轨道交通在公交系统中承担的客流比重将从 1997 年的 33%提高到 50%,是世界上客流强度较高的少数地铁系统(metro system)之一,而整个公交占机动化出行比重达 90%,为全球之冠(图 7.8)。每天乘坐公共交通的乘客高达 1100 万人次。

表 7.5 香港无缝隙全覆盖的公交服务体系

公交方式	分类	配车数量	日均客运量/万人次	服务定位	服务范围和对象	备注
城市轨道		—	517.6	骨干运输系统	香港岛、九龙和新界的主要通勤走廊	10 条线路、187km、93 个站点

续表

公交方式	分类		配车数量	日均客运量/万人次	服务定位	服务范围和对象	备注
巴士	专营巴士	新巴	702	44.7	主要运输工具	服务轨道未覆盖区域以及与轨道交通接驳	按区域不同分别由五家运营公司经营，共700多条线路
		城巴	944	57.9			
		九龙巴士	3 967	275.0			
		龙运巴士	245	10.7			
		新大屿山	124	7.7			
		合计	5 982	396.0			
	非专营巴士		7 083	72.2	辅助	繁忙时段缓解压力；服务专营巴士未覆盖区域	辅助集体运输，包括校车、社区巴士等
公共型小巴	红色		1 057	29.5	辅助	接驳集体运输，繁忙时段缓解压力	无固定路线、班次和收费
	绿色		3 293	152.0	辅助		有固定路线、班次和收费
出租车			18 163	100.0	辅助	点对点的个人化运输服务	价格较贵，与普通公交形成价格差
电车			167	18.0	辅助	繁忙时段作为香港岛巴士和轨道的补充	全长16km
渡轮			—	12.9	辅助	往来港岛和港内线路服务	12家运营商经营20条线路
缆车			—	1.2	辅助	游客、观光游览的本土市民	全长约1.4km、4个站点

数据来源：香港运输署网站；"—"表示数据缺失。

大力发展多元化的专营巴士。香港专营巴士由五家巴士公司经营，覆盖轨道交通未及区域，作为轨道交通的接驳；非专营巴士则是辅助公交工具，进一步可分非专营巴士（A01~A08）和非专营私家巴士（B01~B04），主要负责游览服务、酒店服务、学生服务、雇员服务、国际乘客服务、居民服务、复式类型交通服务、合约出租服务、社区巴士等服务类型，为特定服务群体提供辅助公交运输，在繁忙时段缓解专营巴士和公共型小巴的客运压力，或者在专营巴士和公共型小巴不具备运输效益的地区服务。

灵活的小巴运营模式。香港小巴是16座以下的小型巴士,为广大社会群体提供辅助公交运输,按是否有固定路线和班次分为红色小巴和绿色小巴两种。红色小巴线路灵活,可在非禁区内随处上下客;绿色小巴有固定线路和班次,一般包含4~8个中间站。小巴由于其容量小,可支持较高的发车频率;由于其站点少,速度一般比专营巴士快。

此外,出租车是香港公交服务的重要一环,提供直达目的地的个人化运输服务,不同类型的出租车服务的区域范围不同,但都可以在香港国际机场和迪士尼乐园服务。电车、渡轮、缆车则为本土居民和游客提供出行和观光便利。

城市轨道、专营巴士和其他辅助方式分别响应香港居民不同类型的出行需求,实现资源的合理分配。

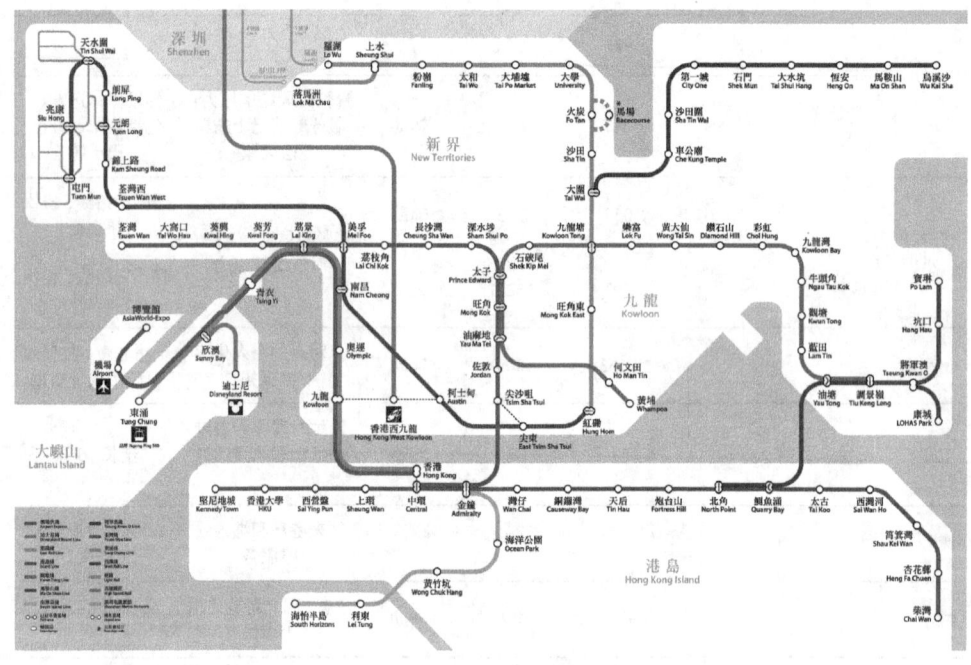

图 7.8　香港轨道线网（2018 年）

图片来源：港铁网

7.3.2　斯德哥尔摩——以轨道交通为支撑的一体化公共交通体系

7.3.2.1　城市概况

斯德哥尔摩是瑞典首都,位于瑞典的东海岸,风景秀丽,是著名的旅游胜地。

整个市区分布在 14 座岛屿和一个半岛上，70 余座桥梁将这些岛屿连为一体，斯德哥尔摩由此享有"北方威尼斯"的美誉。

从地域空间来看，斯德哥尔摩可分为三大圈层，即斯德哥尔摩市、斯德哥尔摩城市地区、斯德哥尔摩大都市区。其中，斯德哥尔摩市作为瑞典第一中等城市，由斯德哥尔摩市中心、南斯德哥尔摩和西斯德哥尔摩三部分构成，人口82.9万人；斯德哥尔摩城市地区，除斯德哥尔摩市之外，还包括 Huddinge 等 10 个自治市；斯德哥尔摩大都市区，包括 26 个自治市，2009 年人口总量达 200 万，约占同期瑞典全国总人口的 22%，地区生产总值则占全国的 28%[4]。

7.3.2.2 以轨道交通为支撑的一体化公共交通体系

作为瑞典首都，同时也是中等城市，斯德哥尔摩在城市扩张和经济蓬勃发展的时期，不但没有走上以机动车交通为主导的发展道路，反而迅速转变为一个成功的公交都市，其成功的关键在于构建了与城镇发展协调的、以轨道为主导的一体化公交系统（图 7.9）。斯德哥尔摩有北欧地区规模最大的公交系统，包括地铁、郊区铁路、市区铁路、轻轨系统，还有大量的常规公交线路和渡轮。

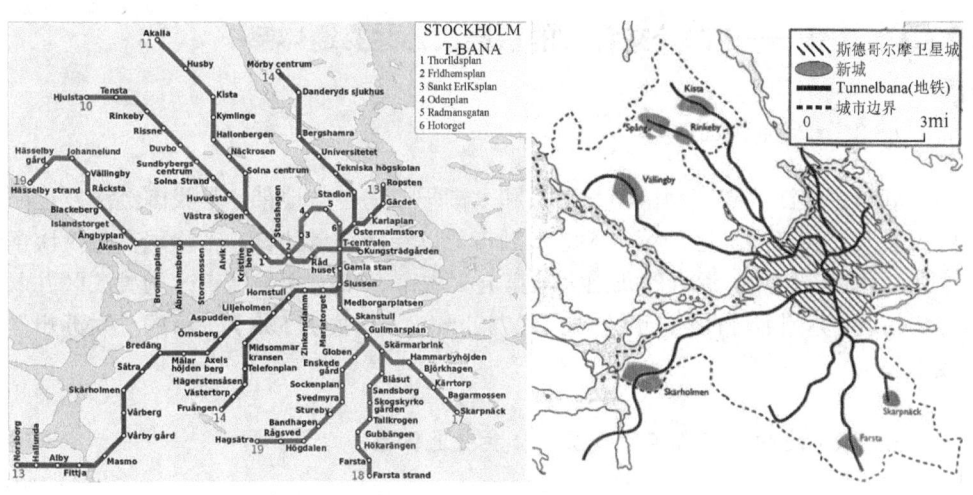

图 7.9　斯德哥尔摩的地铁系统与主要的新卫星城镇[4]

图片来源：百度百科；1mi=1.609 344km

除了区域性干线轨道，斯德哥尔摩也是北欧较早建成一体化公交系统的城市之一。早在 1967 年，斯德哥尔摩郡议会就通过了一项文件，将公交车、有轨电车和地铁服务统一规划与协调，将各类公交服务的运营时刻表和票制完全整合在一起。公交系统可以高效到达许多地铁无法到达的地方。公交车分蓝色与红色两种（图7.10）。蓝色为干线公交，只有1～4路，经过市中心和交通枢纽，工作日发车间隔为3～10min。其余的为红色公交，工作日每隔7～20min发一班车。

(a) 蓝色公交车　　　　　　　　　　(b) 红色公交车

图7.10　斯德哥尔摩的公交车

图片来源：http://www.360doc.com/content/18/0806/22/35937548_776213396.shtml

7.3.3　苏州——迈向公交都市的多层次公共交通体系

7.3.3.1　城市概况

苏州位于江苏省东南部、长三角和太湖平原的中心地带，是我国经济发达的城市之一、长三角地区的第二大经济城市，以经济总量计算，苏州现在是仅次于上海、北京、广州、深圳的我国大陆第五大城市。2012年吴江市改为吴江区并入苏州市区，苏州城区面积一跃扩大至2742km^2，人口突破500万，新的"大苏州"成形。

7.3.3.2　迈向公交都市的多层次公共交通体系

"十二五"期间，苏州列入国家第二批公交都市创建城市。为了更好地应对"大苏州"的发展要求，实现公交都市构建"衔接顺畅、运行高效、服务优质"的公交服务体系目标，苏州的公交不断丰富，逐渐形成了包含城市轨道、有轨电车、常规公交、特色公交、公共自行车在内的多元化、多层次的公共交通体系。

以多级轨道交通为主体的多模式协同公共交通体系成为新阶段大城市发展方向。

1）多层级的轨道交通

首先《苏州市城市轨道交通线网规划（2035）》提出在苏州城镇连绵区内构建

功能层次清晰、与城镇空间布局相协调、与多种方式一体化发展的轨道交通网络，形成以"轨道+"为主体的可持续交通发展模式。为此，苏州轨道交通将细化功能，逐步形成"城际铁路、轨道快线、轨道普线"三层级网络架构。

（1）市域层面，由城际铁路与轨道快线系统承担苏州市域范围内主要交通走廊和城镇发展轴上的客流出行，引导市域城镇空间的布局和发展。其中，城际铁路强调时效性，设计时速为160～200km/h，站间距为5～20km，主要承担苏州市区至市域各板块，以及与毗邻城市中心间中长距离大规模快速通勤、商务联系；轨道快线则强调可达性，设计时速为100～200km/h，站间距为5～20km，主要承担苏州市区重要组团中心间的快速通勤联系，以及苏州市域连绵地区相邻组团及毗邻城市邻边片区间快速通勤联系。

（2）城市内部，由轨道普线和有轨电车强化市区公交骨干系统。其中轨道普线强调覆盖性，设计时速为60～80km/h，站间距为1～1.5km，主要承担苏州市区主、副中心间以及各功能组团间的大规模通勤出行联系。有轨电车则进行骨干走廊的补充与延伸。

苏州1996年就着手研究轨道交通的建设，于2007年2月，得到了国务院的批复，成为第一个被批准建设轨道交通，且是自主开工建设和运营的地级市，2012年4月，苏州轨道交通1号线开通试运营，成为我国首个拥有轨道交通的地级市。随即在2013年底，轨道交通2号线开通运营，十字形轨道交通网络形成，2017年轨道交通4号线和支线开通，2019年底轨道交通3号线建成，网络效应迅速呈现。至此苏州轨道交通运营线路达4条，运营里程166km，车站数量135座，其中换乘车站9座。2019年全年苏州轨道交通运营总里程为1817万列千米，线网总客运量为36 644万人次，日均客流总量首次过百万，接近2014年的3倍之多，轨道交通占公共交通出行比例近40%。同时在建线路5条，分别为5号线、6号线、7号线、8号线、S1号线，在建车站146座，在建里程186.6km。远期规划9号线，预计至2023年全市范围线路里程达350km，接近391km规划总里程（图7.11和图7.12）。

2）以有轨电车为代表的中运量公交

2012年9月，我国首条国家发展和改革委员会批准建设的有轨电车线路在苏州高新区开工，线路全长18km，是承担高新区中心城区至西部湖滨片区生态城、苏州科技城的骨干公交线路，并在苏州狮子山站与轨道交通1号线实现换乘。2018年有轨电车2号线和1号线延伸线开通运营。作为轨道交通的延伸与补充，苏州将发挥现代有轨电车的次骨干公交作用，与轨道交通共同构建基本骨干公交网络，完善公交结构体系，提升公交服务品质（图7.13）。

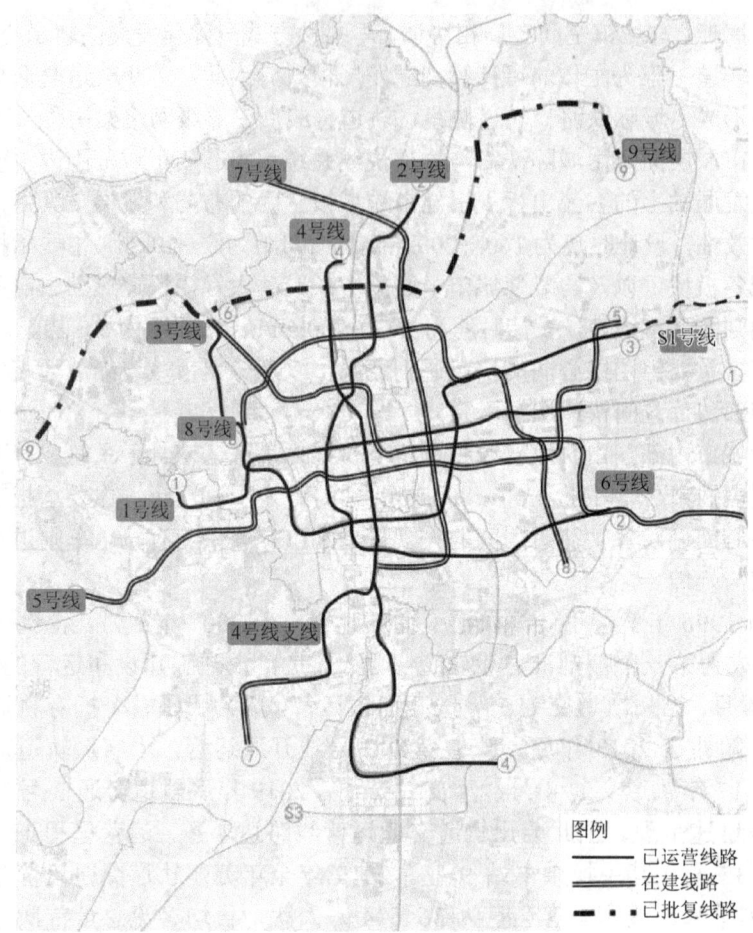

图7.11 苏州轨道线网（2019年）

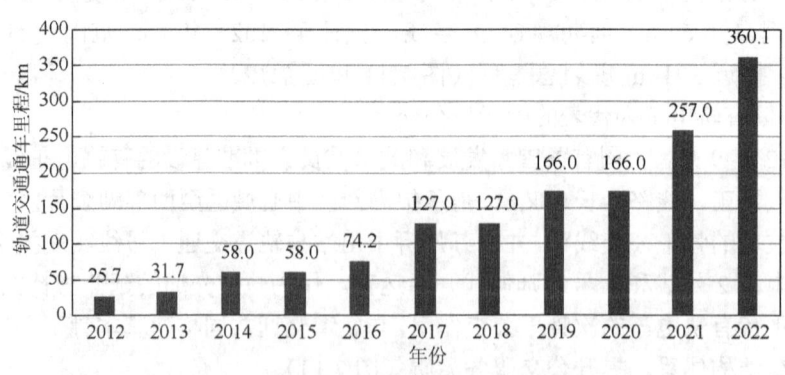

图7.12 苏州市区轨道交通通车里程发展

数据来源：《苏州市城市公共交通规划（2017—2035）》

7 构建多模式、一体化公共交通体系

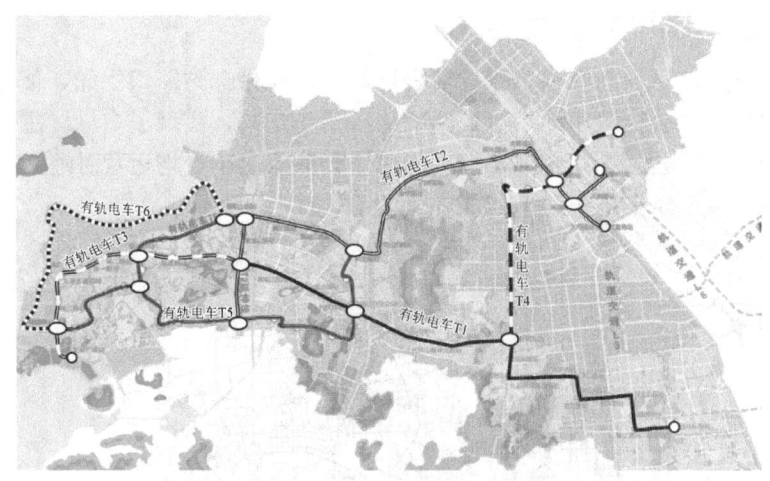

图 7.13 苏州有轨电车线路规划图（2030 年）

资料来源：《苏州市城市公共交通规划（2017—2035）》

3）功能优化的常规公交与延伸服务的公共自行车

苏州不断加大对常规公交和公共自行车的投入，通过轨道交通、常规公交、公共自行车之间的相互配合，以轨道交通为骨干的公共交通服务体系逐渐成形。至 2017 年年末，苏州市区共有公交营运车辆 4816 辆、公交线路 376 条，线路总长达到 7399km；吴江区共有公交营运车辆 848 辆、公交线路 148 条，线路总长达到 2072.5km[5]。除了普通公交线路，还发展了公交快线、夜间公交、微循环公交、"苏州好行"旅游公交等，已形成层次分明、功能结构相对明确的公交服务体系，获得市民好评。

尤其值得称道的是，苏州在内环高架快速路建成之后，根据"一体两翼、东园西区"城市空间格局特征，利用内环快速路开通了联系工业园区与苏州新区的公交快线，既开创了我国城市快速路为集约高效运输服务的先例，体现了公交优先理念与原则，实现了工业园区与苏州新区间半小时内公交快速直达联系，又避免了工业园区与苏州新区间的公交线路穿越苏州古城，减轻了古城道路的交通压力。截至 2015 年年底，市区共有公交快线 5 条，分别是快线 1 号、快线 2 号、快线 3 号、快线 6 号、快线 8 号，快线已初步成网，服务范围覆盖至工业园区、苏州新区、吴中区、相城区和吴江区。线路总长达 141km，线路平均长度为 28.2km，平均站距为 1561m，平均发车间隔为 6～15min，日均客流达到 1.1 万人次/条，比普通公交线路客流高出一倍多，平均运行速度约 28km/h。相较普通公交线路，公交快线优势明显[6]。2018 年，公交快线进一步增加到 8 条。快线的成网运行，实现了城市各主要组团和主要交通或城市功能节点的快速联系，进一步提升了公交的服务水平,大大增强了公交的吸引力。

在古城区道路资源较为紧张的前提下,苏州积极探索路口优先、信号优先、单行道优先、"公交蓄水池"等灵活的路权优先形式,实现了古城区主干路公交专用道100%全覆盖(图7.14)。早晚高峰时段公共汽电车平均运营时速20.03km/h,高于高峰时段道路平均车速18.8km/h[7]。

图7.14 苏州公交优先信号控制[7]

为解决公交"最后一公里"问题,苏州在2010年就开始启动公共自行车租赁系统(图7.15)。截至2018年,苏州已累计建成公共自行车租赁点2425个,投放公共自行车53 662辆,公共自行车网点布局基本完善。通过"自助操作、智能管理、限时免费、市区通借通还"的运作模式,轨道交通公共自行车点实现全覆盖,日均借还车次数超过21万次,单车日均周转率4次,70%的借还发生在轨道交通站公共自行车租赁点,较好地解决了轨道末端短距接驳问题[7]。

图7.15 苏州轨道站点公共自行车[7]

(作者:陈阳,罗航)

参 考 文 献

[1] 张泉，黄富民，杨涛. 公交优先[M]. 北京：中国建筑工业出版社，2010.
[2] 陈燕. 城市交通结构现状分析以及发展思路浅析[J]. 交通财会，2009，(4)：65-67.
[3] 汪光焘，陈小鸿. 中国城市公交优先发展战略——内涵、目标与路径[M]. 北京：科学出版社，2015.
[4] 罗伯特·瑟夫罗. 公交都市[M]. 宇恒可持续交通研究中心，译. 北京：中国建筑工业出版社，2007.
[5] 苏州规划设计研究院. 苏州市城市公共交通规划（2017—2035）[R]. 苏州：苏州市自然资源和规划局，2019.
[6] 苏州市规划编制信息中心. 2016年苏州城市道路交通发展年度报告[R]. 苏州：苏州市自然资源和规划局，2016.
[7] 中国交通报.如何畅游苏州千年古城？公共交通了解一下[EB/OL]. http://www.yidianzixun.com/article/0KJB0TeV/amp [2018-10-20].

8 城市轨道交通功能定位与规划布局

我国第一条地铁是北京地铁,1969年10月1日完工通车,全长23.6 km,共设17座车站。由于担心全国地铁建设"一哄而上",国务院曾两次叫停地铁立项进行整顿。1995年《国务院办公厅关于暂停审批城市地下快速轨道交通项目的通知》(国办发〔1995〕60号)宣布不再批准地铁项目立项。2002年10月中旬,国务院办公会议又决定,冻结各城市地铁立项,全国各大城市规划建设地铁的热情严重受挫。

但随着我国大型城市城镇化建设步伐的加快,中心城市不断向周边拓展,轨道交通建设的紧迫性也在增加。随着银根环境宽松和我国宏观经济政策的调整,2007年后全国各地地铁建设热潮再度涌起。政府进一步加大基础设施建设力度,大批城市开始筹建轨道交通。在"保增长、扩内需"的主旋律下,至2018年前后,我国已有北京、上海、广州等31个城市建设轨道,总长约5350km。

8.1 轨道交通功能定位

8.1.1 轨道交通在世界大城市交通中的定位

在长期的发展过程中,大城市发展轨道交通已成为世界发达国家的共识,主要是因为轨道交通相对于私人小汽车、公共汽车、自行车等交通工具(表8.1),具有运量大、速度快、舒适、全天候、低污染、低噪声、低能耗等优势,对小汽车有很强的竞争力,对缓解城市交通压力、引导城市发展,促进城市化和郊区市化进程,改善城市环境起着巨大的促进作用(表8.2)。

表8.1 不同交通方式特点比较

交通方式	优点	缺点	适用范围
轨道交通	速度快、运量大、舒适、全天候、低污染、低能耗	建设投资高、运营成本高、建设周期长、线路密度低	适合中长距离出行
公共汽车	价格低、乘车方便、线网密度大、客运量较大	速度慢、噪声大、拥挤、舒适性差	适合中距离出行
私人小汽车	出行方便、舒适、速度较快	相对污染大、运量少、成本高、占地多	适合中长距离出行
自行车	成本低、节能环保、出行方便	速度慢、舒适性差、受气候影响大	适合短距离出行

表 8.2 不同交通方式性能指标对比

分类	交通方式	单通道宽度/m	容量/[万人/(车道·h)]	运行速度/(km/h)	单位动态占地面积/(m²/人)
个体交通	步行	0.80	0.10	4.5	1.2
	自行车	1.00	0.10	10～12	2.0
	摩托车	2.00	0.10	20～30	22.0
	小汽车	3.25	0.15	20～30	32.0
公共交通	公共汽车	3.5	1.0～1.2	15～20	1.0
	轻轨	2.0（高架）3.5（地面）	1.0～3.0	35	0.2
	地铁	0（地下）3.5（地面）	3.0～7.0	35	0～0.2
	市郊铁路	3.5	4.0～8.0	50～60	0.2

世界各大城市对轨道交通具有如下定位。

（1）公共交通在城市出行方式中的比例为50%左右；而轨道交通出行量占公共交通的比例达到70%～80%，轨道交通是公共交通的骨干。

（2）城市中心城区的公共交通出行比例占绝对优势，对缓解中心城区的交通压力，保持中心城区的活力至关重要。

8.1.2 轨道交通在我国城市交通中的定位

参照国外发达国家在轨道交通规划建设方面的经验，并依据国家《城市轨道交通线网规划标准》（GB/T 50546—2018），我国轨道线网层次体系（不含区域铁路系统）总体上分为轨道交通快线和轨道交通普线两类（表8.3）。

表 8.3 我国轨道交通功能层级体系

层级	轨道交通快线		轨道交通普线	
	快线 A	快线 B	大运量轨道交通	中运量轨道交通
服务范围	市域远郊组团和市域重点城镇的联系	近郊组团与中心城区之间的联系	中心城区高强度、高密度客流走廊服务	中心城区局部次级客流走廊服务
服务半径/km	40～100	20～40	20左右	20以下
车站间距/km	3～5	2～3	0.8～2	0.8～1.5
旅行时速/（km/h）	>65	45～60	35～40	25～35
设计时速/（km/h）	120～160	100～120	80～100	70～80

8.1.2.1 轨道交通快线

轨道交通快线按照旅行速度可划分为快线 A 和快线 B 两个层级,且不同层级对于城市组团支撑作用各不相同。

快线 A 层级重点服务于城市中心区 20～50km 半径的远郊组团和市域重点城镇,沿线用地形态以离散珠串状用地为主,客流特征主要呈现点到点快速直达,站间距为 3～5km,以 1h 最长运程目标设定旅行时速大于 65km/h,车辆最高速度为 120～160km/h。

快线 B 层级重点服务于城市中心区 20～40km 半径的近郊新城组团,并兼顾中心城客流,沿线用地呈现多中心且轴向连绵特征,站间距一般为 2～3km,以 1h 最长运程目标设定运营时速为 45～60km/h,车辆最高速度为 100～120km/h。

8.1.2.2 轨道交通普线

轨道交通普线服务于城市 20km 半径以内的中心城范围,按照运量分为大运量轨道交通和中运量轨道交通。

大运量轨道交通服务于中心城区高强度、高密度的客流走廊,站间距为 0.8～2km,以 1h 运程目标设定运营时速为 35～40km/h,车辆设计时速为 80～100km/h,可承担单向高峰客流高于 3 万人次/h 的客流走廊。

中运量轨道交通服务于中心城区局部范围次级客流走廊,制式相对灵活,站间距为 0.8～1.5km,运营时速为 25～35km/h,车辆设计时速为 70～80km/h,一般支撑单向高峰客流为 0.5 万～3 万人次/h 的客流走廊。

8.2 轨道交通发展必要性

轨道交通是一种效率高、环境负荷低、舒适快捷的城市公交方式,国内外发达城市纷纷以其为核心构建城市综合交通体系,推动城市综合交通的健康发展。轨道发展的必要性主要表现在以下四个方面。

8.2.1 解决城市既有交通问题

随着我国城市化和经济水平的快速发展,居民小汽车出行量呈井喷趋势,对城市道路交通网络造成极大冲击,大范围的拥堵在一、二线城市已经全面铺开,成为当前城市主要交通问题(图 8.1 和图 8.2)。

根据成因不同,城市拥堵可分为**区域拥堵**和**通道拥堵**。区域拥堵主要发生在城市核心区或老城区范围,这主要是核心区城市功能过度集中,导致交通需求向心性极为明显,对核心区道路产生极大压力。而核心区的道路网络由于历史原因往往以老街巷为主，路网规模不足、级配不合理、布局与用地功能不匹配、内外衔接不畅，从而形成大范围拥堵。通道拥堵则主要是因为城市的功能单一性外溢。例如，城市居住新城或产业新城的建设，导致早晚高峰出现大量潮汐式交通需求，从而使新区与老区之间的通道形成周期性拥堵。

图 8.1　徐州核心区内的拥堵

图 8.2　南京高架路上的拥堵

可以看到，拥堵产生的根源是城市交通设施与用地功能的不协调。可行的解决方法就是依托公交引导城市发展，引导城市用地与公交枢纽的一体化开发，提倡绿色出行。

但是在轨道交通建设之前，我国城市公交仍以常规公交为单一主体，公交线网功能层级缺失，线网布局疏密不均，换乘枢纽设施落后，公交路权难以保障，导致常规公交难以提供高品质服务，在与社会车辆的竞争中处于劣势（图 8.3）。

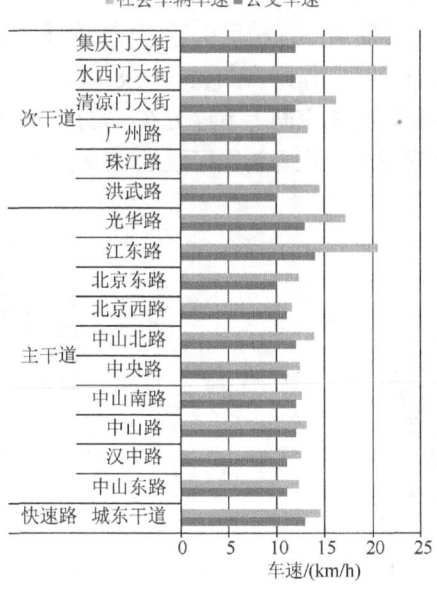
图 8.3　南京主要道路上公交车速与社会车辆车速对比

轨道交通具有容量大、速度快的优势，且不占用道路资源，与小汽车相比具有一定的速度优势，并且这个优势随着城市拥堵的加剧而逐步加大。通过轨道交通的建设，可以与常规公交一起整合公交资源，形成多级有序的公共交通体系，提升公交核心竞争力，从而有效吸引个体机动化客流向公交系统转移，极大缓解城市交通拥堵情况。

8.2.2 支撑城市未来发展格局

我国大部分城市为单中心城市结构，老城区的功能过于强大、人口高度集中；外围组团则功能单一，缺乏有效的引导与管制，自发生长的痕迹明显、结构混乱。

各城市在总体规划中都对城市规模和空间结构进行了前瞻性规划，规划的制定和后续实施将对城市交通需求产生深远影响。一方面，城市规模持续增加，居民出行总量将大幅攀升。另一方面，随着城市功能的持续外溢，外围综合新城和分区中心将大量出现，居民出行分布将出现多心化和广域化的发展趋势。

可见随着城市规模拓展，单纯依靠地面交通难以满足老城区功能的合理外溢和分中心的建设，只会带来新一轮城市发展的"摊大饼"过程；另外，地面交通运输效率有限，难以满足居民未来出行规模的增长，从而加剧城市交通拥堵。

为满足城市空间演变和居民出行需求的变化，必须发展更大运量、更高速度的轨道交通。首先，促进新区发展必须积极引导老城功能和人口向外围组团疏散，在此过程中轨道对城市开发的导向作用将凸显（图 8.4）。其次，按照 TOD 理念，轨道交通能够引导组织各种要素在空间上有序分布，形成交通便捷、具有活力的组团结构，从而促进新区合理发展，保障新区可达性与吸引力。

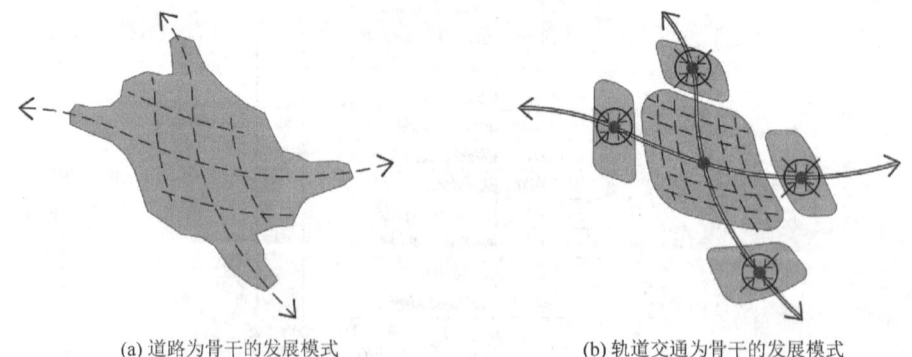

(a) 道路为骨干的发展模式　　　　　　(b) 轨道交通为骨干的发展模式

图 8.4　城市拓展模式示意

8.2.3 保护城市历史生态资源

我国是具有五千年历史的文明古国，历史的长河给各个城市都遗留下了珍贵的文物遗产。同时我国也是具有多样化生态、地理环境的国家，从东部平原到中部群山再到西部高原，多样化的地貌也给各个城市赋予了多样化的色彩。不同城市的生态和地理特点与文化底蕴是城市生存发展的内在动力，对城市未来发展具有重要意义（图8.5）。

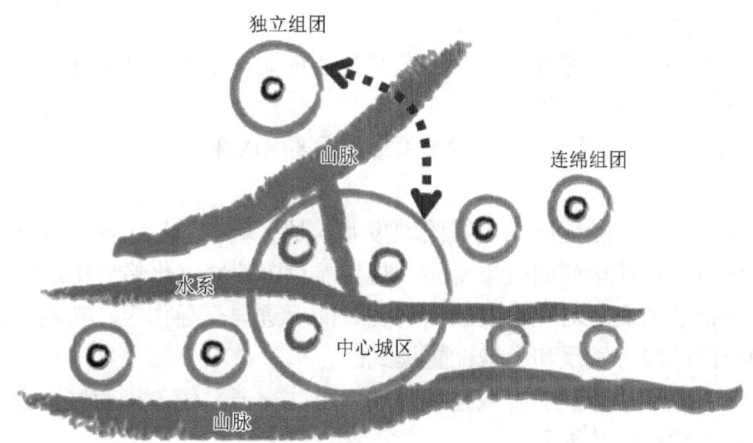

图 8.5　生态分隔城市功能组团示意

轨道交通通过替代个体化的交通方式，能够有效减少城市道路建设和小汽车使用对生态环境文物古迹的破坏作用，保存城市原有的生态结构与历史文脉。同时对被山体、水体或者历史资源分隔的城市功能区，可以通过立体廊道的模式进行集约化建设（图 8.6），将轨道、常规公交、个体机动化集中在同一廊道内，最大限度减少对生态、历史资源的破坏。

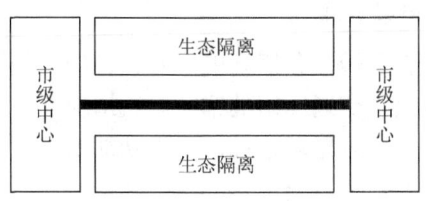

图 8.6　立体廊道模式示意

8.2.4 响应国家相关政策

我国土地资源稀缺，城市人口密集，居民收入水平总体还不高，优先发展公共交通符合城市和交通发展的实际，是贯彻国家关于落实科学发展观和建设节约型社会的重要举措。2004 年建设部下发了《建设部关于优先发展城市公共交通的意见》（建城〔2004〕38 号），初步确立了国家优先发展公共交通的战略思想。之后国家相继出台了《开展国家公交都市建设示范工程有关事项的通知》（交运发〔2011〕635 号）、《国务院关于城市优先发展公共交通的指导意见》（国发〔2012〕64 号）等文件，显示出国家对推进公共交通优先发展战略的决心。

城市轨道交通的规划建设是落实公共交通优先、推进公共交通都市建设的重要举措，其核心作用体现如下。

（1）城市轨道交通是城市公共交通系统的重要组成部分，是大城市公共交通系统的骨干。

（2）城市轨道交通能够满足我国城市尤其是大城市、特大城市快速发展的需求，解决城市交通拥堵问题效果明显，与目前我国的城市化趋势相适应。

（3）城市轨道交通对城市发展具有良好的促进与引导作用，有利于建立以公共交通为导向的城市发展和土地配置模式。

（4）城市轨道交通能够有效地整合城市公共交通系统，推动城市公共交通服务水平、营运效益整体提升。

8.3　轨道线网形态与城市布局

8.3.1　轨道线网形态控制要素

城市轨道交通形态必须与城市空间布局相协调，以此引导城市空间的有序演变。普遍意义上说，城市轨道交通通过串联城市功能节点、覆盖城市发展轴线、提升城市空间组织效能三个方面进行线网形态的控制。

8.3.1.1　串联城市功能节点

城市功能节点一般包含城市各级功能中心、各级大型交通枢纽等，既是城市空间组织的锚点，也是轨道交通网络的锚点。轨道交通对于城市功能节点的串联核心目标是强化功能中心的时空可达性，支撑功能节点积聚客流的快速集疏散，从而保障城市功能节点的有效发展。

根据客流特征、性质的不同，不同功能节点对于轨道交通串联要求也不尽相同。其中城市功能中心客流强度一般较高，需求频率旺盛，其服务客流以通勤、弹性、办公等城市内部需求为主，因此更适合轨道交通普线（大运量、中运量）进行服务串联。市级功能节点一般需要2~3条轨道构建换乘枢纽群进行支撑，区级功能节点需要2条轨道构建换乘枢纽进行支撑，一般功能节点则需要轨道站点的常规覆盖即可。

大型交通枢纽除了部分周边用地开发形成的城市交通需求，更多的是由于枢纽本身而吸引来的大量城际交通需求，城际交通一般以商务活动为主，对于时间要求较高，因此一般以轨道交通快线串联为主，轨道交通普线根据交通枢纽周边城市功能开发体量进行配置。

8.3.1.2 覆盖城市发展轴线

城市发展轴线是城市主要客流走廊的物理承载主体，在不同时空圈层范围内城市发展轴线所形成的客流特征不尽相同。

在城市主体功能区范围内（中心城区范围），城市空间多呈现多中心组团发展形态，用地相对集中，各功能中心相对密集，由于城市功能互补形成不同规模的客流走廊不仅客流强度高、频率强，而且在形态上网络化趋势明显，需要灵活利用大运量轨道交通普线和中运量轨道交通普线进行有效覆盖。

在城市主体功能区以外的地区，近郊组团和远郊组团需要依托主体功能区发展，必然与其之间形成客流互动，但是由于空间尺度的影响，该部分客流对于时间速度要求更高，因此必须以轨道交通快线进行覆盖。

8.3.1.3 提升城市空间组织效能

城市轨道交通网络一方面必须对不同空间圈层、不同客流特征的出行需求进行支撑；另一方面城市轨道交通必须形成一个统一的网络，将不同城市空间圈层的出行需求进行无缝转换和有序组织，进而支撑城市空间的统筹组织。

因此，需要将轨道普线网络和轨道快线网络通过合理的模式有效组织在一起，借鉴国外发展经验，对不同层面的轨道网络组织有四种模式：贯通运营、终点对接、枢纽换乘和多点换乘。

（1）贯通运营是普线和快线共用轨道基础设施，但是在运营组织方面进行高效组织，这在东京、大阪等城市已经较为成熟。

（2）终点对接是国内常用方式，但该方式一方面由于换乘次数的增加从而降低换乘体验；另一方面也容易形成客流堵塞。

（3）枢纽换乘是国内常用的另一种方式，但是需要在枢纽建设初期提前预留换乘通道，不然容易形成长通道换乘，降低出行体验。

（4）多点换乘在国外相对普遍，有两种实现模式，一种是轨道快线和普线在同一走廊上立体建设，通过多个站点换乘，如巴黎。另一种是轨道快线切向进入城市主体功能区的分中心，与多条城市轨道普线换乘，如东京。

在特大城市、超大城市核心发展轴线上，应加强研究轨道交通复合通道规划建设，即在核心发展轴线通道上或相距一定距离以内的平行走廊内综合布设轨道交通普线和轨道交通快线，或者研究普线、快线共线运营的可行性，以此大幅提升核心发展轴线的轨道交通运能和服务水平。

轨道线网的基本形态大致分为方格网型、无环放射型、有环放射型和钥匙型几种类型（表 8.4）。

表 8.4　轨道线网形态分析汇总表

轨道线网形态	线网模式	优点	缺点
方格网型		能够在两个主要方向上形成客流主通道；客流吸引范围比例较高；容易识别方向，换乘点较多	线路走向单一，对角线出行需要绕行；平行线路换乘较麻烦
无环放射型		有利于形成强大的市中心，促进土地密集发展；郊区与中心城区的联系方便；路网连通性好，线路换乘方便	加剧市中心的拥堵；由于没有环线，外围地区之间的联系不便，需通过市中心转换
有环放射型		有利于形成强大的市中心；线路换乘便捷；圆周方向的出行可以直达	环线的轨道交通客流难以保障，社会经济效益较差
钥匙型		便于斜向的联系，同时又避免穿越中心城区造成中心城区较大的压力；线路之间在中心城区外围形成换乘	换乘枢纽在城市外围，不利于中心城区的发展

8.3.2 城市空间布局对轨道交通的要求

城市发展应因地制宜选择合适的轨道线网形态，而轨道线网形态反过来又会影响城市的发展。从城市空间布局看，大致可分为单中心团状城市布局、组团式城市布局和轴向发展城市布局三种典型模式。

1）单中心团状城市布局

单中心团状城市布局是我国目前大城市空间布局的主要形式，一般由市中心向周围蔓延式发展，表现为圈层式的向外扩展（图8.7）。这种布局的城市道路网络一般为方格网状，因此，轨道线网布局一般以方格网为基本形态。考虑到方便斜向的联系以及市中心与外围地区的直达性，往往设置放射线，因此，轨道线网形态往往是方格网、放射线和环线的组合。

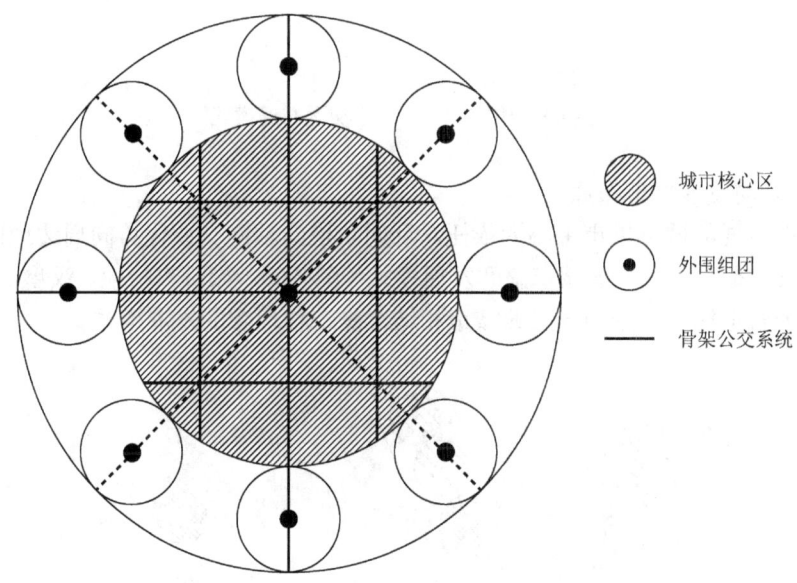

图 8.7 单中心团状轨道交通布局模式

2）组团式城市布局

组团式城市布局往往是由于河流、山体等自然因素的制约而形成的（图8.8）。同时近年来国内各特大城市主体功能区域逐步强化，对于近远郊组团的吸引力逐步提升，也形成了类似的组团式城市布局。

为了加强中心城区与外围组团的联系，轨道线网多采用放射型结构，主要是方便中心组团与周边组团之间的快捷联系。在核心主体功能区内则与单中心团状城市类似，以方格网、放射线和环线组合为主。

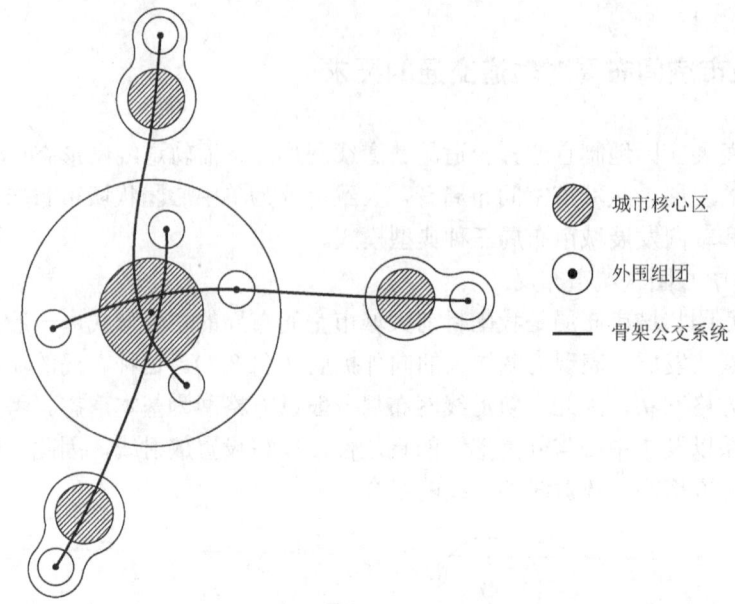

图 8.8　组团式城市轨道交通布局模式

3）轴向发展城市布局

轴向发展的城市以市中心为依托，利用轨道的轴向交通优势向周边地区呈放射状发展，是一种理性的城市空间发展模式（图 8.9），如哥本哈根、汉堡等城市。放射状的轨道线网与轴向发展的城市相结合是一种理想的发展模式。

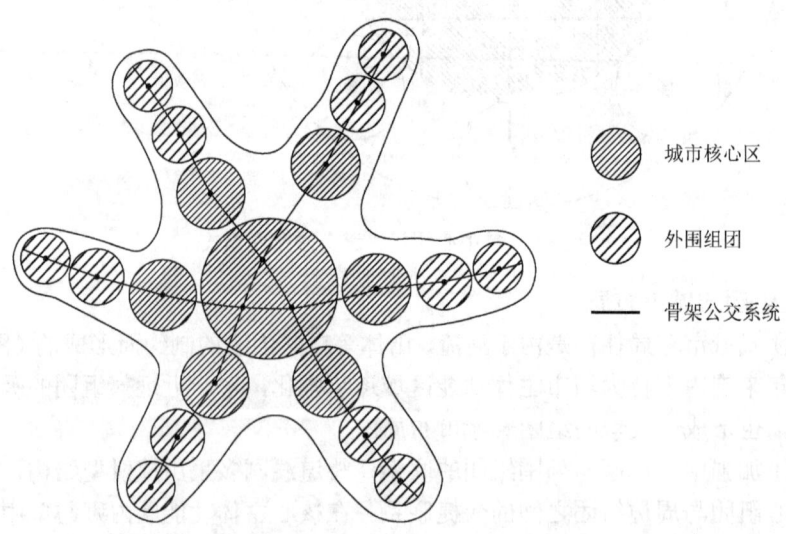

图 8.9　轴向发展城市轨道交通布局模式

8.4 典型案例

国外发达国家城市发展表明，发展轨道交通是引导和实现城市可持续发展的重要手段，轨道交通在完善城市空间布局、引导人口疏散、优化出行结构等方面发挥了重要作用。轨道交通必须与城市发展互动、与土地开发联动，在引导城市发展的同时，实现轨道交通建设运营的良性循环。

8.4.1 巴黎

巴黎市是典型的单中心都会型城市，商业、办公、娱乐、教育等核心城市功能区集中在半径 8～10km 的巴黎市区范围，依托轨道交通站点进行高强度、集聚性开发。巴黎市区以外的大巴黎区范围内，城市建设开发逐步呈现轴向放射形态。

与城市用地形态相适应的，巴黎市区轨道交通分为三大层级，其中区域快轨、通勤铁路重点服务大巴黎区轴向拓展的城市用地空间，快速转换市域客流与城市客流。地铁主要服务巴黎市区 8～10km 范围，支撑高强度客流走廊。有轨电车则服务于巴黎市区范围内的客流补充及大巴黎范围内外围大型独立组团内部客流走廊。

值得一提的是巴黎区域快轨直接进入城市核心区，并且与地铁立体共线建设，多点换乘，极大提升巴黎市核心区辐射能级。

8.4.2 东京

日本东京的日本国有铁路（JR）包围着市中心高密度开发地区。东京都心、副都心几乎全部集中在山手环线和中央线的车站附近，商业、文化、娱乐、信息服务等功能和办公设施集中在轨道站点周边一公里范围内，轨道出行成为进出市中心的主要方式。在中心城以外，东京推动轨道交通与城郊土地联合开发的模式，鼓励私营企业参与，形成辐射广泛、高效便利的私营铁路系统，支撑了东京大都市区的持续发展。轨道交通网络与城市用地形态高度契合，以山手环线为界，环线以内以网格形态轨道线网为主，环线以外则以轴向放射形态为主（图 8.10）。

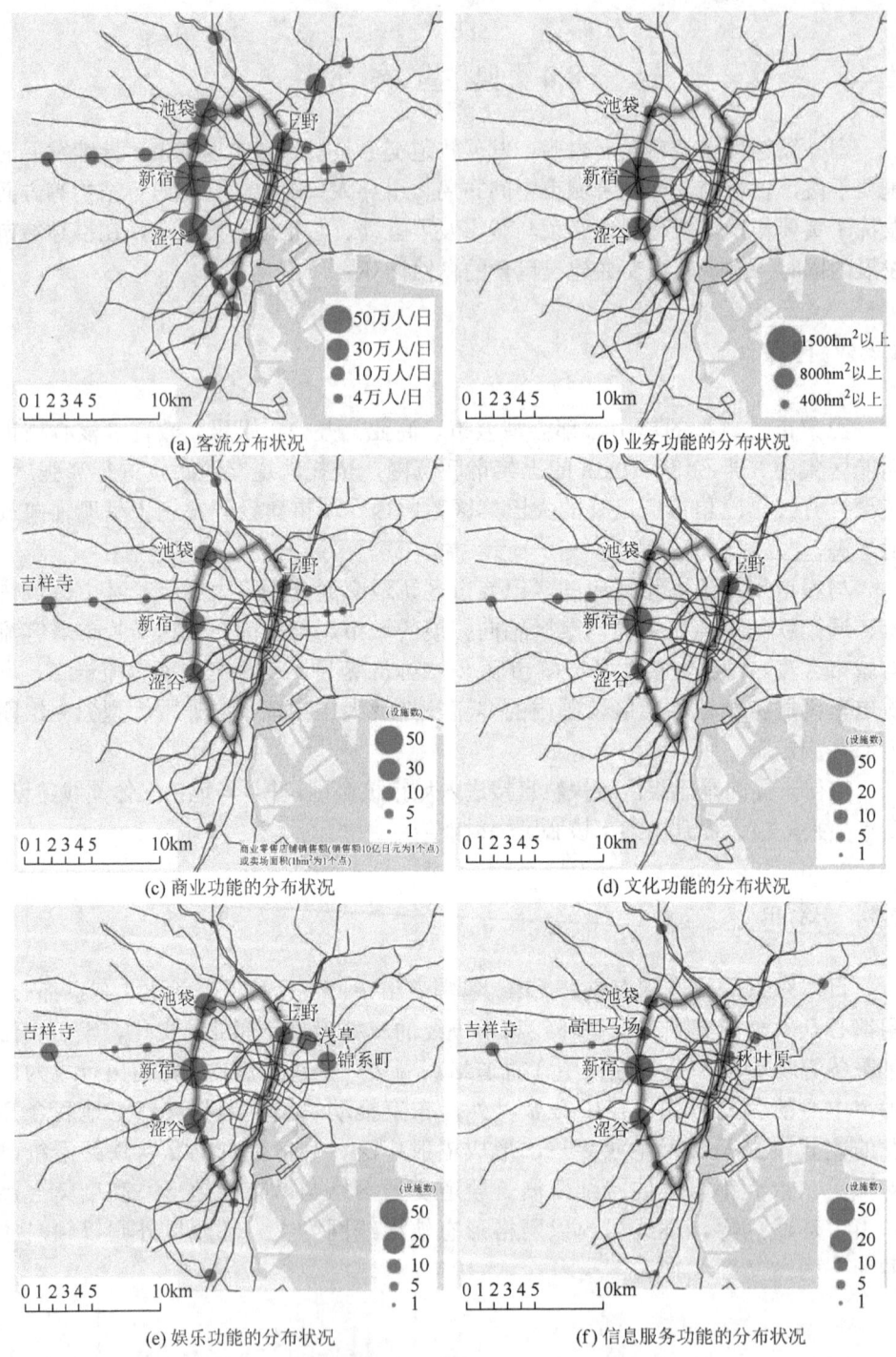

图 8.10　轨道交通引导东京多中心城市结构形成

可见，建立以轨道交通为依托的网络型城市，采用以轨道交通为导向的集约开发模式在诸多城市都获得了公认。轨道造就了节点型的城市结构，形成了对轨道交通依赖的城市形态和生活方式，也为轨道交通系统提供了足够的客流保障。

8.4.3 斯德哥尔摩

斯德哥尔摩整合新城发展与轨道交通服务，通过放射状的区域轨道交通系统将外围新城与市中心相连。斯德哥尔摩大约一半的居民都居住在市中心，其余一半则居住在规划建设的新城镇。这些新城镇环绕在斯德哥尔摩市中心的周围，通过放射状的区域轨道系统与市中心相连（图8.11）。斯德哥尔摩城市规划强调规划轴线上的职住平衡而不是新城内部的自我平衡，通过高品质的轨道交通将各新城有机串联，沿走廊线形实施以轨道交通为导向的公共交通社区开发，产生了高效、双向平衡的客流分布。在区域轨道的支撑下，斯德哥尔摩成功地从单中心城市转变成以轨道为骨架的多中心都市。轨道站成为整个新城镇的中心，站前广场既是有商铺、餐厅等公共设施的社区活动聚集地，也是市民眼中通往其他地区的交通枢纽。与土地开发有机结合的一体化公共交通系统，使得斯德哥尔摩成为欧洲通勤公共交通出行率较高的城市之一，每天早高峰时间，有73%的出行者乘坐公共交通进出内城（即斯德哥尔摩市）。

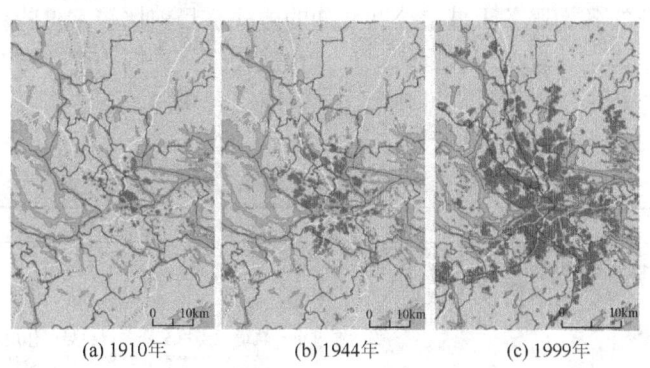

(a) 1910年　　(b) 1944年　　(c) 1999年

图8.11 斯德哥尔摩轨道交通引导区域发展

（作者：程晓明）

9 多样化的新公共交通系统

9.1 对新公共交通系统的界定

2005年，随着北京开通运营全国第一条快速公交线路以来，我国城市在既有的地铁、传统轻轨、常规公交之外，又广泛出现了有轨电车、快速公交、定制公交等新公共交通系统。新公共交通系统的建设为满足不同规模城市、不同发展地区的需求，构建完整的城市公共交通体系，补充地铁与常规公交服务不足提供了有效途径。但是在新公共交通系统如火如荼建设的同时，也出现了诸如上海张江、南京河西等地有轨电车亏损严重，郑州部分快速公交建成不久就因地铁建设需要重建，重庆等地部分定制公交开了又关等一系列问题。如何在公共交通服务需求大幅增长的前提下，把握各种新公共交通系统的优劣势，根据城市和地区特性，理性地选择和发展新公共交通系统，将新公共交通系统发展好，成为各个城市必须面对的新课题。

目前，新公共交通系统尚无明确定义，总的来说，可以泛指地铁、传统轻轨、常规公交以外的各类服务于城市公共交通的方式。目前比较常见的新公共交通系统包括单轨、自动导轨、现代有轨电车、快速公交、导向公交、定制公交等，甚至空中缆车等从广义上来说也可归入这一范围（表9.1）。

表 9.1　新公共交通系统汇总表

类型	示例	基本概念
单轨		通过单一轨道梁支撑车厢并提供导引作用而运行的轨道交通系统，主要包括跨座式、悬挂式两种
自动导轨		小型车辆自动运行在具有中央或侧面导轨的专用混凝土轨道上，使用橡胶车轮的公交形式

续表

类型	示例	基本概念
现代有轨电车		采用新型低地板多模块铰接钢轮钢轨车辆,以地面专用轨道为主要敷设方式的城市公共交通系统
快速公交		利用现代化公交技术配合智能交通和运营管理,开辟公交专用车道路和建造新式公交车站,实现轨道交通模式的运营服务,达到轻轨服务水准的一种独特城市客运系统
导向公交		在既有公交基础上,通过增加导向轨道、导向轮实现自动导向的公交系统,它既可以在专用道路也可在普通车道运行
定制公交		利用智能手机等互联网通信技术进行预约,根据预约,开行特定点对点服务的公交形式
空中缆车		利用钢绳牵引,实现人员或货物输送目的的设备

图片来源:

http://blog.sina.com.cn/s/blog_a20201200101fygh.html

http://www.ditiezu.com/forum.php?mod=viewthread&tid=44185&ordertype=1&page=7

http://blog.sina.com.cn/s/blog_6437d2f30102v4vf.html

http://fz.xmfish.com/thread-2377255-1-1.html

https://zh.m.wikipedia.org/wiki/File：Nagoya_Guideway_Bus-G-13.jpg

http://www.sohu.com/a/28209488_117378

http://w13882734815.lofter.com/post/15839e_3e248d

新公共交通系统涉及面广、种类多，本书主要选择近年来逐步在我国投入使用并开始普及的现代有轨电车、BRT 及基于"互联网＋"的定制公交等新公交服务形式进行重点阐述。

9.2 新公共交通系统发展历程

9.2.1 现代有轨电车发展

旧式的有轨电车又称"街车"，是在城市繁华街区开行、运行速度 10km/h 的电车，运行效率较低（图 9.1）。第二次世界大战后，各国有轨电车遭到严重破坏而走向衰败。到 20 世纪 70 年代，以汽车为主的交通体系因其对资源的过分依赖、严重的环境污染问题，迫使欧洲发达国家重新将轨道交通作为城市公共交通发展的重点。但是由于地铁投资巨大，中小城市无法负担，因此，重新改造原来被废弃或拆除的有轨电车线路成为一种选择。进入 90 年代后，东欧和西欧国家通过对旧式有轨电车不断进行现代化技术改造，形成现代有轨电车（图 9.2）。现代有轨电车具有高运能、高速度、高舒适性、外观新颖、低污染、低噪声等优良特征[1]。欧洲目前已有约 288 个城市开通有轨电车，车辆需求以每年 5% 的速度增长。2018 年，我国也有 15 个城市开通运营了现代有轨电车。

图 9.1　老式有轨电车　　　　　　　　图 9.2　现代有轨电车

图片来源：http://www.sohu.com/a/203440889_712211　　图片来源：https://esacademic.com/dic.nsf/eswiki/1456927

9.2.2 BRT 发展

1974 年，由于客流需求不断增加但城市资源十分有限，巴西库里蒂巴没有采用轨道交通，而是建设了当时世界上第一条 BRT 线路。通过实施与 BRT 相结合的土地开发策略，保障 BRT 优先，库里蒂巴 BRT 成为全球典范。在库里蒂巴成功经验的影响下，欧、美、亚洲城市也开始步入发展快速公交的行列，如加拿大的渥太华、美国的波士顿、哥伦比亚的波哥大（图9.3）、韩国的首尔等城市都相继建设了完整的 BRT。我国自北京之后，广州、常州、厦门等 23 个城市已开通运营 BRT，并逐步明确了 BRT 的定义。根据我国《城市公共交通分类标准》（CJJ/T 114—2007），BRT 是利用现代化大容量专用公交车辆，在专用的道路空间快速运行的公交方式，具有与轨道交通相近的运量大、快捷、安全等特性，且建设周期短，造价和运营成本相对低廉。

图 9.3　波哥大快速公交

图片来源：https://isie2016americas.uniandes.edu.co/index.php/en/2015-08-18-21-38-06/visiting-bogota

9.2.3　"互联网＋"下的新公交服务模式发展

"互联网＋"下的新公交服务模式，是在"互联网＋"现代信息技术背景下出现的。国内外在这一领域基本处于同一起跑线上，几乎在同一时期，基于"互联网＋"的新公交服务模式在我国多个城市出现。例如，2013 年 9 月北京定制公交平台正式上线；2014 年 10 月，南京第一条定制通勤巴士开通。"互联网＋"下的新公交服务模式具有共同的特征，即通过智能手机等便捷的互联网移动终端提交出行需求信息，服务商从后台收集汇总信息，将原本分散的点到点中长距离客流需求集中起来，以公交巴士的形式加以集中运输，提供常规公交难以提供的更灵活、更具个性化的服务。目前我国开通的"互联网＋"下的新公交服务模式主要以定制公交为主，具体又包括通勤巴士、旅游巴士、商务巴士等。

9.3　新公共交通系统特征

9.3.1　运量与速度

有轨电车与 BRT 同属于中运量公交范畴，其中有轨电车单向运量一般在

6000～15 000人次/h；BRT一般在单向4000～12 000人次/h，均处于地铁、轻轨和常规公交运量的中间位置。定制公交则更为灵活，其运量低于常规公交，重点服务特定群体在特定时间内的公交需求。

有轨电车和BRT由于有专有路权的保障，运行速度较高，可达20～30km/h。定制公交因没有专有路权保障，易受道路拥堵影响，一般运行速度在20km/h左右。

9.3.2 车辆

有轨电车车辆长度与选用的模块数直接相关，一般车辆为3～7个模块（图9.4和图9.5），长度为20～45m，多采用钢轮钢轨车辆，适应最大坡度8%，最小转弯半径18m。

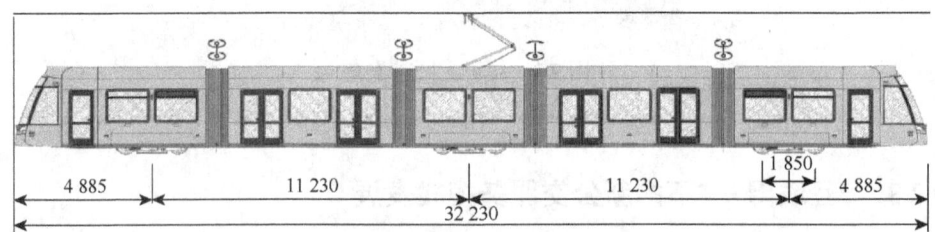

图9.4 五模块有轨电车示意图（单位：mm）

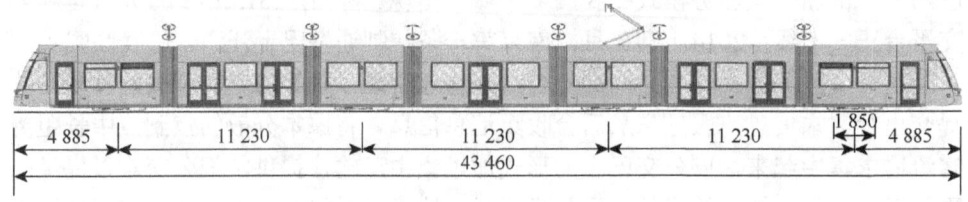

图9.5 七模块有轨电车示意图（单位：mm）

目前我国BRT车辆最长约27m，主要采用胶轮系统，适应最大坡度7%，最小转弯半径12m。

定制公交可采用普通公交车、小型巴士等各种形式，根据客流多少灵活选择，更多体现特色化要求（图9.6）。

9 多样化的新公共交通系统

图 9.6 各地定制公交车辆

图片来源：http://www.chinabuses.com/myarticle/2014/1128/article_2518.html

9.3.3 所需设施

有轨电车对所需设施的要求较高，虽然不需像地铁、轻轨一样设置地下或高架轨道，有轨电车也需要在路面上设置专门的轨道线路、专用站台、配备相应的线路供电设施，并设置专门占地的车辆段进行车辆的停车、维护修理等工作。

快速公交所需设施相对灵活，可设置专用路、专用车道与专用站台，在条件限制无法设置时，也可在一定距离内利用普通的机动车道和既有公交站台运行及停靠，车辆停车维修可以与常规公交场站联合设置（图 9.7 和图 9.8）。

图 9.7 设置 BRT 专用车道和专用站台　　图 9.8 BRT 利用常规公交通道和站台

图片来源：http://www.lyfff.com/news/2016-09-27/88571.html

定制公交基本不需要额外的设施，只需合理调配车辆，安排在起终点站的停车空间。

9.3.4 实施条件

有轨电车一般在双向六车道道路上建设，从而保证有轨电车的专有路权和其他机动车一定的通行空间。条件特殊时，为实现有轨电车优先，也可在双向四车道甚至两车道道路上设置有轨电车，但一般采用有轨电车与机动车混合路权或局部加宽机动车道的形式，避免出现机动车单向只有一条车道时紧急车辆无法通过的问题（图 9.9 和图 9.10）。

图 9.9　专有路权

图片来源：http://www.soh.com/

图 9.10　混合路权

图片来源：http://www.railforthevalley.com/latest-news/zweisystem/in-toronto-a-3-billion-subway-carries-fewer-customers-than-a-streetcar-line/

BRT 设置全封闭专用车道时（图 9.11），一般也需布局在双向六车道以上的道路上。但由于 BRT 可以在普通路面上运行，因此在不足双向六车道的道路上也可设置 BRT，只是这时候的 BRT 将难以实现完全优先。为解决这个问题，可采用高峰小时等特定时段的 BRT 专用车道（图 9.12）形式来保证 BRT 的竞争力。定制公交无特别道路空间需求，与普通机动车共享道路资源。

图 9.11　标准的 BRT 专用车道

图片来源：http://lafrasedehoy.blogspot.com/2007/09/valor-y-miedo-en-transmilenio.html

图 9.12　高峰小时 BRT 专用车道

图片来源：https://a.xcar.com.cn/bbs/thread-16561603-0-6.html

9.3.5　运营组织

　　有轨电车受轨道的限制，属于较为封闭的系统。初期主要采用一路一线的运营组织形式，在成网后虽然也可多线组织，但也仅限于有轨电车系统内部。

　　BRT 运营具有较强的开放性。一条廊道上可多线运行，与常规公交也可构成快线、普线、支线的运行模式，其他非 BRT 公交进入 BRT 所在路段后可利用 BRT

专用道空间，提升运行速度，带动整个系统的服务水平与运能提升。

定制公交运营组织主要按点对点直达、中间可设站形式，在线路定制后采用唯一路径，并不存在网络化需求，可利用专用车辆，一些平峰班次也可利用常规公交富余车辆，组织形式与常规公交区别不大。

9.3.6 费用投入

有轨电车投资较大，从我国实际建设经验来看，为了保证有轨电车的城市名片作用，各城市新建有轨电车往往选取成本较高的车辆方案，造价达到1亿～3亿元/km，例如，佛山南海线3亿元/km，淮安1.8亿元/km，南京河西1.6亿元/km，苏州高新区1.7亿元/km。

BRT建设成本大约是有轨电车的一半，BRT地面线造价为0.2亿～0.5亿元/km，高架线为0.5亿～1.5亿元/km。

定制公交的优势在于无须固定的设施投入，而是充分发挥既有客运设施的效率，因此其投资也最小，只需要依托市场化手段，建立出行信息共享平台，利用既有的或少量新购置的客运车辆就可以实现。

9.3.7 报批和建设周期

有轨电车的建设成本在不断提高，虽然国家并未规定有轨电车的报批要求，但一般城市都会上报至省级以上发展和改革委员会，通过纳入近期的五年行动计划，开始相应的建设工作。BRT建设要求低于有轨电车，各城市财力基本都可承受，市级政府可自行批准。定制公交属于新兴的交通服务模式，并未明确界定批准要求，目前主要由各市交通局等部门审批管理，随着"互联网＋"下交通服务模式相关规范和标准等的出台，这一要求会进一步明确。

建设周期上，有轨电车一般需2～4年建成，BRT则可在1～2年建成（表9.2）。

表9.2 有轨电车与BRT的建设审批周期比较

类型	审批要求	建设周期
有轨电车	一般为省级以上发展和改革委员会批准	2～4年
BRT	市级政府可自行批准	1～2年

9.4　新公共交通方式定位

三种新公共交通方式因为运量区别，其可承担的功能定位也有所不同。其中，有轨电车与 BRT 虽然也存在低运量、大运量极端情况，总体上还是属于中运量公交范畴，在建设大运量轨道交通城市可作为中心城区公交骨架加密线，服务公共交通次走廊，填补轨道交通服务空白，也可作为轨道延伸线向外围新城放射或承担外围新城骨架作用。在无法建设大运量轨道交通的城市，有轨电车与 BRT 可直接担当起公交主骨架的作用。此外，两者都可作为旅游地区、产业园特色线，提供特色服务。

定制公交目前的关注重点并不是运量，而是在地面常规公交之外，通过更高的自由性、可靠性、舒适度，提供为大、中运量公交接驳或者特定路径点对点的大众化合乘服务，因此更多的是作为公共交通中的末端和补充方式存在。当然，随着新的 5G 技术的发展，与其他类型融合，未来定制公交也存在定位转变的可能。

9.5　新公共交通方式适应性

根据有轨电车、BRT、定制公交特征的不同，三者在城市地区的适应性也存在一定差异。

有轨电车与 BRT 由于其运量和速度相近，都可以作为特大城市地铁、轻轨的补充，也可以成为大城市公共交通的骨架，因此，选择有轨电车还是 BRT，经常成为各城市在中运量公交方式建设时难以抉择的问题。

从 9.3 节知道，有轨电车具有车辆绿色低碳、服务无障碍的优势，但也存在投资较大、建设要求高、审批周期略长的问题，为保证前期的投资收益以及建成后不会对地铁等其他城市轨道交通建设造成影响，有轨电车更适宜布局在中运量公交发展方向较为稳定，对环境保护和城市形象要求较高的地区。

BRT 无论在投资要求、实施条件还是审批周期上都比有轨电车更灵活，近远期协调能力强。即使远期城市要建设地铁，近期也可以采用 BRT 专用车道的形式，从而避免重复投资，因此更适于远期发展尚存在不确定性，但近期又亟须建立中运量公交方式以提升公交服务、改善交通拥堵问题的城市和地区。

定制公交形式灵活，以市场化为主要运营手段，所以在各个城市都可以结合自身条件，提供个性化的定制公交，补充常规公交服务的不足之处。但需要注意的是，定制公交并非"万灵丹"，其对客流量的要求、线路开行的不完全确定性决定了定制公交更适宜作为常规公交的补充，需要通过合理界定，促进其发挥自身优势，共同构建城市完备的公共交通体系。

9.6 典型案例

国内外新公共交通系统发展具有明显的相似性，也存在各具特点的一面。下面通过日本广岛、我国淮安、常州、宜昌等城市的案例对我国新公共交通方式的建设提供借鉴。

9.6.1 广岛有轨电车

9.6.1.1 城市概况

广岛位于日本本州西南，面积 $906km^2$，在第二次世界大战时期受原子弹的破坏，在 1958 年重建，2018 年人口约 120 万。

9.6.1.2 有轨电车发展历程

广岛是日本有轨电车系统发展较好的城市，配车数量全日本第一。有轨电车在广岛已经成为城市公交的骨干，年运量达 4019 万人。1912 年，广岛站—相生桥间有轨电车开通运营，其后，有轨电车在广岛快速发展，在第二次世界大战前，就已经成为城市交通的重要方式（图 9.13）。第二次世界大战后，随着机动化的快速发展，老式有轨电车由于与小汽车共享路权，无法保证速度，日本很多城市放弃了老式有轨电车系统，转而发展小汽车，广岛则在 1971 年提出了禁止小汽车进入有轨电车轨道范围的政策，使得有轨电车路权优先得以保证，并全面向现代有轨电车转变（图 9.14）。

图 9.13　二战前的广岛有轨电车　　图 9.14　1960~1970 年的广岛有轨电车

图片来源：https://www.hiroden.co.jp/company/outline/history01.html

9.6.1.3 有轨电车发展经验

目前,广岛已有有轨电车线路 9 条,年运量居日本有轨电车城市第一位。广岛有轨电车的成功经验主要包括以下五个主要方面。

1)与城市空间高度契合发展

广岛有轨电车串联了城市对外枢纽、重要地区,与广岛市客流走廊相吻合,与城市空间高度契合发展,乘坐有轨电车可以便捷到达广岛纪念公园等主要节点。

2)采用低造价的车辆降低投资

广岛有轨电车类型丰富,并没有全部采用高造价的车辆形式,而是尽量利用原有车辆并不断更新改造,避免了一次性的过大资金投入。

3)建立完整的以有轨电车为骨干的公共交通系统

广岛有轨电车与外围的日本国有铁路(JR)山手环线、下一层级的城市公交便捷衔接,共同构成了广岛完整的公共交通体系,保证了公共交通服务。

4)居民长期保持的有轨电车出行习惯

广岛有轨电车历史悠久,在经受原子弹爆炸损坏之后,当地居民仅用 3 天时间,就恢复了核心线路的运行。有轨电车已成为广岛的象征之一,也是居民长期出行的习惯之一,地位难以撼动。

5)强调有轨电车的专有路权

相比日本其他城市,广岛在私家机动车的冲击下坚持了有轨电车的专用路权,即使影响到私家机动车运行,也要保证有轨电车的运行速度、准点率等服务指标不降低,造就了广岛有轨电车的良性发展。

9.6.2 淮安有轨电车

9.6.2.1 城市概况

淮安地处长三角地区,是苏北重要的中心城市,南京都市圈紧密圈层城市。2017 年年末常住人口 491.4 万,其中城镇人口 300.98 万。

9.6.2.2 有轨电车发展历程

淮安从 2013 年 5 月便启动了现代有轨电车规划建设研究,当年 12 月通过了现代有轨电车一期工程可行性研究报告专家论证会。2014 年 2 月 19 日开工建设,经过近两年的建设于 2015 年 12 月 28 日正式运营(图 9.15)。

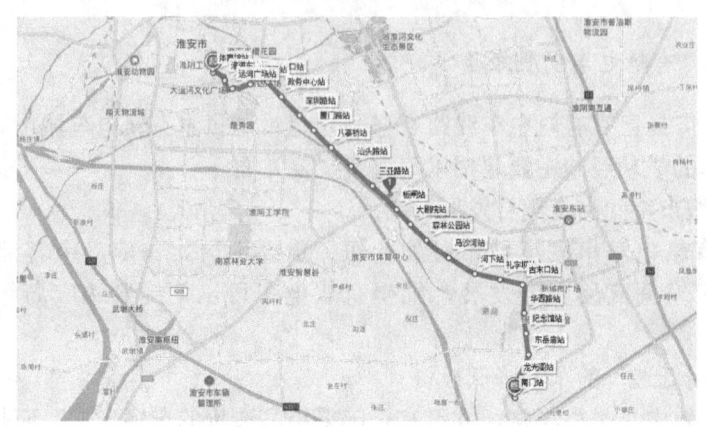

图 9.15 淮安有轨电车一期工程线位示意图

图片来源：百度地图

9.6.2.3 有轨电车发展现状

淮安有轨电车一期工程的开通，使得淮安成为全国第 7 座、江苏第 3 座开通有轨电车的城市，也是我国三线城市首条轨道交通项目。淮安有轨电车一期工程线路全长 20.3km，共设车站 23 个，连接了清河区、经济开发区、生态新城和淮安区，联系了城市的商业中心、商务中心、行政中心和文化旅游中心，加强了城市重点区域的沟通联系[2]。在实际运行过程中，淮安有轨电车体现了以下三大特征，保证了有轨电车的可持续发展。

1）较高的客流支撑

由于串联了城市主城和外围新城的重要商业、商务中心，淮安有轨电车在开通初期就具有充足的客流支撑。至 2017 年，淮安有轨电车日客流量最高为 4.33 万人次，日均客流量达 2 万多人次，达到了规划时的预期，并已成为全国客流量最大的有轨电车线路。

2）较好的时效保证

目前淮安有轨电车运行上线的电车数量达到 18 辆，高峰时段发车间隔达到 6min/班，最高运行速度提升至 50km/h，已经可以满足居民通勤出行的时间要求，通过后续车辆的进一步增加，这一服务还将进一步提高。

3）优质的公共交通服务

淮安有轨电车本身具有绿色低碳、无障碍化等服务优势，在实际运行中，淮安有轨电车还通过开通便民 WiFi 等方式不断提升附加服务，进一步提高吸引力。

9.6.3 常州 BRT

9.6.3.1 城市概况

常州位于江苏南部，沪宁线的中部，属长三角沿海经济开发区，市域面积 4385km^2，中心城区面积约 700km^2。2018 年年末，全市常住人口 472.9 万，其中城镇人口 342.8 万。

9.6.3.2 BRT 发展历程

为落实公交优先发展战略，促进城市交通健康可持续发展，增强城市综合承载功能，常州于 2007 年开展了 BRT 线网规划。BRT 1 号线于 2008 年元月开通运营，是江苏省内首个、全国第三个 BRT，取得了良好的效果。BRT 2 号线于 2009 年 5 月 1 日开通运营，从而形成"十字形"BRT 骨架。为进一步发挥 BRT 线网整体功能，提高 BRT 线网的覆盖率，进一步优化城市交通结构，常州市规划局及时组织开展了 BRT 3 号线的规划工作。目前，常州已经形成了由 17 条线路构成的"十字加环"快速客运走廊，BRT 运行效果良好，成为全国 BRT 发展的典范。

9.6.3.3 BRT 发展现状

常州目前开通了 17 条 BRT 线路。在实际运行过程中，常州快速公交有以下特征[3]。

1）网络组合灵活性高

常州快速采用了组合运营模式，在开通一条主线的同时开通三条支线，实施 BRT 主线和支线"同台同向"免费换乘的方式，提高了 BRT 专用车道的利用率，通过整合相关常规公交线路，减少了专用车道沿线常规公交行驶车次。

2）系统输送能力强

BRT 的近期输送能力为 5085 人/h；系统的远期输送能力为 5390 人/h。2018 年常州 BRT 每天运送乘客近 30 万人次，占全市公交日客运量的近 30%。

3）车辆运行速度快

常州快速公交专用车道的设置主要通过道路改造，增加车道数来实现。除兰陵路和劳动路共计约 5km 路段没有新增车道数（但交叉路口全部进行了拓宽改造），其他路段全部增加车道，最大程度减少对其他车辆通行的影响，同时更有效地提高了 BRT 车辆运行速度，全线平均运行速度达到了 25.64km/h。

4）资源整合效益优

常州已实现公交一体化。BRT 站台安全门的设置，可适应多种类型的 BRT 车辆、BRT 支线车辆以及常规公交车辆使用，为 BRT 主线、支线和常规公交线的有效结合打下了基础。BRT 与常规公交也是一体化管理，常州 BRT 1 号线通车后，相关常规公交线路进行了大幅优化调整，公交资源进一步得到整合，居民的出行也更加便捷高效。

5）系统智能化程度高

常州 BRT 智能交通系统功能全，技术先进，系统的完整性、科技含量、数据共享程度都很高。各种交通信息、监控图像等数据与市交通指挥中心相连，有效提高了交通指挥和公交车辆调度的能力。此外，售检票系统、智能交通系统和安全门系统都有不间断电源供电，可确保设备的正常运行。

9.6.4 宜昌 BRT

9.6.4.1 城市概况

宜昌位于长江中、上游接合部，湖北省西南部，素有"三峡门户""川鄂咽喉"之称，是国家中部地区区域性中心城市，湖北省省域副中心城市。全市总面积 2.1 万 km^2，市区面积 4249 km^2，属于典型的带型城市格局，2018 年年末，全市常住人口为 413.59 万人。

9.6.4.2 BRT 发展历程

宜昌 BRT 一期工程（葛洲坝—宜昌东站）于 2015 年 7 月 15 日开通运营。最初采用 1 条 BRT 主线、18 条 BRT 支线形式组织，BRT 走廊北起夷陵客运站，南至宜昌东站。沿夷兴大道、三峡路、夜明珠路、东山大道、桔城路布设，全长约为 23.9 km，均为地面路中式，红线宽度 25～50m，沿线共设置 38 对标准化站台，采用站外售票，水平登车。2015 年 12 月 26 日夷陵区段投入运行，2018 年 2 月 11 日夜明珠段投入运行，目前，宜昌 BRT 1 号线有主线、支线、快线、环线共 36 条，线路总长度 429.26 km[4]。

9.6.4.3 BRT 发展现状

1）开放系统一廊多线组织

宜昌 BRT 重点打造主线 + 支线的开放式系统，以"1 走廊 + 33 支线"的 BRT 线路组织，并仍在不断调整和优化，BRT 开放走廊与宜昌带形城市格局相匹配，使得 BRT 成为宜昌公交的出行主体，客运量达到了日均约 26 万人次，约占公交客运量的 65%。

2）高度保障的专用路权

宜昌 BRT 具备高标准路权条件，夷陵大道与东山大道段均采用路中式专用道形式，目前公交专用道设置长度约 23.9km，高标准路权为宜昌 BRT 高品质运行提供了重要保障，局部甚至不惜利用机动车本已近拥堵的路段，也要保障 BRT 运行，同时设置 BRT 专用信号灯，提升运行速度。

3）注重人性化设计

宜昌 BRT 系统所需车辆采用环保车型，各类设施的设计美观、现代、实用。站台的服务设施以便民、快捷、安全为原则，充分体现了 BRT 高水平的服务和人性化的设计理念。例如，在改造中采用了中央岛式站台，实现乘客同台换乘。

（作者：陈玮）

参 考 文 献

[1] 陆锡明，李娜. 科学理性地发展有轨电车[J]. 城市交通，2013，7（4）：19-23.

[2] 黎冬平，王宝辉，陈雷进. 现代有轨电车在淮安市核心区的应用方案研究[J]. 中国市政工程，2014，(6)：88-91.

[3] 张福林，王俊. 常州市快速公交一号线的实施经验与效果评价[J]. 江苏城市规划，2009，(2)：34-38.

[4] 王文法. 浅谈盐城快速公交发展的实践和思考[J]. 人民公交，2014，(11)：47-49.

10 公共交通系统一体化衔接与服务

10.1 公共交通系统一体化衔接与服务内涵

公共交通系统在不断丰富，多种方式各有特色——轨道交通速度快、容量大、准时、舒适；常规公交线路多、站距短、票价低、上下车方便、乘客转乘灵活；公共自行车还能提供点到点的短距离服务。它们之间既能相互配合也会相互竞争，关键在于如何使它们成为一个整体。只有构建各种方式合理分工的一体化公共交通系统，才能全面提高城市综合交通系统的可靠性、可达性和机动性，实现公交都市的发展目标。

公共交通系统一体化衔接与服务是指通过完善的设施和高效的运行管理，实现公共交通系统间的无缝换乘，尽量消除影响乘客选择换乘的各种障碍，包括物理障碍（换乘距离过远）、时间障碍（运行时刻安排不便）、费用障碍（换乘不优惠）和心理障碍（无法掌握足够的换乘信息）等[1]。因此，需要在网络衔接、物理设施、票制票价、信息服务、体制机制等各方面进行一体化整合。其中网络衔接和物理设施整合是实现公交一体化的重要前提，票制票价、信息服务、体制机制等方面的整合则是一体化衔接的配套保障（图10.1）。

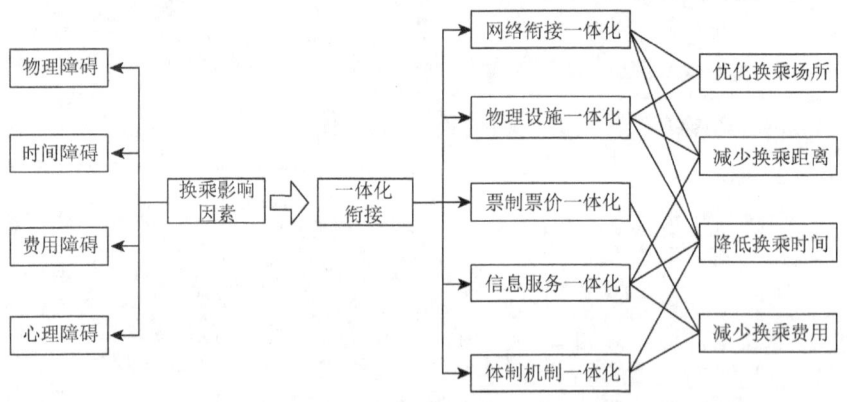

图 10.1 公共交通系统一体化衔接与服务内涵[2]

10.2 网络衔接一体化

随着公共交通系统模式不断地丰富，为不同出行需求服务的多层级公共交通网络需要相互衔接，甚至上承对外大公交系统（航空、铁路等）、下接慢行系统，尽力实现出行链全程公交化服务。

公共交通网络衔接一体化的目标是依据各层级网络功能进行资源一体化整合，在多层次协调运作的网络体系中各自发挥优势，达到公共交通系统的整体效益最大化，为市民提供全面的公共交通服务（表10.1）。而这其中随着轨道交通在各大城市的建设，目前轨道交通与公交"两网融合"需求最为强烈。

表10.1 以轨道交通为基础的公共交通体系

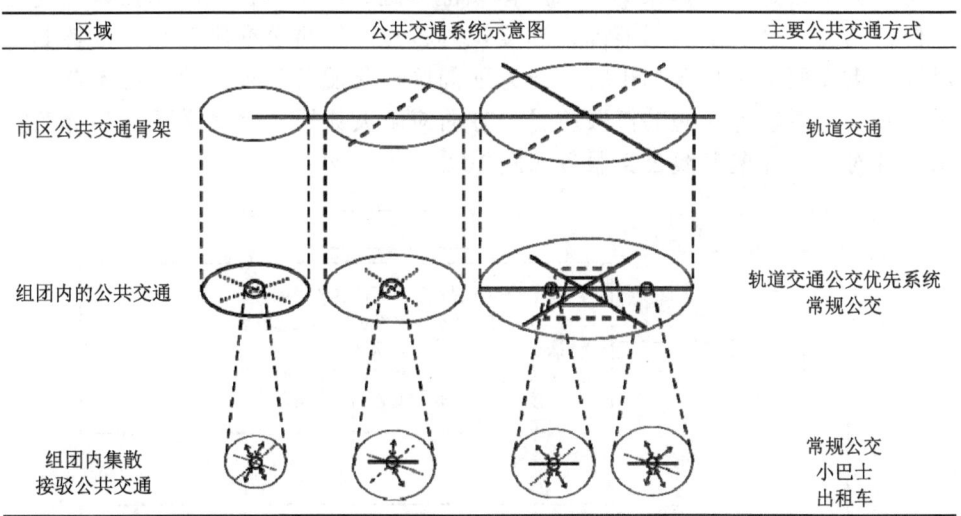

10.2.1 不同发展阶段下"轨道–公交"两网融合模式

以轨道交通为代表的大中运量公交与常规公交在功能上存在着一定的交叉，但又有明显的特性差异，可以提供不同层次的服务水平，分担不同的出行需求。城市轨道从起步建设到成熟，都需要常规公交的积极配合，二者功能不断调整，形成合力，以"两网融合、一体服务"的模式为城市交通提供高品质服务。

在轨道发展的初期阶段，轨道交通规模十分有限，不足以形成网络化格局，以一两条线路承担了主要客运走廊上的客运需求，起到公共交通网络的脊梁作用，仅在该走廊上与常规公交线路形成竞争和互补关系，对城市整体的公共交通系统不会产生较大影响。此时，仅需对该走廊与轨道交通存在明显竞争关系的常规公交线路进行调整，同时调整部分常规公交线路，使之承担衔接与接驳轨道的功能，扩大轨道交通的客流吸引范围。

在轨道骨架网形成后，此时轨道交通的网络化效应正逐渐凸显，其线路已能够覆盖城市的主要客流走廊，但此时常规公交仍是公共交通的主体，是公共交通网络可达性实现的重要形式。常规公交要充分发挥优势，形成多级线网，既要在轨道服务空白区域的次一级客运走廊中提供高质量的公共交通服务，也要加强对轨道交通的接驳功能。但随着轨道交通的进一步加密，其在公共交通系统中的比重将逐渐加大，轨道交通与常规公交将形成公交"双主体"格局。常规公交应加大调整力度，侧重与轨道交通的融合，尽可能减少换乘不便，与轨道交通真正实现网络一体化，"两网变一网"服务出行需求。

在轨道网络成熟稳定后，轨道交通基本可服务城市大部分的出行需求，其将在城市公共交通体系中占据主体地位。此时，常规公交应积极调整功能定位，相对于轨道交通运能高、速度快等特点，常规公交则应充分发挥其灵活性，重点服务中短距离出行：一方面向区内化服务转型，"走街串巷"，进一步加强对轨道交通的接驳；另一方面应用大数据、"互联网+"等新技术，针对需求开展专线公交服务（图10.2）。

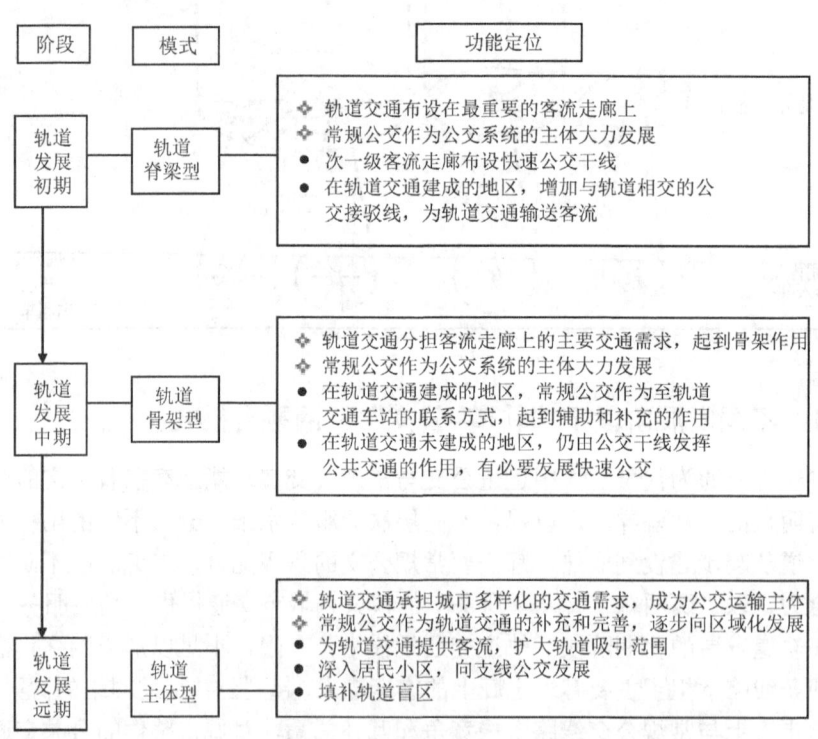

图10.2　不同阶段网络一体化模式示意图

10.2.2 "轨道–公交"两网融合优化策略与思路

以轨道为代表的大中运量公交往往在线位、设施方面具有不可变更性，因此在进行公共交通网络一体化衔接整合工作时，应重点优化常规公交，这样既能发挥轨道交通快速、大量、高效的优势，又能体现常规公交灵活、网络化的特色（图10.3）。优化策略主要包括以下三个方面。

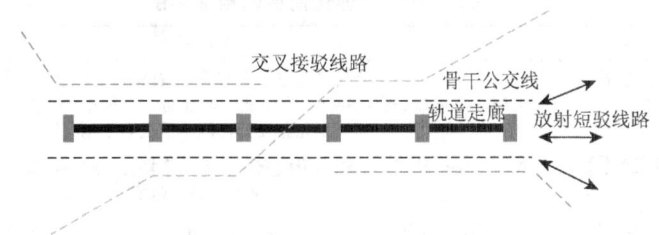

图 10.3　优化调整后轨道走廊公交线布设示意图

（1）轨道主导。在城市主要客流走廊内应以大中运量公交为骨干，发挥其快速、高效的优势，引导支撑城市高强度的发展轴线。

（2）一体衔接。加强常规公交对大中运量的补充、喂给功能，通过枢纽设施的整合，实现两网的一体衔接。

（3）复合通道。发挥轨道交通与常规公交互补功能，在同一走廊内提供多样化、差别化的公交服务。

在此策略下，优化工作主要从两方面展开（图10.4）：一是在轨道交通直接吸引范围内（一般在轨道站 600~800m 半径范围内）取消或调整一些竞争性强的公交线路；二是在更大的范围内（一般在轨道站 3~5km 半径范围内）调整或新增部分公交线路，与轨道交通形成良好接驳，共同集疏客流。

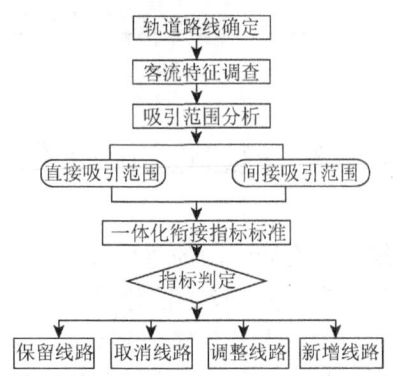

图 10.4　轨道与常规公交网络一体化衔接思路

10.2.3 网络一体化衔接的指标体系

常规公交的优化主要体现在网络与站点两个方面。网络方面要形成与轨道交通的合理搭配、互补，确保整个线网的合理布局；站点方面要与轨道交通无缝换乘。具体可采用以下指标来衡量（表10.2）。

表10.2 网络一体化衔接的指标体系

分类	指标	说明
网络方面	线路重复系数	与轨道平行的常规公交线路总长度与轨道线网总长度之比，是用来描述轨道交通线路和常规公交线路平行关系的一项指标。一般来说，为了轨道交通运能能够得到充分发挥，线路重复系数越小越好
	线路交叉系数	指平均每个轨道站与轨道形成交叉关系的常规公交线路条数。一般来说线路交叉系数越大越好
	站点覆盖率	公交站点服务面积占城市建设用地面积的百分比，反映了居民到达公交站的方便性。轨道开通后，常规公交的调整、取消应以不增加居民到达和离开站台的步行距离为原则
	换乘系数	全体公交出行者的平均换乘次数，反映公交的直达程度。换乘系数越小，公交的直达性越好
	合理运距	轨道与常规公交之间的合理运距关系，反映了轨道与常规公交各自承担客流的出行特性
	合理共行距离	轨道与常规公交共行段的合理运距，作为判断与轨道线路共走廊的常规公交线路是否需要调整的重要指标。该指标可以通过比较全程常规公交出行与公交换轨道出行二者时耗差距来进行确定
站点方面	合理站距比	轨道站距与公交站距之比，理想状况是在常规公交合理站距的前提下，轨道站距与其呈倍数关系，外围区轨道间距可适当加大
	运能匹配程度	客运高峰小时内，轨道交通换乘枢纽的换乘客流量与常规公交运输能力的比值，反映轨道交通和常规公交运能的适应性
	平均换乘时间	轨道交通与常规公交的平均换乘时间。平均换乘时间越小，说明轨道交通与常规公交之间的衔接越紧密，越有利于客流交换
	换乘时耗比	轨道-公交换乘时间占轨道公交出行总时间的比重。换乘时耗比越小，说明轨道与公交衔接越方便

10.3 枢纽设施一体化

枢纽设施是锚固各级公共交通线网的重要环节，也是公共交通系统与其他交通方式进行衔接的中心。随着轨道交通的建设、TOD 理念的引入，轨道站点周边的土地价值逐渐显现。国际上知名的公交都市，如香港、斯德哥尔摩等都通过轨道交通枢纽与外围新市镇、卫星城的联合开发获得了巨大的成功。因此，以枢纽为核心组织交通、进行设施配套、完善枢纽一体化的必要性与迫切性也越来越重要。

枢纽设施尤其轨道枢纽一体化开发涉及两个层面，一是枢纽交通换乘功能一体化，二是枢纽与城市功能一体化。

10.3.1 枢纽交通换乘功能一体化

轨道站是实现交通转换与联系的重要节点，轨道枢纽的换乘功能十分重要。

10.3.1.1 换乘设施构成

随着小汽车接送、"P+R"（Park and Ride）等新的换乘方式的出现，轨道站换乘模式可分为"直达-换乘""临时停车-换乘"和"停车-换乘"，对应的三类换乘设施分别是通道设施、上下客站台和停车场（图10.5 和表10.3）。

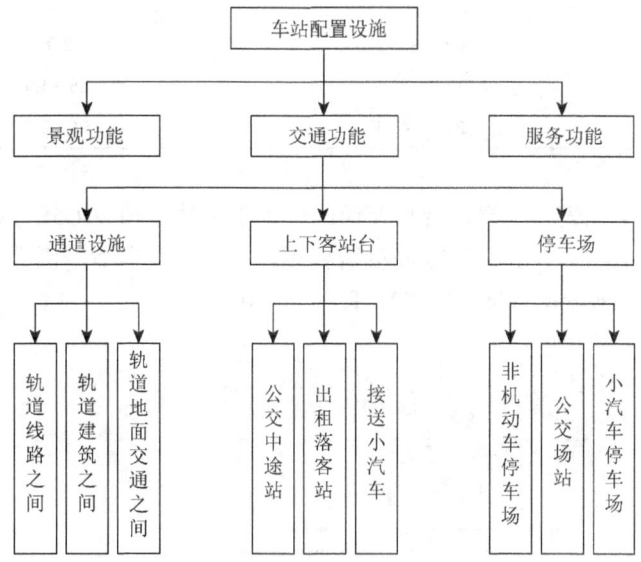

图 10.5　轨道站点换乘设施构成图

表 10.3　站点换乘模式分类

换乘模式	直达-换乘	临时停车-换乘	停车-换乘
换乘方式	步行	公交、出租车、接送小汽车	非机动车（私人自行车或公共自行车）、公交、小汽车
换乘设施	通道设施	上下客站台	各类停车场

10.3.1.2 换乘设施其他配置准则

在换乘设施规划、设计、建设中，必须落实好包括步行换乘设施、临时停车换乘设施（公交停靠站、出租车/小汽车临时停靠站）及停车换乘设施（非机动车停车场、公交首末站、小汽车停车场）的交通换乘设施。

轨道与交通方式的衔接换乘最终均体现在步行上，为确保所有公交乘客的安全，在轨道的衔接规划中应优先考虑组织清晰、连续的步行流线，设置相应的步行网络和步行设施，提供安全、便利的步行环境。采用机动化接驳工具可使轨道的影响范围迅速扩大（表10.4），然而机动化工具的停车换乘需要占用大量的停放车空间。

表10.4 各接驳方式合理影响半径

接驳方式	速度/（km/h）	合理影响半径/km
步行	3.6	0.6
自行车	10.0~15.0	2.0
公交	15.0~25.0	2.5~5.0
小汽车	25.0~40.0	5.0~7.0

在坚持公交优先、小汽车合理使用的原则下，轨道接驳方式考虑的优先顺序应为步行、非机动车、公交、临停接送和停车换乘，其中临停接送包括出租车和小汽车接送（Kiss and Ride，简称K+R）（图10.6）。

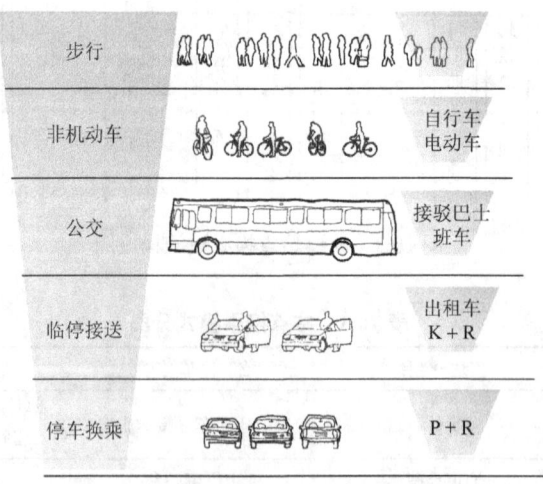

图10.6 轨道交通接驳方式优先顺序[2]

衔接比例高、效率高、资源占用少的设施应优先靠近轨道站出入口。按此原则，建议各类换乘设施与轨道站出入口的最远距离如下（图10.7）。

（1）公共自行车（包括共享单车）、私人非机动车等非机动车换乘设施距轨道站出入口不大于 50m。

（2）公交换乘设施（停靠站和场站）距轨道站出入口不大于 100m。

（3）机动车临时停车点距轨道站出入口不超过 180m，其中出租车临时停靠点与轨道站出入口不超过 100m。

（4）小汽车停车换乘设施距轨道站出入口不超过 200m，特殊情况下最远不超过 300m。

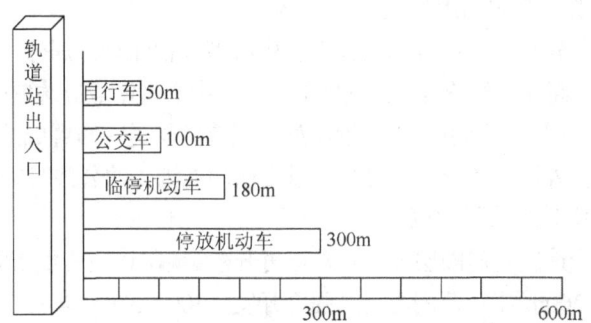

图 10.7 各类换乘设施与轨道站出入口的最远距离

换乘设施之间必须良好衔接，强调以人为本、人车分离、微缝衔接，尽可能缩短换乘距离，实现轨道站出入口与周边建筑、非机动车、公交、出租车、小汽车停车场的便捷联系。

10.3.2 枢纽与城市功能一体化

轨道枢纽作为新市镇中心或片区中心，应遵循 TOD 理念，把城市中心功能向轨道站周边集聚，建议布局于轨道站周边 500m 范围内，方便居民在通勤出行的过程中解决部分生活需要，同时引导居民的出行方式向公交和慢行转移。

10.3.2.1 枢纽与城市功能一体化要求

枢纽与城市功能的一体化要求体现在以下三个方面。

（1）功能一体化。轨道站和周边土地利用应符合城市总体规划和控制性详细规划，与城市公共服务中心体系、与轨道站功能定位和枢纽站客流规模相适应。

（2）用地一体化。轨道站周边用地应整合开发，加强地上地下空间、轨道站点与周边用地的相互衔接，形成高度集中、立体化的建设。

(3) 景观、空间一体化。轨道站周边提倡用地功能的混合发展，以复合开发的方式融合各类设施。

在进行轨道站与周边城市功能一体化规划设计过程中，有两点值得关注：一是车站周边用地功能的复合开发、高强度开发，这是提升轨道站吸引力和土地收益的重要途径；二是车站站体及其上盖物业内部功能的一体化。

10.3.2.2 轨道交通周边站点的土地开发模式

轨道交通的建设与运营会极大提高周边地区的可达性，聚集人气，增强经济活力。因此轨道交通引入后，站点周边的土地开发模式应有所调整。

1）改变沿线土地的利用性质

按功能不同，轨道站一般分为居住型、中心型和枢纽型。居住型站点周边宜混合布置办公、娱乐、商业、学校等不同功能的设施；中心型站点周边宜聚集大型的商业、娱乐和办公设施，采用高强度开发；枢纽型站点宜将轨道站布置成站前广场，发挥交通集散功能，并在外围布置商业、办公、以交通功能为主的公共服务设施等[3]。

2）提高沿线土地的开发强度

轨道站周边土地应实施圈层式的开发与再开发策略，以适应城市紧凑发展的需要。一般而言，站点 300m 半径范围内为高强度开发，300～500m 半径范围内为中高强度开发，500～1000m 半径范围内为一般强度开发，以平衡整个区域土地的开发强度。以重庆小什字地铁站为例，取得站点周边土地的使用权和经营权的联合开发公司在进行规划设计时，开发强度以站点为中心向外递减（图 10.8）。地铁上盖为商场，在地铁站点周边 100m 范围内布置；住宅布置在商场上盖物业的边缘，坐落在商场之上；通过行人天桥将站点出口、商场出口与外界交通联系起来[4]。

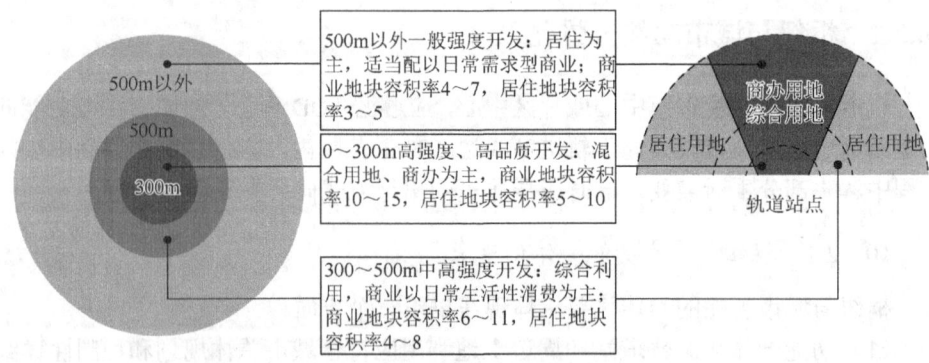

图 10.8 重庆小什字地铁站点"圈层式"开发示意图

10.3.2.3 轨道站体及其上盖物业内部功能的一体化

轨道站将成为新市镇或片区居民出行最多的集散地,在轨道站和周边需配备与居民生活相关的服务设施(表 10.5),方便居民在通勤出行的过程中顺便实现生活服务需求,这一点对城市的绿色低碳发展非常重要。

表 10.5 轨道站和周边配套服务设施建议

服务设施大类	服务设施项目
商业金融服务设施	零售:便利店、自动售货机、洗衣店、书店、药房、小商铺、菜市场、小型超市
	餐饮:快餐、早点、西点房、咖啡馆、特色餐厅
	金融:自助银行、自动取款机(ATM)
	生活服务:美容美发美甲店、综合修理铺、照相馆、冲印店、自助照相机、自助缴费点
商务文化服务设施	图文室、小型图书馆、票务网点、旅游宣传点
医疗与安保服务设施	医务室、警卫室
行政管理服务设施	IC 卡充值点、简单行政服务、自助服务区
邮政电信服务设施	书报亭、邮政网点、快递寄送点
其他服务设施	公共厕所、问询室、寄存点、母婴室、托管服务室

10.4 典型案例

10.4.1 轨道站周边用地一体化开发

10.4.1.1 中国香港

分析香港地铁运营成功的经验,可以发现其成功主要依赖于合理的土地利用模式和稳定的客流。据统计,香港地铁站点 500m 范围内积聚了全港 40%~50%的居住人口和 50%~55%的就业岗位[5]。合理的土地利用模式促进沿线物业开发集聚人气,为站点吸引来大量的客流;同时,站点大量的客流又反馈于土地开发,带动站点周边物业发展。

1) 站点周边高容积率开发

香港《建筑物(规划)规例》将轨道站周边列为一类住宅用地,建议高容积率开发(表 10.6 和图 10.9)。据调查,在轨道站附近每新增加 92.9m^2 的楼地板面积,将额外产生 60 乘次/d 的客流量[6]。

表 10.6 香港地铁站与站点周边土地容积率的关系

地段	地区	商业容积率	住宅容积率
一级商务中心	中环	12.0~15.0	8.0~10.0
二级商务中心	尖沙咀	12.0	7.5
	湾仔	10.0~12.0	8.0
零售商务中心	中心铜锣湾	—	7.5
新市镇中心	荃湾	9.5	6.0~6.5
住宅区中心	九龙湾	12.0	5.0
一般住宅区	奥运/九龙	8.0	6.5~7.5
	两湾河	—	5.0
	荔枝角	—	7.5
无地铁线地区最大容积率			
中心附近	—	5.0	—
新市镇	—	3.0	—

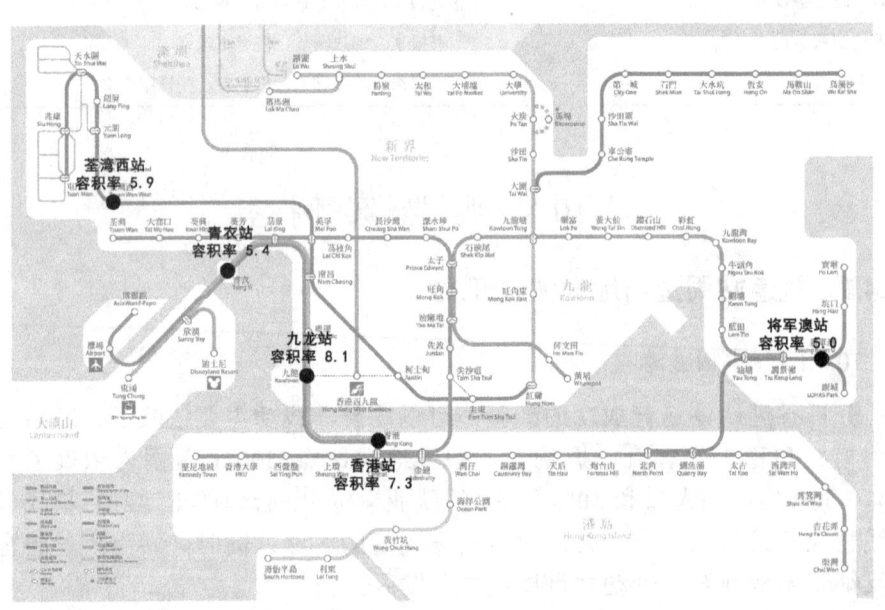

图 10.9 香港部分轨道站点周边容积率[6]

2) 发展特色的地铁上盖物业

经过近 20 年的发展,香港超过一半的轨道站设有上盖物业开发。市中心的站点一般晚于外围区域开发,以更新改造发展上盖物业为主,物业类型主要为商业和写字楼。其中一些上盖物业已成为重要的市区商业中心,如中环站的环球大厦、金钟站的海富中心,德福广场、绿杨坊和杏花新城已成为著名的地铁商场(图 10.10 和图 10.11)。

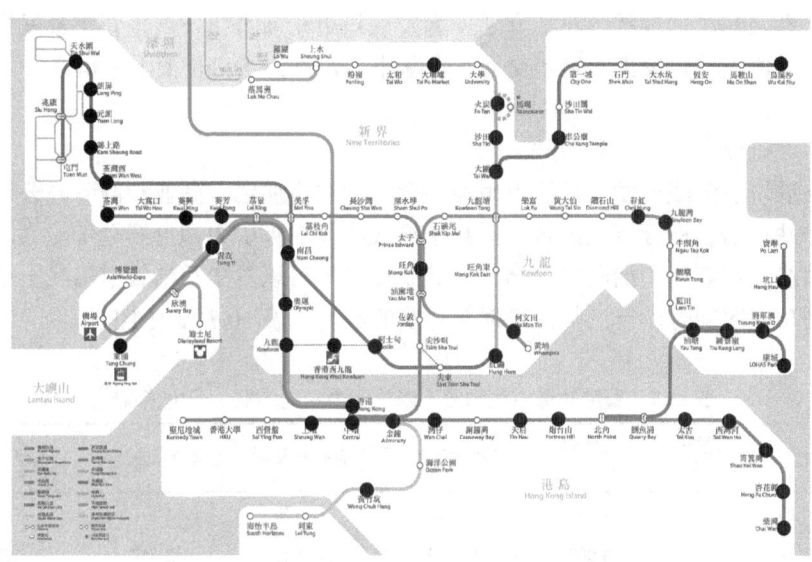

图 10.10　香港设置上盖物业的地铁站分布情况[6]

图 10.11　中环地铁站的上盖物业——环球大厦

外围区域的新市镇则以 TOD 模式打造新城,将原先"线跟人走"模式转变为

"人跟线走",充分发挥轨道交通对城市开发的引导作用。从 1973 年推行新市镇计划以来,香港在 40 多年间先后兴建了 9 个新市镇,发展总面积超过 110km^2。四通八达的铁路和快速公路网络将新市镇与旧市区紧密相连。新市镇开发与轨道交通建设是互动的过程,轨道交通作为发展核带动新市镇发展,新市镇发展带来的土地增值收益也反馈于轨道交通。在新市镇,站点 500m 范围内积聚了 45%的居住人口。

3)站点周边土地混合开发

香港轨道沿线开发非常注重用地混合,往往将住宅、商业和商务办公等物业在同一站点沿线进行有效组合,提高了沿线物业的吸引力和持续经营能力。以香港荃湾线、观塘线和港岛线为例,从其统计表中可以看出香港轨道沿线土地在开发主要功能的同时,一直坚持着混合开发的原则(表 10.7 和表 10.8)。

表 10.7 香港轨道沿线物业(以住宅为主的物业)开发情况[7]

住宅	房屋建筑/栋	住宅数/套	单套住宅面积/m^2	商业面积/m^2	社区康乐设施/m^2	停车场车位/个
德福花园	41	4 992	44~62	52 170	909	723
绿杨新村	17	4 000	43~63	15 548	13 562	651
新葵芳花园	5	1 264	46~49	4 484	540	126
康泽花园	4	757	46~102	6 791	—	114
康怡	32	6 648	54~115	104 167	9 640	1 168
康山花园	10	2 180	45~75	—	—	—
康威花园	2	412	47~55	2 544	—	—
峻峰花园	5	760	45~65	1 119	19 830	—
修顿花园	1	480	51~77	2 646	40 917	12
杏花村	48	6 504	52~114	26 741	19 562	849
欣景花园	4	732	72~84	—	13 386	—
彩虹站物业发展	1	296	58	2 400	4 413	501

表 10.8 香港轨道沿线物业(以商业为主的物业)开发情况[7]

商业	写字楼面积/m^2	商铺面积/m^2	可租用面积/m^2	商铺数量/间	停车场车位/个
海富中心	72 288	18 114	—	178	—
海富中心(一楼商铺)	—	—	286	—	—
环球大厦	33 313	7 141	—	227	—

续表

商业	写字楼面积/m²	商铺面积/m²	可租用面积/m²	商铺数量/间	停车场车位/个
东昌大厦	20 885	—	—	—	—
德福广场一期	—	52 170	38 309	124	270
德福广场二期	—	31 029	19 612	103	188
德福广场-恒生中心	26 634	—	—	—	25
弥敦道	—	—	106	2	—
绿杨坊	—	15 548	10 383	59	—
杏花新城	—	26 741	18 172	161	415

10.4.1.2 南京鼓楼站

南京自2005年第一条地铁线通车运营以来，在不断加密轨道交通的同时，地铁站点周边土地开发也在按TOD理念不断调整更新。以地铁1号线与4号线的换乘站鼓楼站为例，在1号线通车后，鼓楼站周边逐渐汇集了以南京第一高楼绿地广场为代表的一系列商办建筑，且容积率也屡创新高。其中地铁站百米范围内的绿地广场容积率为10，荔枝广场为7.5，鼓楼医院为4。高强度开发的公建设施极大地提高了轨道站点周边的出行需求，同时将车站出入口引入到建筑内部，也大大提高了轨道交通的可达性（图10.12）。

图 10.12 南京鼓楼站周边高强度混合用地开发

10.4.2 轨道站周边接驳交通设施一体化布局

10.4.2.1 日本

日本对轨道交通枢纽建设尤为重视，在城市战略规划层面就鼓励将轨道站建成多交通模式的枢纽站和城市主要公共活动中心。日本出版了《站前广场计划指针》，在轨道站进出口外通常会留出一定的空间设置站前广场，广场内包含了公交站台、出租车停靠站、过街天桥等交通衔接设施，实现了人车分离，乘客换乘便捷又安全（图10.13）。

图 10.13　日本轨道站前广场[2]

1）科学评估各类换乘设施规模

东京、大阪等城市对轨道换乘枢纽的等级分类没有明确规定，只是根据地面交通的换乘需求，判断是否配置站前广场，然后根据车站周边的土地利用状况和车站功能定位，参考已有的同类型车站，设定接驳交通方式分担率，进而计算广场所需空间，并进行各种交通设施的空间布置。据调查，日本都市区外围轨道站自行车的分担率达到15%（图10.14）。

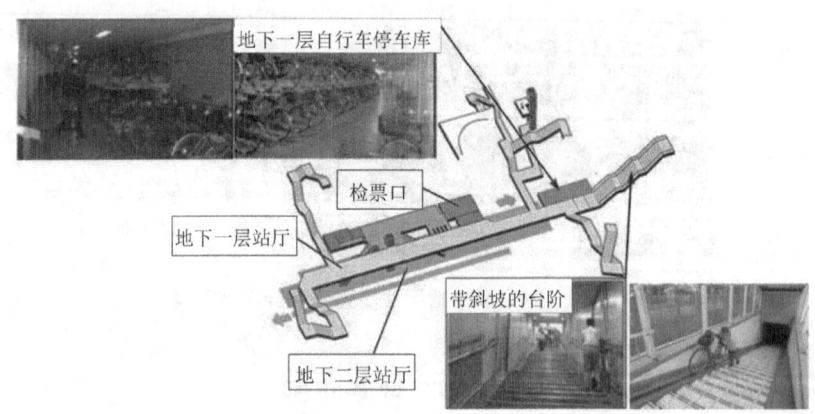

图 10.14　日本轨道站点与自行车换乘结合

2）一体化的枢纽布局设计

日本依据"站城一体"的规划理念，将枢纽中心与城市中心或片区中心结合，越是繁华之地、人气集聚之地，越是需要公共交通枢纽。因此，在土地资源极为宝贵的市中心，日本采取的是将公交枢纽纳入建筑之中，除了常规的设置在地面一层，公交枢纽出现在建筑二层、三层等也十分常见。例如，非常知名的名古屋"荣"枢纽于市中心繁华商圈内，周边有三越百货、松坂屋等多个购物广场，这座枢纽站由水的宇宙船、绿色的大地、公共汽车站、轨道交通、21世纪科学情报中心、银河广场、地下商场七部分组成，其中公共汽车站位于下沉式建筑的二层夹层之中，精巧的设计让这座绿色公交枢纽闻名于世（图10.15）。

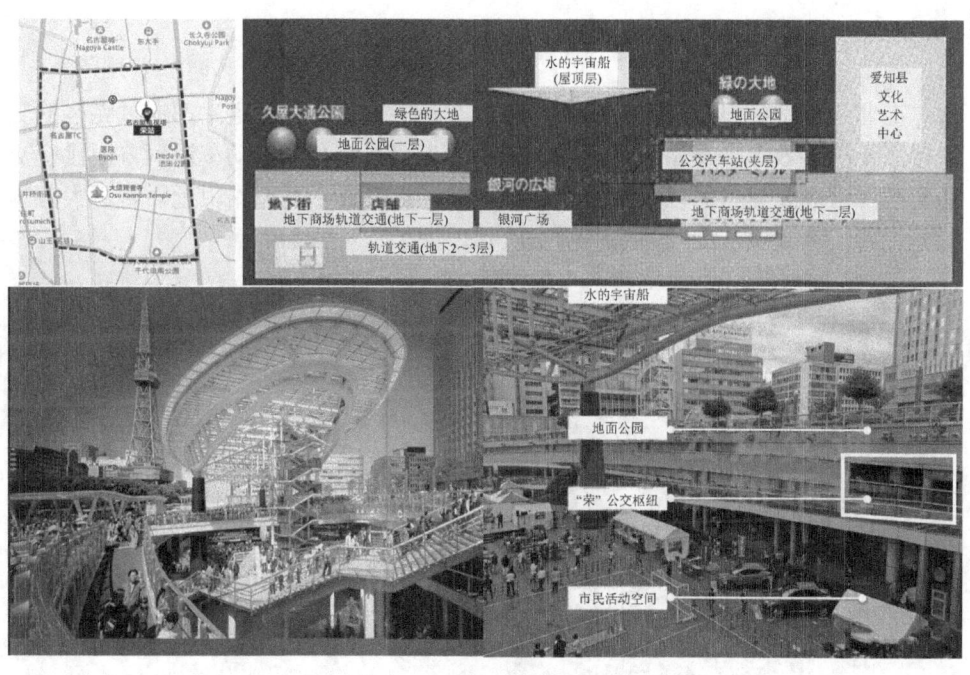

图10.15 日本名古屋"荣"公交枢纽

3）精细化的枢纽设计

除了将公交枢纽与建筑一体化布局，日本的公交枢纽更是在内部布局与交通组织上处处体现了人性化与精细化的设计理念。候车场所与建筑原功能的融合、完整流畅并与车行流线分离的人行流线、集约精准的车位布局、智能高效的车辆调度等使设置于城市中心的公交枢纽运转有条不紊、高效便捷，实现了日本公共交通能与小汽车一较高下的高品质竞争力（图10.16）。

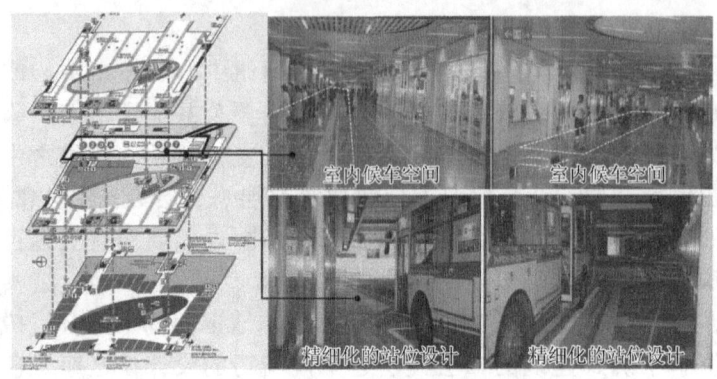

图 10.16　日本名古屋"荣"站公交枢纽内部设计

10.4.2.2　北欧城市

在北欧哥本哈根、斯德哥尔摩、赫尔辛基等城市,其轨道站都通过完善的交通接驳设施有效提高车站的可达性。连贯的步行系统和非机动车道网方便慢行交通集散,常规公交枢纽以及小汽车停车换乘场地设置于轨道站附近,将更大范围的出行者汇集到轨道交通系统(图 10.17)。

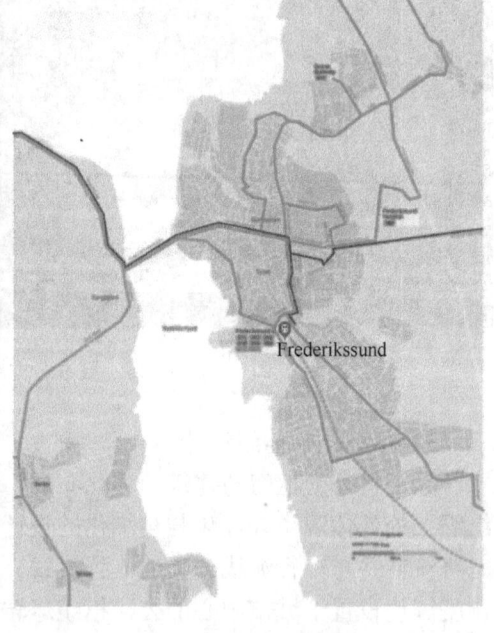

图 10.17　哥本哈根 Frederikssund 站周边换乘设施和接驳公交线路[8]

10.4.2.3 美国

相对而言,美国大多数城市的轨道站被小汽车"P+R"换乘停车场覆盖(图 10.18)。例如,旧金山地区有"P+R"停车场 43 个,总停车位数达 46 000 个,平均每处 1070 个;华盛顿特区有各类"P+R"停车场 152 个,总停车位数达 52 300 个,平均每处约 350 个。对比新加坡设有"P+R"停车场 41 个,总停车位数仅 4793,平均每处约 120 个[2]。

图 10.18 旧金山轨道站"P+R"停车场[2]

相应的,美国的小汽车停车换乘比例也较高,相比日本三大都市圈 1%~4% 的水平,华盛顿的小汽车停车换乘比例约 16.4%,旧金山约 38.0%(表 10.9)。

表 10.9 美国城市轨道站周边各交通方式接驳比例 (单位:%)

接驳方式	步行	非机动车	公交	接送车	停车换乘
华盛顿		62.5	15.0	6.1	16.4
旧金山	23.0	2.0	21.0	16.0	38.0

但华盛顿、旧金山等城市也越来越认识到过多设置"P+R"对车站地区的影响,分别出台了 *Station Site and Access Planning Manual* 和 *BART Station Access Guidelines*,对轨道站点换乘设施配置优先级提出了明确的建议,期望提高步行、非机动车和公交等绿色接驳方式的比例。同时对轨道站点周边换乘设施的布局提出了建议,明确了各类衔接交通方式换乘轨道交通适宜的距离。

(作者:陈阳)

参 考 文 献

[1] 张泉，黄富民，杨涛. 公交优先[M]. 北京：中国建筑工业出版社，2010.
[2] 南京市城市与交通规划设计研究院有限责任公司，南京地铁集团有限公司. 轨道交通与地面交通一体化衔接研究[J]. 建设科技，2014，（3）：135-136.
[3] 黄晓峰，钱寒峰. 轨道交通周边站点的土地开发模式探讨[J]. 科技创新与应用，2012，(21)：39-40.
[4] 张巍，孙毅楠，汤鸿飞. 城市地铁站点周边房地产开发模式研究[J]. 建筑经济，2014，(8)：92-96.
[5] 张协铭，杨宇星，李桂波，等. 轨道站点用地调整及交通接驳实施策略和措施研究[C]. 2013年中国城市交通规划年会暨第27次学术研讨会，北京，2014：1-11.
[6] 李三兵. 城市轨道交通车站客流特征与服务设施的关系研究[D]. 北京：北京交通大学，2009.
[7] 郑捷奋，刘洪玉. 香港轨道交通与土地资源的综合开发[J]. 中国铁道科学，2002，23（5）：1-5.
[8] 凌小静，杨涛. 北欧城市交通印象及启示[C].中国城市交通规划2012年年会暨第26次学术研讨会，福州，2012：294-304.

第三篇　机动化及其综合对策

11 机动化的理性认识与交通综合治理策略

江苏作为我国东部发达的省份之一，率先进入了全面小康、高城市化、高机动化的发展时期，既反映了江苏改革开放以来科学发展、创新发展和率先发展的巨大成就与实际效果，同时也比其他内陆省份城市率先面临着城市化与机动化高潮的挑战与冲击。为此，需要率先认识与把握机动化的正确内涵与方向和交通综合治理的科学路径与策略。

11.1 对机动化的正确认识与国际经验

所谓机动化，确切地说就是用机动的方式替代人力、畜力完成人和物移动的过程。将小汽车的私有化、汽车拥有和使用的普及化理解为机动化，这是一种误解，或者至少是一种片面的理解。机动化不等于汽车化，更不等于小汽车化。机动化在不同国家、地区，在不同城市，在其发展的不同阶段都有不同的表现，这种不同主要在于占主流的机动化交通方式的不同。摩托车化、小汽车化、公共汽车化、轨道化等都是机动化的表现形式。

以摩托车为主要交通方式的城市中，曼谷、中国台湾、中国广州是典型；以小汽车为主要交通方式的城市以美国的城市居多；以公共汽车为主要交通方式的城市，其公共汽车交通方式占到65%左右，代表城市有中国香港、新加坡、库里蒂巴等；以轻轨或地铁为主要交通方式的城市，其以高度发达的经济作支撑，城市高度密集，都具有高度发达的地铁、轻轨网络，以伦敦、巴黎、东京等为典型。小汽车化是指小汽车逐步进入居民家庭，人们的出行方式不断以小汽车取代其他出行方式的过程。小汽车化是机动化最重要、最具影响力的方面，对城市交通面貌的影响最深刻（图11.1）。

从东西方、发达不发达国家来看，都有正例和反例。

（1）反例：发达国家如美国，已经是积重难返，欲罢不能。但其毕竟有强大的国力财富支撑，城市交通状况并不比不发达国家和发展中国家的城市更差。发展中国家如泰国、墨西哥，虽然人均小汽车拥有水平比发达国家还差很多，但对小汽车拥有和使用不加任何限制，已大大超出路网及环境的承受能力，成为让人难以容忍的交通"沼泽地"。

（2）正例：发达国家城市如英国伦敦、法国巴黎等，准发达国家和地区如韩国首尔、新加坡、中国香港。它们都是优先发展公共交通，有限制地发展小汽车，保持了城市交通供求的适度平衡，保证了城市整体有序健康发展。当然，发达国家和准发达国家（地区）或发展中国家在实现公共交通优先发展、有限制发展小汽车的道路上是有很大不同的。发达国家（英法等西欧国家）在经历了资本原始积累、大肆掠夺弱国资源财产的基础上，有较雄厚的财力来大规模建设城市轨道交通，自然地吸引中低收入及一般市民乘用公共交通，减少对小汽车的依赖。而首尔、新加坡的情况则不同，它们能维持今天的交通结构和良好的交通状况，更主要的是依靠政府有力的限制调控措施。在严格限制调控小汽车发展的同时，根据政府的财力和政策的导向来逐步发展城市公共交通。

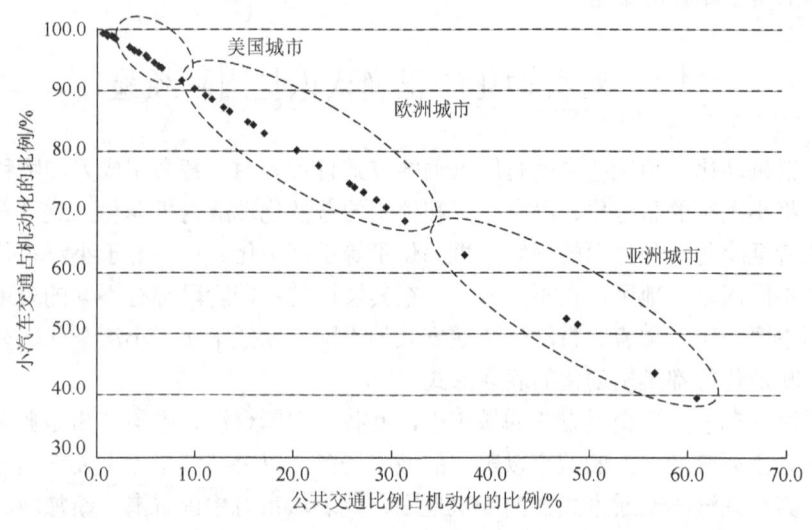

图 11.1　不同城市的交通发展模式

11.2　江苏省城市化与机动化发展总体状况及其交通影响

11.2.1　城市化快速发展带来出行总量、出行距离及出行分布的变化

近几年来，虽然江苏省全省总人口增长的速度有所减缓，但总量规模和城市化率呈现稳步增长的态势，到2014年江苏省总人口达到7960万、总体城市化水平达到61%。与此同时，由于处于不同的经济发展阶段，苏南、苏中和苏北区域城市人口的发展有明显的差异性。苏南地区城市人口保持较高水平的增长，2010~2014年，南京市人口增长2.7%，城市化率从78.5%提高到80.9%；苏州市

人口增长 1.3%，城市化率从 70.6%提高到 74.0%；无锡市人口增长 2.0%，城市化率从 70.9%提高到 74.5%。苏中地区城市人口流入和人口流出保持基本平衡，但城市化水平迅速提高，城市人口快速增长。2010~2014 年，南通市人口增长 0.2%，城市化率从 56.0%提高到 61.2%；泰州市城市人口增长 0.4%，城市化率从 55.7%提高到 60.2%；扬州市城市人口增长 0.3%，城市化率从 56.7%提高到 61.2%。苏北地区城市人口规模持续平稳地增长，2000~2014 年，徐州市城市人口增长 0.6%，城市化水平从 53.9%增长到 59.5%；连云港市城市人口增长 1.3%，城市化水平从 51.8%增长到 57.1%；淮安市城市人口增长 1.1%，城市化水平从 50.8%增长到 56.5%。城市人口规模和城市化率的增长导致城市人口和用地规模的稳步增长。城市人口的快速增长带来了客流需求和道路交通量的高速增长，出行量的增长远远高于人口增长。另外，随着江苏省各城市框架的迅速拉开，城市化地区不断拓展，城市活动空间显著扩大，再加上居民机动化出行水平的提高，居民出行距离随着城市范围的扩大而明显延长。2005~2015 年，苏州、南京等城市居民的平均出行距离增长了 40%~60%，已经达到 5.0km 左右，一些中小城市居民平均出行距离也增长显著，增长了 10%~25%。

在城市化快速化发展过程中，由于城市规划与交通规划相互脱节，城市功能布局与城市交通服务能力严重失衡，在城市空间拓展的同时，没有对城市功能布局做出同步优化调整，老城高度集聚、新区功能单一、配套设施不全、人口与就业分离、出行距离加长以及新区公共交通服务的缺乏，在引发老城交通拥堵加剧的同时，使得老城与新区之间上下班高峰潮汐式交通现象普遍，老城与新区间交通瓶颈现象日益突出。与此同时，土地开发过程中对城市交通产生的影响重视不够，道路功能与两侧土地性质、强度及出入口控制缺乏有机协调，因而导致交通结构失衡、交通流分布不均衡，人为加剧了局部地区和部分重要道路交通节点的交通矛盾。城市人口和用地规模的迅猛扩张，在当前这种以道路交通为主导的城市交通体系下，必然会造成道路交通量的激增，从而直接导致了城市交通拥堵的发生，并且这种状况随着城市化进程的加快，还将持续下去。

11.2.2　汽车化的高增长引起交通拥堵加剧和蔓延

与此同时，江苏省经济总量一直保持着近两位数（2011~2014 年 GDP[①]年均增长 9.8%）的高速增长，城市化进程也不断加快，城镇人口占全省人口的比例由 2000 年的 41.5%增长到 2014 年的 60.6%。到 2014 年年底，全省民用机动车辆达到 1782.09 万辆，个人拥有车辆 1500 万辆和个人拥有小轿车 665.64

---

① GDP（gross domestic product）为地区生产总值。

万辆，城市居民百户拥有小汽车 34.58 辆，58.82%的高收入家庭拥有小汽车。城市、城际和城乡客货运输需求高速增长，全省各市城市交通拥堵状况呈全面加剧态势。"行车慢、停车难"已成为社会关注的热点问题之一，社会反映强烈。

由于城市规模、居民可支配收入和机动化水平的发展差异性，各城市交通拥堵严重程度和特征具有明显的差异。受经济发展的影响，苏南城市南京、苏州、无锡、常州常住人口明显高于户籍人口，是人口净流入的城市，2014 年南京户籍人口 648.7 万，常住人口 821.6 万；苏州户籍人口 337.5 万，常住人口 548.3 万；南通、扬州和泰州等苏中城市，常住人口与户籍人口总体持平，人口流出流入保持平衡；徐州、宿迁和连云港等苏北城市，常住人口明显少于户籍人口，人口流出高于人口流入，是人口净流出城市。2014 年苏南城市南京、苏州、无锡和常州的常住人口居民可支配收入达到 4.4 万元左右，南通、扬州和泰州等苏中城市，常住人口居民可支配收入在 3.3 万元左右，徐州、宿迁和连云港等苏北城市，常住人口居民可支配收入在 3 万元左右，经济总量和居民收入呈现出明显的地域差别性；从千人拥有私人小汽车分析，苏南城市基本在 200 辆以上（南京 228 辆、苏州 302 辆、无锡 214 辆、常州 198 辆），苏中城市在 100 辆左右（南通 112 辆、扬州 91 辆、泰州 78 辆），苏北城市为 45~60 辆（徐州 64 辆、连云港 60 辆、淮安 46 辆），数据表明城市小汽车千人拥有率与人均居民可支配收入呈高度的正相关性。

与苏南、苏中和苏北城市人口规模、收入水平和汽车拥有量密切相关的是，区域城市的交通拥堵形态和持续时间。总的状况是苏南地区拥堵状况比苏中、苏北要严重，拥堵覆盖城市区域更广，持续时间更长。南京、苏州、无锡和常州四大城市交通拥堵区域广、蔓延快、持续时间长，拥堵路段和节点多，同时交通拥堵跨越老城—新区通道向新区、新城扩散。苏中、苏北城市，如南通、扬州等城市，拥堵区域主要集中在老城及其周边地区，高峰持续时间较短，一般在 30min 左右，外围地区高峰时间局部路段、节点有拥堵现象。与此同时，全省中小城市也已开始出现交通拥堵现象，有的是道路交通供需不平衡造成的，如昆山、常熟等城市，而苏北、苏中地区中小城市交通拥堵现象的出现，主要是管理不到位所导致的，交通拥堵加剧的趋势十分明显，值得密切关注。对小汽车过度使用未能有效管控，城市停车管理未能体现调节小汽车出行空间和时间的重要功能，特别是单位配建停车位和路边公共停车位的无偿使用鼓励了居民通勤小汽车的使用，加剧了早晚高峰时间城市交通的拥堵。

11.2.3 公交出行比例有所上升，步行、自行车出行比例下降

在 2015 年前后，江苏省苏中、苏南地级城市公共交通出行比例偏低，为 10%～15%，南京市城市公共交通出行比例相对高，达到了 26%。全省部分城市公共交通出行比例分别为无锡 15.0%、南通 11.7%、盐城 5.5%、泰州 11.8%、扬州 12.7%、常州 12.2%、苏州 14.9%。这与欧洲、日本等大城市的 25%～40%的公交出行比例相比差距较大。值得注意的是，近年来由于受到小汽车和公共汽车运行环境的影响，江苏省部分城市的公交出行比例呈现波动甚至下降的趋势。

步行和自行车出行方式日益萎缩。城市道路系统和路权分配受到鼓励小汽车发展的政策影响，城市道路步行、自行车交通路权被机动车挤占，整体交通环境质量下降，加之小汽车快速普及和使用成本的低廉，导致城市自行车交通总量和出行方式结构比例持续下降。2014 年南京市主城区非机动车分担率为 29.5%，相比 2005 年下降约 11.6%，年均下降 2.0%。2014 年扬州居民自行车分担率为 24.8%，相比 2013 年下降 2.0%。苏州步行和非机动车的总体比例相比 2012 年具有明显下降，其中电动自行车比例有所上升，而步行比例仅为 14.0%。南通 2012 年自行车分担率为 14.8%，相比 2007 年下降约 10.0%。泰州 2009～2013 年自行车比例下降 3.3%。相比上一年均有不同程度的下降。

11.3 对城市交通综合治理的认识和思考

城市交通拥堵是在一定的时间和空间范围内，交通需求超过交通设施服务能力而产生交通延误、交通设施使用不便的交通现象。交通拥堵的本质是城市机动车交通需求超过城市道路承载能力。城市交通需求处于快速、随机的动态变化过程中，交通需求是快变量，特别是在城市化、汽车化的共同作用下。城市交通需求的时间、空间、方式和持续时间越来越呈现出随机、个体、多样和即时的特点。与此同时，城市交通总体的供应水平、发展规模处于慢变的发展过程中。城市交通基础设施和管理设施是社会公共产品，其供应速度和规模很大程度上受城市经济发展水平、城市发展总体资源的影响和限制，供应的过程具有长期性和法定性，供应速度和供应规模具有渐变性和相对稳定性。城市交通需求变化的快速性和随机性与交通设施供应的渐变性和相对稳定性决定了城市道路交通供需矛盾的长期性。交通供需的不平衡将长期存在，而且这对矛盾将随着城市化、机动化的快速发展而日益加剧。在很长的时间内，城市交通拥堵的治理侧重于城市道路交通基础设施的建设和供应，形成了"面对供需矛盾—增加供给—诱导需求—新的供需矛盾—增加供给"的恶性循环。其实，早在 1962 年，美国公共政策与公共行政管

理学者安东尼·当斯（Downs）在其论文"The law of peak-hour expressway congestion"中，分析了高峰期交通拥堵以及交通拥堵与交通平衡理论之间的关系，提出"高峰期交通拥堵的当斯定律"，当斯先生这样表述定律：道路上的车辆行驶里程相对于道路的车道里程所发生变化的弹性系数接近 1。这是因为更多的道路将导致更多的交通量，因此，对道路资源的需求是无限的[1]。对当斯定律的理解：在城市政府对城市小汽车交通需求不进行有效管理和控制的情况下，新建的城市道路设施会诱发新的交通量，而城市机动车的交通需求总是倾向于超过城市道路交通供给。

在有限的城市道路资源约束条件下，依赖小汽车实现城市交通的高效、安全运行基本没有可能性，那么，应该回到城市交通系统的本原和最终目标，城市交通系统的根本目的是实现人和物在城市的高效、便捷和安全移动，江苏省城市人口密度高、土地资源匮乏，这样的发展背景要求城市交通发展必须采取集约化、高效率的发展模式，关注城市活动的主体——人的可移动性，从单纯的面向汽车交通的城市交通拥堵治理转变为面向城市人的可移动性的城市交通的综合治理，综合交通治理应当遵循以人为本、节能环保和集约用地的原则，提供公平、公正的系统设施和交通服务，重点构建高服务水平的城市公共交通系统，完善城市步行、自行车交通网络，改善交通系统运行环境和质量，同时在对待小汽车的发展上应当采取"引导拥有、调节使用"的基本方针，管理和控制城市交通拥堵在空间和时间上的扩散和蔓延。

城市政府是城市交通基本公共服务的责任主体，不同城市的交通问题表现和内在本质各有差异，城市的经济水平、基础设施建设力度和速度也各不相同，因此，在省内城市交通综合治理对策方面应当差别化对待。经济发达的大城市和特大城市，城市道路交通基础设施相对完善，在此基础上要进一步强化公共交通的跨越式发展，大力提升公共交通出行方式的竞争力，构建多层次、快速化的公共交通体系，有条件的城市加快轨道交通设施规划与建设；对于经济快速成长的苏中、苏北城市，应当进一步完善城市道路交通基础设施，充分重视优先发展公共交通，构建步行、自行车交通舒适型的出行环境。

11.4　江苏城市交通综合治理的目标与策略

总体目标与思路：交通是城市社会经济活动的派生需求，交通拥堵随着城市社会经济的发展有进一步加剧的趋势，城市交通综合治理要立足城市交通系统中"人"的运输效率的提高，有效管理和控制交通拥堵的蔓延和恶化。城市交通体系庞大，城市交通拥堵的根源错综复杂，必须系统研究、综合治理。很难单纯依靠加快道路交通基础设施建设就能使交通拥堵得到有效的缓解，要按照"近远结合，源流并举，综合治理，标本兼治"的原则，交通治理既要针对交通流又要针对交通源，既要针对当前城市交通拥堵中的突出问题，提出问题导向的对策措施，更要着眼城市交通长远可持续发展，从增强人的可移动性出发，提出系统性的对策措施，从加强土地利用与交通系统协调发展、明确城市交通可持续发展的方向和路径、优先发展公共交通和大力提升城市公共交通服务水平、完善道路交通基础设施、加强交通需求管理和引导、提高既有交通设施效能和强化政策引导、综合管理等方面，采取综合性的对策措施，同时也要不断改进城市交通精细化管理水平，提高交通参与者的交通安全意识和交通文明素质。

11.4.1 政府负责，形成交通综合治理的长效机制

治理城市交通拥堵是改善城市环境，保持城市健康、可持续发展的重要内容，要把缓解城市交通拥堵纳入城市政府的重要议事日程，形成治理拥堵的长效机制。城市政府要建立强有力的组织指挥与高位协调机制。在组织架构和形式上，可以成立由市政府直接牵头，规划、建设、交通、城管、市政等多个职能部门参加的交通综合整治领导小组，组织、指导、协调交通领域内重大问题的研究和处理，形成治理拥堵长效机制。

11.4.2 强化规划引领，促进城市交通与土地利用的协调发展

城市规划布局对城市交通需求分布形态和强度具有重要的影响作用，交通与土地利用协调发展是治理城市交通拥堵的根本之策。通过城市交通与土地利用的一体化规划，强化支撑和引领城市功能布局、用地规划的交通系统耦合协调关系。要结合全省城市总体规划修编和调整，开展城市总体规划阶段交通与用地的互动协调发展研究，积极推进以公共交通为导向的城市功能布局和发展模式，在城市主要的公共交通沿线和交通枢纽周边集中布置高强度的、综合的城市功能。同时，建立完善的城市规划管理和实施制度，针对城市规划的各个层次，全面系统地开展各层面和各专项交通规划，特别是城市控制性详细规划，要强化交通与用地布局的协调互动和对交通基础设施的用地控制。重视城市建设项目的交通影响评价，处理好建设项目交通与周边道路交通系统的关系，减少建设项目交通的不良影响。

11.4.3 规划建设功能完善的综合交通体系

编制城市综合交通和专项规划，在规划的各个层次加强与城市规划的协调，

强化通过城市综合交通体系组织城市功能，特别是通过城市公共交通组织城市功能、中心体系和用地布局，科学评价交通系统和城市规划布局的协调性。科学编制城市综合交通体系规划，明确适合城市发展的交通体系发展目标和模式，统筹规划城市综合交通网络。在综合交通规划的基础上，各城市应加强城市交通拥堵治理研究，提出近期尤其是城市中心区和问题突出地区的交通改善系统对策。

11.4.4 构建多层次、多模式、一体化的公共交通系统，全面提升公共交通服务水平

国际大城市交通发展的经验表明，优先发展公共交通是管理和控制城市交通拥堵蔓延和恶化的根本措施和必然选择。国际大城市十分重视城市公共交通的优先发展，从立法、资金、土地和路权等方面加大对城市公共交通的支持力度，努力提升公共交通的服务水平，减少居民出行对小汽车的依赖，着力降低城市道路机动车交通总量。

建立健全城市公共交通法规体系，为城市公共交通发展提供法制保障，确保公共交通制度化、规范化发展。

构建功能完善、层次清晰和衔接一体的城市公共交通服务网络，积极规划建设适应于城市规模、城市形态和功能布局的快速公共交通骨干体系，大力发展城市公共交通基本网，努力提高城市公共交通总体服务能力。

落实公交发展资金。城市公共交通是社会公益性事业，其发展应当纳入公共财政体系，统筹安排，加大投入，重点扶持。政府要对场站建设、公交车辆购置与更新、先进设施装备的配置给予必要的资金和政策扶持，以构建和维持强大的、高品质以及与小汽车交通有竞争力的城市公共交通系统，逐步确立公共交通在客运市场上的主体地位。

切实优化公交出行环境。在公交线路重复系数高的城市道路上和其他主要客流走廊上应设置公交专用道或实施交叉口公交优先（包括调整信号周期、使用公交车辆感应信号、增设公交专用相位、公交车辆转弯优先、公交车优先排队等）。要跟踪城市外延扩张和内部更新发展态势，合理优化加密公交线网和站点。加强多层次的城市公共交通体系组织，构建高效、便捷的一体化换乘体系。

建立科学的公交专营权制度和票价政策。坚持以国有企业为主体，引进竞争机制，严格政府监管，逐步培育和完善公交客运市场，改善公交服务质量。在政府加大对公交补贴的同时，全省各城市应维持适度低票价政策，同时结合大型公交枢纽站点的设置，采取灵活换乘优惠政策，使城市公交真正成为大中城市的主要出行方式。

11.4.5　强化城市交通需求管理，均衡城市交通供需关系

世界城市交通拥堵治理在关注城市交通系统能力供给和效能发挥的同时，普遍重视对城市交通需求的管理。综合运用城市规划、经济手段、交通组织、法律法规和行政资源等，通过停车管理、车辆限行、牌照控制、拥堵收费、鼓励合乘车优先通行，以及通过错时上下班、弹性工作时间和远程办公等措施，调节调控城市交通需求的空间分布、时间分布和结构分布，充分发挥道路交通系统的资源效能，实现缓解城市交通拥堵的目的。

11.4.6　继续加强和完善道路交通基础设施建设

（1）重视道路网络体系的结构优化和功能完善，坚持干路建设与支路建设并重。针对各城市道路网络体系由结构性缺陷（次干道和支路）而导致的功能性缺陷，应当在建设干路的同时，大力加强次干道特别是支路网的建设，完善路网的街区制建设，优化路权分配，确保道路功能的正常发挥。

（2）梳理老城区路网，打通断头路，加强街巷出新整治。苏南城市要利用城市老城更新改造的契机，打通断头路，形成分流系统，同时要加密、拓宽支路，改善支路行车条件，形成微循环系统，集散、分流城市干道交通。苏中、苏北城市对于老城区道路要以控制和整治为主，在条件许可的情况下，尽量打通关键断头路，预防交通瓶颈的产生。

（3）重视老城与新区道路通道、城市出入口通道和蜂腰地带的道路通道建设。要根据跨区通道及城市主要出入口的交通需求，适当超前规划建设跨河流、山体等自然屏障，以及跨铁路、高速公路等人工屏障的通道；对通行能力不匹配的既有通道，要及时纳入拓宽改造建设计划。

（4）改善步行、自行车交通系统的通行空间和环境。当前，江苏省各城市自行车、步行交通出行依然是主导的出行方式，在城市交通模式体系中占有重要地位。要改变过去弱化步行、自行车交通系统和挤占慢行交通空间的做法，按照《江苏省城市步行和自行车交通规划导则》的要求，完成步行、自行车交通规划，切实保障步行、自行车交通的通行路权。

11.4.7　优化停车系统规划、建设和管理，发挥以静制动的需求调节作用

重视建筑物配建停车标准的制定和滚动修订。各城市应结合自身机动化发展和停车需求状况，以早期出台的全省配建指导性标准为基础，及时制定和滚动修

订符合各城市实际情况的配建标准。要充分重视配建车位的绝对主体地位，避免配建不足导致城市停车问题的扩散蔓延；对配建不足、改变停车泊位使用性质的，要严格执行征收建设差额费措施。全省各市要通过停车设施建设投资体制的多元化和民营化改革，促进城市公共停车场发展的良性循环。

加强停车需求管理和停车秩序管理，实现通过停车需求的管理达到调节小汽车出行使用的目的，特别是面向通勤出行的小汽车。要根据不同地区、不同停车目的实施差别化停车供给和收费管理，通过车位规模和停车费率，建立停车资源对小汽车理性使用的调节机制。建立路内停车设置标准，严格控制路内车位的总量规模。构建多部门合作的停车管理委员会，重点负责路内路外公共停车场的政策制定、秩序管理和收费管理。加强停车执法管理，探索停车执法外派管理模式。

11.4.8 提高科学化和精细化管理水平，充分发挥道路交通基础设施效能

科学组织与管理城市交通，是治理城市交通拥堵的关键举措。要充分应用现代交通工程理论和技术，开展交通流组织优化、道路路权分配管理、路段和节点的改造设计、道路交通工程精细化设计等系统研究，科学指导交通拥堵治理工作，实现交通治理的近期目标。

（1）优化道路交通系统组织。全面实施交通系统管理，建立合理的交通组织体系。摸排梳理影响城市交通拥堵的交通组织措施，重点关注立交匝道区段和老城地区。建立空间上相互分离的机动车、自行车、步行系统和专用道系统，组织单向交通和公共交通优先体系等各种手段，科学合理地调节交通流，充分发挥路网潜力和效益。对中心区或特定地区货车和摩托车实施全天或限时禁行，达到控制交通总量及其时空分布的目的。

（2）重视城市道路交通精细化设计。通过合理组织交通、优化路权分配、科学分配交通空间、改善道路设施各要素配置和强化道路沿线出入口管理等方法提高道路空间资源的使用效能。加强道路交叉口渠化改造和设施管理，改进交通信号配时设计。根据交叉口各种交通流量流向和周边路网交通组织条件的变化情况，坚持以人为本，结合交叉口拓宽渠化，改进单点交通信号配时和主要干道沿线的绿波配时设计。强化行人过街的人性化设计，对于双向四车道以上（含四车道）干道的交叉口要设置行人过街安全岛或安全划线区。

（3）提高城市交通科学管理水平。加强城市道路秩序管理，规范步行、自行车交通空间，特别是道路路段和交叉口，其空间设计、时间安排和通行路权应当明确和规范。对利用城市道路设置的路边停车，要评价其对步行、自行车和公共交通通行和安全的影响，有重大影响和安全隐患的点段，路边停车要坚决取缔。积极发展智能交通系统，建立先进的交通指挥控制体系和动静态交通诱导系统，

构建智能化的交通控制系统；建立交通事故、突发事件的快速处置机制；进一步强化占用城市道路的市政工程施工期的交通组织和管理，对不可回避的建设项目要优化建设时序和工期，尽量减小建设项目施工对城市道路带来的交通拥堵。

（4）加强全民交通安全、交通文明宣传教育建设，提高城市市民交通文明素质。开展全民交通安全、交通文明宣传教育，落实城市交通安全和文明教育责任主体，制定宣传教育计划，创新交通安全和文明宣传技术手段。同时，大力加强公众的绿色交通发展意识教育，鼓励市民选择公共交通、步行和自行车等绿色交通方式出行，减少城市机动车交通总量，以提高城市交通系统的综合效率。

（作者：钱林波）

参 考 文 献

[1] Downs A. The law of peak-hour expressway congestion[J]. Traffic Quarterly，1962，16（3）：393-409.

12 汽车化与城市发展

随着我国城市化水平的快速提高，城市规模迅速扩大，人口规模不断增长，城市功能日益聚集综合，对城市交通发展产生了一系列深远的影响。尤其是城市空间拓展使居民出行、货运物流距离增加，对机动化交通工具依赖性提高，从而使城市小汽车化交通迅速发展。

12.1 势不可当的汽车化浪潮

人类历史上的机动化发端于 19 世纪末 20 世纪初。其中，美国本土由于没有经历过战争的破坏，机动化过程较为完整，机动化率持续不断地增长。发展中国家的机动化一般起步于 20 世纪初，且进展相对缓慢。目前，发达国家汽车拥有量增长已趋平缓，截至 2015 年年末，全球汽车拥有量为 12.82 亿辆，其中乘用车 9.47 亿辆、商用车 3.35 万辆。美国汽车拥有量达到约 2.64 亿辆，居世界第一位；日本约 0.77 亿辆，居世界第三位（图 12.1）；我国机动化进程在改革开放后进入高速增长期，2015 年汽车拥有量增至 1.63 亿辆，跃居世界第二位（图 12.1 和图 12.2），但就汽车的千人拥有量来说，美国、澳大利亚、加拿大、日本等仍然是真正意义上的汽车大国（图 12.3）。2016 年我国汽车拥有量超过 200 万辆的城市主要为直辖市、省会城市以及东部、南部沿海地区的发达城市（图 12.4），预计在政策环境不变的情况下，汽车拥有量超过 200 万辆的城市将会越来越多。

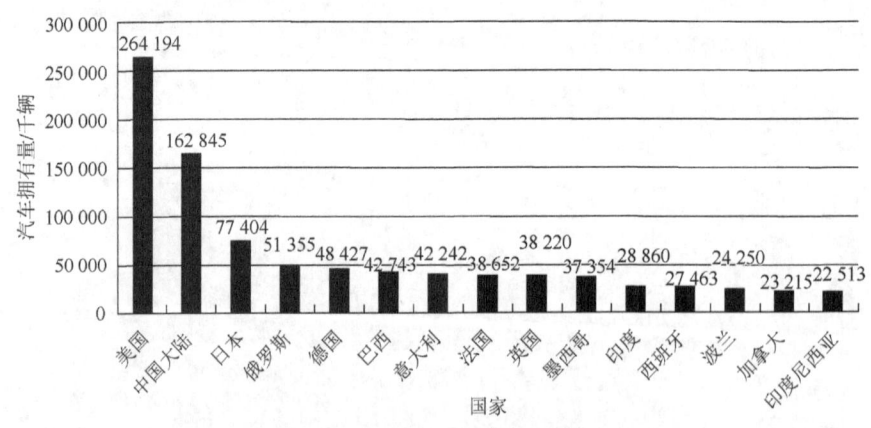

图 12.1 2015 年年末全球汽车拥有量前十五国家

12 汽车化与城市发展

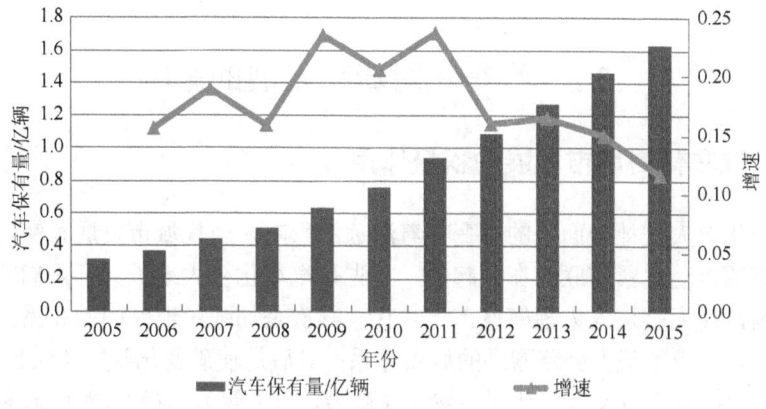

图 12.2　我国大陆汽车拥有量发展

数据来源：世界汽车组织

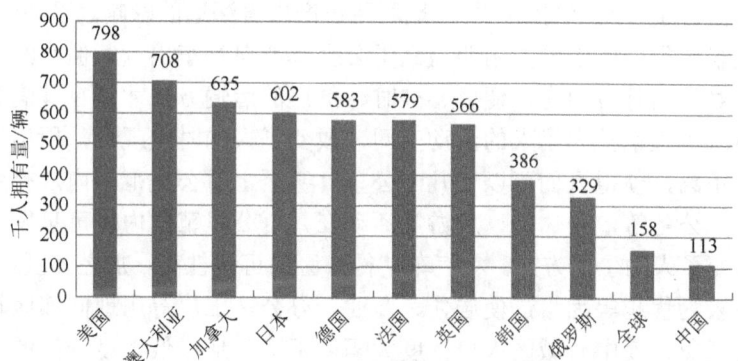

图 12.3　2015 年年末全球国家千人汽车拥有量分布

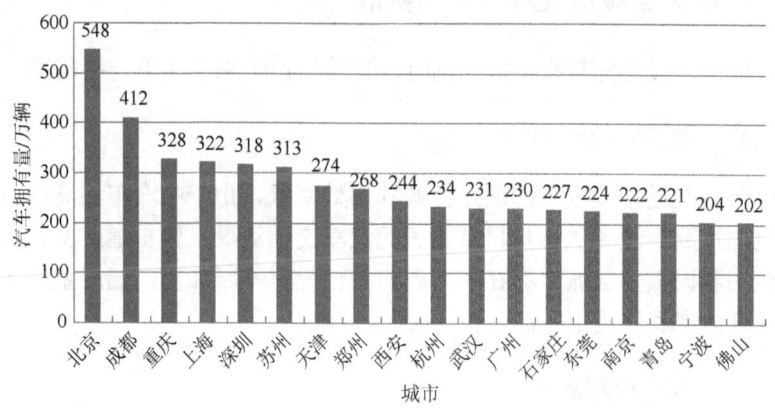

图 12.4　2016 年我国汽车拥有量超过 200 万辆的城市

12.2 汽车化对城市发展的影响

12.2.1 汽车化对城市发展的积极作用

汽车化对人类社会面貌的改变有着深远的影响，现代城市发展和空间演化是与城市交通机动化紧密联系在一起的。首先是汽车化极大地扩大了人们的活动、就业范围，使人类进入大规模城市化时代；其次是加强了地区间的联系，促进了地域分工，形成了基于公路网络的城镇体系；最后是使矿物化学能（煤炭、石油、天然气等）在真正意义上替代了生物能（畜力、人力等），成为人类能源利用的主流，并且引起或加剧了自然、社会、经济环境的一系列变化，如温室效应、城市交通问题等[1]。

汽车化对城市的空间结构与土地利用也产生着深远的影响。以小汽车为例，尽管小汽车出行所产生的费用明显高于公交车或自行车出行，但小汽车的机动性更强，对于出行者而言，便捷、准时、舒适的运输方式才是令其满意的真正原因。小汽车大幅扩大了人的活动空间，改变了人的时空观念，用出行时间来取代空间距离，使得人们可以在几十公里、甚至上百公里范围内选择就业、购物、交往、公务等，而休闲、旅游等活动在几百公里范围内也可早发夕归，这意味着改变了人的生活方式。小汽车使得郊区的可达性高，加之郊区地价便宜、生活环境较为优越等因素，使居住、商业、办公、工厂等用地向郊区转移，引起郊区化现象，使中心城区人口密度大幅度下降，形成低密度分散的土地利用模式[2]。

12.2.2 汽车化给城市发展带来的挑战

汽车化给居民出行带来便捷的同时，也给城市带来了如下一些问题。

12.2.2.1 交通拥堵加剧

相比公共交通，小汽车的道路资源利用效率低，由于小汽车的高拥有、高使用，有限的道路资源无法负担日益增长的汽车交通流量，使得道路交通拥堵日趋严峻，成为我国大多数城市存在的问题，且情况在不断加剧，已严重影响了城市的交通运行效率和居民出行品质。

12.2.2.2 环境问题恶化

汽车规模快速增长给自然环境、人文环境、人类的生存和健康带来许多不利影响。这些影响相互叠加，引发未曾预料的诸多问题。汽车排放的一氧化碳、二氧化碳等气体，氮氧化物、碳氢化合物等固体细微颗粒物，对人体、土壤、地下水和地表水甚至海洋有污染作用。另外，汽车还存在噪声污染、光化学污染等，都影响了居民的生活。

12.2.2.3 资源大量消耗

我国人均石油资源匮乏，汽车拥有量的快速增长造成了巨大的能源压力。我国进口原油量和进口成品油量逐年增长，液化气的消耗也以年均25%的速度增长。同时，制造汽车需要消耗大量的自然资源，除钢铁外，还需要使用能耗很高的铝材和难以回收的塑料。汽车报废后，因部分材料难以回收导致严重的环境污染。

12.2.2.4 交通事故频出

随着汽车拥有量迅猛增加，汽车引发的交通事故居高不下，我国道路交通事故年死亡人数仍居世界第二位。根据中国保险行业协会2017年对"中国人意外伤害风险"数据统计，有三成的意外伤害与交通事故有关，其中小汽车导致的交通事故比例是最高的[3]。

12.3 汽车化发展应对策略

12.3.1 突出公交优先发展战略

目前我国东南沿海地区部分发达城市小汽车拥有水平已与发达国家接近，因此要对小汽车化给城市带来的影响和冲击有足够的认识和重视。政府要像制定和实施汽车产业政策一样，制定和实施相应的城市交通发展战略和政策。香港从1970年年末开始每10年制订和发布一次交通政策白皮书，明确一段时间内香港交通发展的目标、政策、建设重点和管理措施，并不遗余力地付诸实施。香港人口和就业高度密集、经济高度活跃，而在道路资源又极其紧张的情况下，其依然可以保持交通的高效有序、安全可靠。此外，伦敦、巴黎、多伦多、名古屋等发达国家的城市也都有类似的做法。

在我国已确立汽车工业作为支柱产业，鼓励私人购买小汽车的政策背景下，我国大城市政府更有必要坚定不移地坚持公共交通优先发展战略，因为唯有通过大力发展公共交通，为居民提供值得信赖的公共交通服务，才能引导居民做出合理的出行选择。日本名古屋大学河上省吾教授一针见血地指出，中国大城市必须在小汽车大量进入居民家庭之前，确立城市公共交通的主体地位，只有这样才能应付未来居民出行小汽车化高潮的到来[1]。

12.3.2 强化公共交通导向下的交通与土地利用协调

城市交通之于城市，如同人体的骨骼和血脉；城市交通与城市土地利用是密不可分的，就像人的肌体、骨骼、血脉完全是一个有机的整体一样。一个好的规划必须将交通与土地利用融为一体，有机协调。但我国早期的城市总体规划中只有道路网规划而没有交通规划，也就是只画骨架，不管血脉；目前还仍有不少城市的城市总体规划与交通规划分开进行，导致城市土地利用规划与交通规划不能很好地相互协调、反馈。

我国城市发展正处在一个非常关键的时期，许多城市正在进行国土空间总体规划的编制，这是从源头上研究和修订城市交通长远发展的最好机会，而且对许多重大问题来说，也可能是最后的机会，包括路网规模、结构、功能、布局问题，交通结构问题，轨道交通和地面公交规模、方式、布局问题，对外交通走廊和城际交通通道布局问题，城市内外交通的有效衔接、转换问题等。一旦城市发展到了相对成熟阶段，交通模式基本形成以后，再想改变已为时晚矣[2]。

对我国城市来说，首先，要突出强调的是以公共交通为导向的土地开发模式（即 TOD 模式），以城市轨道或有足够吸引力的公交优先走廊引导城市空间拓展。要加强外围城区、城市新区的接驳公交线网规划，特别要重视大型公交枢纽设施规划和枢纽周边土地利用规划。其次，要构建科学合理的路网布局和功能级配结构，特别要注意提高路网密度，尤其要提高支路网密度。提高路网密度必须结合土地利用规划才能真正得到落实。道路功能定位必须与沿线土地利用相协调。交通性主干路应尽量避免穿越居民生活区、城市商业区（街）和景观风貌区。中心城区外围则需构建能吸引和疏解长距离过境车流的城市快速（环）路或交通性主干路。反过来，在城市快速路、交通性主干路两侧和交叉口四周，不应布置密集居民区、大型商业设施。高度重视旧城与新区之间、城市蜂腰地带的通道规划。再次，要用定量分析的手段，科学评估城市中心大型商业、公建、居住等建设项目对周边交通的影响，合理确定开发强度。最后，在新区组团和中小城市规划中，要对小汽车发展有足够的估计，规划控制好道路网络、公共和配建停车设施等[2]。

12.3.3 加强城市交通基础设施建设

改革开放以来，我国城市交通基础设施水平有了很大提高，但是车辆拥有量的增长速度始终高于道路的增长速度，目前的道路交通供需平衡仅是一种暂时的、低水平的平衡。汽车化加速使城市交通面临更为严峻的挑战，交通需求的持续增长与相对薄弱的交通基础设施之间的矛盾将长期存在。

受经济发展水平制约，我国许多大城市尚没有大运量轨道交通，城市交通系统依然是单一的地面道路交通系统，居民出行主要方式是步行、自行车、常规公交和小汽车，城市道路网功能结构性矛盾还比较突出[2]。因此，在相当长的一段时间内，要坚持将城市交通基础设施建设作为城市建设的重点。从长远看，大城市交通基础设施建设的根本出路和重点是轨道交通，同时要重视配套地面公交设施建设。此外，要以道路网功能结构的改善为主要着眼点，加快道路网尤其是支路网的建设。此外，要高度重视停车场建设，以适度满足小汽车进入家庭对停车的需求[2]。

12.3.4 科学地管理交通，理智地使用资源

现代城市要完全避免交通拥堵是不可能的。世界大城市交通发展历程早已证明，交通需求总是大于交通供给，而且道路供给的增加往往诱发更多的交通需求。因此，仅仅指望依靠扩大道路供给来满足交通需求是不现实的。科学地管理城市交通、理智地使用道路交通资源与城市交通基础设施建设是同等重要的课题。而且，从某种意义上讲，城市交通管理的成效比单纯的道路设施建设更为显著和直接[2]。

城市交通管理应特别注意以下三点：①充分重视交通需求管理政策和措施，合理调节交通需求增长、交通方式结构和交通流的时空分布。②合理分配道路空间使用权，在城市中心城区和主要通勤交通走廊上，给公交优先通行权。对行人与自行车交通的安全性和可达性给予足够重视。③充分应用现代交通工程技术，积极应用高科技手段强化道路交通管理科技水平，最大限度地挖掘道路设施的潜力。

12.4 典型案例

12.4.1 公共交通主导模式

12.4.1.1 香港

香港是一个山地丘陵城市，总面积约 1100 km^2，总人口约 700 万，但香港城市用地资源十分有限，可供开发的用地不足 25%，城区人口密度 22.5 万人/km^2，是上海的 4 倍、巴黎的 8 倍。香港原来的单中心城市发展模式带来拥堵等诸多问题，而多中心城市发展模式需要大运量、高效率的运输系统，于是香港遵循 TOD 理念，采用多模式的轨道交通网络引导城市沿轨道发展形成组团式的用地空间布

局，城市用地开发围绕轨道交通沿线进行，其他地区不再进行大规模开发，实现城市的可持续发展[4]（图12.5）。目前，香港超过41%的就业岗位和43%的居住人口分布在轨道站500m半径范围内。

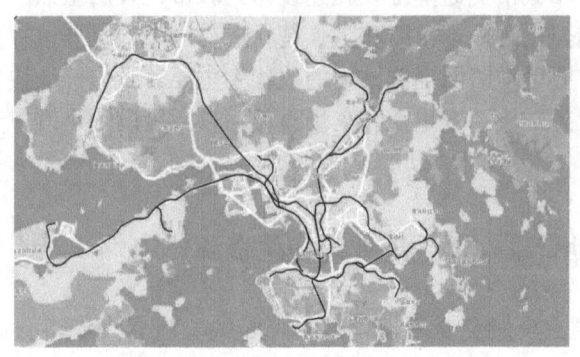

图12.5 香港轨道交通引导下的组团式用地空间布局

香港在大力发展公共交通系统的同时，限制小汽车的增长，与同类规模的世界大城市相比，香港的机动车拥有量是十分低的。2018年，含公交巴士在内的机动车数量约86万辆，其中私家车数量约60万辆（图12.6），机动车千人拥有量从21世纪以来一直维持在70~80辆，甚至低于我国很多内地二三线城市。

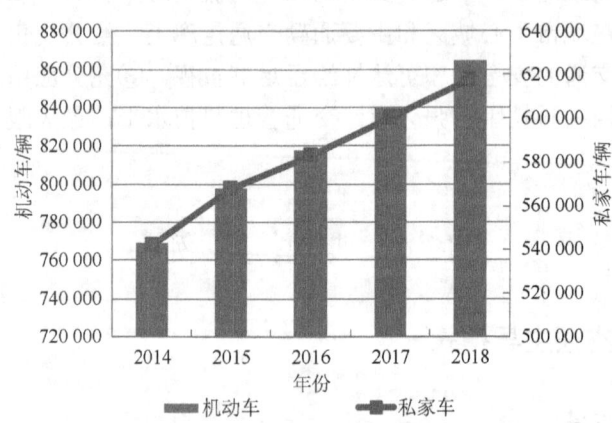

图12.6 香港机动车千人拥有率发展变化

数据来源：香港运输署官网

12.4.1.2 首尔

首尔都市圈形成于1970年，由首尔市、仁川广域市和京畿道以及水原、城南等城市构成,土地面积 11 726km², 占韩国国土面积的 11.8%,总人口 2300多万,约占韩国总人口的一半。1960~1990 年,首尔市人口由 244.5 万增加到 1060万。以首尔市为中心的京畿道地区,人口增长最为显著,且近年来仍呈现持续增长的趋势。首尔都市圈人口规模的持续增长推动了人口空间分布的郊区化,也随之产生了旺盛的交通出行需求;经济的快速发展带动了机动车拥有量从 1970 年的 6 万辆猛增到 2003 年的 277.7 万辆,其中主要是小汽车的增长(表 12.1 和表 12.2)。从首尔市中心到郊区的每日出行人数在 1970 年约为 570 万,2002 年达到 2960 万,首尔市交通面临巨大压力,因交通拥堵而带来的额外经济损失超过 55.4 亿美元。为解决拥堵问题,首尔市起初采取过多种尝试,但是效果并不理想,于是在 2004 年进行公共交通体系全面改革并持续改善基础设施与制度,取得了显著效果(图 12.7)。

表 12.1 首尔市机动车拥有情况

类别	项目	1998 年	1999 年	2000 年	2001 年	2002 年	2003 年	2004 年	2005 年	2006 年
机动车	拥有量/千辆	2199	2298	2441	2550	2691	2777	2780	2808	2857
	增幅/%	2.2	4.5	6.2	4.5	5.5	3.2	0.1	1.0	1.7
小汽车	拥有量/千辆	1653	1680	1710	1827	1957	2042	2055	2094	2140
	增幅/%	2.7	1.6	1.8	6.9	7.1	4.3	0.7	1.9	2.2

表 12.2 2008 年首尔市各类机动车情况 (单位:辆)

类别	小汽车	客车	货车	特殊用途	合计
公务用车	4 373	1 989	3 827	296	10 485
私家车	2 205 417	177 713	329 730	992	2 713 852
营业用车	137 968	15 600	53 319	2 062	208 949
合计	2 347 758	195 302	386 876	3 350	2 933 286

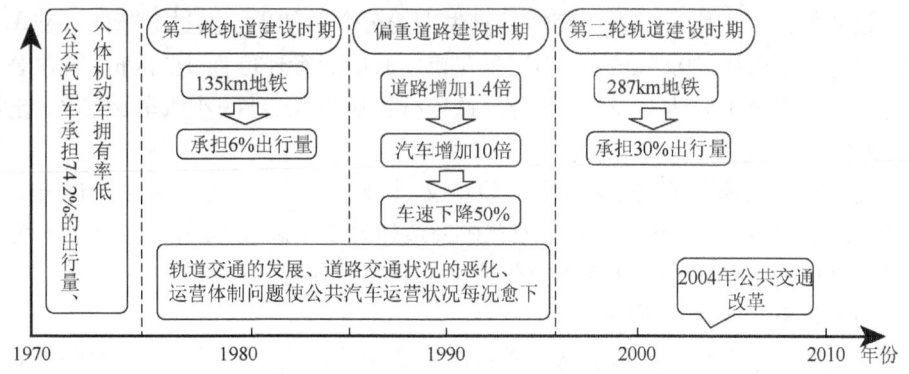

图 12.7 首尔小汽车与公交关系历程

1）公共交通的改革

（1）组建公共交通管理监督机构。

组建全新的公共交通管理监督机构是首尔公共交通改革的重要步骤，通过设立管理监督机构确保公共交通改革各项政策的顺利实施。首尔自 1953 年开通第一条公交线路以来，大量公交服务均由私人运营商承担，线路设计、运营组织、服务标准等方面缺乏统一的规范与管理，使得公交行业长期存在恶性竞争、交通资源配置效率和服务水平较低等问题。改革之初，首尔市政府组建了公交系统改革公民委员会（Bus System Reform Citizen Committee，BSRCC），收回公交线路设计、运营组织安排以及服务内容与标准制定等方面的决策权，同时保留私营公交公司，采取"半官方运营方式"，实现了公交规划领域的重大转变。公交系统改革公民委员会由政府、议会、公交协会、专家、居民等利益相关者组成，极大提高了公交决策过程中公众参与度。首尔大都市交通局（Metropolitan Transportation Authority，MTA）和大都市交通局委员会（MTA Committee）等机构负责首尔市交通领域的相关规划、预算、线路设计等问题。

（2）大幅改革提升公共交通服务。

首先进行公交服务分类。公共交通改革之前，首尔市区内公交车服务分为市中心型、座席型和小区循环型三种类型，改革之后重新调整了公交车编号和运行线路设计方案。将首尔市区划分为 8 个区域并分别标号，同时将公交车按照红、黄、蓝、绿四个颜色进行划分，通过公交车颜色即可清楚辨别其行驶区域——连接市中心与近郊区卫星城的红色市郊快线、连接各区域的蓝色干线公交、在区域内提供区间服务的绿色支线及在中心商务区运行的黄色循环公交。

其次是设置公交专用车道，为公交优先提供道路条件。首尔市政府规定在单向三车道以上、公交车流量达到 150 辆/h 以上的路段，设置中央式公交专用车道，并配有岛式中央公交车站、路口公交优先信号系统等条件，24h 服务于中心城区与郊区的市郊快线和长途快线，从而提高公交车运行速度和可靠性；原有沿道路右侧设立的公交专用车道则在高峰时段供支线公交车使用。通过改革，公交车平均运行速度上升到 19.6 km/h，小汽车在市中心的运行速度为 16km/h。首尔公交出行比例也显著提升为 27.8%，此外地铁出行比例为 35.2%，小汽车 25.9%，出租车 6.2%。

随着公共交通改革的不断推进，轨道交通网络在不断完善。截至 2013 年，首尔地铁运营里程 317 km，并计划在首尔周边建设 9 条总长 84.5km 的轻轨，为首尔中心城区人口和城市功能疏散提供公共交通设施基础[5-7]。

（3）调整公交收费系统。

首尔整合了公交和地铁服务，采取统一收费的方式，实现了公交线路之间、公交与地铁之间换乘免费，同时提供灵活的付款方式和优惠方案，降低乘客的出行成本，吸引大量乘客选择公共交通出行。首尔市政府可以每两年对公交基准票价进行调整。改革后，在首尔市区内乘坐公交车10km范围内的票价为800韩元（2007年调整为900韩元），超出部分按每5km增收100韩元，基本票价包含4次免费换乘，适用于公交车和地铁。

（4）推动公交管理信息化。

为提升公交管理水平和交通运行效率，首尔市采用多项先进技术，推行信息化公交管理模式。

智能交通卡系统T-Money的引入不仅为乘客提供了便利，也为首尔公交收费系统的升级奠定了基础。利用智能交通卡系统，不仅可以进行公交出行信息统计分析，为交通政策的制定提供依据，而且升级了电子收费和结算系统，提高了运营收入的透明度。

公交运营管理系统、公交信息系统（bus information system，BIS）、交通综合管理和信息服务系统通过全球定位系统（global positioning system，GPS）、智能交通系统（intelligent traffic system，ITS）等先进科技手段对公交车辆的运行情况进行监测，向乘客提供实时信息，方便乘客出行。各项技术的使用提升了公交运行和居民出行相关数据的可获得性和可靠性，为城市交通的政策制定和科学管理提供决策依据。

目前首尔公交系统使用量达40亿人次/a，是韩国最具代表性的交通出行方式。首尔的交通政策在便利性、安全性、准时性和经济性等方面在国际上得到高度评价。

2）小汽车需求管理

首尔从1990年开始实施完整、系统的交通需求管理政策，引导居民改变出行方式，其具体包括拥堵收费、自愿停驶、停车限制、停车收费等政策。

（1）拥堵收费政策。1996年11月，首尔以《城市交通整备促进法》为依据，制定并实施了《首尔市道路拥堵收费实施条例》，抑制私家轿车在城市交通拥堵地区的使用率，并为改善公交筹集必要的财政资金。实施对象是出入首尔市中心地区的主干路，即"南山一号隧道"和"南山三号隧道"的车辆，征收时间为周一至周五的7:00~21:00，需缴纳拥堵费的车辆为除公交车、出租车、货车以外，可乘坐3人以上的车辆，每次征收2000韩币（约合12元人民币），残疾人车辆、公务车辆（外交官、军人、急救车等）属于免征对象，小排量车（1L以下）和参与自愿停驶制度的车辆可享受50%的减免优惠政策。

（2）自愿停驶政策。2002年韩日世界杯期间，首尔市民参加了强制的"尾号限行制度"。后来以市民的自主参与意识为契机，将其发展为"主动参与减少交通量行动"的市民活动，由市民自行决定周一至周五中的任一停驶日，在这一天放弃驾驶私家车而改为利用其他交通工具出行。"自愿停驶制度"于2003年7

月正式启动,实施对象为乘坐人数未满10人的非营业性车辆,凡是首尔市与首都圈地区的注册车辆都能获得由市交通厅颁发的"自愿停驶电子标签",从而参与该行动。参与该行动的车辆可获得减免5%汽车税、减免50%交通拥堵费、优先获得停车位等优惠政策。当参与该行动的车辆在一年之内的未遵守次数达到3次以上时,将被取缔各种优惠政策享受资格。据统计,此措施使中心城区的交通流量减少了11%,车辆通行速度提高了3%。

(3)停车限制政策。1995年,首尔市实施了地区差别化的停车场配建标准。在城市中心区和副中心区,实施带有限制性质的停车需求抑制政策;对城市外围地区,维持现行水平或放宽停车场建设标准,鼓励建设公用停车场。目前,首尔市还在有计划地扩大停车限制政策的适用地区。

(4)停车收费政策。首尔市公共停车场实行地区、时间、路内外差别化的收费政策(表12.3)。其中第一等级实施范围主要为中央商务区及城市中心城区。

表12.3 差别化停车收费[7] (单位:韩元)

等级	路内		路外		
	每10min	每天(仅限夜间)	每10min	白天(每月)	夜间(每月)
第一等级	1 000	5 000	800	250 000	100 000
第二等级	500	4 000	500	180 000	60 000
第三等级	300	3 000	300	100 000	40 000

12.4.1.3 新加坡

新加坡毗邻马六甲海峡南口,北隔狭窄的柔佛海峡与马来西亚紧邻,陆域面积仅722.5km², 2018年常住总人口564万,人口密度7806人/km²。新加坡由于面积小,人口高度密集化,无法无休止地修建道路以满足交通需求的增长。因此,新加坡交通政策是建立在满足计划增长的交通需求(大部分为公交)的基础上,以保证高效使用有限的土地、维持城市环境的宜居性(图12.8)[8]。

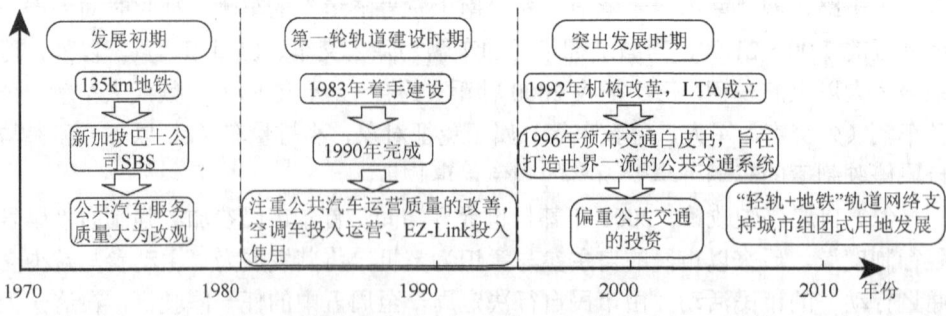

图12.8 新加坡小汽车与公交关系历程

1）整合交通运输与土地利用规划

1971年，新加坡推出了第一个概念性城市规划，提出了城市规划最重要和最基本的原则，即土地利用和交通规划必须始终是一个统一的整体。1996年，新加坡政府出台了《交通发展政策白皮书》[9]，提出进一步将交通规划与城市发展结合起来，致力于居住区、工业区适当融合发展，并在轨道站周边进行高密度混合土地开发。通过轨道站附近地区和外围中心来分散市中心的商业等经济活动，既避免日益严重的城市中心拥堵，又能够更好地利用轨道网带来的益处。新加坡陆路交通管理局（Land Transport Authority, LTA）在白皮书的指导下，以提供世界级的城市交通系统为宗旨，制定了对轨道站周围土地进行集住宅、工业、商业等多功能综合开发的目标，逐渐形成了在轨道站周围高密度、多功能开发的局面。

2006年，新加坡陆路交通管理局全面审视了陆路交通发展政策与规划，特别是1996年版的《交通发展政策白皮书》中关于建设世界一流的陆路交通系统的政策，并制定了未来的策略与规划。为鼓励公众参与发表观点与见解，新加坡组织了"2020年交通挑战"和"专题小组讨论"。经过约一年半的研究与咨询，新加坡陆路交通管理局于2008年开始每隔5年编制出版《陆路交通总体规划》，详尽阐述今后10～15年塑造新加坡陆路交通系统的发展政策与策略，其中优先发展公共交通、有效管理道路使用是关键策略，旨在协调小汽车和公交的关系，打造一个更加以人为本的陆路交通系统，以促进新加坡成为充满活力、宜居的国际化城市[8]。

2）优先发展公交

改善公交系统是新加坡政府制定一系列交通政策的基石。新加坡公交网十分成熟和发达，到2014年全国形成了以178km地铁线为纲、240多条巴士线和轻轨线为目、3800多个站点为结的公交网，每个站点每15min就有一辆车到达，并规定早不能超过1min，晚不能迟到2min。任何一个居民从家里出来，不足400m必能到达一个公交站。四通八达的公交网络支撑着新加坡的车流控制，保证了居民的良好出行环境。

（1）扩展轨道交通系统。轨道交通系统承载量高、速度快、可靠度高，是达到总体规划目标的关键。2014年每百万人口拥有33km地铁线路，达到香港轨道交通的水平；计划到2020年地铁里程达到280km，2030年达到360km，每百万人口拥有的轨道长度超过2014年的香港和东京，达到伦敦水平。在中心城区，出行者步行5min就可到达轨道站。

（2）提高公交网络的整合度。目前，巴士线路是由巴士运营商基于商业考虑规划而成，有关部门经常收到关于迂回路线与候车时间长的反馈。2010年，新加坡陆路交通管理局接管中心巴士网络的规划工作，从出行者的角度规划巴士路线，同时考虑公路及轨道交通基础设施以提高整个公交系统的整合度。建设了更多的一体化交通枢纽，连接巴士换乘站与轨道站，为出行者提供更舒适、更便捷的换乘服务。同时提供了更多的巴士直通线路和车次，让乘客快速到达主要交通枢纽。

同时，新加坡政府对公交实行多项扶持政策：一是实施设施低价租用政策，枢纽和终点站租价 12 新元/（a·m²）。二是实行优惠购车政策，公共汽车免拥车证费用，减免 50%车辆进口税，附加注册费仅为市场指导价的 5%（其他车辆为市场指导价的 110%）。三是政府投资建设非接触智能卡系统。四是给予企业较大的自主权，通过推行一卡通、应用智能化管理、优化工具线网、无人售票，不断降低成本。目前，市区公交出行比例高达 71%，是国际知名的公交都市。

3）小汽车交通需求调控

新加坡为了有效管理小汽车交通需求，采用限制小汽车的保有和使用双管齐下的方法，这对建立以公共交通为导向大都市的愿景至关重要。

新加坡从 1991 年开始执行车辆限额制度，即车主在注册新车前必须通过竞标获得车辆拥有许可证，政府每个月根据当时的道路交通状况和报废车辆数来决定发放的许可证数量。同时，政府还出台了控制小汽车增长的抑制性财税条令，包括车辆进口关税、注册费与公路税等，有效地将小汽车的增长率从 6%下降到 3%，实现了严格控制小汽车总量的目标。从 2018 年 2 月开始，新加坡停止新增汽车和摩托车数量，目的是将汽车增长率从 2018 年的 0.25%降至 0%。

为了控制小汽车的使用，新加坡从 1975 年开始实施拥堵区收费制度，规定在高峰时段内，除公交巴士和紧急车辆外，其他车辆都需要购买并出示区域通行许可证才能进入 7.2km² 拥堵收费区。1998 年，人工收费系统被道路电子收费（electronic road pricing，ERP）系统取代，依靠自动化检测和收费，在最繁忙的道路收取最高费用，对不拥堵的路段不收费。ERP 道路每次收费在 1～2 新元，2007 年新加坡所有 ERP 道路的收费额仅为 1.6 亿新元。与庞大的交通流量比起来，这个收费额不算多，却有效地解决了繁华路段的交通拥堵问题，使高速公路车速保持在 45～65km/h、其他道路车速为 20～30km/h[10]。

从新加坡案例可以看出，随着对机动化、城市发展二者关系理解的不断深入、公众参与度的不断提高，将会有更多的公众切身关注新加坡陆路交通问题，这也是总体规划中提出的打造以人为本的陆路交通系统的核心。以发展以人为本的陆路交通系统为目标，加之两大策略——优先发展公交、小汽车交通需求调控的有力支撑，对打造一个以切实满足人们需求为中心的陆路交通系统、支持新加坡成为宜居且充满活力的国际化城市有着积极的指导作用。

12.4.2 小汽车与公交并重模式

小汽车与公交并重发展模式最具有代表性的是伦敦。伦敦的市中心极为强大，岗位密度高达 3.4 万个/km²，集聚了伦敦主要的就业岗位，每天有许多人通过各种交通方式进入中心城区工作。

伦敦建立了高度发达的道路交通网络和公交网络，以满足强中心的用地布局特征产生的交通吸引。整个伦敦地区轨道交通由三个系统组成，即国铁、地铁和轻轨，线网总长约1225km，车站630座，轨道线网密度0.78km/km^2。放射状、长支线型的轨道网络有效支撑了伦敦大都市的拓展。另外，伦敦也构建了发达的道路体系，道路网一直保持"一环多射"的格局，总长14 676km，路网密度9.3km/km^2。伦敦控制环路的建设，只规划了一条环路，在一定程度上防止了城市用地无序蔓延。这种城市中心强、外围用地有序拓展，道路网络与公交服务网络发达是小汽车和公交并重的交通模式发展的天然土壤。公共交通、小汽车等各种交通方式各自承担自身的主要功能，充分发挥各自优势，相互协调，形成了小汽车和公交并重的交通模式。2013年，大伦敦地区公交出行（包括国铁、地铁、公共汽车）占全方式的比重为43.0%，个体机动方式（包括出租车、小汽车、摩托车）出行比重为32.5%。

12.4.3 小汽车主导模式

小汽车主导模式最具代表性的是洛杉矶。洛杉矶位于美国西海岸的加利福尼亚州南部，是美国第二大城市，著名的小汽车大都市。洛杉矶大都会区面积12 562km^2，人口1331万，人口密度仅为1060人/km^2，是一个人口密度比较低的大都市。其中，集中城市化地区面积占土地面积的35%，由88个城市组成，近3700km^2，人口密度仅2378人/km^2，远低于世界其他大城市中心区的人口密度。即便是中心城洛杉矶市，2016年人口397.6万，土地面积1215km^2，人口密度也仅为3272人/km^2，反映了洛杉矶城市用地布局的分散性（图12.9）。

图12.9 洛杉矶小汽车引导下的城市低密度蔓延

图片来源：http://blog.sina.com.cn/s/blog_474898510100dkld.html?tj=1

洛杉矶都会区机动车拥有总量达1000万辆,千人拥有率达751辆,是世界上机动车总量和人均拥有量最高的城市(表12.4)。

表 12.4　洛杉矶概况

区域	面积/km²	人口/万人	机动车拥有量/万辆
洛杉矶市	1 215	397.6	—
洛杉矶都会区(洛杉矶—长滩—圣安娜都会区)	12 562	1 331	1 000

洛杉矶拥有世界上网络规模最大、网络密度最高的道路系统。加利福尼亚州交通局提供的数据表明,1996年洛杉矶公路总长约1449km,其中高速公路821km、普通公路615km,快速路13km。城市道路总长33 115km,其中一级主干路563km,二级主干路3829km,次干路1585km,支路(集散性、地方性和其他道路)27 138km(表12.5和图12.10)。整个洛杉矶市域道路(公路)网密度高达3.27km/km²。城市道路/公路立交600座。洛杉矶市区则拥有世界上规模最大的城市道路系统,城市道路总长10 240km,高速公路256km,道路(含高速公路)网密度高达8.63km/km²。发达的小汽车交通和高密度的城市道路与公路网络引导的结果是,洛杉矶没有明显的城市中心,城市沿高速公路低密度蔓延[4]。

表 12.5　洛杉矶市域道路系统构成

道路分类	类别	长度/km
公路	高速公路	821
	普通公路	615
	快速路	13
	合计	1 449
城市道路	一级主干路	563
	二级主干路	3 829
	次干路	1 585
	支路(集散性、地方性和其他道路)	27 138
	合计	33 115
总计		34 564

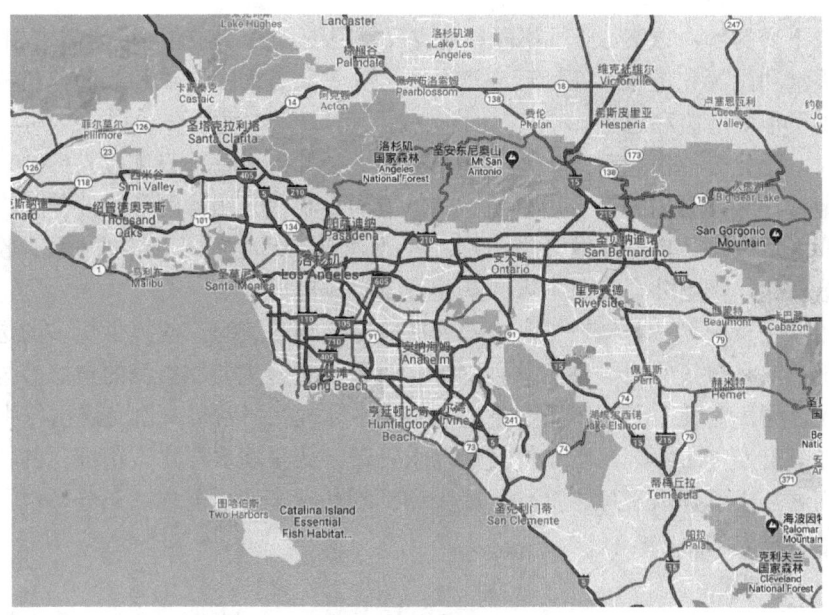

图 12.10　洛杉矶发达的高速公路网

洛杉矶道路设施与机动车相互刺激的增长,使得小汽车交通成为城市出行主导方式,地铁、通勤铁路、快速公交和常规公交系统则不发达。由于城市土地资源有限,道路供应不再增长,交通拥堵越来越严重,2016 年全年驾车者被堵在道路上 104h,拥堵成本为 2408 美元/人[11]。

从 1990 年,洛杉矶开始制定交通拥堵管理计划,通过实施多乘员车辆车道和地铁系统、智能交通系统来提高城市综合交通系统的运行效率,但由于公共交通未能和发达的公路之间达到平衡,目前仍然是小汽车主导的城市。

12.5　结　　论

从国际城市化和城市发展历程可以看到,在不同国家、地区和城市的不同发展阶段,机动化有着不同的表现,摩托车化、小汽车化、公共汽车化、轨道化等都是机动化的表现形式。如果对小汽车拥有和使用不加任何限制,小汽车交通将超出路网和环境的承受能力,甚至像洛杉矶等北美国家城市那样,积重难返,欲罢不能。

我国可供城市发展的用地有限,在城市化和机动化的快速发展过程中,要应对交通拥堵等问题,仅依靠对小汽车采取一些手段,如小汽车限行、车牌摇号政策等,从长期来看并不能从根本上解决问题。小汽车与公交的关系错综复杂,没有一成不变的解决方案，必须不断审视，反复斟酌，使当前的环境与需求相符合。我国香港和国际先进城市在处理小汽车和公交关系方面的尝试和经验，给我国城市提供了很多借鉴和思考。

（1）强化公交优先政策。一方面不断加大公共交通基础设施投入，合理规划新增地铁线路，布局公交专用车道；另一方面不断提升服务配套，改善公交的便利性和舒适性，让市民乐享公交出行。基础设施、运营模式、路网体系、收费模式、信息化，都是公交发展不可或缺的重要组成部分。

（2）注重公众参与城市管理。政府在制定交通政策时，应提供更多的选择方案，强调的是政策的引导性而非强制性，政策的实施主要靠市民的自愿参与和自觉约束，居民为使用私家车所产生的额外成本体现在日常每一次交通出行中。

（3）交通需求管理。首尔的交通需求管理方式呈现多样化、精细化的特征，各项交通需求管理政策互相推动，减少和抑制私家车使用需求，充分体现了政策的"组合拳"效果。

（作者：何小洲、彭佳、刘鹏、孙晓莉）

参 考 文 献

[1] 徐骅，金凤君. 国际经验与我国机动化发展研究[J]. 软科学，2006，20（4）：24-28.
[2] 杨涛，何宁，孙俊. 城市交通政策研究[J]. 规划师，2005，21（8）：10-13.
[3] 中国保险行业协会. 中国保险人群意外伤害风险研究报告[R]. 北京：中国保险行业协会，2017.
[4] 何小洲. 机动化与城市发展[J]. 江苏建设，2016，（3）：119-123.
[5] 金敬喆，金凡，房育为，等. 迈向可持续的公共交通之路——首尔公交改革的经验与成就（连载）[J]. 城市交通，2006，4（3）：27-32.
[6] 马海红，孙明正. 首尔交通的启示[J]. 北京观察，2010，（5）：22-25.
[7] 金基云. 北京与首尔城市交通体系比较研究[D]. 北京：北京交通大学，2009.
[8] 莫欣德·辛格. 新加坡陆路交通系统发展策略[J]. 城市交通，2009，7（6）：39-44.
[9] 冯立光，曹伟，李潇娜，等. 新加坡公共交通发展经验及启示[J]. 城市交通，2008，6（6）：81-87.
[10] 严亚丹，过秀成，孔哲，等. 新加坡城市综合公共交通系统[J]. 现代城市研究，2012，（4）：65-71.
[11] 美国交通数据分析公司 Inrix. 2016年全球交通拥堵情况排行榜报告[R]. 柯克兰市：美国交通数据分析公司 Inrix，2017.

13 城市交通需求管理

伴随着快速城市化和汽车化进程，我国各大城市的交通拥堵问题导致了大量的资源消耗，增加了社会经济发展的成本，加剧了城市环境污染，影响了城市的形象，缓解交通拥堵问题已经成为各大城市的当务之急。

缓解城市交通拥堵问题主要有两种思路，一种是增加交通供给，一种是控制交通需求。增加交通供给往往会带来更大的诱增交通需求，在我国人口密度高、土地空间有限、能源资源紧缺的情况下，单纯地增加交通设施供给并非是城市交通问题治理发展的唯一路径选择。另一种思路是控制交通需求，即对交通需求的产生源头进行管理和控制，引导人们合理、高效地使用交通资源，达到交通供给和需求的总体平衡。交通需求管理已经被证明是有效改善城市交通问题的方法，在国内外各大城市中得到了普遍应用。

本章将阐述交通需求管理的概念和发展历程，并从土地利用、出行结构、交通流配置三个层次总结交通需求管理的主要措施。最后，以东京、新加坡、北京和上海等城市为例，介绍国内外交通需求管理的典型案例。

13.1 概念与历程

交通需求管理是通过影响出行者的出行行为，调节出行总量规模、出行分布、出行结构和出行发生时间而采取的行政、技术及经济手段和措施。交通需求管理并非不满足人们的交通需求，而是考虑在环境容量和可用资源的限制下，使交通需求和交通供给达到新的平衡。交通需求管理更强调交通的实质是人和物的移动，而不是车辆的移动，主张从产生交通问题的根源上采取措施，而不是"头痛医头、脚痛医脚"，仅解决已出现的表面问题。

交通需求管理的概念产生于美国。美国人口密度低，土地资源广阔，是小汽车主导发展模式的典型，历史上解决交通问题一直采用的方法是扩建道路交通运输系统，以满足人们的交通需求特别是小汽车的出行需求，以至于美国某些城市如洛杉矶的道路面积已经占到城市用地面积的40%以上。这一不断增加道路设施的方法不但没有从根本上解决问题，反而刺激了小汽车需求无休止地增长，形成了恶性循环，导致美国小汽车泛滥的局面积重难返。

20世纪70年代的两次石油危机，让美国政府看到了单纯依赖小汽车带来的严重后果，美国的交通工程专家、学者逐渐认识到，单纯的道路建设无法彻底解决交通问题，不能让小汽车无限制地发展下去，因此提出了交通系统管理的概念，其着眼点是运用各种手段与措施的整合，提高交通系统的运行效率，其中包含交通需求管理的内容。到20世纪70年代晚期，交通需求管理作为交通学术界的一个术语正式被提出（图13.1）[1-3]。

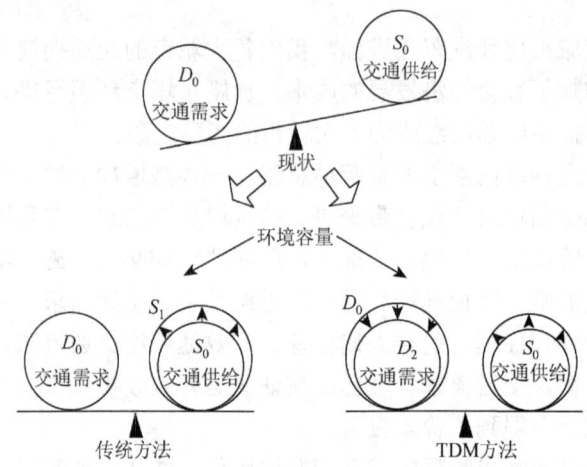

图 13.1　传统方法与交通需求管理方法概念对比

1990年之后，美国加强对交通需求管理实施策略的研究，一方面深化推进已有道路交通模式下的交通需求管理策略的研究和应用，另一方面则越来越重视综合交通体系的构建。1991年美国颁布了《陆路复合运输效率法案》（*Intermodal Surface Transportation Efficiency Act*，ISTEA），即著名的"冰茶法案"，开始采取建立综合交通运输的策略，将交通需求管理与交通规划结合起来以抑制小汽车的无限增长，交通需求管理逐渐成为美国交通工程专家解决交通问题的主流思路。

交通需求管理的概念源于美国，但亚洲、欧洲等人口相对稠密、土地资源相对紧张的地区，却是交通需求管理的最早实践地区。欧洲各国在经历了严重的交通拥堵之后，选择了发展快速轨道交通和大容量公交的模式，避免重蹈美国小汽车过度泛滥的覆辙。人口密度更高的亚洲城市，则注重吸收借鉴欧美各国的经验和教训，探索通过源头管理的方法缓解交通拥堵，改善环境质量，遏制小汽车的过度使用，重视从战略规划、交通建设和运行过程等多方面解决交通问题。

现在，在全球范围内，可持续发展理论的提出让人们认识到有限的资源无法满足人们无止境的交通需求，单纯扩大供给来满足需求永远是相对被动的方法，交通需求管理的概念已经广泛被人们接受，成为推进交通可持续发展的价值观和方法论，指导着世界城市交通体系的改革[4]。

13.2 交通需求管理重点策略

交通需求管理的主要目标是在满足资源（土地、能源）和环境容量限制条件下，使交通需求和交通供给达到平衡，促进城市的可持续发展。它主张从源头上减少出行需求产生，特别是减少无效的、低效的、不合理的出行需求产生，降低土地不合理利用和开发对城市与交通系统运行的负面影响，实现交通系统的供需平衡和社会经济的可持续健康发展。

交通需求管理理论经过多年的发展，已经从单纯控制小汽车出行需求，从只考虑交通系统的供需平衡向城市性质、土地利用、交通结构等多层次方面转变。总的来说，对于一个具体的城市，从宏观到微观，交通需求管理可以从优化土地利用模式、优化出行方式结构和优化交通流配置三个层次进行，每个层次均可以通过多种手段来实施交通需求管理的具体措施。

13.2.1 交通需求管理要求优化土地利用模式

交通与城市土地之间相互影响、相互制约、循环互动。一方面，城市的土地开发利用产生交通需求，进而促进交通系统的发展，任何交通系统都必须建设在土地之上；另一方面，交通作为城市的骨骼和血脉，引导着城市空间的拓展，是实现城市功能的重要支撑手段之一。交通需求管理要求优化土地利用模式，实现交通与土地的协调发展。

优化土地利用模式，通过用地规划的调整与布局优化，减少不合理的出行生成，消除效率低下的交通需求，以低碳交通为目标寻求新的出行替代方式，优化出行链。这是从交通源头上实施交通需求管理，是解决交通问题的最高层次。它的主要方法：整合交通规划与土地利用规划，利用轨道交通和大容量公交引导城市空间布局，将城市空间布局从单中心向多中心转变，利用新城疏解老城人口和功能，轨道交通与土地一体化开发等。

13.2.2 交通需求管理要求优化出行方式结构

包括美国在内的所有国家均意识到，单纯依赖小汽车的交通发展模式会带来交通拥堵、公共安全问题、环境污染、能源危机等严重后果，并非可持续发展模式，大容量公交才是未来交通的发展方向。亚洲城市特别是我国城市普遍具有土地资源有限、人口密度过高、老城缺乏规划、交通基础设施不足的状况，优化交通出行结构，控制小汽车的过度增长已经成为解决交通问题刻不容缓的任务。

优化交通出行结构，目前的现实做法主要是大力发展多模式综合交通体系，提高交通供应系统的整体承载能力，通过落实公交优先、保障慢行交通，引导与限制小汽车交通出行行为，让城市居民的出行方式逐步向绿色、环保的交通方式转变，减少能源消耗、环境污染等外部效应。具体的策略主要包括改善和推进公交建设，利用经济和政策杠杆提升公交优势；推动小汽车保有量控制，提高小汽车使用成本，鼓励合乘车，禁止或限制某些车辆的拥有使用；推进公共自行车的发展，营造良好的慢行交通环境等。

13.2.3　交通需求管理要求优化交通流的配置

在城市总体布局、土地开发和交通发展模式已经基本确定的情况下，通过优化交通流配置来进行交通需求管理是最现实、最直接、最有效的方法，也是进行交通需求管理最微观、最精细的层次，它主要包括以下几个方面。

（1）减少不必要、不合理的出行。充分利用电话、可视电话、电视机、计算机、互联网等现代通信手段，减少商业与行政活动中的出行，实现出行虚拟化，代替部分出行。

（2）优化交通设施布局。优化路网结构、干路布局；优化客货运交通枢纽、物流集散中心等的规模、选址与布局，以减少出行集中程度、出行总量与出行距离。

（3）空间均衡。尽量设法均衡分布路网交通流，发挥所有道路的运力，避免不必要的运能浪费，减少因交通流过分集中造成某个节点或路段拥堵。主要措施：区域通行限制、设置可变车道、通过交通诱导等手段引导交通流在空间上的合理分布。

（4）时间均衡。城市道路交通流往往有明显的早晚高峰，时间调控的理念就是削峰填谷，减少交通流在时间上的不均匀性。主要措施：错峰上下班、弹性工作制等。

（5）经济调控手段。在市场化环境下，利用经济杠杆影响人们的出行行为，使道路交通流能够均衡分布。主要措施：增加需要控制的交通方式的使用税费；对大力倡导的交通出行方式，政府可以通过财政补贴等办法维持其运营或减少其购置使用税费；实行差别化停车收费政策；对交通过分拥堵地区或路段采用收费制度等。

13.3　典型案例

13.3.1　东京

13.3.1.1　城市概况

东京总面积 2187.05km^2，其中东京都区部（俗称东京 23 区，可以理解为东京中心城区）面积 621.49km²。东京是传统上的全球四大世界级城市之一，2016 年地区生产总值达 9472.7 亿美元，超越纽约成为全球第一。东京中心城就业岗位高度集中，其对周边地区具有强大的吸引力。岗位分布与人口分布类似，近 1760 万个就业岗位主要分布在距离东京 50km 的东京交通圈内，而中心城区岗位密度高达约 10 848 个/km²。

第二次世界大战后，伴随着经济高速发展，东京也产生了严重的交通拥堵问题。在经济高速发展的背景下，日本主要大都市机动车流量显著增加，道路交通逐渐出现了拥堵，特别是交叉口的拥堵和交通事故日益恶化。据统计，1950~1954 年，机动车保有量增长 3 倍，交通事故数也约增长 3 倍。从 1957 年东京都内 110 个主要交叉路口交通量调查结果显示，机动车流量已是道路承载能力的 2 倍，随后的几年依然递增。1955 年死于交通事故的人数很快突破了 10 000 人，1965 年死于交通事故的人数更是达到 16 700 多人，现代史中称其为交通战争（甲午战争两年内的战死者人数为 17 282 人）。严峻的现实促使日本政府不得不下决心深入调研每一个细节以寻求具体对策。

13.3.1.2 多中心用地规划

20 世纪 60 年代，随着日本经济的高速增长，东京的市中心（位于东京市区重要的千代田区、中央区、港区的重要商务地区）的商务功能得到快速发展，很快形成了高度集中的中央商务区。面对市中心地价高涨，居住开始向郊外转移，通勤时间长等大城市问题逐渐显现。东京市政府开始抑制商务功能继续向市中心的集聚，开始疏解非中心核心功能，以求实现职住平衡。为此，东京都提出建设副中心，引导城市由单中心结构向多中心结构转移。经过近 30 年的建设，市中心的商务功能集聚得到有效控制。

13.3.1.3 大力发展轨道交通

东京是世界上轨道交通发达的城市之一，截至 2014 年 5 月，在大东京地区共有 48 家运营商运营的 158 条线路、4714.5km 的运营轨道和 2210 个车站，包括郊区火车、地铁、巴士、有轨电车、单轨铁路和其他模式铁路线（上述数字不包括新干线铁路）。东京都市区的铁路线网中，仅换乘站就有 882 个，其中 282 个是地铁站，在周围人口密集的 3 个郊区县中，每个县都有几百个。东京三分之二的地铁线路与日本国有铁路（JR）或私营铁路实现过轨运营，即通过运营组织实现不同系统之间的列车行驶到对方线路上，以减少或消除换乘。东京铁路系统 2014 年客流量达 146 亿，平均每天有 4000 万乘客使用铁路系统，其中地铁客流占 22%，每天 880 万。步行和骑自行车比世界上许多城市要普遍得多。私家车和摩托车在城市交通中起着次要作用（表 13.1）。

表 13.1　日本一体化的公共交通体系[5]

公共交通类型	站间距离/km	运行速度/（km/h）
新干线铁路	30.0~50.0	120~130
城际列车[即日本国有铁路（JR）]	5.0~6.0	50~60
私有铁路	1.0~2.0	40~45
地铁	0.5~1.0	30~35
单轨铁路	0.5~1.0	20~30
地面干线公交	0.2~0.3	10~20
社区公交	0.1	10

13.3.1.4　换乘枢纽综合开发

东京市十分重视综合性枢纽建设。换乘枢纽建设与土地开发政策主要包括两方面：一是加强轨道换乘场站的建设。通过合理的交通功能布局和交通流线组织，将轨道交通、公共汽车、非机动车停车和商业布局高效地组织在一起，在减少乘客换乘时间的同时促进商业的发展。二是增加铁路枢纽和地铁站点周围的开发强度，特别是在一些铁路环线附近建立多个中心，目前已经有一些铁路枢纽形成了商业中心。

13.3.1.5　严格控制机动车的拥有和使用

日本 1962 年实施的《停车场法》发挥了关键作用，是停车从无序到有序的里程碑，已经成为全世界有效缓解交通拥堵的法律之一。法律对汽车主要有以下限制。

（1）汽车保有者必须先自备停车位，如不提交有关保管场所书面证明，将不能进行车辆登记上牌。

（2）道路上的空间不能当作汽车保管场所。

（3）强化禁止停车和时间限制的停车措施。

法律生效后起到了缓解城市车辆自然增长的效果，腾退了所占道路空间，降低了事故发生率，对社会治安的提升也起到了一定的作用。

东京都政府于 2000 年正式颁布了《交通需求管理东京行动计划》，重中之重是治理停车，通过提高车辆的使用成本以控制城市中心城区道路交通需求，使小汽车"持而不用"，保证了东京的道路畅通。东京的公司和机关里没有私家车停车位，而使用商用停车位将承担高额的使用成本。针对路内停车，按照区域不同，采取了收费加限时的管理方法，对超时停车实施违法处罚。同时，为了减少交通拥堵，提高人性化管理，在部分区域实施了30min路内免费停车的措施，以促进停车位的周转和利用效率。

13.3.1.6 智能化的交通管理系统

东京在建设高密度城市道路网络、顺通支小路、提升步行和自行车路权的基础上，在14 700多个信控路口中有7300多个实现了中心协调控制，通过运用智能交通系统，提升交通效率，包括车辆信息与通信系统、自动收费系统、先进的道路支援系统等。

13.3.1.7 治理效果

目前东京的出行模式以绿色交通为主导。工作日全天24小时进入东京都区部的机动车出行方式中公共交通达86%；早高峰时段达到91%。路内违停平均减少63%，其中主要干道减少81.5%。智能交通系统将拥堵较严重的7条线路的高峰期行车时间缩短30%（表13.2和表13.3）。

表13.2 东京都市圈各种交通方式分担率[6] （单位：%）

年份	轨道交通	公共汽车	小汽车	自动二轮车	自行车	步行
2008	30	3	29	2	14	22
1998	25	3	33	2	15	22
1988	25	3	27	3	15	27
1978	23	4	24	2	13	34

表13.3 东京都区部各种交通方式分担率[6] （单位：%）

年份	轨道交通	公共汽车	小汽车	自动二轮车	自行车	步行
2008	48	3	11	1	14	23
1998	41	3	15	2	15	24
1988	40	3	16	2	13	26
1978	34	3	18	2	10	33

13.3.2 新加坡

13.3.2.1 城市概况

新加坡总面积 722.5km^2, 2017 年总人口为 561 万, 国内生产总值达到 3239 亿美元, 比 2016 年增长了 3.6%。

面对有限的土地资源、高密度人口及高度城市化, 如何管理新加坡不断增长的交通需求是一个极大的挑战。在新加坡, 住房用地占 15%, 道路基础设施用地已占 12%, 若以增加道路来满足不断增长的交通需求是不可持续的, 因此新加坡采取车辆拥车证制度和公路收费制度等交通需求管理政策, 确保交通系统在硬件设施、经济与环境方面的可持续性 (图 13.2)。

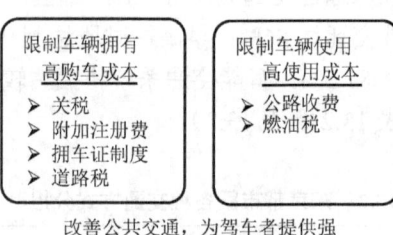

图 13.2　交通需求管理框架

13.3.2.2 车辆拥车证制度

20 世纪 80 年代以来, 新加坡为应对车辆急剧增多, 于 1990 年 5 月 1 日推出了独特的车辆拥车证制度, 政府根据道路网络容量设定一定量的车辆总数直接限制每年的车辆增长。在车辆配额系统下, 注册新车必须首先竞标拥车证 (表 13.4)。每个拥车证对应 1 辆车, 有效期为 10 年, 到期后车主可通过支付到期前 3 个月拥车证的平均价格, 将有效期延续 5 年或 10 年。为抑制投机, 所有成功竞标的拥车证均不可转让, 新加坡 2013 年综合交通规划再次强调了坚持拥车证制度的基本原则不变。

表 13.4　新加坡竞标拥车证价格明细

类型	车辆类型	拥车证价格 (约折合人民币)/万元
A	中小型汽车 (排量 1.6L 及以下)	13.70
B	大型及豪华汽车 (排量 1.6L 以上)	18.23
C	货车与巴士	13.00
D	摩托车	1.50
E	公开组 (可以登记任何一种车辆)	20.00

数据来源: 新加坡机动车协会官网 https://www.aas.com.sg/resources/coe/coe-prices.html。

13.3.2.3 公路收费政策

新加坡于 1975 年实施的限制区域执照系统是世界第一个城市道路收费系统，主要用以限制车流进入较拥堵的中央商务区路段（或称限制区域，面积为 7.2km^2）。限制区域（第一道收费环线）的路段共设有 28 个控制点，车辆在进入限制区域之前需要购买特定执照并张贴于车窗上，执法人员在控制点记录无执照车辆的注册号码，以便处以罚款。起初仅在早高峰对私人车辆收取 3 元新币执照费，后来扩展至全天与所有车辆（公交车、应急车辆除外）。

在限制区域执照系统成功推出后，1995 年新加坡开始在 3 条高速公路的特定路段实施公路收费。由于限制区域收费与高速公路收费均为人工操作，存在诸多局限性，包括人力资源浪费、操作易出错等。1998 年，新加坡以 ERP 系统取代了人工收费操作。ERP 系统是世界上第一个大规模、全自动的城市道路收费系统。与人工操作收费不同，ERP 系统建立在"即用即付"的基础上。每辆车内设有读卡器，当车辆从 ERP 闸门下通过时，将从现金卡自动扣除收费金额。小汽车收费为 1～5 新币，重型车辆收费为小汽车两倍。对于没有车内读卡器、读卡器或现金卡损坏、现金卡余额不足的车辆，闸门上方的监控摄像头将自动拍摄该车辆的后牌照。

由于 ERP 系统效果显著，已扩展至更多的高速公路与主干路，形成中央商务区外的第二道收费环线，面积约为 130km^2。目前，新加坡共有 66 个闸门控制点，包括晚间在市区交通严重拥堵的高速公路设置的控制点，超过 70% 的车辆每月至少经过一次电子收费闸门（图 13.3）。

图 13.3 收费闸门与监控系统

图片来源：新加坡交通部官网 https://www.mot.gov.sg/About-MOT/Land-Transport/Motoring/ERP

13.3.3 香港

13.3.3.1 城市概况

香港陆地总面积 1106.34km², 2018 年年末总人口约 748.25 万, 地区生产总值为 28 453 亿元港币, 日交通运输量超过 1400 万人次。由于香港地形多山, 香港全市道路网密度为 1.89km/km², 汽车保有量仅为 70 万辆。

长期以来, 香港交通发展政策一直以"对道路的使用进行需求管理"为核心, 香港特区政府以全面而完备的道路交通法律体系为支撑, 依法实施城市交通需求管理, 在征收高额车辆税、燃油税、牌照费、路桥费、停车费等方面制定详尽的法律法规, 真正发挥市场经济条件下法律政策的积极引导作用, 牢牢控制着不超过道路系统承受能力的汽车保有量。

13.3.3.2 提高私家车登记税率

自 1961 年实施《汽车(首次登记税)条例》以来, 香港分别于 1982 年、1990 年、1991 年、1994 年和 2003 年五次提高私家车首次登记税。

经验表明, 法律保障下的经济措施可有效控制私家车数量。香港特区政府于 2011 年 2 月再次对《汽车(首次登记税)条例》进行了修订, 将私家车首次登记税各税阶的税率提高了 15%, 以控制私家车增长。按照新的法律规定, 香港车辆首次登记税以车辆零售价为计税价格分段付税: 对零售价的第一个 15 万港币征收 40%的税费; 第二个 15 万港币征收 75%的税费; 剩下的 20 万港币征收 100%的税费; 对超过 50 万港币的部分征收 115%的税费。以售价为 25 万港币的车为例, 对其征收的首次登记税为 13.5 万港币(约 12.3 万人民币); 我国内地相应的汽车购置税为 1.8 万元, 仅为香港购置税的 15%。

此外,《汽车(首次登记税)条例》还对相应的偷税漏税行为规定了严重的处罚。如果车主没有在法定期限内缴付首次登记税或者在申请车辆首次登记时虚报车辆价格以减少应缴税款, 一经定罪便可被判处 12 个月的监禁和 50 万港币罚款。

13.3.3.3 征收牌照费

按照香港《道路交通(车辆登记及领牌)规例》的规定, 依燃料对环境污染的程度不同(汽油车和轻质柴油车), 以气缸容量大小为标准, 对私家车征收高额牌照费(表 13.5)。其中, 费用最低的为气缸容量在 1.5L 以下的汽油车, 一年的牌照费为 3929 港币; 最高的是气缸容量超过 4.5L 的柴油车, 一年的牌照费为 12 789 港币。目前我国内地没有对牌照使用缴纳年费, 而是缴纳车船使用税, 普通私家车税额大约在 480 元/a, 不足香港的十分之一。

表 13.5　不同气缸容量大小的私家车牌照费征收价格明细

私家车（汽油）气缸容量	牌照费/（港币/a）	私家车（轻质柴油）气缸容量	牌照费/（港币/a）
<1.5L	3 929	<1.5L	5 389
1.5~2.5 L	5 794	1.5~2.5L	7 254
2.5~3.5 L	7 664	2.5~3.5 L	9 124
3.5~4.5 L	9 534	3.5~4.5 L	10 994
>4.5 L	11 329	>4.5 L	12 789

数据来源：https://www.sohu.com/a/132535974_601552。

13.3.3.4　征收燃油税

香港私家车大部分使用无铅汽油，根据《应课税品条例》的规定，其税率为 6.06 港币/L，约占汽油零售价的 36%。香港车用燃油税每年为政府提供约 31 亿元港币的税收收入，其中 27 亿元港币来自汽油，另外 4 亿元港币则来自柴油。目前，香港无铅汽油的含税油价大约在 14.4 元港币/L，比国内目前不足 6 元/L 的油价高出一倍多。

13.3.3.5　收取高额路桥费

香港共有收费隧道 14 条，其中 7 条为政府隧道。按照《行车隧道（政府）规例》的规定，收费分别为将军澳隧道（3 元港币），香港仔、城门隧道（5 元港币），狮子山、沙田岭、尖山和大围隧道（8 元港币），对所有车辆实施统一收费。另外 7 条私营隧道均采取单向收费安排，对不同车型收取高额通行费。以最贵的西区海底隧道为例，2015 年该隧道平均每日行车量为 57 900 辆，《西区海底隧道条例》规定其单程收费为 20 元港币至 155 元港币不等，其中私家车的单程通行费为 60 元港币，远高于国内 10~20 元/次的桥隧通行费用。

13.3.3.6　收取高额停车费

《道路交通（泊车）规例》对路边停车费用和停车场停车费用的数额进行了规定。路边停车每 15min 收费 2 元港币，停车场每小时停车费约为 20 元港币。

13.3.3.7　推行拥堵收费

2015 年 12 月，立法会召开会议，拟于中环湾仔道通车后，在中区推行"电子道路收费实验计划"，依照"用者自负"的原则，向繁忙时段驶入中区的车辆收费。

13.3.4 北京

13.3.4.1 城市概况

北京总面积 16 410.54 km^2，2017 年常住人口达到 2170.7 万，地区生产总值达到 28 000.4 亿元。

为应对机动车保有量的飞速增长，北京一直通过加快城市基础设施建设，提升道路系统的容量，以适应机动车的增长需求，缓解道路交通压力。显然，由于城市的快速发展，交通供给在一定的时期内永远无法满足交通需求，新道路建成后不久就很快达到饱和，拥堵问题依旧存在，更有加重的趋势。因此，不从根本上解决城市交通供需间的矛盾问题，单纯依靠提高道路网络容量，北京交通形势仍十分严峻。为此，北京市从不同角度进行交通管理，在一定程度上缓解了交通矛盾。

13.3.4.2 机动车拥有量限制

2010 年 12 月，为实现小客车数量的合理、有序增长，有效缓解交通拥堵状况，降低能源消耗和减少环境污染，北京市通过了《北京市小客车数量调控暂行规定》。《北京市小客车数量调控暂行规定》明确小客车配置指标以摇号方式无偿分配，对具备摇号资格的驾驶员限购一辆车。2011 年 12 月，北京市小客车指标调控办公室对细则进行了修订，规定 2012 年北京市小客车指标额仍为 23 万个，但是单位指标从 2011 年的 10%调低到 8%，相应地，营运小客车指标从 2%提高到 4%。机动车过快增长受到有效控制。两年时间内，北京市机动车年增长率降低到 3.99%。

2013 年 11 月，北京市交通委员会、北京市科学技术委员会、北京市环境保护局公布了《北京市 2014—2017 年小客车数量调控方案》，对《〈北京市小客车数量调控暂行规定〉实施细则》进行新一轮修订。《北京市 2014—2017 年小客车数量调控方案》规定，2014～2017 年的四年间，增量小客车指标额度共 60 万个，年度配置指标总量由 24 万个减少到 15 万个，旨在使机动车保有量到 2017 年年底不超过 600 万辆。

13.3.4.3 机动车尾号限行限制

在采取机动车总量控制政策的同时，2011 年 2 月，北京市实施了机动车尾号限行的政策。政策实施至今，根据交通和污染物排放情况，一直不断调整。从 2014 年 4 月 11 日起,限行区域调整为五环以内,按车牌尾号工作日高峰时段区域限行的机动车车牌尾号分为五组,每 13 周轮换一次限行日。

13.3.4.4 停车政策控制

近十几年来,北京市随着机动车保有量和出行量的迅速增长,也在不断调整停车政策和收费价格标准,以适应不断发展变化的形势(表 13.6)。目前,北京市非居住区占道停车场划分为 3 类区域(表 13.6)。一类地区为三环路(含)以内区域和中央商务区、燕莎地区、中关村西区、翠微商业区 4 个重点区域,停车占道收费标准为 10 元/(车位·h)。二类地区为五环路(含)以内除一类地区以外的其他区域,停车占道收费标准为 6 元/(车位·h)。三类地区为五环路以外区域,停车占道收费标准为 2 元/(车位·h)。

表 13.6 北京停车收费价格标准

停车场类型			收费标准					
			白天 7:00~21:00				夜间	
			占道		路外露天	非露天	露天	非露天
			首小时	首小时外				
实行政府定价或政府指导价管理的停车场	非居住区	公共停车场 一类地区	2.5 元/15min	3.75 元/15min	2 元/15min	不高于 1.5 元/15min	1 元/2h	2.5 元/30min
		公共停车场 二类地区	1.5 元/15min	2.25 元/15min	1.25 元/15min	不高于 1.25 元/15min	1 元/2h	2.5 元/30min
		公共停车场 三类地区	0.5 元/15min	0.75 元/15min	0.5 元/15min	0.5 元/15min	1 元/2h	2.5 元/30min
		露天公共停车场长期停放	不高于 150 元/月,1600 元/a					
		驻车换乘("P+R")停车场	2 元/次					
		远郊区旅游景点停车场	5 元/次					
		露天停车场临时停放	1 元/2h					
	居住区	露天停车场长期停放	不高于 150 元/月,1600 元/a					
		配建地下停车库、楼临时停放	不高于 1 元/30min					
市场调节价管理的停车场	非居住区	独立经营的地下停车库、楼停车收费; 大型公建配建的地下停车库、楼按年、月租用停车位						
	居住区	居住区配建的地下停车库、楼和立体停车设施的长期停车(按年、月租用停车位)收费						

数据来源:广州市现代快速公交和可持续交通研究所,北京停车研究报告。

13.3.4.5 对外车辆与货车限制进入市区

外省市车辆进入北京市四环路（含）以内地区（京津塘高速公路至首都机场高速公路之间四环路一段除外），要办理"北京市区通行证"。客运车辆的通行证期限为 3d，货运车辆为 1d。载重 5t（含）以上的货车，在 6:00~24:00 不予办理通行证，一律在五环路（含）以外绕行；0:00 至 6:00 可办理通行证，但只准在四环路（含）以外道路行驶。对运送蔬菜等鲜活食品的外省市车辆，按"绿色通道"有关规定执行。

13.3.5 上海

13.3.5.1 城市概况

上海是国际化大都市，同时也是我国一个历史悠久的商业城市。2017 年年底，上海市常住人口约 2418 万。上海市城区内老旧巷道复杂，慢行空间窄小，道路网络容量有限，因此上海市政府在大力加强市政建设的同时，更多地实施了交通需求管理措施。

13.3.5.2 机动车保有量调控政策

对小汽车（私家车、单位车）发展采取额度控制政策。上海从 1998 年 6 月开始采用私车牌照无底价竞拍方式，使小汽车的增长速度得到了一定的控制。至 2017 年年底，上海市注册机动车保有量 390.5 万辆，较上年增长 8.5%。全市注册机动车千人拥有率为 161 辆，其增长率和拥有率均远低于江苏省大部分城市。另外，上海对摩托车发展采取逐步退出控制政策。

13.3.5.3 机动车使用管理政策

车辆收费管理：在沪使用的小汽车费用主要包括油费（含燃油税）、停车费、各类税和保险费、高速公路通行费、上海市贷款道路建设车辆通行费、车辆养护费用等，总费用在 2 万~3 万元/a。

高峰期高架道路对外地牌照车辆采取限行政策：上海从 2003 年左右开始限制外地牌照车辆早晚高峰时期驶入快速路，具体时间为周一到周五 7:30~9:30、16:30~18:30。

禁摩行驶政策：上海根据白皮书的精神和实际管理需要，不断扩大摩托车的禁止行驶范围。目前沪 A 和沪 B 牌照摩托车禁止在中心城区主要干路及火车站周边重点道路上行驶；沪 C、沪 D、沪 E 牌照摩托车禁止在中心城区、浦西地区行驶。

禁货政策：上海对白天进入中心城（外环线以内）的货运机动车采取发放通行证的管理方式，根据条、块结合的方式，以每个单位货运车机动车拥有量的 5%发放，由集团公司、组织协会统一申报、调配使用。

临时性区域道路交通管控政策：为确保大型活动组织，上海采用临时性区域道路交通管控政策，限制除公交外的社会客车驶入管制区域。

13.3.5.4 差别化停车收费政策

为加强对上海市经营性停车场（库）的管理，规范服务收费行为，上海市政府于 1995 年颁布了《上海市收费停车场（库）计费规定（暂行）》，该规定将全市的经营性停车场（库）按其所在地段分为 6 级，每个等级的停车场（库）又按照其设施、设备状况分为 6 等，该标准规定了停车收费的最高限制。外商投资性质的停车场（库）收费实行市场调节价，其收费标准由企业自定。

2005 年 3 月 1 日批准实施生效的《上海试点区域道路停车场和路外公共停车场（库）收费标准和计算办法》规定，在中心城核心区域的 $20km^2$，对经营公共停车场（库）实行收费标准的限价，外资、合资投资性质的停车场（库）收费标准由企业自定，其收费标准和浮动的具体幅度报相关部门备案即可。

2006 年，为进一步规划和加强机动车停车管理，上海市发布《关于全面规范和加强机动车停车管理的实施意见》，在内环 $110km^2$ 以内全面实施规划和加强机动车停车管理，随后将逐步向内环以外区域推行，并按重点区域、内环线以内其他区域、内环环线间（含外环线外城镇）实施差别化管理。

2013 年开始施行的《上海市停车场（库）管理办法》规定，对道路停车场的设置应当严格实行总量控制，对路外停车资源鼓励共享利用。

13.3.5.5 鼓励绿色交通出行

公交优先政策。上海市从 1993 年开始运营轨道，到目前已运营 16 条轨道线，形成相对完善的 666km 的轨道交通网络，轨道站 389 座，排名全国第一。同时，常规公交网络也较完善，并出台一系列公交优先政策，包括路权优先，建设公交专用车道提升公交运行速度；公交费率调整优化（如递远递减的公交费率政策和换乘优惠）；公交运行补贴，在政府购买企业服务，补贴票价收入与运营支出间的差额等。

鼓励推广公共自行车。2009 年 3 月上海闵行区开始建立公共自行车免费租赁服务系统，为居民提供从地铁站点、大型卖场等公共场所到小区内的"短驳"服务。目前上海张江高科技园区、宝山、松江、崇明、徐汇等区域都相继开展了公共自行车或租赁自行车的试点。网点建设多以轨道站为中心，向周边 3km 左右的范围内进行网点规划建设。一般覆盖轨道站点、公交枢纽、政府机关、医院、商厦、居民小区等区域，为市民提供方便快捷的交通工具。

（作者：彭佳）

参 考 文 献

[1] 晏克非. 交通需求管理理论与方法[M]. 上海：同济大学出版社，2012.
[2] 郭继孚，毛保华，刘迁，等. 交通需求管理——一体化的交通政策及实践研究[M]. 北京：科学出版社，2009.
[3] 陈艳艳，刘小明，陈金川. 城市交通需求管理及应用[M]. 北京：人民交通出版社，2009.
[4] 江巍. 城市交通需求管理策略及其评价技术研究[D]. 南京：东南大学，2004.
[5] 张壮云. 城市公共交通优先体系建设——日本东京的经验及借鉴[J]. 城市，2007，(11)：44-47.
[6] 凌小静. 四大世界级都市圈交通出行特征分析[J]. 交通与运输，2018，34（6）：18-20.

14 停车发展综合对策

我国城市汽车保有量的快速增长，特别是小汽车规模的剧增对城市动静态交通带来严峻的挑战，停车供需矛盾日渐突出，车辆乱停乱放的现象呈现从老城区域向外围快速蔓延的态势，"停车难""行车难"的问题已成为城市交通发展的难点与焦点，国家相关部委、各级地方政府都开始重视城市停车发展的问题，逐渐将其视为保障交通和城市可持续发展的重要内容。本章总结了国外停车发展对策的主要经验，梳理了国内当前阶段停车发展采取的综合对策，并结合欧洲、日本及我国部分城市的成功案例，剖析了停车策略的具体实施措施，以期为国内其他城市制定停车发展的综合对策提供决策参考。

14.1 国际经验总结

与我国一样，世界上许多城市在发展过程中也曾面临严重的"停车难"问题。一些发达国家和地区早已完成快速汽车化进程，汽车化程度相当高，对停车问题的研究和认识比较深入，积累了大量的经验和研究成果。这些城市通过出台政策、法规、规划、标准、税收、价格等多方面的系统治理对策，使得城市的停车问题得到了有效的缓解和抑制，在改善停车供需矛盾的同时，有效地营造出良好的城市交通出行环境。

我国汽车工业起步较晚，但发展迅速。因此，参考发达国家和地区城市在改善停车问题方面的经验和成果，并结合我国城市的具体特征加以借鉴利用，对指导我国城市停车问题的解决具有重要的意义。

14.1.1 优化调整停车发展定位与政策

在认识上，要将停车设施定位为与道路同等重要的城市基础设施，政府有责任制定相应的政策、措施和激励办法，指导和推动停车场建设，同时推动完善法律法规体系，用法治手段缓解停车问题。

欧美等许多经济发达国家在汽车化发展进程中，走过了一条从扩大供应、满足需求到有选择地限制供应、调节需求的停车发展道路。当认识到早期政策的弊端后,多数国家转而制定中心城区控制车位供应和调节车位使用的政策,调整停车收费,加强停车管理,鼓励公交出行和停车换乘出行,引导人们减少对小汽车的依赖[1]。

14.1.2 制定差别化的停车供应和消费政策

停车政策既不能鼓励小汽车的过度使用,也不能因车位供应与管理的不当而增加对城市经济、社会活动的影响,这就是许多城市采取停车设施适度供应政策和差别化供应政策的目标。20世纪七八十年代开始,伦敦、巴黎、西雅图等欧美国家城市在保障车辆基本车位、充分供应城市外围地区车位的同时,对中心城区建筑物配建停车标准的上限进行限制,控制中心城区的车位供应总量,调节中心城区小汽车交通总体需求。制定不同的停车费率,利用价格杠杆调节停车位的使用和交通方式结构。

14.1.3 形成配建为主、公共为辅和路内为补充的停车供应方式

停车位供应量与汽车保有量的比例在1.15∶1～1.3∶1较为合适。停车供应方式主要通过建筑物配建车位的建设以满足车辆发展产生的庞大停车需求。

14.1.4 推进市场为主和政府引导相结合的停车设施建设模式

停车设施建设和运营属于一次性投入成本较高的产业,同时公共停车设施又带有一定的公益性质。为解决停车难的问题,提高民间投资的积极性,发达国家和地区采取了民营为主、政府政策激励相结合的停车设施建设模式。

14.1.5 实施严格的法规与严厉的处罚并重的停车管理措施

为了整治违法乱停乱放现象,许多城市采取了严厉的处罚措施,在经济处罚的同时,甚至追究法律责任。通过制定明确的法律法规来保障停车政策措施的有效落实,并严格贯彻到实际管理工作中,重点杜绝违反配建建设标准要求而减小停车设施规模、随意挪用、占用建筑物配建停车设施等行为。

14.1.6 强化停车诱导系统与信息化建设

国际经验表明,由于驾驶员对停车设施信息获取的不充分,会产生大量"寻

位"的无效交通,而借助信息化和智能化等先进技术,通过停车诱导系统可以消除相当一部分因寻找车位而巡游的车辆,可显著提高路外公共停车设施使用效率,并降低路内停车使用需求。

14.1.7 合理发展停车换乘系统

大城市空间的扩展促进了以轨道交通为骨干的公共交通系统的快速发展,居民出行特征和方式发生了转变,尤其是欧洲的一些大中城市,积极探索公共交通系统一体化建设,结合差别化的停车设施供给与管理政策,通过停车换乘系统("P+R")建设,引导城市交通出行结构的转变,鼓励外围地区居民通过换乘公共交通进入市中心,从而缓解市中心的道路交通压力。

14.2 当前阶段我国城市停车发展主要的综合对策

我国城市由于长期的汽车快速增长和长期对"公共"车位的依赖,造成停车矛盾迅速激化且未及时采取严格管制措施,于是停车问题逐渐演变成涉及公平性、经济性的社会问题,需要纳入社会治理体制综合解决。

停车问题具有相当的复杂性,不仅是规划的问题,还包括政策、建设、管理及国民素质教育等各方面的问题,需要多方式综合解决。同时,停车的发展不能仅从停车本身看问题,还应联系整个交通系统,实施停车需求调控,采取"以静制动"的策略,并应大力发展公共交通、步行和自行车交通以减少停车需求。基于基本车位的"私人产品"经济属性,并受政府财力、人力的限制与资源高效配置的要求,停车发展必然要走市场化的道路,政府应努力为停车的市场化发展创造基础条件,建立健全"投资-建设-经营"为一体的停车市场化运作机制与政策。同时应避免政府"大包大揽"模式,推动停车发展主体的多元化,引导企业和使用者个人等社会力量积极参与到停车问题治理当中,发挥各自作用。在当前停车矛盾特别突出的阶段,政府应承担停车设施建设的引导和示范任务,并逐步完善停车发展政策和制度,促进停车良性可持续发展。

14.2.1 建立停车政策分区,明确差别化的停车政策

根据不同地区的交通特性需求,制定差别化的停车配建指标数值,实现动静态交通的供需平衡;将公共停车设施作为城市基础设施加以重视,不同地区公共停车场采用差别化的鼓励政策,有效实现交通资源分配;不同地区采用不同的停

车收费标准，一般中心城区高于城市外围地区，通过价格杠杆实现交通均衡分布；规划建设停车换乘系统，引导多方式协同和停车换乘。

14.2.2 优化停车设施供给，缓解停车供需矛盾

及时调整并严格执行建筑配建停车指标，增加配建停车位供应，避免停车历史欠账的进一步扩大；注重公共停车场的规划建设，缓解重点地区的停车供需矛盾；鼓励建筑内部挖潜改造，引入立体停车设施，缓解周边停车矛盾；因地制宜设置路内停车位，调节停车运行状况。

14.2.3 提高停车管理水平，保障停车秩序与使用效率

建立完善的法规体系，强化停车执法力量建设，改善管理手段，加强停车违法处罚力度与覆盖范围，保障停车有序；引入智能化停车信息系统，提高停车位资源的利用效率，减少车辆寻位巡游的无效交通；鼓励配建停车位对外开放，推行配建停车位错时共享，尤其是提高公共建筑配建停车位利用率；路内停车引入智能化管理设施等先进管理手段，提高停车管理水平。

14.2.4 制定停车建设扶持政策，引导停车产业化发展

走产业化和民营化之路是解决城市停车设施匮乏、停车建设资金缺乏的一条捷径[2]。加强停车场用地的规划控制，给予停车用地优惠土地政策；建设停车专项基金，给予公共停车场建设资金补贴；减免相关税费，降低运营成本；合理制定停车价格体系，提升公共停车收益；允许进行部分商业开发，作为公共停车的建设补偿。

14.3 典型案例

14.3.1 日本

14.3.1.1 停车场的相关政策措施

1)《停车场法》等配套制度动向

日本在进入 1955 年后，随着机动车保有量、机动车交通量的不断增加，道路上出现了违章停车，产生了需禁止占路停车和建设停车设施的必要性。为此，在

1957 年施行了《停车场法》，以保障道路交通畅通为目的，就停车场等规定了配建义务。1962 年制定了《车库法》（有关机动车保管场所等的法律），规定购买小汽车时必须拥有车库，严禁将道路作为个人停车场所。

2）近年的动向

（1）改善停车场的运营。在大力建设停车场的同时，为有效利用既有的停车场，引入了"通用停车场停车券""停车场导向服务系统"等对策措施，改善停车场的导向服务和便利性。

（2）建设各种各样的停车场。不但建设为小汽车提供服务的停车场，还修建城市活动所必需的装卸货物的专用停车场和自行车等的停车场。

14.3.1.2 日本国内各城市的停车场设置标准

1）停车场配建义务的弹性化

在日本，一直是以国家配建义务条例为衡量标准，各城市在此基础上，根据实际效果、影响等分别再设定符合各自的标准。此外，因各地区的交通特性、建筑物的用途等不同，其产生的停车需求量也大不相同，加之按照既有停车场的有效利用政策以及地区内交通组织规划内容，所需新建的停车设施的数量也不同，所以，日本规定对指定地区可分别设定标准值。《东京都停车场条例》规定了不同类型的大规模建筑物有配置停车设施的义务（表 14.1）。

表 14.1 东京都停车设施配置义务

区域	建筑类型	建筑规模	车位配置标准
停车场整备地区内	特定用途建筑（百货店及其他商店）	超过 1500m^2	1 车位/250m^2
	其他建筑（餐厅、写字楼、剧场、体育场馆、医院等）	超过 1500m^2	1 车位/300m^2
停车场整备地区外	特定用途建筑（百货店及其他商店）	超过 2000m^2	1 车位/300m^2

停车场整备地区内超过 1500m^2 的特定用途建筑（百货店及其他商店），每 250m^2 要求配建 1 个车位；其他建筑（餐厅、写字楼、剧场、体育场馆、医院等），每 300m^2 要求配建 1 个车位。停车场整备地区外（主要是住宅用地及准工业用地），超过 2000m^2 的特定用途建筑（百货店及其他商店），每 300m^2 要求配建 1 个车位。

2）大力实施公交措施，减少配建停车设施的数量

以京都市为例，对需配建停车设施的物业来说，如果采用了鼓励公交出行的措施，可以根据公交出行预测减少的机动车位数量，减少其配建的停车位。

3）将停车位供给作为交通需求调控的重要手段

以东京为例，东京在城市核心区和外围城区执行差异化的配建标准。例如，公寓等共同住宅停车场设置基准：东京 23 区（城市核心区）每 350m² 配置 1 个车位、东京都每 300m² 配置 1 个车位，促进私家车向城市外围转移。随着机动化的进一步发展，城市核心区机动车交通与路网容量的矛盾更加突出，于是重新评估核心区内的公寓等共同住宅车位设置基准，东京 23 区部的车位设置标准进一步降低。但是，降低配建标准的前提条件是轨道和公交的便利性得到提高，这一点非常重要。

14.3.1.3　大型开发地区相关交通规划手册

城市重要地段的大规模土地开发、郊区的大规模商业设施开发等都会给城市的重要地区、干线道路的沿道地区带来交通问题。因此，在项目开发之前，制定交通流量预测、交通影响评价以及交通政策方案等一系列局部地区的城市交通规划，结合项目开发落实相应的交通措施必不可缺。

14.3.1.4　成熟的停车产业化发展

一方面，日本简化停车场的建设审批手续，民营停车场可以自由建设，只有超过 500m² 的停车场才需要上报市政府审查，且审查内容简化；另一方面，日本中央政府、地方政府、公共机关、金融机构都对停车场的建设和经营给予资金和税收支持。为了保障民营停车场的经营和收益，日本严格管控路内停车场，实行限时且高收费停放；政府建设的公共停车场以不影响民营停车场经营为前提。

14.3.2　阿姆斯特丹

14.3.2.1　城市概要

阿姆斯特丹是荷兰首都及最大城市，城市面积为 219.3km²，2017 年人口约 110 万，人口密度为 5016 人/km²。阿姆斯特丹城区运河遍布、街道狭窄，所以政府一方面大力发展公共交通，另一方面采取措施限制私家车。政府组建成立了停车管理局，以便更好地管理停车、发放停车许可证和发布有关政策调整，但停车政策的制定权仍然属于市议会[3]。

14.3.2.2　停车收费

阿姆斯特丹约 40%的空气污染是由 10%的汽车造成的。为了转变实施了几十年的以汽车为中心的政策和解决空气质量问题，阿姆斯特丹引入了停车收费制度。

到 1940 年，收费停车场几乎遍布整个城区，并迅速蔓延到新的领域。路内停车收费价格范围从 0.90 欧元/h 一直到历史中心街区的 5 欧元/h，这几乎是世界上最昂贵的路内停车收费价格。整个 A10 环路内大部分地区和环路外的部分地区均实施了路内停车收费，促使一般去阿姆斯特丹的驾驶人都是先把车停在城市外围，转乘公交或轨道交通到市中心。通过停车收费，减少了 20%的车流量以及中心市区 20%的寻找停车位的无效车流量。

14.3.2.3 居住区停车证

阿姆斯特丹的司机如果想在市中心停车可以通过三种途径：申请停车许可证、租用车库停车位或购买一个私家车位（总成本为 40 000 欧元）。一旦购买私家车位便无法获得居住区停车证。居住区停车证的费用为 150 欧元/a，而且由于需求太高，通常需要等几年才能拿到。一旦获得，居住区停车证是允许在自己家附近停车的唯一有效方式。在自己的社区以外的地方停车则需要支付额外的停车费。截至 2014 年，荷兰平均每两人拥有一辆汽车，即汽车保有量达 800 万辆，占荷兰 1700 万总人口的近一半；阿姆斯特丹尽管人均 GDP 高达 5.2 万美元，相当于江苏省富裕城市人均 GDP 的 2 倍多，但汽车保有量全荷兰最低，约四人拥有一辆汽车，甚至低于江苏省部分富裕城市。

14.3.2.4 路外停车规则

阿姆斯特丹规定，每增加一个路外停车位，就要相应减少一个路内停车位。阿姆斯特丹制定了住宅停车配置标准，规定了车位配置的最大值为公寓每套 0.6 个车位，普通住房每套 1 个车位，且每套房子配置 0.2 个访客车位。各区可在此基础上确定自己的停车配建标准。商业设施的停车位参照"ABC 系统"按不同区位标准进行配置（表 14.2）。

表 14.2　"ABC 系统"停车配置规定

分区类型	分区特征	车位配置标准
A	高水平的公交服务设施，火车站周边地区	1 车位/250m^2
B	较好的公交服务和小汽车使用便捷性	1 车位/125m^2
C	主要面向小汽车的高便捷性	根据需要确定，没有统一标准

14.3.2.5 停车换乘

阿姆斯特丹在郊区设置了停车换乘"P+R"停车场，鼓励居民把车停在城市周边的停车场，然后乘坐公共交通进城。"P+R"停车位的使用者可以以极低的价格停车和购买往返市区的交通票。使用者每次支付 6 欧元可以停放 24h，并且可以仅约 20%的价格获得最多五个人的 24h 优惠公交通行证。通过这种方式传达明确信息：欢迎人们进入城市中心而不是汽车。

此外，阿姆斯特丹通过一体化动态停车（integrated dynamic parking, IDP）系统即一种先进的停车诱导系统（advanced parking guide system, APGS）指示司机直接到达可用的停车位，减少不必要的寻车位巡游。阿姆斯特丹是世界上最著名的自行车城市，实施了"P+B"（Park and Bike）计划，鼓励私家车主改骑公共自行车。

14.3.2.6 电话支付

阿姆斯特丹在 2006 年引入电话支付服务。住宅停车证 90%已经数字化了，使用者很快就可以通过电话或互联网方式支付停车费。

14.3.2.7 停车执法

目前，停车执法主要还是由街道巡逻员管理，同时也使用扫描车和骑摩托车的管理员（图 14.1）。扫描车通过具有车牌号码自动识别功能的摄像头识别非法停车，可提高一倍效率，准确率可达 98%。

图 14.1　街道巡逻员和停车执法扫描车[2]

14.3.2.8 停车收入

阿姆斯特丹的停车收入将用于基础设施项目，而且必须是全市移动性规划（mobility plan）的一部分。阿姆斯特丹建立了停车基金，基金来源为停车收费、停车罚款和停车证收入,每个区需提供约30%的停车收入给市政府。而停车基金的资金有许多灵活的使用方式,甚至可以资助幼儿园。

14.3.2.9 人性化街道设计

阿姆斯特丹有几条街道通过设置停车位为自行车和行人创造更安全的环境。例如,在Westerpark区一条生活性道路上,结合停车位形成一条准隔离带,机动车必须优先保障自行车和行人的通行权(图14.2)。在其他街道上,将平行停车位设置在自行车道和机动车道之间,以停车带作为缓冲区,隔离自行车道和机动车道,停车带的宽度足够防止汽车门和自行车发生碰撞(图14.3)。

图14.2 设置垂直式停车宁静化生活性街道(优先考虑行人和自行车)[2]

图14.3 隔离自行车道和机动车道的停车带设计[2]

14.3.3 南京

南京是我国较早开始关注停车问题的城市，从 20 世纪 90 年代开始就启动了停车的规划建设工作，并一直坚持积极的探索研究，积累了一定的经验，在某些方面也取得了较好的效果。

14.3.3.1 转变停车发展思路

从 1997 年开始，南京就认识到停车系统的重要性，开始逐渐转变以规划建设为主的停车发展思路，逐渐形成以"供需统筹，以供定需"和"区域差别化"的发展理念，将停车设施规划作为"交通需求管理"的重要手段，充分发挥停车设施的调控作用，实现停车设施与土地利用、交通组织、社会空间的协调发展。

14.3.3.2 完善和深化停车设施规划

南京停车规划的研究成果十分丰富，包括停车发展战略、配建标准研究、停车政策研究、远期设施规划、近期实施方案制定等，且研究成果具有较强的可实施性，对南京停车的发展起到了较好的指导作用。主要包括：南京市公共停车场规划（1997 年），南京市停车问题综合对策研究（1998 年），南京市老城停车系统规划与发展战略研究（1998 年），南京市老城区第一批复合利用空间停车场（库）规划（2005 年），南京市公共停车场规划、建设、管理政策研究（2008 年），南京市城市停车设施规划（2012 年），缓解老城内老旧小区停车难问题政策和选址规划研究（2014 年）等。南京规划和自然资源局建立了市政基础设施规划维护机制，每年将包括停车在内的市政基础设施规划方案与控制性详细规划进行全面衔接和落实。

南京城乡规划主管部门结合不同时期的车辆发展情况，对建筑配建停车指标进行了滚动修编，分别形成了 1993 年版、1998 年版、2003 年版、2010 年版、2012 年版、2015 年版、2019 年版（现行）的配建停车指标与准则。配建标准的制定和配建指标的提升在指导南京的城市建设和新区开发、缓解停车供需矛盾等方面发挥了积极作用，并在我国同类城市的配建停车建设上做出了良好的表率。

14.3.3.3 多方式推进停车设施建设

南京一直比较重视公共停车场的建设，早在 2005 年，南京就通过老城区第一批复合利用空间停车场（库）的试点工作推进了一批公共停车场的建设。随着主城区停车矛盾的进一步升级，南京逐步探索了立体化、机械化、复合化的停车场建设思路,并且利用广场、绿地、体育场等结合人防工程有效推动了停车场建设(图 14.4)。但由于停车产业化发展滞后,停车收费和管理等相关措施没有跟上,在以政府为主导的建设模式下,公共停车场建设的可持续性和运营效果方面尚需努力。

图 14.4　南京大行宫广场地下停车场(左)和樱驼花园人防停车场(右)(2015 年)

14.3.3.4　实施严格的停车管理政策

南京以青年奥林匹克运动会为契机,在强化停车管理和停车需求调控方面做了大量工作,也取得了良好的效果。2014 年 6 月,南京路内停车场收费标准进行调整,采用高收费标准和严格处罚措施,在核心区对高收费的"以静制动"作用进行探索(图 14.5)。对停车分类片区划分与对费率进行优化调整,并建立收费政策调整实施效果的后评估机制。新政策实施后,收获了"城市中心区违停降七成,车流减一成,停车位周转率提一倍"的良好效果,新街口地区流量下降 15%,老门东周边的马道街停车位使用率下降 56%。南京也退出"十大拥堵城市",南京拥堵在全国排名的变化,在业内甚至被称为"南京现象"。2018 年 6 月,为了继续发挥价格杠杆调节作用,落实公交优先、公共利益优先,合理调控道路交通需求,引导绿色出行、低碳出行,优化出行方式,保护古城,南京在 2014 年停车收费标准基础上进行了细化调整,对景区尤其中山陵风景区的停车也采取了时间空间差别化的收费政策(表 14.3~表 14.5)。

图 14.5　南京现行路内停车收费分级示意图（2014 年）

表 14.3　南京路内停车收费标准（2018 年）

道路等级	区域等级	车辆类型	白天时段/（元/15min）		夜间时段/（元/h）
			首小时内	首小时后	
城市干路	核心区	小型车	4.0	5.0	1.0
		大型车	4.5	5.5	1.5
	一级	小型车	3.0	4.0	1.0
		大型车	3.5	4.5	1.5
	二级	小型车	1.5	2.0	1.0
		大型车	2.0	2.5	1.5
	三级	小型车	0.5	0.5	1.0
		大型车	1.5	1.5	1.5
支路	核心区	小型车	3.0	4.0	1.0
		大型车	3.5	4.5	1.5

续表

道路等级	区域等级	车辆类型	白天时段/（元/15min）		夜间时段/（元/h）
			首小时内	首小时后	
支路	一级	小型车	2.0	2.5	1.0
		大型车	2.5	3.0	1.5
	二级	小型车	1.0	1.5	1.0
		大型车	2.0	2.5	1.5
	三级	小型车	0.5	0.5	1.0
		大型车	1.5	1.5	1.5

表14.4 南京公共停车设施政府指导价标准（2018年）

区域等级	车辆类型	计时收费标准		计次收费标准	
		白天时段/（元/15min）	夜间时段/（元/15min）	白天时段/（元/次）	夜间时段/（元/次）
核心区	小型车	2.0	1.0	14.0	6.0
	大型车	3.0	1.5	18.0	10.0
一级	小型车	1.5	1.0	12.0	6.0
	大型车	2.5	1.5	16.0	10.0
二级	小型车	1.0	1.0	10.0	6.0
	大型车	2.0	1.5	14.0	10.0
三级	小型车	0.5	1.0	8.0	6.0
	大型车	1.5	1.5	12.0	10.0
火车站	小型车	2.0	1.0		
	大型车	3.0	1.5		

表14.5 中山陵园风景区停车设施收费标准

车辆类型	区域等级	计时收费标准/（元/15min）（8:00~20:00）			计次收费标准/（元/次）（8:00~20:00）		
		国庆、春节长假	元旦、清明、五一、端午、中秋小长假及双休日	其他时间	国庆、春节长假	元旦、清明、五一、端午、中秋小长假及双休日	其他时间
小型车	核心	7.5	5.0	3.0	60.0	40.0	15.0
	外围	3.0	3.0	3.0	15.0	15.0	15.0
大型车		5.0	5.0	5.0	25.0	25.0	25.0

14.3.3.5 坚定停车产业化发展方向

南京积极引导停车产业化的发展，2014年南京市人民政府发布了《南京市鼓励公共停车设施建设优惠政策的若干规定》，从用地、商业配套、规费减免、停车收费、运营保障等多方面制定了鼓励社会资金投入停车场建设的优惠政策。2018年的《南京市机动车停放服务收费管理办法》提出，政府与社会资本合作（PPP）方式以及社会资本全额投资建设的、独立专业机械立体（住宅区域除外）停车设施收费实行市场调节价。

14.3.3.6 积极推广停车新技术的应用

南京市停车设施管理中心逐步建设并开通南京停车信息综合服务平台，包括互联网站及手机APP客户端等，实现对停车场静态信息查询（停车场名称、地址、经营单位、收费标准等）和动态信息发布等功能（图14.6）。

图14.6 "我的南京"APP停车信息综合服务

图片来源："我的南京"APP截图，2018年

14.4 结　　语

当前，我国大部分城市停车问题的成因是对停车发展认识的不足和管理策略的失当。首先，在城市发展过程中，城市停车并未纳入城市综合交通体系作系统谋划，仅仅是随着城市停车矛盾的日益激化，采取"头痛医头，脚痛医脚"的应付策略，导致停车问题的日益复杂。城市停车是综合交通体系的重要组成部分，是实现综合交通体系发展目标的重要抓手，要重视从综合交通体系可持续发展角度审视城市停车的发展目标、供给政策和管理策略。其次，要重视对停车的精细化、精准化管理，不仅是对停车秩序的管理，更重要的是对停车需求的管理。汽车保有量和停车需求的增长是无限的，但停车设施的供给是有限的。因此，在汽车化发展到一定阶段后，必然要面临"供不应求"的问题，必须通过设施供给价格机制调节停车需求，实现城市交通的发展战略，满足停车的总体平衡。

（作者：刘超平）

参 考 文 献

[1] 於昊，杨涛，钱林波，等. 北京市停车发展规划与综合对策[R]. 北京：北京市停车研究课题组， 2005.
[2] 杨涛. 城市交通的理性思索[M]. 北京：中国建筑工业出版社，2010.
[3] Kodransky M，Spring G H. Europe's Parking U-urn：From Accommodation to Regulation[R]. New York：ITDP，2011.

第四篇 健康城市道路网体系

15　构建健康可持续的城市道路网体系

若将城市比作有生命的肌体，城市道路网则如同其骨骼和血脉。肌体茁壮成长、活力四射，需要有成长性良好、系统完善、结构合理的骨骼和血脉系统。

城市道路网是一个有机协调的系统，应当具有合理的布局结构、功能结构和等级结构[1]。通过道路网系统，城市得以布局用地形态、组织交通运输、提供公共空间、满足城市环境、布置管线管廊、防灾救灾等。构建健康可持续的城市道路网体系，促进道路网架构和城市空间架构、道路交通运行和城市生产、生活、生态等紧密结合，才能实现城市的健康可持续发展。

15.1　我国城市道路网建设中存在的问题

在快速城镇化进程中，我国的城市道路网建设规模和质量迅速提升，促进并支持了城市经济社会活动与发展。但是，在高速机动化发展的巨大冲击下，城市道路网体系建设中的一些共性问题，导致了交通拥堵等"城市病"的蔓延和加重。

15.1.1　发展目标上：重畅通、轻通达的目标体系错位

21世纪以来，我国城市对道路交通基础设施建设的重视程度明显提高，通过实施"畅通工程"促进城市发展、缓解交通拥堵。一些城市投入巨资，集中建设了城市快速路、环路和大型交通设施（如立交桥、高架路）等，着重提高机动车交通的畅通性；但是对交通出行结构优化和路网容量平衡重视不够，在公共交通等领域的投入则相对偏低，常规公交、步行和自行车等绿色出行交通空间受到挤占，人的出行通达性和出行便捷性等问题逐渐严重。

15.1.2　建设重心上：重骨架、轻支脉的道路网络错构

部分城市在积极谋划和建设城市骨架路网时，对本已羸弱的次、支路网发展重视不够、投入不足，错失了路网体系优化的有利时机，使得道路网结构性问题日益凸显，城市快速路、主干路、次干路和支路的密度比例结构呈现"纺

锤形"甚至"倒金字塔形",路网交通功能紊乱。后果是交通源生成点与干路系统缺乏过渡性连接的次支路,城市交通集中在几条贯通性干路上,路网不能够均衡分布和有效分散交通流,也难以优化公交网络和提高服务水平,长、短距离交通相互叠加,快、慢交通相互混杂,路网的通过性和可达性均受到影响,路网效能难以充分发挥。

15.1.3 服务对象上:重通行、轻活动的街道空间尺度错配

一些城市重视道路拓宽、车行道增加,道路面积增长比道路长度增长快(图15.1),"宽马路、稀路网"成为我国许多城市的典型配置,这种错配与国际经验形成了鲜明对比。宽马路通常对应更多的机动车道数,是迎合车辆快速通行的道路尺度,却不是方便人们日常活动的空间尺度。老人缺乏休憩空间、孩子缺乏活动场所,导致乘车难、过街难、休憩难、驻足难,迫切需要重塑高品质的城市公共空间和宜人的街道环境。

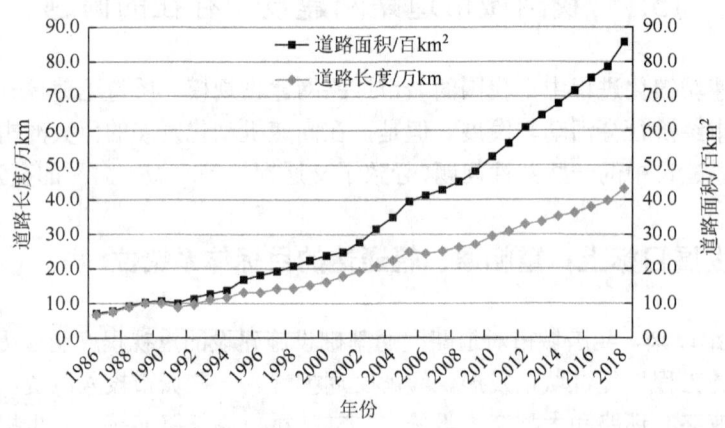

图 15.1 我国城市道路面积和道路长度发展变化图

15.2 树立城市道路网络发展新理念

新时代我国经济发展已由高速增长阶段转向高质量发展阶段。面向新时代城市建设新理念,城市道路网体系改善的聚焦点应该从改善"网络体系整体较为羸弱"的问题转向治理"交通拥堵城市病",转向协调"居民日益增长的高品质交通出行需求和路网发展不平衡不充分之间的矛盾";城市道路网体系改善的着力点,应该从"面向机动车的路网容量提高"转向"面向人的全方位出行服务品质提升"。

2016年2月，中共中央、国务院发布的《中共中央 国务院关于进一步加强城市规划建设管理工作的若干意见》（以下简称《意见》）中提出："树立'窄马路、密路网'的城市道路布局理念，建设快速路、主次干路和支路级配合理的道路网系统。打通各类'断头路'，形成完整路网，提高道路通达性"。其核心精神就是通过优化城市路网与用地布局关系，合理确定道路功能和路权，创建宜人街区、人本尺度，从而提升城市的交通通达性和便利性，根治"城市病"，实现健康城市发展目标。

15.3 骨架路网与城市空间布局紧密结合

与交通运输功能相比，城市骨架路网影响城市空间形态的能力更为深远，骨架路网一旦确定，实质上就已决定了城市发展的轮廓、形态[2]。在城镇化加速发展时期，大城市人口快速膨胀，城市结构处于剧烈的变动时期，因此，骨架路网布局需要特别予以重视。

一是合理衔接城市内部的道路网络与城市之间的公路走廊，避免过境交通穿越主城区。必要情况下，在主城区外围形成绕城高快速环路，对各类过境交通进行分流，实现过境交通与城市交通的空间剥离；原先穿越主城区的高速公路应尽量外绕或外迁，在主城区边界设置主线收费站并将主城区内的高速公路规划调整为城市快速路（设计车速可保持不变），难以外绕或外迁的高速公路应当优化其出入口设置；穿越主城区的其他高等级公路也应采用类似方法剥离其过境交通，使主城区内的高等级公路调整为城市道路，承担城市交通功能，并与其他城市道路进行一体化交通组织。

二是科学布局客流主通道和车流主通道。目前，构建"整体分散、个体集中"的组团式城市发展结构已逐步取得共识，在城市组团外围和各组团之间，需要构建快速（环）路或交通性主干路，吸引和疏解长距离车流和跨组团车流快速通行；应避免快速路穿越和破坏城市组团内部，尤其是城市核心区。在城市快速路、交通性主干路两侧，应避免布置密集居住区、大型商业设施等高强度客流吸引点，以免降低通行效率。在城市组团内部，应重点构建客流主通道。贯穿城市中心、副中心的骨架路网应当成为有足够吸引力的公交主要走廊，成为大城市发展快速轨道交通或中运量公交系统的关键廊道。在城市组团内部的大中运量公交站点周边，应以公共交通为导向的发展原则引导土地开发建设，促进土地的混合利用，减少跨组团的出行需求。

三是在城市蜂腰地带规划控制复合性交通走廊。我国许多城市是依托大江大河形成和发展起来的，还有一些是依托铁路枢纽建设而成的。在城市发展进程中，河道、铁路往往被城市包围，在跨江、跨河、跨铁路的蜂腰地带就形成了交通瓶颈，不论采用桥梁还是隧道，其数量总是受到限制，形成交通紧张和车流拥堵。所以，在规划路网时，要充分预见未来城市的蜂腰地带，并分析这类瓶颈地区的客流、货流、车流等各类交通需求，以复合型交通走廊的模式构建交通网络，充分利用每个宝贵的通道走廊，确保道路空间满足各类交通设施设置的要求。

四是优化骨架路网建设时序。一方面，要加强道路网发展的弹性，对小汽车发展要有足够的估计，规划控制好骨架道路网，避免城市空间蔓延式发展；另一方面，应采用分期、分段、降级、组合等方法，以满足各阶段交通需求为原则，有序推进道路网建设，促进骨架路网和支路街巷协调发展。

15.4 优化道路的功能分类与分级

15.4.1 道路功能分类的模式和方法

1933年的《雅典宪章》明确指出：交通是城市四大功能之一，城市道路功能不分是城市交通面临的重要问题，街道需要进行功能分类，其中车辆的行驶速度是道路功能分类的依据。1978年通过的《马丘比丘宣言》认为，实践证明把交通看作为城市基本功能之一，道路应按功能性质进行分类，改进交叉口设计等是正确的，可见实行道路功能分类是城市道路规划的一项重要工作。

一是基于交通功能分类，其主要作用是提高道路网络的运行效率；二是基于多重功能分类，即按照道路所处区位、土地利用、服务对象、人文景观等的多重功能进行细分，其主要作用是赋予街道更完整的意义；三是取消道路分级的分类，主要适用于高密度、均质化、无须区分路网等级的城镇地区，重点面向道路服务对象进行分类。

城市道路功能分类有多种模式[3]，我国当前采用的是主要依据交通功能的分类方法，将道路分为快速路、主干路、次干路和支路四类（四级），但对各类道路功能的表述不够全面和完整。

美国的城市道路同样是主要依据交通功能进行分类，但在道路功能分类时不仅考虑机动车行驶速度，还综合了道路交通流特性、道路两侧出入交通、道路间距、各类交通流分担比例、停车限制等要素和条件，将城市道路划分为主要干线道路（principal arterial，含高快速路及其他主要干线道路）、次要干线道路（minor arterial）、集散道路（collector）和地方道路（local）四大类[4]。其中，美国各类城市道路的可达性和通过性要求对我国极具参考意义（图15.2）。从高快速路到地方街道，其道路的出入可达性要求越来越高，通过性交通（through traffic）功能越来越低，体现了差别化服务的基本思想。

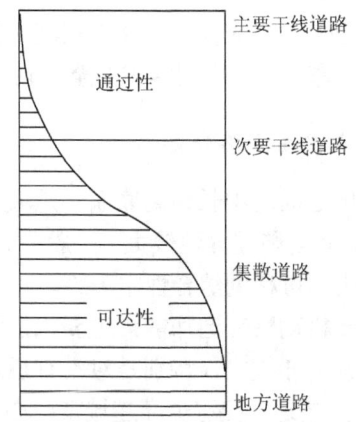

图 15.2 美国各类道路通过性和可达性交通服务的关系

反观我国的城市道路,其交通特性表现为多重功能叠加、多重交通工具混合使用,更适合采用充分重视道路功能的分类、分级相结合的方法。

15.4.2 对我国城市道路功能分类的优化

城市道路功能分类从服务机动车交通转为服务包括行人、自行车在内的全体出行者,从面向机动车通行优先转为差别化通行优先权,从关注机动车道数转向重视街道空间功能和尺度,是"以人为本"、尊重和协调多种交通方式的必然选择。

优化道路网中不同道路的功能分类,能够使道路之间的搭配更加合理、高效和一体化。其中,干路是骨架,支路街巷是基础;干路主要服务机动车交通,重点面向运行效率,支路街巷服务道路两侧的居住和商业功能,重点面向本地区的活动;干路重视结构、形态,支路街巷重视空间、活动。

如果仍保留我国规范中的四级道路功能分类,有必要对其表述和内涵作必要的调整和完善。

15.4.2.1 将快速路扩展为高快速路分类

大城市的快速扩展增加了长距离出行的数量和长度,需要突破原定道路设计速度上限,提高远程出行效率。客观上,大城市的郊区拓展将原高速公路功能置换为城市道路时,宜保持其原有设计车速,以发挥道路快速通行的功能。建议将承担长、远距离出行的道路定义扩展为高快速路,设计车速范围扩展到 60~120km/h。

大城市高快速路主要服务于出入境交通和长距离交通,路权上重点面向机动车交通,从健康城市理念出发,未来高快速路应根据所处区位、服务需求等,更加重视为片区间长距离公交车辆、大中型客车乃至合乘车辆提供优先通行路权[5]。

15.4.2.2 以使用功能细分主干路分类

主干路承担城市各分区之间的中长距离联系,是城市骨架道路网的重要组成部分。不同的城市主干路,其功能差异性较大,一般可分为交通性和生活性两类;也有些主干路功能叠合较强,可称为综合性主干路。

交通性主干路更偏重于机动性交通功能,主要承担跨区间、长距离机动车交通流的输送,更加关注提升交通效率(特别是对没有规划快速路或者快速路严重不足的大城市),要求快速、畅通,应避免穿越城市中心区和高强度开发地区、减少道路两侧地块的机动车开口。交通性主干路可作为布设城市快速公交的通道。

生活性主干路更偏重于地区生活服务功能,往往穿越城市分区内部,是服务城市土地开发和功能运行的主要载体,因此道路两侧用地开发强度和客流集聚强度均较高,是城市公共交通的主要通道,为快速路和交通性主干路分流和集散交通,以追求客流容量而不是通行速度为优先目标。生活性主干路应积极设置大中运量骨干公交或公交专用车道,并应保障足够的步行和非机动车路权空间。

15.4.2.3 强化次干路的集散街道功能

次干路介于主干路和地方街道之间,起到交通功能衔接和转换的重要作用,既需要服务机动性交通,也需要服务地方性交通,是组织地区循环交通、改善地区交通效率和秩序的重要环节,同时也承载了一部分街道活动属性。地块的重要出入交通宜设置在次干路上。

次干路的功能定位应更加丰富多样、不以通行能力和运行速度为主要评判标准。次干路应是公交线网加密的主要道路,对公交服务需求高的次干路应设置公交专用车道或交叉口进口公交专用车道,以保障公交车在交叉口的路权优先。次干路通常也是承担步行和自行车交通的主要通道。

15.4.2.4 突出支路的可达性和公共活动空间功能

从功能角度看,支路应当提供两大重要功能:一是服务区域内部的各类交通出行,提高地区的可达性,并避免穿越性的机动车交通利用支路穿行;二是提供积极的公共活动空间,塑造安全、宜人的街区环境。因此,也可以将支路称为"地方街道"。支路的路权分配和交通组织应重点保障步行、自行车和地块出入交通,不宜硬性规定绿化带等空间和设施的设置要求。

国家规范对支路最小宽度的要求是大中城市15m、小城市12m。事实上,我国各城市拥有大量宽度不足10m、断面布置灵活多样的各类街道、街巷,其中不少街巷还承担了一定的交通功能,并且符合国家规范《道路工程术语标准》(GBJ 124—1988)对支路的定义——城市道路网中干路以外联系次干路或供区域内部使用的道路。国家规范《城市道路工程设计规范(2016年版)》(CJJ 37—2012)提出,支路为次干路与街坊路的连接线,以服务功能为主,提及街坊但未将其计入城市道路范畴。

从以上功能定位分析可见,支路的涵盖范围应当拓展到各类主要的传统街道、街巷,应降低支路宽度的最高和最低限制要求,这既完全符合《意见》精神,也符合我国城市实际情况和可持续发展的切实诉求。对一些权属上隶属某单位或小区,但符合城市交通运行条件,通过协调可服务于城市交通的内部通道,也应纳入支路范畴。

一些特殊的道路,包括各种类型的景观大道、休闲道路等,以及一些步行街、自行车专用路,既可单独分类也可将其纳入类似功能的道路类别中。

15.5 更可靠更便利的密路网发展模式

15.5.1 加密道路网络

究竟是选择宽马路、稀路网,还是选择窄马路、密路网?如果单纯以"车本位"来考虑,在路网产生交通拥堵前,似乎前者的优点更加显著——车行速度更快、通行效率更高。但是,稀路网的结构性缺陷导致运行可靠性严重不足,一旦拥堵产生,更容易影响大面积交通。

比较不同城市的路网发展模式可见,随着土地开发强度、建设密度和人口密度的增加,该地区的交通需求相应增长,道路交通往往更加拥堵。在同一水平下,如果加密道路网络、减小街区尺度,将更有利于路网交通的均衡,更有利于交通有效组织和交通流顺畅,也更有利于近远距离交通、快慢交通、机非交通、人车交通的空间分离。

高快速路网密度决定了城市组团规模。大城市高快速路的合理间距通常在 $4\sim5km$,围合的空间范围为 $15\sim20km^2$,相应的快速路网密度为 $0.4\sim0.6km/km^2$。原则上,只有超过百万人口、$100km^2$ 建成区面积的大城市才有必要修建快速路,对一些地形地貌特殊的(如河谷带形城市)50万人以上的城市,也可考虑规划建设城市快速路。

干路网密度是道路网规划控制的关键。重点考虑因素包括:一是满足道路交通基本容量需要;二是满足公交线网布设尤其是公交站点服务覆盖的需要;三是便于道路交通组织、交通控制和智能化管理;四是有利于地块开发和效益升值。综合以上因素的城市干路合理间距应控制在 500~700m，干路围合的空间范围为 25~45hm^2，合理的干路网密度为 2.8~4.0km/km^2。对于一些难以按《意见》要求加密支路网的城市建成区和地形条件受限的城市，干路网密度可适当提高。

"高密度"是支路网规划设计的关键要素。城市应选择合适的干路网密度确保交通功能，而支路网的密度则是为了构建合理的街区和空间。支路网相当于城市生命体的毛细血管，没有足够的密度就无法深入城市的各个角落，无法满足居民出行可达性的基本要求。支路网规划要体现"差异化"，不同城市、不同地区的支路网布局形态存在很大差异，不同城市功能区的支路网密度要求也有较大差异。一般地，城市中心区商业商务功能集聚，开发强度最高，支路网密度应达到 9~16km/km^2，相应的路网密度应达到 12~20km/km^2；城市次中心地区、商务办公区的支路网和路网密度应分别达到 5~11km/km^2、8~15km/km^2；居住区和混合用地片区的道路间距不应超过 300m，支路网和路网密度应分别达到 4~8km/km^2、6.7~12km/km^2；工业区、仓储区往往需要较大的空间组织生产，应根据实际条件选择合理的支路网密度；城市外围的重工业区等大型企业片区应合理设置内部通道以替代支路网的功能。

15.5.2 缩窄街道宽度

路网的密度和街道的宽度是与街区的尺度相互关联的，应当合理选取不同功能等级的道路机动车道数和道路宽度。根据我国城市道路建设的实际情况，可以将支路的道路宽度标准由 12~15m 降至 10m，对旧城区、历史街区和其他特殊地区，支路的宽度标准可以进一步降低以体现灵活性（如降低至 8m），或者设置为步行和自行车专用路。鼓励地块和建筑之间共用出入通道，打开围墙形成共享道是提高支路网密度的代表性方法。

15.6 塑造步行和公共空间友好的街道空间

15.6.1 面向活动的街道和面向交通的道路

在我国，街道和道路通常不加区分，《城市道路工程设计规范》（CJJ 37—2012）统称城市规划区内的道路为城市道路。

在欧美国家，街道（street）的内涵与道路（road、highway）有所区别：街道特指需要为两侧用地和建筑提供交通服务和公共活动的城市道路，街道空间是道路、建筑及其所围合空间的组合体。与主要满足客、货移动为目的的道路功能不同，街道更需要吸引和满足来此地的"人"的活动。

一段时期以来，我国在城市道路的规划和设计时更重视机动车交通问题。建立在"车本位"基础上的城市道路规划，先通过交通模型分析机动车交通需求，再分析道路网络机动车容量和道路机动车通行能力，以此为依据分析道路机动车道数、选择道路横断面形式，最后确定自行车道、人行道和分隔带宽度。其结果是行人、自行车和公交只能争夺服务机动车之后有限的"剩余空间"。这不是塑造理想街道空间所期望的理念和手法。

15.6.2 完整街道："以人为本"而非"车本位"

街道是组成公共领域的最主要因素，其他任何城市空间都望尘莫及[6]。街道的功用并不仅仅是让人们能够方便地从一个地方到达另一个地方。街道设计的基本理念应该是"以人为本"。

美国从1970年开始出现了完整街道（complete street）运动，该运动的目标是改革交通政策使之适合所有的街道使用者，让人们能够安全舒适地在街道上运动穿行[7]。

完整街道运动体现了城市不断推进宜居性和可持续性的理念。

（1）宜居性是指城市可以创造充满活力的空间，各种城市功能在此和谐共存。宜居性是对机动性的价值观调整，倡导街道完善步行和自行车设施，鼓励人们步行、骑自行车或乘坐公交车出行。

（2）可持续性是指城市在成长和发展的同时提供健康的环境和生活方式。可持续性的街道遵循的原则包括：适应自然和已建的环境；优先保证行人、自行车和公交的出行；按照步行距离进行规划建设，建议最大地块周长小于488m（如152m×92m）；保护、尊重和提高一个城市的自然特点和生态系统，最大限度地提高社会和经济活力[8]。

新的规划理念带来了街道空间资源"以人为本"的合理配置，确保街道首先满足合理的步行尺度和步行路权，最后才是小汽车的行与停。

15.6.3 实现小街区需要减低建筑退让

传统的"宽马路、稀路网、大街区"城市空间发展模式和"车本位"的道路空间发展模式，受到越来越多的批判。人们认识到道路红线太宽、路网密度不足带来城市空间不够宜人、交通容易拥堵，也造成土地资源浪费、景观单调和环境恶化等问题[9]。

要实现小街区，不仅需要反思和调整传统的道路网体系划分模式和方法，还需要反思和改进另一个概念，就是传统意义上的建筑退让。我国城市规划管理技术规定中，建筑退让通常要求在5～20m（根据道路宽度和建筑高度而有差异），极易形成消极的城市空间，形成"宽马路、稀路网"的路网格局。因此，在实施"小街区、密路网"的地区，应通过城市设计和街道设计相结合的手法，同步优化施行更小的建筑退让，把城市道路和建筑之间更加有机地关联起来，并更好地管理建筑前区，为居民提供面对面交流的友好公共空间[10]。

15.7 结　语

道路和街道本为一体，只是在快速城市化和机动化进程中，太过重视气派宽大的道路网建设，对怡人尺度的街道和健康路网的发展关注度不足，随之带来道路交通安全和拥堵问题，以及深层次的路网结构、功能、街区空间等要素的割裂。因此，回归本源，坚持基本的价值取向，构建健康可持续的城市道路网体系，才能促使城市交通更加高效、顺畅、有序，同时更加方便和丰富人们的活动、交往和游憩，最终实现城市的可持续发展。让人们不得不认真反思如何促进城市和路网的可持续发展。

（作者：於昊）

参 考 文 献

[1] 杨涛. 我国城市道路网体系基本问题与若干建议[J]. 城市交通，2004，(3)：3-6.

[2] 文国玮. 城市交通与道路系统规划[M]. 北京：清华大学出版社，2007.

[3] 武贤慧，童景盛. 城镇道路功能分类思考及启示[J]. 城市道桥与防洪，2010，(12)：1-5.

[4] Federal Highway Administration. Highway Functional Classification: Concepts, Criteria and Procedures (2013 Edition)[R]. Washington DC: US. Department of Transportation. 2013.

[5] 杨涛. 健康城市道路网体系：理念与要领[J]. 现代城市研究，2013，(8)：89-94.

[6] 雅各布斯. 伟大的街道[M]. 王又佳，金秋野，译. 北京：中国建筑工业出版，2009.

[7] 李雯，兰潇. 城市最具潜力的公共空间再开发——世界典型街道设计手册综述[J]. 城市交通，2014，(2)：10-17.

[8] 姜洋，何东全，ZEGRAS Christopher. 城市街区形态对居民出行能耗的影响研究[J]. 城市交通，2011，(7)：21-29.

[9] 李亮，申凤，唐芳. "密路网，小街区"规划模式的土地利用与城市设计研究——以昆明呈贡新区核心区规划为例[C]. 2014（第九届）城市发展与规划大会，天津，2014：1-9.

[10] 姜洋，王志高. "窄马路、密路网、开放街区"：怎么看，怎么做？[EB/OL]. https://www.thepaper.cn/newsDetail_forward_1434659 [2016-2-23].

16 发达城市化地区高快速路一体化规划

16.1 问题的提出

在我国东部发达城市化地区，近20多年来的城市化进程呈现出区域城市化和城市区域化双重态势。在此过程中，高速公路和城市快速路发挥了至关重要的引领、支撑和引导作用。由高速公路、市域快速干线和城市快速路组成的高快速路系统与快速公共交通系统共同构成输送城市长距离快速交通需求的主要载体，极大地改善了城市对外部和内部长距离出行的机动性与可达性，引导着市域城镇体系发展、都市区城市空间结构调整和土地利用开发。特别需要注意到，发达城市化地区的高速公路不再仅仅是承担城市之间、市域之间相对单一的城际和城乡快速交通联系功能，而且在很大程度上承担着中心城区与外围新城、功能组团和节点之间的城市快速交通联系功能，越接近中心城区，其城市快速交通功能越显著，与城市快速路的特性特征也越接近。但是，作为大陆型国家，发达城市化地区的高速公路还必须以承担和完成大区域间的国家运输通道功能为前提。正因为发达城市化地区的高速公路交通功能的多元复合性和动态变化性，这些高速公路与城市快速路在交通功能上的差异性和相似性并存，导致发达城市化地区的高速公路与中西部城镇稀疏地区城际间点到点的高速公路规划建设的思路、理念、模式、技术、标准等存在明显差异。

与此同时，随着城市规模的不断扩张，原城市外围高速公路和国省干线公路不断纳入城市道路范畴，其城市外向交通服务功能逐步被内部交通服务所取代，道路功能和服务模式的变迁使得高速公路、国省干线公路与城市快速路的界限逐渐模糊，其与城市快速路的结合成为交通发展过程中的新瓶颈，不仅使得高速公路快捷、高效、安全的特点难以发挥，阻碍了城市交通的发展，也造成了城市用地的分隔。尽管一些发达地区的城市已经开展了高快速路系统一体化规划的相关研究和实践，高速公路、市域快速干线和城市快速路在规划上仍相对独立。高速公路的规划一般在区域联系的层面考虑，市域范围内缺乏与城市发展和土地利用的协调；市域干线公路往往重视规模的提升，缺少对快速干线的功能定位研究，重视城镇节点的通达，但与城市出入口的关系考虑不足；而城市快速路则是在城市发展达到一定规模阈值后才开始规划，与前两者在规划时序上存在差别。同时，三者所属的管理部门不同,进一步造成了高快速路系统在规划、建设和运营管理上缺少一体化协调,阻碍了高快速路系统功能的发挥。

因此,如何建立一套科学合理的发达城市化地区高快速路系统的一体化规划、建设的理论框架与技术方法,处理好高快速路的功能规划(包括功能定位、功能组合、功能过渡)、布局规划(包括路网规模、形态、布局、衔接等)、建设模式(包括车道数量、车道功能、断面形式、敷设方式、交叉方式、收费模式等),形成发达城市化地区的快速机动交通通道,满足区域与城市交通快速机动性和可达性的要求,高效疏解中长距离的组团间交通、出入境交通和过境交通,实现城市内外交通高效转换,缓解城市交通压力,既是一项十分重要的交通规划理论课题,更是一项极为迫切的工程实践应用课题。

16.2　高速公路和快速路区别

高速公路是道路等级分类中的最高等级,是国家干线公路网的重要组成部分。高速公路的服务对象为区域性长距离交通,缩短城市间的时空距离,增强区域间的快速机动交通联系。高速公路严格执行全封闭管理运营模式。而城市快速路则属于城市道路的重要组成部分,连接城市内各组团,减少城市居民的出行时耗。其服务对象为城市组团间非通勤性的中长距离交通、城市出入境交通和部分过境交通。高速公路与城市快速路差异性主要有以下几点。

16.2.1　设计车速与线形设计标准

高速公路作为连接城市之间的快速通道,运送距离远远大于城市快速路,因此设计车速通常取 100~120km/h,山区困难地段取 80~100km/h[1];而城市Ⅰ级快速路设计车速为 80~100km/h,Ⅱ级快速路为 60~80km/h。考虑交通安全性和运输时效性,高速公路的线形设计标准,包括最小平曲线半径、最大纵坡和坡长等,都要高于城市快速路的要求。

16.2.2　横断面设计

高速公路和城市快速路车速都比较快,因此都需要设置中央分隔带。高速公路的功能相对单一,横断面设计相对于城市快速路要简单许多,只需要考虑机动车的通行要求,结合地形地貌,满足各项公路设计指标和标准即可。因此,高速公路横断面都采用双幅路(两块板)形式。城市交通不仅需要满足机动车的出行，还需要协同非机动车及行人出行需求。因此，城市快速路在道路横断面的设计和处理上有较高的要求，除了主线上满足机动车出行的条件，有需要的情况下会在快速路主线的一侧或者两侧设置辅路系统。城市快速路外侧原则上不设非机动车道和人行道，但在居民相对密集地区，仍然需要考虑设置非机动车道和人行道。另外，城市快速路还需要考虑市政管线的敷设。根据这些要求，城市快速路横断面通常有两块板断面、四块板断面、六块板断面，甚至还有更加复杂的断面形式。

16.2.3　红线控制要求

从道路红线的角度来看，城市快速路（不含辅路）的道路红线要求在 25~40m[2]，但是通常还需要设置辅路（含人行道和非机动车道），而高速公路则不需要设置；城市快速路设计时通常需要考虑城市景观绿化，设置绿化带；为了保障快速路两侧生态环境质量要求，需要考虑建筑退让，因此快速路和辅路的整体红线宽度往往在 40~70m，在实际中有些快速路红线甚至更宽。城市化地区的高速公路红线控制可以参照城市快速路执行，非城市化地区高速公路的红线宽度根据路基宽度加外侧防护控制带，一般在 50~80m。

16.2.4　出入口数量

高速公路出入口主要根据沿线服务的节点城市、重要城镇、工矿、开发区以及机场、港口等重要交通枢纽而设置。高速公路的出入口间距通常在 5km 以上。城市快速路服务于城市组团间快速交通联系，出入口设置比较密集，通常间距为 2~3km，最小极限间距可为 160m[3]。因此，城市快速路出入口数量会明显多于高速公路出入口数量。

16.2.5　车种构成

由于城市内部交通活动频繁，交通需求量很大，城市快速路经常会出现"供不应求"的现象，拥堵情况频繁发生。为了控制交通流量，很多城市市区白天限制货车进入，导致城市快速路上车辆构成相对单一，主要是客运车辆特别是以小汽车为主，还有少量的公共汽车、单位班车及特殊车辆等。但是高速公路通行开放性要高于城市快速路，一般对其通行的机动车型限制较少，车种比较复杂，包括了大、中、小客车和各种载荷的货车[4]。通常高速公路越接近城市化地区，客车比重越大。

综上所述，城市快速路与高速公路相比，在服务对象、道路功能、设计车速、线形标准、横断面形式、红线宽度及交通构成特性等方面存在着多方面的差异（表16.1）。由于快速路与高速公路存在着这些差别，不能简单地把快速路与高速公路混为一谈，应根据高快速路本身的道路交通功能，综合考虑各自在道路交通网络中所发挥的作用。

表 16.1 快速路与高速公路的区别表[1, 2]

项目	快速路	高速公路
服务对象	城市内部长距离交通、组团之间交通以及过境和分流过境交通	区域性长距离交通
道路功能	承担城市内部中长距离交通	主要承担城市间交通
设计车速	60~100km/h	80~120km/h
道路结构	节点多，出入口匝道多，间距短 大多为放射形+环形，有与之并行的辅道 25~40m（不含辅路宽度）	节点少，出入口匝道少，间距大 大多呈线状，有与之平行的普通公路 视车道数而定，通常为50~80m
交通特性	交通需求大，交通量接近于通行能力。连续流，出入口交通构成复杂，容易发生拥挤 车种构成变化小，小客车占有率较高 车辆从出入口进入主线，出入口成为制约快速路通行能力的"瓶颈"，匝道定位要考虑快速路上混入的大量短途交通	交通需求相对较小，连续流，车种构成比较复杂，较少发生拥堵[5] 车种构成变化显著，货车比例高 与有一定富余通行能力的普通公路相接，有可能强制车辆从匝道驶出，匝道定位主要为长途交通考虑

16.3 高速公路和快速路相似相容性

由于区域城市化和城市区域化趋势的不断发展，在发达城市化地区，高速公路和快速路之间的界限越来越模糊，高速公路和快速路具有了更多的相似相容性。具体表现在以下几个方面。

16.3.1 相似性具体表现

16.3.1.1 主线交通连续流

从高速公路和快速路各自定义中可以看出，高速公路与快速路都是只允许汽车驶入的高等级道路，并控制车辆出入，沿线采用全封闭或者半封闭的模式，限制非机动车、行人等的进入,最大限度地减少了道路横向干扰系数。因此,不论是高速公路还是快速路,在正常情况下其主线路段上的交通流都是连续流。

16.3.1.2 快捷性

高速公路和快速路设计车速均大大高于普通干线公路和城市道路。它们技术等级高、质量好、运输条件及设备齐全,能最大限度缩短运行时间,方便人、车、货快速到达目的地。

16.3.1.3 高效性

高速公路和城市快速路作为区域、地区内的主要干道,高效性是其必备条件。相对于普通国道和城市内部干道来说,高速公路和快速路在运行效率上都具有绝对优势。一条高速公路的运输效率往往高出普通干线公路数倍,城市快速路相较普通城市主次干路,其运输效率也要高出数倍。北京市快速路里程占全网不到20%,而承担交通量占全网近40%。

16.3.2 相容性具体体现

16.3.2.1 可衔接性

高速公路与中心城区相对接,大量的交通流汇集至中心城区,需要中心城区内部的快速路来发挥集散功能,通过城市路网将大量的交通流迅速地疏解。高速公路与城市道路连接,首先是通行能力的匹配问题,只有快速路的通行能力才能与高速公路的通行能力相匹配,如果用一般城市道路与高速公路相连接,由于通行能力落差较大,必将造成城市交通拥堵;其次是运行车速的匹配问题,快速路与高速公路的设计车速级差小,一般高速公路的设计车速为100~120km/h,在接近城区段降为100km/h,快速路的设计车速为80km/h,高速公路与快速路可以进行无缝衔接。

16.3.2.2 可过渡性

在发达城市化地区,随着城市化水平不断提高、城市化区域不断向外扩张,原先建设的高速公路,包括放射状高速公路和部分环状高速公路会逐步被城市化区域所包围,并且沿线立交和出口数量也会不断增加,交通量中城市组团间的中短距离出行比重和小客车的比重不断上升;并且,这些高速公路的交通量快速增加,饱和度不断提高,运行车速会逐步下降。这样,这些高速公路城际交通特征和功能被逐步弱化,而城市快速路的特征和功能不断强化,最终随着高快速路网的完善，部分已完全进入城市建成区的高速公路就会过渡转化为城市快速路。

16.3.2.3 可替代性

目前我国绝大部分高速公路是收费公路，而城市快速路绝大部分是不收费的。这是高快速路之间在建设和运营上的最大差别。但收费高速公路一旦收费期满，除了有充分理由继续收费，大部分高速公路将向全社会免费开放。此时，高速公路与城市快速路之间的最大门槛和差异就会消除，两者的功能在城市化地区将可以相互融合和替代。

16.4 发达城市化地区高快速路一体化规划建设模式的内涵

根据上述高速公路与城市快速路的相似相容性分析，以及发达城市化地区高快速路网规划建设的需要，本小节将"高快速路一体化规划建设模式"定义为破除既有高快速路网的行政管理权限、技术标准和收费体制分割等障碍，着眼发达城市化地区城镇、空间、产业与交通的一揽子前瞻性、系统性总体规划和未来高快速路网的一体化管理与运营，对这些地区的高快速路网进行一体化的规划、设计和建设。从这个定义出发可以得出"高快速路一体化"具有以下五个特性。

（1）目标统一性。高速公路与城市快速路共同构筑发达城市化地区快速通道，共同承担区域内外快速交通联系，区域内城镇间、功能组团间快速交通联系；共同满足远距离、中长距离快速交通联系；共同支撑、引导和促进区域经济社会现代化发展、新型城镇化发展、城乡统筹协调发展、交通运输可持续发展。

（2）功能协同性。发达城市化地区高速公路和城市快速路在功能上有分工、有协作、有互补。前者以大区域间远距离城际快速交通、过境交通为主，后者以区域内城市群、都市圈和功能组团间中长距离快速交通为主，两者在时间和空间上具有一定的过渡性和相容性。

（3）布局协调性。发达城市化地区高快速路网布局应当整体谋划、协同编制，既能实现高快速路网功能的整体协同，又能实现高快速路网布局与城镇空间、土地利用、枢纽体系、产业布局、生态环境等的综合协调。

（4）空间连续性。高速公路与城市连接时，一般先通过高速公路连接线（连接线本身带有高速公路与城市快速路过渡性特点），然后再通过城市快速路系统与城市干路网相连。

（5）效用整体性。在发达城市化地区如若对高快速路实施一体化策略，实际上就是把该地区的高速公路和城市快速路作为一个整体，其能力和作用将有显著提升。高速公路和城市快速路有效组合程度越高，城市快速交通性能越强，对周边交通的集散和吸引力就越大，能够实现整体大于个体之和的效果。

16.5 发达城市化地区高快速路空间层次与功能分类

针对不同空间层次和空间尺度范围，发达城市化地区高快速路空间层次及其主要功能可简单归结为表 16.2。通过对发达城市化地区高快速路交通特性、交通构成特性进行分析，可以看到发达城市化地区高快速路一体化的道路具有区域性功能、转换功能、集疏散功能和联络功能。

表 16.2 发达城市化地区高快速路空间层次及其主要功能

空间层次	范围	空间尺度	连接的运输点	主要作用	典型案例
国家和区域快速公路运输通道	全国或者跨国	大尺度	国家或国际重要运输枢纽	全国范围内沟通各主要运输点的高效快速运输骨架	国家高速公路网、新欧亚大陆桥、欧洲西北部都市区矩形交通运输走廊
区域运输走廊	城市群或者城市带	中尺度	城市群区域内中心城市，区域运输主枢纽	区域内主要城市间的高效快速运输骨架	京津塘（北京、天津和塘沽）运输走廊、沪宁（上海、南京）运输走廊、阪神（大阪、神户）运输走廊
城市运输走廊	城市或者都市区	小尺度	城市内部重要的组团、对外出入口和重要交通枢纽	疏散市区内部各组团间以及市区至各卫星城之间中长距离快速通道	上海、南京、杭州等城市快速路网

16.5.1 区域性功能

我国国土面积辽阔，区域和城镇之间（包括东部发达地区之间、东部与中西部地区之间、中西部地区之间）的交通联系需求巨大。发达城市化地区的高速公路承担着国家、区域和城镇群以及城市之间的区域性快速交通通道联系功能。

16.5.2 转换功能

发达城市化地区的高快速路网连接了对外放射通道、内部功能组团间快速联系通道，并通过必要的快速环路承担着不同方向的交通转换功能。

16.5.3 集疏散功能

发达城市化地区的高快速路网承担着中心城市与外围新城、功能组团出入境快速交通和机场、车站、港口等重要客货运枢纽节点的快速集疏散功能。

16.5.4 联络功能

发达城市化地区的高快速路网承担着外围新城、功能组团之间快速交通联络功能。

在发达城市化地区,这四种交通功能贯穿整个高速公路、快速路系统中。每种交通功能所对应的道路载体有所区别,但每条高快速路所承担的交通功能又不能截然分开。随着高快速路跟城市中心的距离远近,其承担的交通功能也有所不同,大致可以分为Ⅰ、Ⅱ、Ⅲ三个道路功能区间类别(表16.3)。

表 16.3 发达城市化地区高快速路功能道路载体与距离分析

交通功能	道路载体	道路功能区间
联络功能	快速路	Ⅰ、Ⅱ
集疏散功能	高速公路、快速路	Ⅰ、Ⅱ、Ⅲ
转换功能	高速公路、快速路	Ⅰ、Ⅱ、Ⅲ
区域性功能	高速公路	Ⅲ

Ⅰ类道路功能区间表示高快速路与城市中心距离最近,主要承担城市组团间快速联络功能和城市出入境集散交通功能,不承担区域性交通功能,基本不承担交通转换功能,因此,其道路载体基本是城市快速路。Ⅱ类道路功能区间表示高快速路与城市中心的距离介于市中心与城市外围之间,承担着区域性交通、转换交通、集散交通和联络交通多重功能,是发达城市化地区交通功能最为复杂的道路,道路载体既包括城市快速放射道路和环路,也包括高速公路入城连接线和高速环路等。Ⅲ类道路功能区间表示高快速路与市中心的距离最远,基本已属于城市功能区外围的远郊和乡村地区,主要承担区域性交通功能,道路载体以高速公路为主。综上所述,根据高快速路与城市中心距离的差异,三种道路功能区间所承担的交通功能差异性及其变化趋势如图16.1所示。

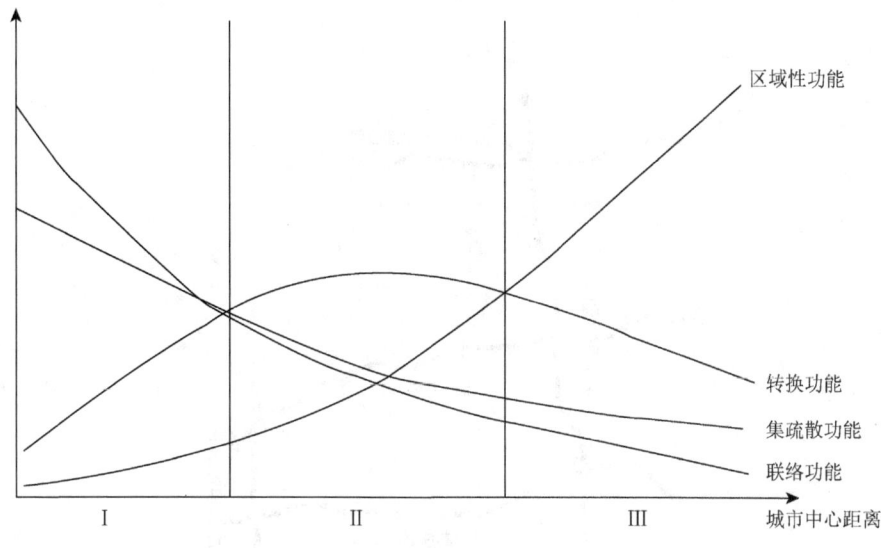

图 16.1 道路功能区间与城市中心距离关系图

16.6 典型案例

16.6.1 昆山市域高快速路网一体化规划

16.6.1.1 城市概况

昆山市是苏锡常都市圈中的重要节点城市，位于沪宁发展轴的东端，位于上海与苏州之间，北与常熟、太仓两市相连，东与上海嘉定、青浦两区交界，西与苏州相城区、吴中区、苏州工业园区接壤，南部周庄古镇与吴江区毗邻，通达浙江。昆山市东西宽约 33km，南北长约 48km，总面积 927.68km²。市域城镇结构规划形成 1 个城市集中建设区、1 个中心镇、4 个风景旅游镇的城镇结构。

16.6.1.2 昆山市高速公路网规划

昆山高速公路的网络密度和覆盖程度都比较高。对于昆山市而言，高速公路的规划建设有利有弊，利在于为昆山市提供了便捷快速的高速路网，弊在于高速公路对城市用地的分割，而且昆山市对于高速公路网的规划建设先天处于被动局面，如何转被动为主动，重点在于合理衔接、利用高速公路资源，提前做好城市用地规划、预留。规划"三横两纵"高速公路网，总长度 88.64km（图 16.2）。"三横"包括沪宁高速公路、苏昆太高速公路、苏沪高速公路，"两纵"为苏州东绕城高速公路、上海郊环高速公路[6]。

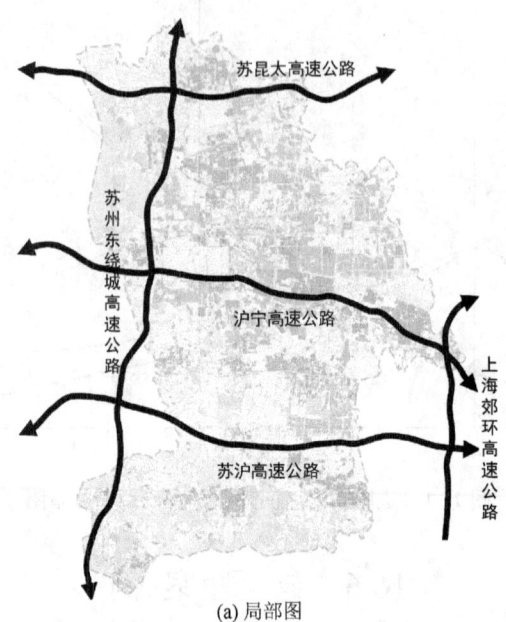

(a) 局部图

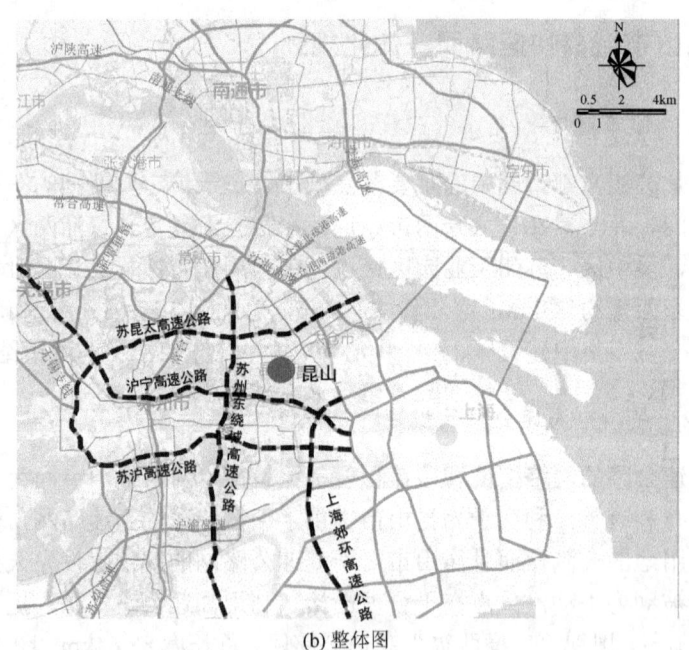

(b) 整体图

图 16.2 昆山市高速公路网规划[6]

16.6.1.3 市域道路网布局规划

从功能角度出发，市域快速路将主要承担市域主要功能片区以及昆山市与周边城市的快速通达联系。结合昆山市域各片区的城市发展特点和市域传统公路网络建设状况，规划市域范围内形成"七横五纵"的市域骨架道路，实现对外联系便捷化、市域联系一体化、组团联系快速化（图16.3）[6]。

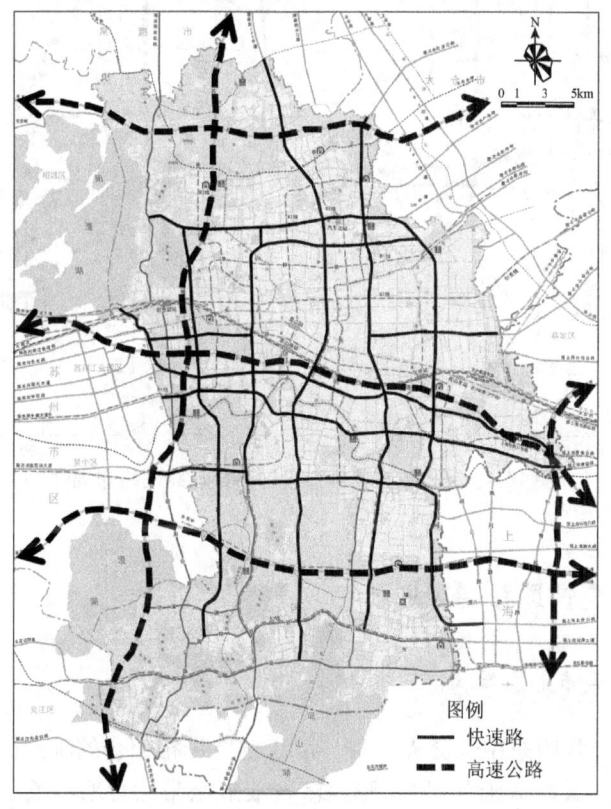

图16.3 昆山市域骨架路网规划[6]

16.6.1.4 中心城区道路网规划

城市快速路布局的基本原则就是要与城市总体空间布局、组团分布及用地相协调，与城市机动车走廊一致。快速路的功能是串联城市各组团的中长距离机动车交通，布置在组团的外围，不直接穿越组团的中心。快速路与组团的关系是一种"盒子"状的形式。结合昆山城市集中建设区"一核两翼三区"的组团空间布局结构，规划形成"双环四连"的快速路系统（图16.4）[6]。

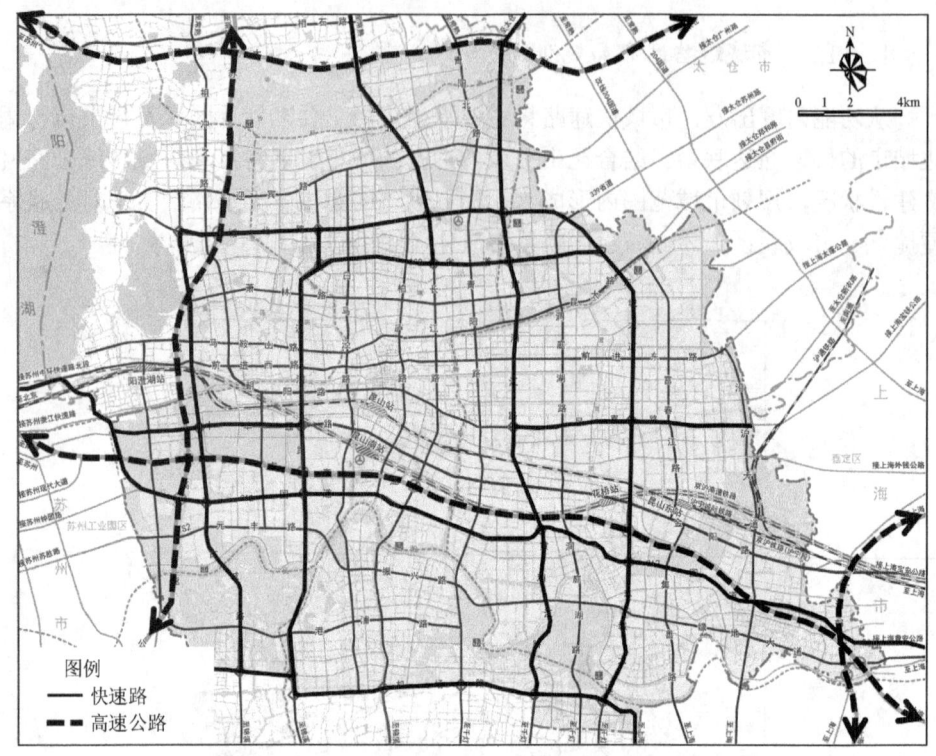

图 16.4　昆山城市集中建设区高快速路网络布局[6]

16.6.2　南京高快速路网规划

16.6.2.1　城市形态结构

南京是位于我国东中部交界、并与沿江发展带相交会的唯一的省会城市,处于国家大沿海、长江大沿江"T"形经济发展战略带结合部、长三角与中西部地区的交接点,是我国东西、南北交通大动脉交会点上重要的交通枢纽城市。南京位于江苏省与安徽省交界处,东与江苏省扬州市、镇江市、常州市接壤,西与安徽省滁州市、巢湖市、马鞍山市、宣城市毗邻。

依据《南京市城市总体规划(2011—2020)》和《江北新区 2049 战略规划暨 2030 总体规划》,南京城市空间是以主城为核心,以放射形交通走廊为发展轴,以生态空间为绿楔的现代都市区格局,形成"一带五轴"的空间布局结构。"一带"为江北沿江组团式城镇发展带,主要由江北副城、桥林新城和预留的龙袍新城构成。"江南五轴"是以江南主城区为核心形成的五个放射形组团式城镇发展轴:沿江东部城镇发展轴、沪宁城镇发展轴、宁杭城镇发展轴、宁高城镇发展轴及宁芜城镇发展轴。"江北五轴"为沿江向扬州市、马鞍山市和县,西北向滁州市、北部向天长市、淮安市等方向的城镇产业发展轴带[7]。

16.6.2.2 都市区机动车交通走廊布局

为了协调高快速路网布局与南京都市区空间布局、土地利用及客流走廊的关系,根据《南京市城市总体规划(2011—2020)》和《江北新区 2049 战略规划暨 2030 总体规划》拟定的城市土地利用空间布局结构,都市发展区机动车交通走廊呈现"井字加环形放射"状的形态格局(图 16.5)[7]。

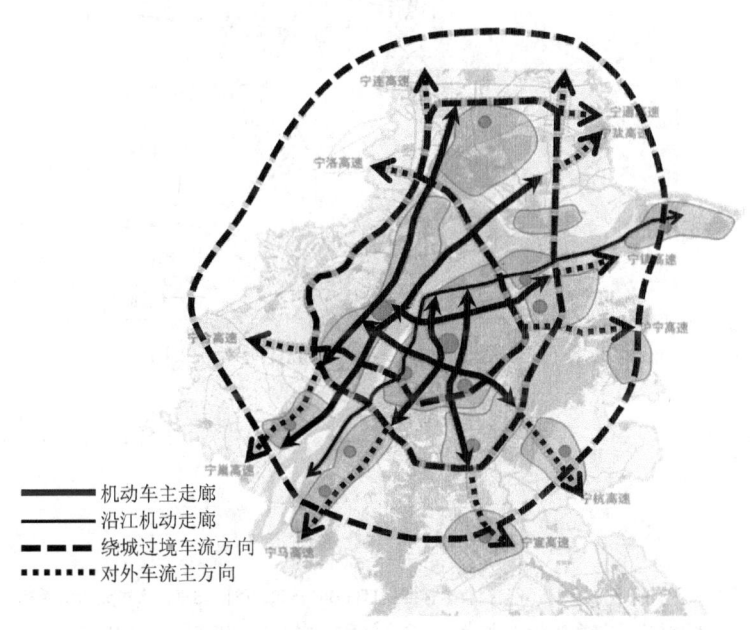

图 16.5　南京都市发展区机动车交通走廊图[7]

16.6.2.3 都市区高快速路网布局方案

依据南京都市发展区空间形态结构和机动车交通走廊格局,综合考虑高快速路网与国家和区域干线公路网的衔接协调,与城市组团结构、产业及综合交通枢纽布局的协调和联系,与城市客流走廊布局的区分和协调,规划形成南京都市发展区"井字三环、轴向放射、组团快连"的一体化高快速路网布局(图 16.6)[7]。

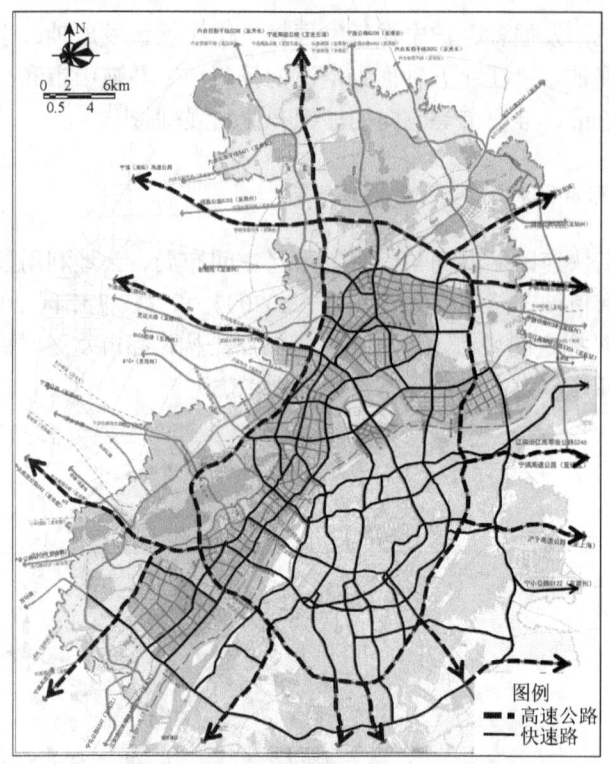

图 16.6 南京都市区高快速路网布局规划图[7]

（作者：杨涛、王轼）

参 考 文 献

[1] 中华人民共和国交通运输部. 公路工程技术标准：JTG B01—2014[S]. 北京：人民交通出版社，2014.

[2] 中华人民共和国住房和城乡建设部. 城市综合交通体系规划标准：GBT 51328—2018[S]. 北京：中国建筑工业出版社.2019.

[3] 中华人民共和国住房和城乡建设部. 城市快速路设计规程：CJJ 129—2009[S]. 北京：中国建筑工业出版社，2009.

[4] 靳灿章，任雁飞. 高速公路与城市快速路的差异性分析[J]. 低温建筑技术，2018，3（3）：27-29.

[5] 王慧. 高速公路与城市道路衔接段研究[D]. 西安：长安大学，2012.

[6] 昆山市规划局，南京市城市与交通规划设计研究院股份有限公司，苏州规划设计研究院股份有限公司. 昆山市综合交通规划[R]. 2018.

[7] 南京市规划和自然资源局，南京市城市与交通规划设计研究院股份有限公司. 江北新区 2049 战略规划暨 2030 总体规划[R]. 2014.

17 城市路网体系构建

城市道路系统是组织城市各种功能用地的"骨架",又是城市进行生产和生活活动的动脉。城市道路系统布局是否合理,直接关系到城市是否可以合理、经济地运转和发展。城市道路体系一旦确定,实质上决定了城市发展的轮廓、形态。这种影响是深远的,将在相当长的时期内发挥作用[1]。

17.1 城市路网体系构建的基本要求

影响城市道路系统布局的因素一般包括城市在区域中的位置、城市用地布局形态、城市交通运输系统格局等。

17.1.1 满足组织城市各部分用地布局的"骨架"要求

图17.1 夜空下的北京

城市各级道路应成为联系城市各分区、组团、各类城市用地的通道[2]。例如,支路可能成为连接小街坊或居住区的通道,次干路成为联系相邻城市片区的通道,主干路成为联系城市各组团的通道,快速路成为城市中心与外围组团、地区的通道。城市各级道路还应考虑成为划分各分区、组团、各类城市用地的分界线。例如,快速路可能成为划分城市组团的分界线。城市道路选线还应有利于组织城市景观,使道路从平面布局功能的"骨架"成为居民心中的"骨架"(图17.1)[3]。

17.1.2 满足城市交通运输要求与交通管理要求

道路交通系统应与城市用地规划相结合,做到集中与分散相结合,集中就是把相同性质、功能要求的交通相对集中起来,提高道路的使用效率;分散就是尽可能使交通均匀分布,简化交通矛盾。道路系统应满足不同特性交通的不同要求,形成快速与常速、交通性与生活性、车与人等不同的交通系统,使各个交通系统均能发挥较高效率。城市道路系统规划要考虑交通的组织与管理措施,将交通组织规划作为制定交通管理方案的依据,包括对城市区域、道路路段、交叉口的交通控制等。

17.1.3 满足城市环境要求与工程管线要求

道路交通系统布局应尽可能使建筑用地取得良好的朝向,还要综合考虑城市风道走向,结合绿地规划将新鲜空气引入城市空间,同时要考虑防御冬季寒风、台风等灾害的正面袭击。城市公共事业和市政管线管廊一般都沿道路敷设,道路应为管线管廊的敷设预留足够的空间,还应与城市人防工程规划密切配合,协同路网规划及海绵城市的建设(图17.2)。

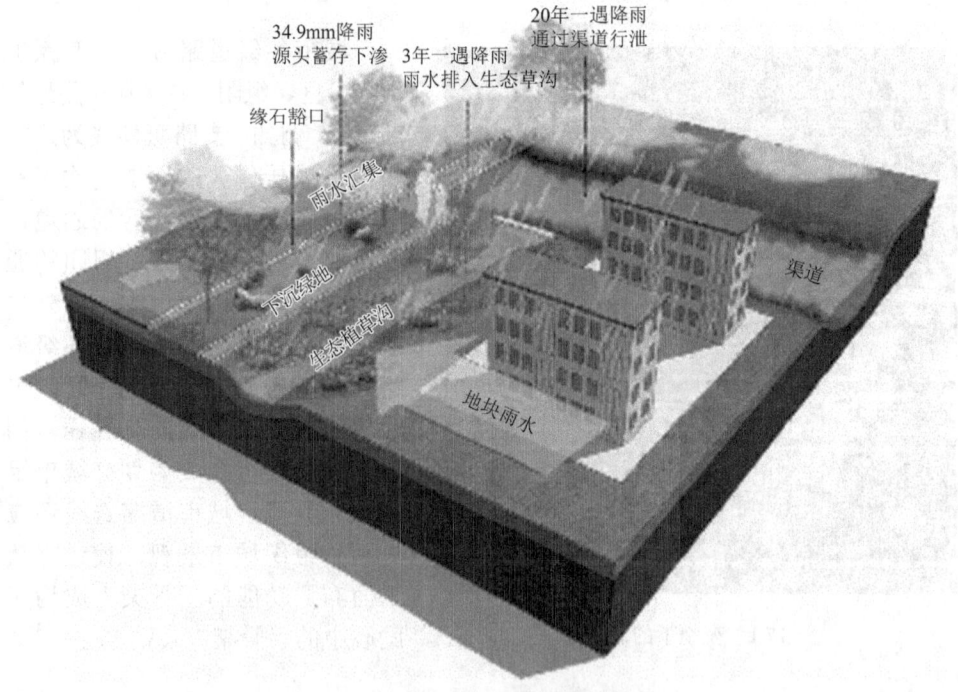

图17.2 路网规划海绵城市建设的协同

17.2 城市路网体系构建的布局形态

城市道路网体系的布局形态是综合考虑城市规模与发展布局、山水生态资源空间、城市经济及产业设施布局、社会制度与传统历史文化影响、区位条件与气候特征等多因素的结果，因此不同的城市道路体系有着不同的布局形态。从几何形态上来看，常见的城市道路网络体系布局大体有以下四种形式：方格网式、环形放射式、自由式和混合式。

17.2.1 方格网式

方格网式的道路网络是最为常见的道路网络类型，主要布局特征为按照一定的空间间距，通常沿城市的南北向及东西向进行平行的排列，构建类似棋盘状的路网布局，大多应用于地形较为平坦的平原城市。方格网布局起源于我国传统的"天圆地方"哲学思想，道路围合的地块形状较为方整，利于建筑的合理布局。方格网式在交通运行方面有如下特点。

（1）地块规模相对均衡，有利于引导交通流分布的相对均衡。

（2）道路体系呈平行布局状，交通分流效果较好，片区内交通组织相对灵活便捷。

（3）城市对角线方向之间快速联系不便，对局部高强度开发的片区支撑力度不够。

方格网道路系统对中心支撑力度不足的特点，使这种形式大多用于中小城市路网或大城市的组团内部路网，在大城市中大多与其他路网形态进行混合使用。

17.2.2 环形放射式

环形放射的路网形态是大城市及特大城市道路体系格局较为常见的道路类型，主要布局特点为以高快路或交通性干路构成闭合的环路体系，向周边城镇空间布设快速联系的干路体系。环形放射状路网布局起源于欧洲的以广场为核心布局城市空间组织手法，强调对核心地区的快速通达。环形放射式在交通运行方面有如下特点。

（1）实现市中心与外围地区的快速连通，对角线之间联系相对快捷。

（2）容易吸引外围小汽车交通快速进入中心区，交通组织的灵活性较低。

（3）环路交通集聚大量交通流，容易引导城市以同心圆的模式不断向外蔓延。

环形放射道路由于强化中心辐射的特征，在我国的大城市及特大城市路网布局中得到较为普遍的应用。在具体规划布局时，环形放射道路大多按照城市高快速路网标准进行建设，并采用多环路布局形式，以达到提前分流中心区的过境交通的作用。

17.2.3 自由式

自由式的路网形态大多结合城市的地形、地貌特征，自然而然形成的不规则道路网络体系，多见于山地、丘陵、河谷等城市。自由式路网在交通运行方面有如下特点。

（1）道路体系强调与生态自然空间的协调，工程经济性好，易于彰显城市景观特色。

（2）道路形态呈不规则状态，非直线系数较高，总体运行效率较低。

我国的山区与丘陵城市，大多因地制宜采用了自由式的道路系统，道路沿山体或河岸进行布设。自由式道路的总体运行效率不高，多用于小城市或组团内部路网。

17.2.4 混合式

在城市的不同发展阶段，受不同片区的特殊地形条件制约或不同时期的发展理念的引导，同一城市在不同地区同时存在几种类型的道路网络，形成混合式的路网形态。还有一些城市，在现代城市规划理念的引导下，在城市快速拓展过程及旧城更新过程中，根据新的交通需求特征对原有道路体系进行调整和改造，形成新型的混合式道路网。例如，常见的方格网加环形放射式的道路体系就是我国大城市常见的一种混合式路网形式。

17.3 城市路网体系构建的主要指标

城市道路网络指标对指导城市道路网规划，进行道路建设水平评价具有重要作用，主要的控制指标包括道路面积率、道路网密度和道路网级配等[4]。

17.3.1 道路面积率

道路面积率是城市道路用地面积与城市建设用地面积的百分比,它是城市道路宽度与密度的综合指标,是城市道路网规划的一个重要技术指标[1]。

17.3.1.1 国外城市发展经验

西方发达国家经历了机动化的发展历程,其道路面积率都很高(表17.1)。例如,纽约中心的曼哈顿岛道路面积率高达35%,华盛顿市中心区道路面积率高达43%。

表 17.1 国外主要城市道路面积率 (单位:%)

城市名称	东京	横滨	大阪	纽约	伦敦	巴黎
道路面积率	15.3	10.1	17.2	25.4	23.0	25.0
城市名称	巴塞罗那	维也纳	芝加哥	柏林	新加坡	首尔
道路面积率	15.8	15.0	23.4	26.0	22.0	20.4

高道路面积率的规划理念,起初是为了提高城市土地利用价值,一方面以提升路网密度的方式来增加临街店铺面积,另一方面通过控制路网间距以便于布置单体建筑。在发展过程中,道路面积率指标对城市交通的运行影响积累了丰富的经验和教训。

(1)高道路面积率可缓解城市交通拥堵。以日本名古屋为例,名古屋市中心商业、金融建筑集聚,人口密度较大,市区小汽车保有率达 500 辆/千人,居民小汽车出行比例达到 57.7%。由于市中心道路面积率高达 30%,道路承载容量大、路边停车位多,中心城区交通状况整体保持良好,甚至优于其他地区。

(2)道路面积率达到 20%以上时,城市可避免建设高架、立交等大型工程,通过平面交口管理即可保障城市交通运转处于良好状况。

(3)道路网面积率的确定是百年大计,一旦确定即难以进一步提升。以东京为例,城市道路建设经过 1965~1997 年 33 年努力仅将市区道路面积率由 11.1%增加到 15.3%,新建或拓宽道路难度不断增加,难以实现道路规划目标。

17.3.1.2 我国城市的状况

与发达国家城市相比,我国城市的道路面积率仍普遍偏低。例如,扬州城区道路面积率为 7.8%,泰州城区道路面积率为 6.8%,低于 2016 年 2 月发布的《中

共中央 国务院关于进一步加强城市规划建设管理工作的若干意见》中提出的到 2020 年城市建成区道路面积率达到 15% 的要求。

17.3.2 道路网密度

道路网密度是指在一定区域内道路网总里程与该区域面积的比值。我国城市计算道路网密度时不计入封闭在居住区内部和大院内部的道路。

根据国际大城市发展经验,高密度路网是支撑城市交通的有力保障。国外发达国家城市道路网密度一般均较高,超过 $10km/km^2$(表 17.2)。

表 17.2　国外主要城市道路网密度　（单位：km/km^2）

城市名称	东京	大阪	纽约	芝加哥	巴塞罗那
道路网密度	15.3	18.1	13.1	18.7	11.2

以纽约曼哈顿为例,曼哈顿的道路网络规划采用"密集的路网结构",注重道路网络加密,为保持用地经济性,道路的尺度有所降低。整个曼哈顿地区道路布局为"窄道路、高密度、小街区"模式。利用"小街区、密路网",道路大多采用单行交通组织,简化交叉口交通冲突,大大提高了路网交通运行效率。

对比之下,我国大中城市的路网密度普遍偏低。例如,扬州城区道路网密度仅为 $3.00km/km^2$,泰州城区道路网密度仅为 $2.81km/km^2$。造成这种结果的主要原因,一是我国城市道路建设中长期"重干路、轻支路",导致支路网这一城市"毛细血管"数量少、贯通性差、建设标准偏低;二是在城市建设和用地出让中,"大院落、宽马路"传统思维根深蒂固,旧城改造中"大院吃掉大片街巷"现场较为普遍。

17.3.3 道路网级配

道路的功能级配是城市规划和管理的基础,从不同的角度看待城市道路会导致不同的功能等级划分。

发达国家很早就开始注重道路功能设计,并将道路功能定位作为城市道路规划建设的一个重要前提(图 17.3)。理清道路功能是迎接即将到来的机动化挑战、提高道路交通安全状况、最大限度挖掘道路设施潜力、保障城市交通可持续发展的重要手段。美国国际交通工程师协会推荐,主干路、次干路、集散道路、地区道路长度分别占道路总长度的 5%~10%、10%~20%、5%~10%、60%~80%。国外城市规划干路网密度大都处于 2.5~3.5km/km², 支路网长度一般占规划道路总长度的 80%。例如, 日本名古屋的干路网密度达到 3.1km/km², 占规划道路总长度的 16.6%。

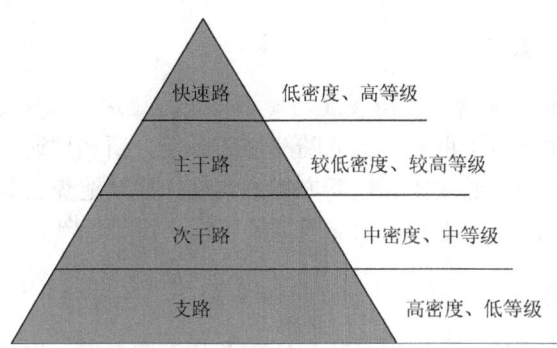

图 17.3　国外道路网体系结构图

反观我国城市路网构成, 一般来说干路网密度均达到了国家规范要求, 次干路与支路均相对缺乏。以泰州市为例 (图 17.4, 2013 年底统计数据), 中心城区主干路网络在路网构成中的比例偏高, 统计数据显示主干路:次干路:支路长度比例为 1.00:0.52:1.20, 路网结构呈哑铃形, 次干路与支路均相对缺乏。

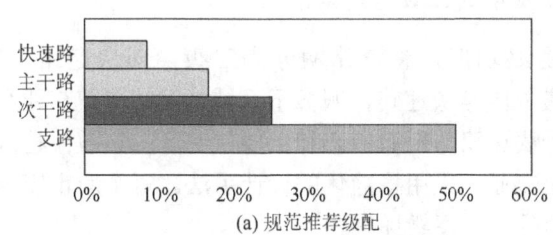

(a) 规范推荐级配

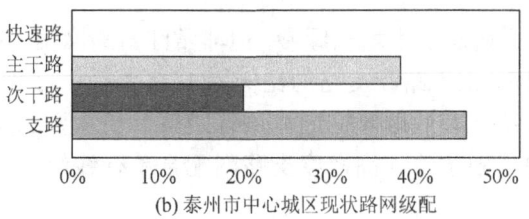

(b) 泰州市中心城区现状路网级配

图 17.4　规范推荐级配与泰州市中心城区现状路网级配对比

17.4 典型案例

17.4.1 新加坡

17.4.1.1 城市概况

新加坡自 1960 年以来，经济发展与城市化进程迅速，已发展成为世界一流的国际化城市，成功打造了世界一流的陆路交通系统。新加坡通过谨慎、细致、有效、长远且可持续的交通政策和创新方案的实施，成功避免了其他大城市在城市化过程中普遍遇到的负面影响，如交通拥堵、空气污染等[5]。

17.4.1.2 快速路网规划

城市快速路布局的基本原则是要与城市总体空间布局、组团分布及用地相协调，与城市机动车走廊相一致。新加坡通过对居民从居住地点到工作地点的流动进行分析，然后结合城市居民和各级城市中心、就业中心的布局，对城市快速道路进行安排，从而使城市快速路系统与城市用地结构之间形成较好的协调关系，即快速路串联城市各组团，承担中长距离机动车交通，布置在组团的外围，不直接穿越组团的中心。快速路与组团的关系是一种盒子状的形式。

17.4.1.3 层次分明的三级路网体系

新加坡按照道路功能，将道路网分为三级，即快速路、集散路和社区路（图17.5）。组团最外围是快速路，服务于区域之间的快速交通系统；集散路与快速路相连，服务于快速路与新镇中心和主要住宅区的集散；社区路即支路，服务于周边地块的进出交通，采用稳静化的设计手法。每个新市镇形成盒子状的道路网络，行车速度由外而内逐级递减。

17.4.1.4 采用较密的支路网，组织单行

新加坡的道路系统总里程增长缓慢，但非常注重路网结构的功能级配。2004年城市快速路、干路、次干路和支路的比例为 1∶4∶3∶13。由于支路系统发达，城市道路微循环系统能有效地对交通流进行疏解，更重要的是，为公交网络的布设创造了良好的基础条件。高密度支路网配合单行线组织，交通效率得到很大提高。

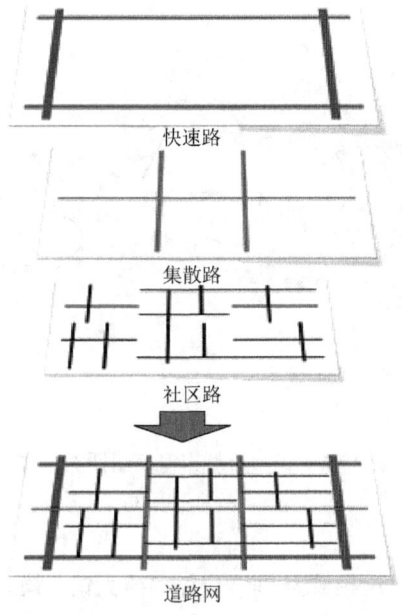

图 17.5 新加坡层次分明的路网体系

17.4.2 扬州

17.4.2.1 城市概况

扬州地处江苏省中部，是南京都市圈紧密圈城市和长三角城市群城市。截至 2017 年，扬州市建成区面积达 132km², 市区城市人口达 233 万，城市空间发展形态呈团块状（图 17.6）。随着经济迅速发展，扬州市机动车进入爆发式增长阶段，2017 年全市机动车保有量近 94 万辆，其中汽车保有量为 70 多万辆。在机动车快速增长背景下，扬州市政府加大了对道路网建设的投资力度，"主抓两头"即骨架性干路建设和老城区支路网络梳理。上述工程的建设，有效缓解了城市交通拥堵，有效保障了扬州老城活力的发挥[6]。

17.4.2.2 路网体系规划构建思路

针对扬州市现状主城区道路网密度不高，道路面积率偏低，路网级配构成中主干路占主体的特征，新一轮道路网络规划中提出了重塑健康道路体系的发展目标，并重点提高道路网的总体供应水平，规划主城区路网密度达到 8.0km/km², 道路面积率达到 15%。道路网络级配构成进一步优化，快速路、主干路、次干路、支路网密度分别达到 0.4~0.5km/km²、0.8~1.2km/km²、1.2~1.4km/km² 及 5.0~6.0km/km²。

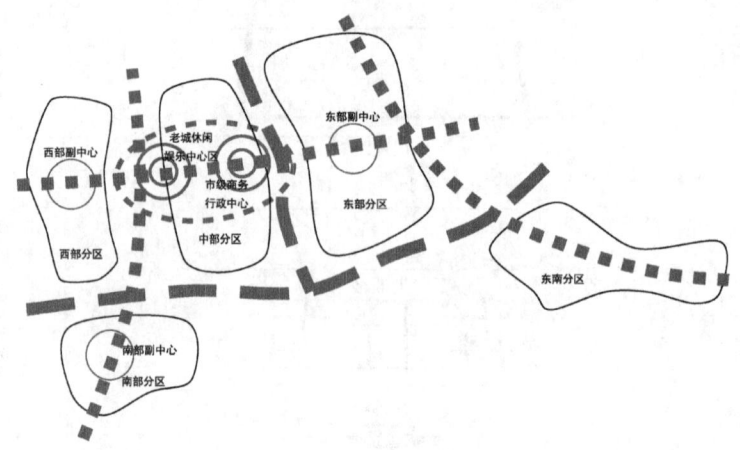

图 17.6　扬州市城市空间组团布局图

17.4.2.3　快速路网

随着扬州城市空间发展模式从围绕老城"摊大饼"模式转向多组团协同发展的"蒸包子"模式，城市空间规模得到跨越式发展，传统的平原地区"方格网"地面交通组织模式已难以满足未来发展需求。新一轮的道路网络规划中，以交通引领的发展思路，结合新一轮城市空间布局提出了"方格网＋放射"的快速路网（图17.7），构筑城市路网形态新格局。根据规划，未来扬州市将打造"五横七纵"的快速路网，快速路总长度达到 210km，网络密度为 0.44km/km^2。未来市民驾车可 10min 上快速路，20min 上高速公路。

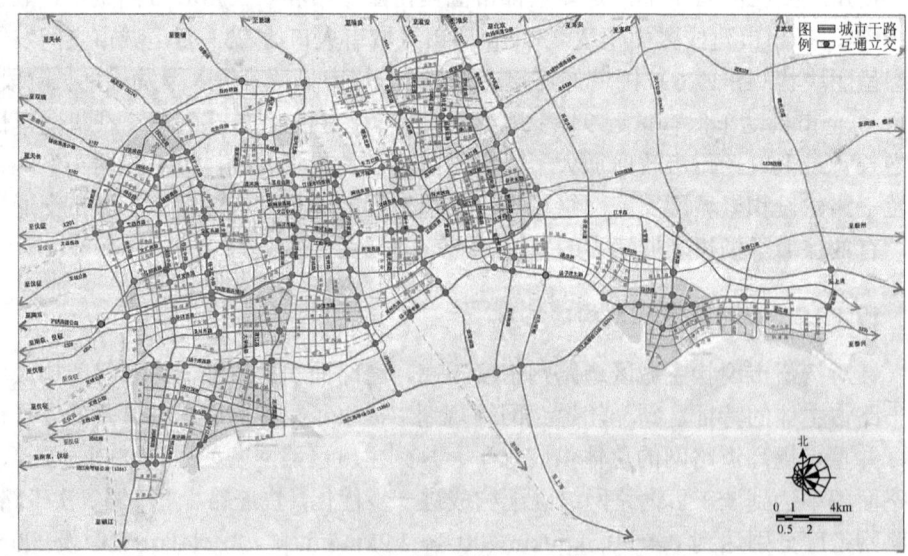

图 17.7　扬州市道路网络骨架布局图[6]

17.4.2.4 主次干路网

主干路是城市道路网络中的骨架道路,主要为相邻组团之间以及组团与市中心区的中距离运输服务,是联系城市各组团及与城市对外交通枢纽联系的主要通道。中心城区规划形成"二十五横十六纵"主干路网络,道路总长度为441.5km,道路网密度为0.92km/km^2。次干路是城市各组团内部的主要干路,联系主干路,与主干路组成城市干路网,在交通上主要起集散交通的作用,同时又兼有生活性服务功能。结合不同片区的用地特征,布设与交通出行特征相协调的次干路系统(图17.8)。中心城区规划次干路总长度约650.2km,道路网密度为1.35km/km^2。

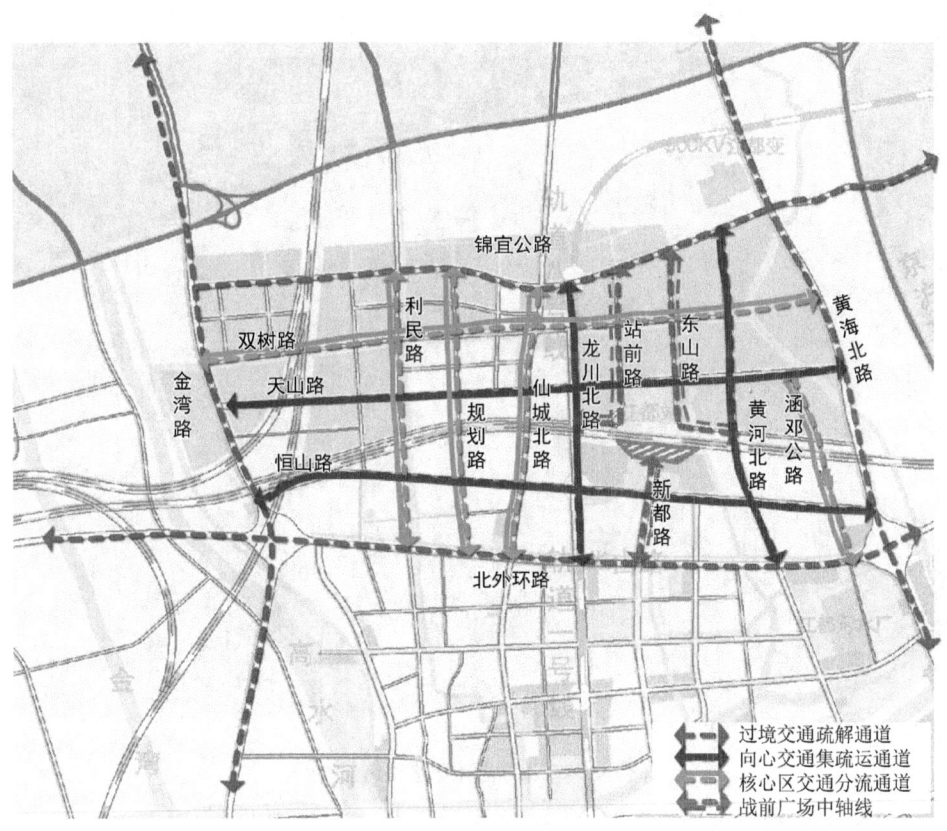

图17.8 扬州典型片区次干路网梳理[6]

17.4.2.5 支路系统

城市支路网是道路体系中的"毛细血管",承担地区内交通集散的主要载体同时也是构建市民"15分钟生活圈"的重要支撑,原则上支路网密度占道路网密度的60%以上。城市新区建设中应秉承"小街区、密路网"的规划理念,注重地区道路交通设施在总用地方案中的比例,提升路网的交通承载力与交通运行的可靠性。城市已建成区应结合旧城改造注重支路网的加密,并对街巷体系进行提升改造,注重打造贯通的"微循环"系统。总体而言,支路网络的加密与提升,是扬州主城区总路网密度达到8km/km²的最关键支撑。考虑到扬州老城保护的要求,支路网规划数据应秉承分区差异化的原则,不宜简单套用指标数据。以扬州老城近期路网改造为例,在"一横一纵一环"的老城路网框架基础上,规划拓宽2条街巷,整治6条街巷,将老城区通车路网密度由4.18km/km²提升至5.12km/km²(图17.9)。

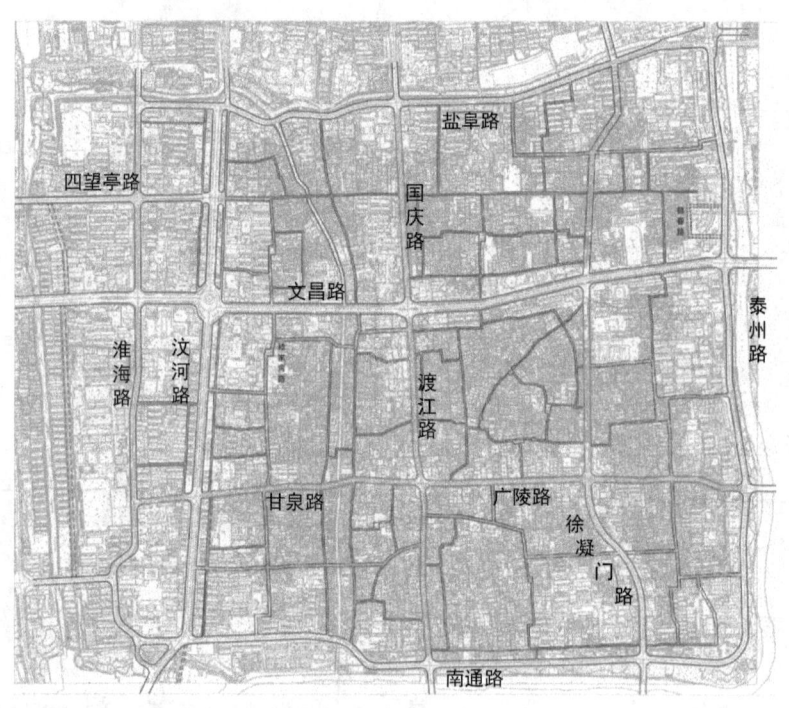

图17.9 扬州老城区支路网络加密[6]

17.4.2.6 道路网络体系评估

扬州新一轮路网规划研究中,秉承了"主抓两头"的规划理念。一方面注重城市快速路骨架体系的构建,拉升城市框架并重塑了城市道路网络的形式;另一方面注重新城次支路系统的建设与老城支路网络的系统梳理。新的规划方案中,快速路总长度为210km,路网密度0.44km/km²;主干路总长度441km,路网密度达到 0.92km/km²；次干路网密度为 650km，路网密度达到 1.35km/km²；支路网按照分区差别化的发展理念，支路网总密度达到 5~6 km/km²。

17.4.3 案例启示

从新加坡、扬州的路网体系构建的案例中可以看出，路网规划与城市空间结构、用地特性紧密相关。坚持高密度路网规划，利于引导城市建设模式由传统宽马路、大院落向窄马路、小街区转变。坚持合理的路网级配构成，明确路网层级体系，有利于明确城市组团空间边界、空间分离过境交通与到达性交通，保障干路运行高效、支路交通运行有序。

（作者：汤祥）

参 考 文 献

[1] 汤祥. 城市路网体系构建[J]. 江苏建设, 2016, (3): 84-90.
[2] 易鸿章. 山地城市道路系统规划初探[J]. 重庆建筑, 2006, (9): 68-70.
[3] 康哲. 国际空间站宇航员分享地球夜景独特视角展美景[EB/OL]. http://www.81.cn/gjzx/2014-08/13/content_6092530_7.htm [2014-08-13].
[4] 李朝阳, 张际宁, 杨涛. 南京市道路网规划指标研究[J]. 现代城市研究, 2000, (2): 44-46, 49-64.
[5] 任晓栋. 新加坡陆路交通规划的发展[J]. 交通与运输, 2013, 29 (5): 38-40.
[6] 杨涛, 於昊, 杨明, 等. 扬州市城市综合交通规划修编（2013—2030）[R]. 南京：南京市城市与交通规划设计研究院有限责任公司, 2014.

18 快速路系统规划实务

18.1 快速路的定义和功能

快速路是城市道路中最高等级的道路,是为了保证城市长距离的机动车出行者在相对可接受的时间内完成其出行目的(或过程)而建设的,能相对快速、连续通行的道路系统[1]。快速路的主要功能是保证大城市道路交通的基本机动性,满足过境交通、出入交通、城市中大型片区间的长距离、大流量机动交通的快速通达和集疏。快速路的功能主要体现在以下方面。

18.1.1 进行城市内外交通转换,保护中心城区环境

通过快速路和城市对外交通主通道的合理衔接,将对外交通和城市内部各级道路有机地联结起来,快速疏解过境机动交通,屏蔽过境交通对城市内部道路网络的影响,并快速输送出入境机动交通。

18.1.2 联系城市各个功能分区、组团或交通枢纽,提供高效的交通服务

随着城市空间扩大,许多城市的不同组团间具有较长的空间距离,此外部分城市由于地理条件所限或历史原因,被高速公路、铁路、水系或山体分隔成若干区域。为提高城市的运行效率和服务水平,需要通过快速路系统将组团之间的空间距离从时间上加以缩短,消除地域分隔的不利影响(图 18.1)。

18.1.3 缓解交通拥堵,改善交通环境

增加与城市发展轴一致的快速、大容量交通走廊的供给,不仅可以提升路网容量,也可以将长短距离、快慢交通分离出来,减轻主、次干路的通行压力,保证高、低等级道路之间车流的快速转换,更大地发挥路网的整体效益。

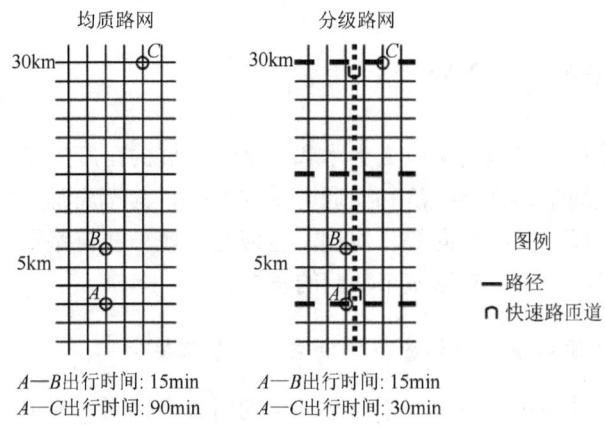

图 18.1　均质路网和分级路网出行时间的对比图

18.1.4　带动沿线的土地开发，形成城市建设的风景带

快速路是城市主要的发展控制线，是城市功能布局发展的动力支撑。快速路建设可以直接带动沿线的土地开发和区域发展，对城市空间的拓展起到引导作用。借助快速路的建设，系统地对周边环境进行整体提升和美化，可以形成城市中的一道亮丽风景带。

综上所述，快速路的规划建设不应仅仅考虑道路交通功能的补充与完善，还要注重它的开发性功能和生态景观功能，在强调快速路高度机动性的同时，也要重视可达性。

18.2　快速路规划建设的关键问题分析

18.2.1　快速路规划建设条件分析

目前，我国很多大城市面临着交通发展模式的转型，城市快速路规划建设超前或滞后，会给城市发展带来与之不适的麻烦甚至障碍。一个城市是否需要快速路，要综合考虑城市的发展战略、规模形态、机动车水平、区域化要求和经济实力等因素，必须慎之又慎。城市空间结构进入组团式发展的时期，居民平均出行距离较大时，快速路建设才有基本需求。高速机动化是快速路规划建设的必要条件，区域一体化是快速路规划建设的重要条件[2]。各城市应尽可能避免快速路建设而引发的分割城市用地、不利于绿色交通出行等问题。

18.2.2 快速路选址和布局

快速路系统规划建设要从以人为本和可持续发展的角度出发，统筹考虑区域发展、城市发展战略、社会经济和交通方式的演变，其布局既要与城市形态、功能分区、用地布局和发展方向等相协调，也应与区域干线公路网、铁路、民航等交通体系建立有机衔接，支撑城市功能的发挥。

18.2.2.1 快速路系统布局应与城市空间形态相契合

城市快速路系统布局由于城市形态的差别而各不相同。强中心城市一般四周都存在着引导城市扩展的动力，快速路一般呈现"环形+放射"式布局。环路的数量及其形式视城市用地规模、交通流量和流向等而定。

对带状城市来说，其两端往往有着较强的扩展引导动力，一般沿城市带向、根据带宽尺度，布置长距离快速联系通道，使之成为带状城市联系主骨架，并根据组团规模加密纵向联系通道。带状城市快速路选线布局时应尽量利用城市中的天然分隔物，如河流、山川等，以最大程度减小快速路对城市经济活动的影响。以南京市江北新区为例，由于受到长江与老山限制，江北新区空间结构沿长江轴向扩展，南北长度为20～25km，东西较窄，平均间距为4～5km（图18.2）。江北新区"带形+串珠"状的城市形态决定了快速路系统的带状布局，南北向规划长距离的快速联系通道，东西向规划快速联络通道，最终形成"四纵十二横"的快速路网，总长365.4km，密度0.51km/km²（图18.3）[3]。

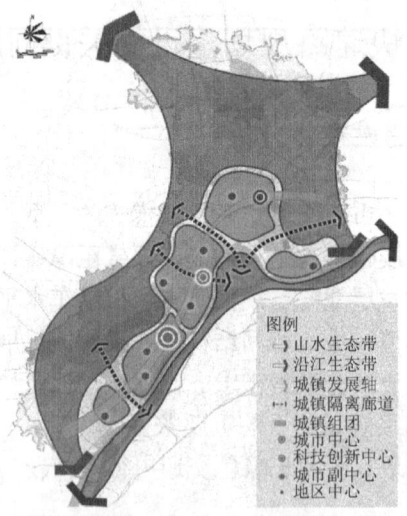

图18.2 南京江北新区空间结构[3]

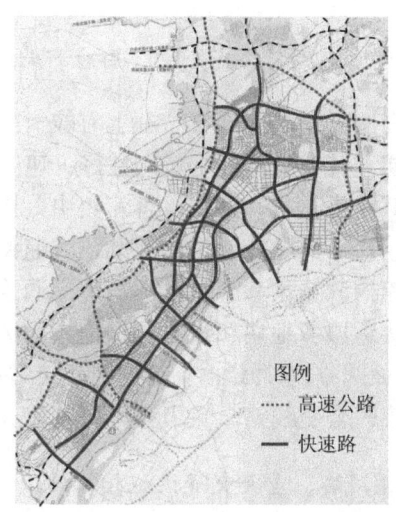

图 18.3 南京江北新区快速路系统布局[3]

对多中心城市来说，城市快速路系统的线路布局则相对灵活。一般在外围规划快速环路，解决外围各个片区之间的连接需求，并通过放射状道路联系外围片区与中心城区。该形态的城市容易造成中心城区交通的集中，因此宜在中心城区外围规划保护市中心的内环快速路。以苏州为例，结合"T轴多点"的空间结构，规划"井字加外环"的快速路系统，基本实现了古城区与外围功能组团间机动车出行的快速通达性，同时古城外围的快速环路也起到了对古城内部交通的保护作用。苏州快速路系统总规模227km，市区范围内快速路平均间距约5.5km（图18.4）[4]。

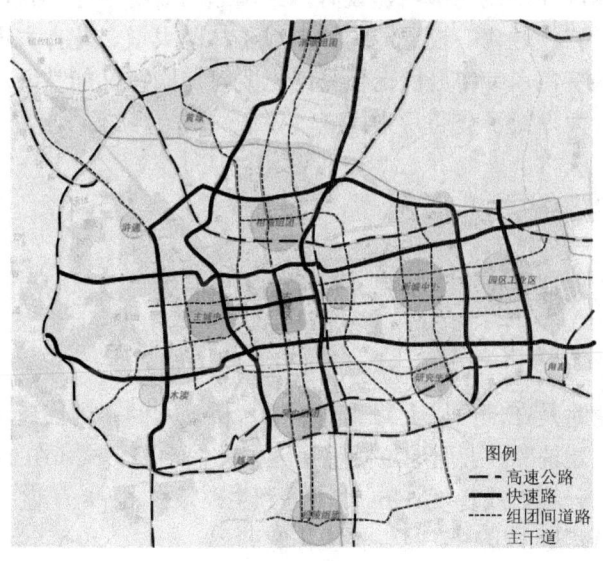

图 18.4 苏州骨干道路网络规划图[4]

18.2.2.2 协调快速交通走廊与公交走廊、用地布局的关系

快速路与公交走廊在服务功能和运行特征上有较大的区别。快速路服务的是车,是个体化的机动交通,其最大特性是机动性好、速度快。公交走廊服务的是人,是集体性的公交,其特点是机动性弱、客流集中,要求可达性好。因此,快速路、公交走廊、城市用地布局三者协调的原则:快速路布置在组团周边,避免穿越组团中心,保证车流的联系性和稳定性;轨道交通或快速公交布置在组团中心,线路和站点尽可能接近服务地块和设施,保证人的可达性。当城市通道资源匮乏,车流和客流走廊不得不共享通道时,应控制公交站点周边的用地开发规模、拉大站距、配给足够的接驳公交线路,保障客流快速疏散。

18.2.2.3 与区域交通网络、重大交通设施相衔接

快速路系统应与区域干线公路网、铁路、民航等区域交通网络、重大交通设施建立有机衔接,提升城市的竞争力和合作能力。

18.2.2.4 满足以人为本和可持续发展的要求

快速路要从以人为本和可持续发展的角度选择可能的路径,尊重城市文化、城市环境,应尽可能减少因快速路带来的污染、噪声等负面影响,不宜穿越历史文化遗迹、古迹、古树名木众多的地区[5]。南京当年在内环快速路选线时,最终放弃了老城区白下路和健康路,避免了对朝天宫、夫子庙、甘熙故居等城市文脉的影响;在快速内环东线龙蟠路建设时,采用遇路短隧下穿形式,减少噪声和景观破坏,地面道路经过精心设置绿化,形成了林荫大道、花卉大道,充分体现了"绿色南京"的特色,使得居民走在马路上既可遮阳,又能赏绿,同时道路绿化净化了空气,大大降低了交通污染程度。

18.2.3 快速路系统构造形式

快速路的构造形式包括高架式、隧道式、地面式等多种形式。

18.2.3.1 高架式快速路

高架式快速路是在地面以上修建高架桥,桥上空间作为快速路的主路,高架桥下面或两侧修建辅路,上下通过匝道桥连接的快速路形式(图18.5)。高架式快速路占地较少,一般红线宽度50m即可达到主路双向6~8车道+辅路6车道的规模,但是匝道落地部分的红线要相应拓宽。

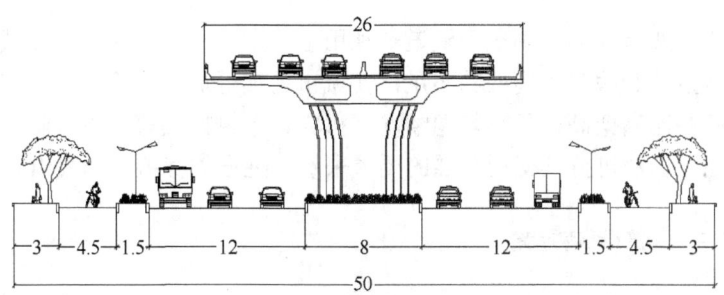

图 18.5 高架式（主路 6 + 辅路 6 车道）快速路（单位：m）

在城市修建高架式快速路始终存在着争议。高架路有很多优越性：高架路上行驶的车辆不受较低等级道路的干扰，也避免了同其他车辆共同争抢地面道路，可以以较快的速度行驶；高架路占地少，且可提高市区主要节点的可达性，使车辆能够非常有目的地行驶到目的地。但是高架路也有一系列的弊端：破坏城市景观、两侧居民受到较为严重的噪声和尾气污染、沿线商业和土地价值暴跌、一旦拥堵易出现"桥上快而上桥慢、下桥慢，使高架成为高架停车场"等问题。在不断遭到非议和反对的情况下，国内外一些城市陆续拆除了一些高架路。例如，2012年南京对城西干道进行了"桥改隧"的综合改造。实际上，高架路只是快速路的一种形式，不能直接将高架路等同于快速路。高架路的建设应结合城市形态、交通状况等进行综合考虑，在适宜修建的位置也应充分论证，最大限度地避免高架路与低碳发展的不协调。在高架路建成后，还应对高架路设置隔离屏障，减少空气、噪声污染，并进行科学管理，如限制大型、排放量大的车辆通行等。

18.2.3.2 隧道式快速路

在城市高架路日益受到质疑的时候，充分利用地下空间成为许多国家和城市的交通发展理念，于是城市隧道建设得到了更为广泛的重视。隧道式快速路是主线设置在地面以下、辅路位于地面的一种快速路形式（图 18.6）。隧道式快速路占地最少，一般红线宽度在 40m 以上即可建设主路双向 6 车道 + 辅路双向 6 车道的规模。

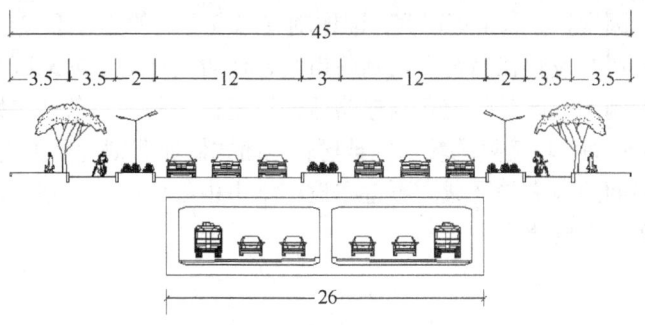

图 18.6 隧道式（主路 6 + 辅路 6 车道）快速路（单位：m）

隧道和高架最大的区别在于隧道是利用地下空间，在交通功能和城市景观方面都有效地弥补和解决了高架的不足，使城市更加舒适。尽管在造价和维护费用上，隧道都要比高架高，且在紧急情况（火灾、车辆抛锚等）下，隧道存在救援不易的问题，但从可持续交通发展的要求来看，隧道的优势更为突出。

18.2.3.3 地面式快速路

地面式快速路是将主路和辅路均设置在地面的快速路形式（图18.7）。地面快速路占地大，如果采用主路双向6车道+辅路双向4车道的设计，红线宽度一般不小于60m，采用主路双向8车道+辅路双向6车道的设计，红线一般不小于70m。

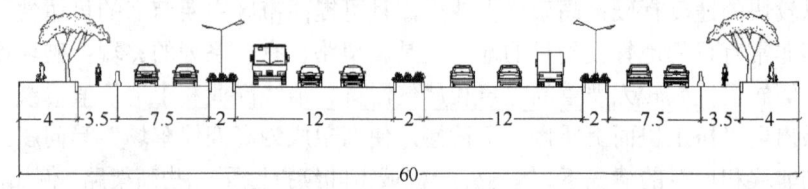

图18.7 地面式（主路6+辅路4车道）快速路（单位：m）

地面式快速路有其独特的优点：由于其道路标高与城市两侧用地标高差别不大，对环境和城市景观的影响较小，对市政管线、轨道交通的铺设基本无影响，且快速路主路和辅路以平面出入口的形式连接，相对简单；路侧设置较宽的绿带后，交通噪声、废气尘埃对街坊的影响比高架路小。但是，地面式快速路除占地较大外，更会对沿线的横向道路造成隔断，导致大部分交通量向主要交叉口集中，需要转弯的车辆须通过大路口掉头，不仅造成两侧的居民出行不便，也容易导致道路拥堵。

综上所述，高架式、隧道式和地面式快速路有着各自不同的优缺点，建设条件也不尽相同。应综合考虑城市形态、交通需求、用地条件、工程造价及工程地质等各方面的因素，深入论证研究，因地制宜选取合适的建设形式。一般情况下，高架式快速路适合设置在用地受限制的市区、地质条件受限的地区和地下设有大量公用管线设施的地区；隧道式高速路适合设置在工程地质条件较好，交通需求较大的地区，景观、环境要求较高的地区；地面式快速路则适用于用地比较富裕、横向交叉道路间距较大的区域，不宜布设在城市中心城区，否则会造成城市地块分隔严重，影响人气集聚。

18.2.4 快速路的系统性与协调性

城市快速路是城市整个路网系统的组成部分，是构成"一体化"的城市综合交通体系中极为重要的一环，其功能的实现不仅取决于自身系统的完备，更大程度上还取决于快速路系统能否与其他城市交通系统合理衔接、功能互补，更好地服务于城市交通的总体战略目标。完整的城市道路网络系统包括城市快速路、主干路、次干路和支路，高等级道路为城市的骨架，承担城市主要流量的通行；低等级道路为高等级道路的补充，承担高等级道路流量的集散功能。快速路系统的设置应保证高、低等级道路之间的车流快速转换。在快速路系统性设计中，最为关键的是立交节点与出入口的系统设计、相关疏解道路的系统设计和平行地面道路的系统设计，这三大系统的设计只要有一个不到位，就有可能导致快速路系统整体或者局部失效。

18.2.4.1 立交节点和出入口

城市快速路系统兼有交通性和城市开发性的功能要求，机动性和可达性是一对平衡的要求，片面追求单一方面，都会导致城市快速路的瘫痪或效益的降低。就快速路的立交节点与出入口系统设计而言，为了发挥快速路的快速运输和集散功能，必须慎重选择确定合适的立交节点和出入口数量、位置和形式。出入口过少，无法有效支撑快速路对沿线用地的带动作用，减轻地面道路的交通压力；出入口过多，除增加投资外，势必大量吸引中短距离的交通，从而会降低快速路的服务水平。因此，应综合考虑道路功能、道路所处的区位、周边路网、沿线土地利用和交通需求等因素，合理确定快速路出入口的间距和位置，通常间距为2~3km。

立交节点在布置上应符合以下基本原则：快速路与快速路交叉，必须设置全互通立交形式；快速路与主干路交叉，可采用部分互通式或分离式立交；快速路与次干路交叉，一般采用分离式立交。城市支路原则上不允许与快速路直接相接，当不得不相接时，支路应采取右进右出的交通组织方式。对互通立交，力求形式简单，主流方向便捷。周边有建设用地条件时，互通立交宜建立完善的辅路系统，为机动车短距离集散交通提供便利的通达性服务。

在高架式或隧道式快速路系统中，简易立交节点是采用上、下匝道作为快速路与地面道路衔接转换的出入口[6]。上、下匝道的落地点位置应设在与主干路、次干路相交的交叉口的上游或下游，不宜设在与支路相交的交叉口上游或下游，出入口匝道接地点距交叉口的距离应满足车流交织长度的要求，交叉口进口道展宽需符合地面道路与匝道车流的双重要求。地面主辅路形式快速路的简易立交节点为主线上跨或下穿形式，快速路通过主线地面部分与相交道路进行交通衔接（图18.8）。

图18.8　主辅路系统中的下穿式简易节点

18.2.4.2　相关疏解道路系统

快速路及其出入口建设规模应和地面路网的交通疏解能力平衡。地面疏解道路的通行能力一定要与快速路出入口交通量匹配，尤其是进入快速路上、下匝道前的第一个平面交叉口必须进行审慎的渠化设计，交叉口的空间应满足地面道路和匝道车流的双重要求，否则很可能造成地面道路或匝道拥堵。由于城市经济发展和建设有一定的不可预见性，城市交通平衡能力较弱，尤其在大城市中心区。因此在快速路的运行期，也应加强出入口的运行管理。

18.2.4.3　平行地面道路

快速路平行的地面道路供地区慢速交通和临街建筑、居民出入及布设进出快速路匝道使用，其系统设计直接影响路网整体服务功能的完整性和有效性。快速路与地面平行道路的布置一般有分离式和合并式两种。分离式是指在快速路红线以外，相隔一定距离，设置平行于快速路的分流集散道路。根据城市用地要求，可在快速路一侧或两侧设置。合并式是指地面道路与快速路设置在同一红线断面内，包括平面主辅路形式和立体分层形式。平面主辅路形式一般将快速路设在道路中间，以利于快速疏通；辅路设置在道路两侧，以利于车辆进出和与两侧用地直接联系。

18.2.5 重视快速路的人性化需求

快速路系统在保证车辆快速出行权益的同时,也应保护人的出行权益。因此,快速路系统规划设计应充分考虑人作为城市活动的主体,应坚持公交优先,重视步行和自行车保障等,充分体现对人的关怀。例如,快速路在服务出入境和长距离的机动车交通的基础上,还应当更加重视为片区间长距离公交车辆、大中型客车乃至合乘车辆提供优先通行路权;规划完善的辅路系统,解决快慢交通衔接转换的矛盾;规划便捷的平面或立体过街设施;注重集功能与环境景观于一体,关注人在其中的感受。

18.3 结 语

快速路是城市路网体系的主骨架,是最高等级的城市道路,深刻影响着城市空间形态、居民出行结构的变化和交通运输效率。快速路对重塑城市空间、带动沿线土地开发和经济发展具有重要的意义,其规划建设是一项复杂的系统工程,不仅要考虑经济效益,还要考虑社会效益和环境效益,必须慎重研究、科学决策。必须强调的是,解决城市交通问题不可能仅依赖城市快速路等道路建设,必须在突出公交优先、以人为本的前提下,通过综合系统的举措来逐步实现。

(作者:史桂芳)

参 考 文 献

[1] 黄文健,杨涛. 城市快速道路规划建设若干技术问题初探[J]. 现代交通技术,2008,5(2):63-66.
[2] 欧心泉,周乐,戴继锋,等. 城市快速路建设先决条件分析[J]. 城市交通,2012,10(1):32-37.
[3] 南京市城市与交通规划设计研究院股份有限公司,中国市政工程西北设计研究院有限公司,南京市规划局. 江北新区高快速路专项规划[R]. 2015.
[4] 中国城市规划设计研究院,苏州市规划设计研究院有限责任公司,苏州市自然资源和规划局. 苏州市综合交通规划[R]. 2008.
[5] 中华人民共和国住房和城乡建设部. 城市快速路设计规程:CJJ 129—2009[S]. 北京:中国建筑工业出版社. 2009.
[6] 吕庆礼. 谈城市快速路规划设计[J]. 中西部科技,2010,9(2):29-30.

19 "小街区、密路网"解析与实务

街道不但具有交通运输的功能，也有着经济、景观、认知和交往等功能，还承载着一个城市的历史文明、人们的记忆和感情归属。然而我国近年来的城市和道路规划建设以机动车为主导，重干路、轻支路，导致路网不够完整，结构不够匹配，造成交通拥堵，也严重影响了城市的宜居生态、健康生活。2016年2月，中共中央、国务院发布的《中共中央 国务院关于进一步加强城市规划建设管理工作的若干意见》提出优化街区路网结构，树立"窄马路、密路网"的城市道路布局理念，对引导城市与交通健康可持续发展有着非常广泛而深远的理论与实践意义。本章从国内外街区的发展历程入手，对我国当前宽马路、大街区、稀路网产生的城市与交通问题进行了反思，对推行"小街区、密路网"模式的意义和实现途径进行了讨论。

19.1 "小街区、密路网"含义与由来

城市道路限定了街区的范围和边界，通过路网的设置，将一个较大的城市用地或片区划分成若干街区，街区的定义与英语"block"一词对应（"block"的定义是四面围有街道的街区），即"由城市道路围合而成的一块城市用地"。一个街区内不再有其他的城市道路，不能再被公共过境交通穿越，因此，街区是组成城市空间的最小的用地分割单位。"小街区、密路网"指用地被密集的城市道路划分成若干街区，其中每个街区的尺寸都不大。

国内外城市"小街区、密路网"系统的形成过程，具有其特有的历史发展历程，蕴含着特有的文化背景，反映了社会与城市不同发展阶段下的理念特征。

19.1.1 西方城市街区发展

西方城市从古希腊城邦时代到中世纪宗教统治时代，街区均以开放的"小街区、密路网"的城市格局为主，乃至到了现代，仍维持了小街区方格路网的模式，如纽约、巴黎、伦敦、巴塞罗那等，其路网密度都高达 14~18km/km^2，甚至更高。

19.1.1.1 美国纽约曼哈顿

曼哈顿被形容为整个美国的经济和文化中心,是纽约市中央商务区所在地,也是世界上人口非常稠密、富有的地方之一。曼哈顿主要由一个岛组成,被东河、哈得孙河及哈莱姆河包围。曼哈顿岛长 21.5km,最宽处为 3.7km。1811 年,曼哈顿由 12 条大道纵贯南北,百余条街道横穿东西,划出 2028 个均等而有规律的街区。路网结构大致为 150m×75m 的方格网状,路网密度达到 20km/km^2。除了少数主要的干路,90%以上的道路都是单向行驶,是世界上大规模实施单向交通的地区之一。曼哈顿的生存不依赖宽阔的街道,而仰仗对均匀道路方格网的有效利用。曼哈顿没有立交桥,200 多年来,道路宽度沿用了马车时代的产物,一般为 18~30m,基本未变。曼哈顿没有中轴线,但它有许许多多局部的轴线。依靠完善的公交系统,曼哈顿的方格路网道路被公认为是成功的道路系统。在这样的小街区路网两边,林立着充满活力的餐馆、影剧院、购物店、公园、博物馆等,到处都有值得体验的空间节点,每年吸引高达 5000 万游客到访,游客和当地居民一样很容易受到周围激情与活力的感染(图 19.1)。

图 19.1 美国纽约曼哈顿"小街区、密路网"

图片来源:高德地图

19.1.1.2 日本札幌

札幌位于日本北海道石狩平原西南部,是日本人口过百万的都会区中最北边的一个,是北海道的行政中心和工商业中心。札幌中心城区的建设是按 100 年前的规划进行的,当时是仿照日本京都,而日本京都仿照的是我国西安。在札幌的城市居住区规划中，每 1km² 被定为一个街区，街区周围以干线道路环绕，街区又被辅助干线道路分为四块，也要求干线道路间距为 1km，辅助干线道路间隔为 0.5km。在札幌市中心，道路的实际间隔仅为 100m 左右，呈十分规则的棋盘状（图 19.2）[1]。

图 19.2　日本札幌"小街区、密路网"

图片来源：高德地图

19.1.1.3　西班牙巴塞罗那

西班牙巴塞罗那的新城采用均等网格路网，街区间距 120m 左右。建筑、路网呈 45°倾斜，这样可以最大限度地增加阳光照射面积，体现了"小街区、密路网"的规划对日照的巧妙利用（图 19.3）。

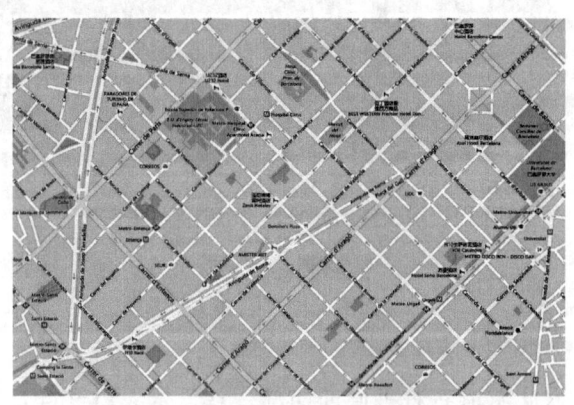

图 19.3　西班牙巴塞罗那老城区"小街区、密路网"

图片来源：高德地图

19.1.2 我国城市街区发展

我国宋代以前的社会在封建礼制下,城市采用按里坊划分的制度。例如,唐代的长安,其里坊排列整齐划一,十分有序,犹如一个个方形的居住小区。里坊规格为 514.0m×477.0m～808.5m×955.5m,街道宽度一般为 60m,最宽的可达 155m,最窄的也有 20m,这是"大街区、宽马路"的城市布局模式。但是到了宋代以后,随着工商贸易逐步兴起,城市严格的里坊制格局有所转变,道路尺度大幅度减小、路网逐步加密。例如,苏州和扬州这两座古代繁华商业都市,其街巷密度很高。

19.1.2.1 苏州古城

作为江南古城的代表之一,苏州古城有着 2500 年的历史,面积 $14.2km^2$。在高速迈向"现代化"的大背景下,苏州始终对古城的基本格局、建筑高度、建筑容量、建筑造型、建筑色彩和建筑环境设计进行全面控制,以确保古城风貌不再受到损害。至今苏州古城仍基本保持着宋朝以来的城市格局,其总体框架、骨干水系、路桥名胜基本一致,保持着古代"水陆并行、河街相邻、前街后河"的双棋盘格局,形成了"宅前石阶人履步,宅后河中舟楫行"的江南水镇特色,被称为"东方威尼斯"。这些由古街坊发展演变而来的古城街巷,布局工整,具有很强的秩序性、组织性、完整性和连通性,街巷密度很高,多为 6m 以下的小巷。古城街巷中留下的历代名胜、古迹、典故、传说、风景、园林,数不胜数,形成"小桥流水、粉墙黛瓦、古迹名园"的独特风貌(图 19.4)。

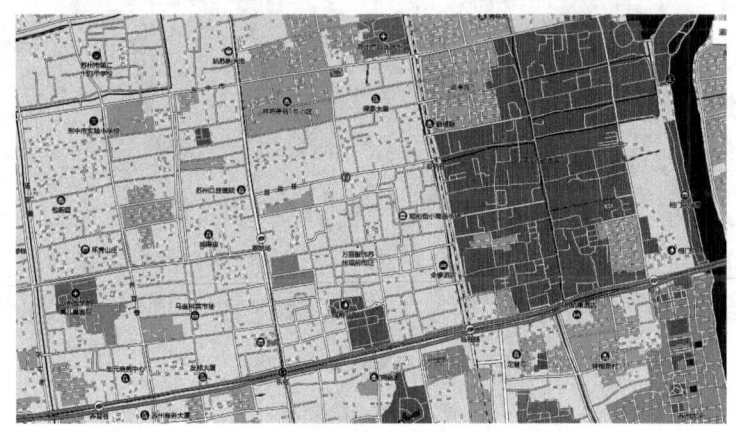

图 19.4 苏州古城区密路网

图片来源:百度地图

苏州古城的保护也使得旅游业成为苏州第三产业的核心产业,在人民网开展的"2017中国全域旅游魅力指数排行榜"评比中,苏州获评地级市第一名。2017年接待国内游客1.21亿人次、接待入境过夜游客172.57万人次,实现旅游总收入2332亿元,其中旅游创汇收入23.5亿美元,国内旅游收入2165亿元。

19.1.2.2 扬州古城

扬州位于长江与京杭大运河交会处,是古代河运时代发展起来的商业都会城市,有着"中国运河第一城"的美誉。扬州经济历史悠久,文化璀璨,商业昌盛,人杰地灵,是我国首批历史文化名城。扬州古城也有约2500年的历史,面积约5km^2。素有"巷城"之称的扬州,有案可查的老街古巷达540多条。在经济迅速发展、机动化快速增长的背景下,扬州通过历史文化名城保护规划等措施,积极维护老城区的城市肌理、文化风貌和空间格局等,使得这些纵横交错、密如蛛网的古街古巷至今仍古韵犹存,环境宜人,景色秀丽,成为扬州城的精华之一(图19.5)。扬州古街区密路网的保护,不但支撑着扬州的经济可持续发展,而且促进了城市文化、社会的可持续发展,使古城既有文化韵味又充满生机和活力,被评为"联合国人居奖城市"和"全国文明城市"。

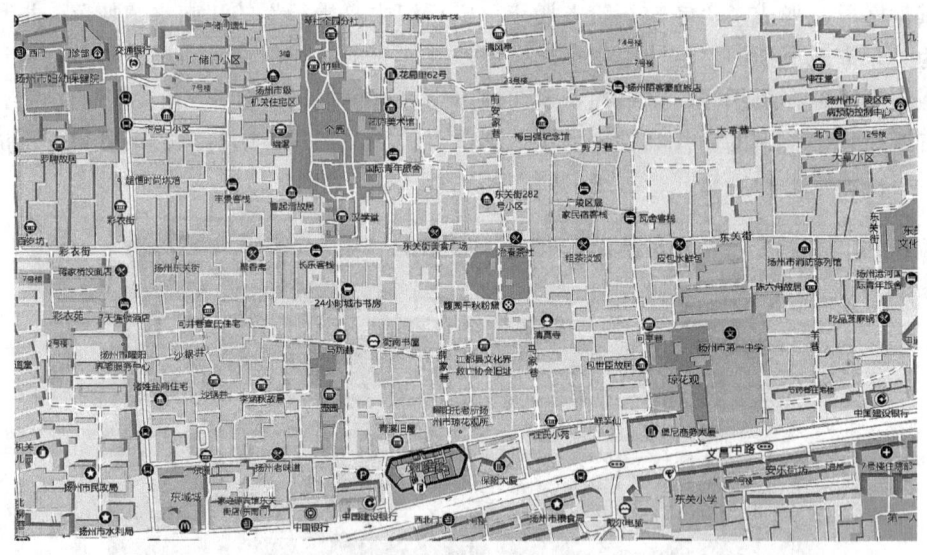

图 19.5　扬州古城区密路网

图片来源:百度地图

19.1.2.3 我国现代城市

1950年以后，我国城市逐渐开始了大街区的建设模式。从1950年完整模仿邻里单位模式的居住区，到1960年基于邻里单位模式发展起来的居住小区模式，再到1980年以后的国家试点小区等都没有脱离邻里单位的模式。从1998年开始，居住区开发由企业主导，景观设计、物业管理等方面成为房产的卖点，从此小区与城市的关系走向隔阂。2000~2007年，我国竣工房屋总面积达到180万 m^2，形成了上万个居住区。封闭居住区在城市改造和新建居住区中的比例约占80%。尤其是大城市，封闭居住区的发展更为迅速。以南京为例，1998~2007年的10年间，南京主城区共建成居住区340个，其中封闭居住区比例约59%；在外围新建居住区中，封闭居住区所占的比例由39%上升到76%。封闭的居住区仍采用了居住小区的模式与形态，但是采用围墙和有限的出入口进行封闭式管理，城市支路被围合起来变为居住区内部道路或路网规划缺乏支路，造成的结果是城市道路系统被大型、超大型居住小区或封闭地块截断，造成"宽马路、大街区、稀路网"的城市道路网络形态（图19.6）。城市交通主要依靠主干路和次干路支撑，极度缺乏微循环，极易产生交通瓶颈[2]。

图19.6 我国现代城市路网格局

图片来源：百度地图

19.2 大街区路网的反思

19.2.1 对商业活力和宜居氛围的影响

大街区在进行环境设计和公建配置时,往往不允许底层边缘单元直接面向街道,而是用围墙或栏杆把具有重要公共和商业价值的临街界面封闭在了小区内部(图 19.7)。街道空间变得乏味、冷漠,不够友好和安全,不但破坏了街道活动功能和城市风貌,也影响城市的宜居活力、归属感和亲切感。

图 19.7 封闭式小区的围墙

19.2.2 对城市路网的割裂影响

封闭街区把穿过地块的支路或社区道路封闭起来,使得城市支路消失或变成断头路,城市路网被割裂,极度缺乏交通微循环和疏散网络,这也是造成城市交通拥堵的原因之一。例如,北京的路网密度不及其他国际大都市的 3/5,且其中存在大量的断头支路、错位路(图 19.8)。

San Francisco 旧金山

Vancouver 渥太华

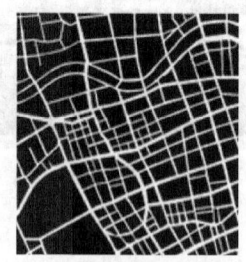
Shanghai 上海

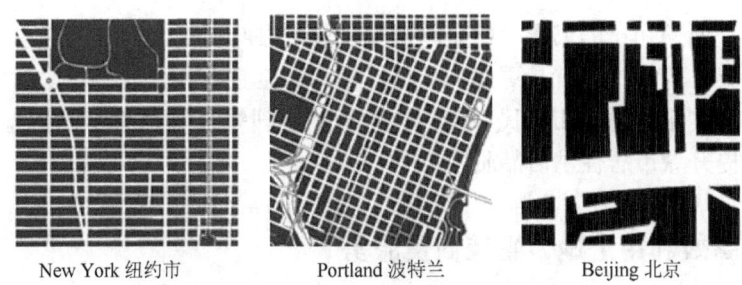

New York 纽约市　　　Portland 波特兰　　　Beijing 北京

图 19.8　国内外典型城市道路网络对比[3]

19.2.3　对绿色交通的影响

由于大街区把内部道路封闭，公交线路只能在外围干路上密集布置，甚至多达几十条线路，易引发公交"串车"现象，运行可靠性和有效性低下。对行人和自行车来说，虽然公交站的直线距离只有 300～500m，但行人需长距离绕行才能到达。也就是说，公交站点的实际覆盖率很小，不利于吸引乘客，从而公交公司亏损[3]。封闭大街区导致步行绕行距离加大，使得居民连餐饮、购物等日常出行都变得十分困难。大尺度交叉口信号周期过长，导致群体性闯红灯行为、冒险穿越超宽马路，即出现"中国式"过马路现象。

19.2.4　对交通运行安全与效率的影响

每个街区所产生的巨大交通量，全部依靠外围的稀疏路网集散，为满足交通量需求，不得不加宽道路。然而"宽马路、大街区、稀路网"并没能解决交通拥堵问题，反而在拥堵出现时，因缺乏分流道路，机动车堵在马路上进退不得。国外交通发达的城市，一般在 150m 以内就会有一个疏散的路口。而在北京城区的道路系统上，600～1000m 才有一个路口，环路之间不仅连通性不好，甚至相隔数千米都没有分流的道路。

19.3　小街区路网的意义

19.3.1　构建和谐生活街区，提高城市活力和宜居环境

街道是组成公共领域的最主要因素，其他任何城市空间都望尘莫及[4]。把单调的空间进行围合，人在里面就会有归属感、社区感，再设以小饭馆、零售店等设施和活动，则空间被赋予了内涵，变成了场所。例如，童年时结交伙伴的小公

园、青年时偶遇知己的书店、中年时放空思想的咖啡椅、老年时闲聊享受的剃头店和麻将桌，等等。这就是更好的场所。构建尺度宜人、开放相容、邻里和谐的小街区，有利于促进城市居民在商业、生理、心理等方面的各种需求[5]，提高城市活力，提升城市居住生活品质。

19.3.2 高效利用土地，繁荣商贸服务

"窄马路、小街区、密路网"模式大大增加了建筑的临街店面数量，提高了土地利用效率。商业设施的天性是公共性和开放性，它通过扩大服务对象来分摊经营成本，根据市场情况调整其经营内容和方式，增加就业，促进社会稳定、城市商贸繁荣、公共财政可持续[6]。

19.3.3 鼓励绿色低碳交通出行

研究表明，居住在超大街区内的居民出行能耗是居住在小街区内居民出行能耗的 2.7 倍[7]，小街区路网系统能够极大地提高公交线网的可达性和站点服务覆盖率，提高步行和自行车交通网络的连通性和便捷性[8]。结合步行、自行车和公共交通优先的绿色交通体系，发展功能混合的小尺度街区有利于低碳城市的建设[9]。

19.4 "小街区、密路网"系统的实现

现阶段应如何推行"小街区、密路网"？《中共中央 国务院关于进一步加强城市规划建设管理工作的若干意见》中明确指出："新建住宅要推广街区制，原则上不再建设封闭住宅小区。已建成的住宅小区和单位大院要逐步打开"，这体现了实事求是、因时因地制宜的科学精神。

19.4.1 源头抓起

19.4.1.1 改革土地出让和税收政策

尽快改革国有土地出让政策，加快推进房产税、物业税、消费税等多税种改革，从源头促进土地开发模式的转变，改变土地出让和开发商追逐利润最大化的行为，鼓励公共设施用地联合开发。在实际操作中，可将大地块划分为若干个组团，组团间的路应属于城市道路。出让地块时应要求开发商建设的城市道路对外贯通、开放，不得封闭。至于小组团是否封闭、尺度多大，应因地制宜，当前阶

段应考虑为居民,尤其老人和孩子提供一个安全、安静、清洁、免受机动车交通冲击的游憩空间[5]。

19.4.1.2 推进相关法律制度

西方城市小街区制度的前提是管理的体系化、精细化,是建立在契约制度前提下的。我国在房地产开发下的物业模式是一大进步,物业代为行使了城市政府的很多职能。打开小区,意味着政府管理成本的大幅增加,包括前期的市政配套、后期的维护和治安管理等,需要重建政府与居民的契约关系。对是否打开单位大院、如何打开单位大院,应考虑其历史背景和现实难度,建立健全相关的法律依据,合理推动。

19.4.2 规划设计方法改进

应按照"绿色低碳、便捷高效、舒适宜人"的思路,改进城市设计、城市控制性规划、城市道路网规划、城市道路和交叉口规划设计等相关规范,以落实推进"小街区、密路网"规划设计模式,提高城市道路网的连通性和可达性,尤其是步行、自行车和公交等绿色、低碳出行方式的可达性,使各种交通在道路上高效运行,并创造宜人的道路空间尺度,提升街道活力和吸引力。

19.4.2.1 与城市空间发展相适应

建议根据城市自然禀赋、空间布局、用地类型等,按照体现差异化的原则,确定采用"窄马路、小街区、密路网"模式的地区范围,注重提高城市空间品质、聚集人气活力,如城市核心区、中心商务区、历史区、大型居住区、综合枢纽区、轨道和公交枢纽周边地区等。尤其对新区、新城,建议重新规定居住组团的规模和等级[2]。

19.4.2.2 与土地利用相协同

建议重新制定完善城市与交通规划的指标体系,包括容积率、建筑高度、平均层数、绿地率、空地率、绿化率、建筑退让、路网结构、路网密度、道路宽度、道路面积率等。将小区(级)道路纳入城市支路范畴,使城市路网与土地利用性质和建设强度相互协同、相互适应、相互制约,构建更丰富的街区形态[5]。例如,昆明呈贡新区的设计将大多数建筑退让控制在 5m 以内,核心区涌鑫哈佛中心项目中的建筑退让减小到 3m,通过缩减建筑退让,商业裙房的开发量提高了 80%[10]。彼得·卡尔索普等建议建筑退让空间为零售商业 1m、办公 3m、居住 5m[9]。

19.4.2.3 与公共交通优先相支撑

通过小街区路网系统的构建,在支路上布设公交线路,提高公交线网密度和站点覆盖率和可达性,并为轨道交通预留通道空间。常规公交车站与交叉口进行一体化设计,站台设置在出口道紧邻人行横道处,方便乘客使用和换乘[11]。公交站台进行精细化的设计,提高公交出行体验。

19.4.2.4 与步行和自行车友好相吻合

回归"以人为本",为步行和自行车提供友好的出行环境。从"完整街道"理念出发,突破道路红线、绿化和出让用地界限的割裂状态,构建从建筑到建筑的道路空间,营造优质的出行环境,丰富出行体验。在除快速路以外的所有道路上设置良好的步行和自行车通行空间;限制干路路口过度展宽,支路路口不展宽或可收窄;平面交叉口采用小半径路缘石;街道和步行道进行无障碍设计;大力推进林荫道等[11]。

19.4.2.5 与交通组织高效相结合

路网的规划设计应有利于进行科学合理的交通组织。例如。在"小街区、密路网"模式下,宜选择合理、均匀的城市干路采用二分路单行设计,禁止路口左转,减少路口交通冲突,缩短信号周期,并采用绿波信号保障交通运行效率;在较近的平行支路上组织单行并采用绿波信号控制;在"密路网"模式下,可将非机动车从主干路分离出去,通过区域交通协同控制提高城市道路的交通效率。

19.4.2.6 统筹道路的各类功能

统筹考虑城市道路的综合功能,在街道精细化设计的基础上,鼓励两侧用地的适度混合,增加各时段的街道人气;控制两侧建筑高度和建筑退让距离,与街道形成合理的高宽比,打造舒适的街道空间;提供良好的绿化、路面铺装、照明和街道家具,将街道打造成优质的城市公共空间和充满生机活力的场所。

19.4.3 制度保障

应严格执行规划督查制度,杜绝随意修改控制性详细规划、随意取消规划支路的现象,使得"窄马路、小街区、密路网"模式的规划方案能够准确地落实到路网设计、施工和管理维护中。

19.5 典型案例

江苏省城市历史悠久，南京等的诸多古城区在城市发展历程中，也形成了特有的依山傍水、曲径通幽的小街坊、密路网的古城街道机理。虽然在城市改造和机动化发展背景下，原有的街坊里弄机理受到了机动车的冲击，但随着"以人为本"理念的回归，这些古城的原有形态得到了重新梳理和保护，保护了原汁原味的古城特色、活力和文化。

以南京古城区为例，作为六朝古都、十朝都会的南京，其老城区内既保留了大量的历史遗存和古老的街巷，也分布了大量的高等院校、科研院所、军区机关、大企业等围合形成的超大街区，对路网造成了严重的割裂。南京的街区路网整治大概从20世纪90年代中期开始，经历了20年艰苦但又卓有成效的改造过程。当时南京老城区的路网密度只有 2.5km/km² 左右，导致大片的公交盲区，步行、自行车系统连续性和便捷性也较差，各类交通全部汇聚到屈指可数的主次干路上。在机动车保有量只有20万左右的情况下，高峰小时城市道路就开始出现常态性交通拥堵。1996年，南京市以消除公交盲区、疏通微循环交通为目标，结合旧城更新和棚户区改造，同步推进次干路和支路建设，将城市支路网加密建设提高到城市交通发展战略高度。到2014年，老城区总体路网密度提高到了 8km/km² 左右（图19.9），大量消除了公交盲区，公交分担率从1997年的8.2%提高至2014年的20.3%，步行和自行车交通网络也得到明显改善，干路交通压力减轻，交通拥堵有效改善。最后，由次干路和支路网加密带来的沿街商业面积、就业岗位、商业税收等大幅增加，也是不可低估和忽视的。

图 19.9 南京老城区路网

图片来源：百度地图

在南京城市发展进程中,十分注重以合理的路网和绿色交通体系引领支撑城市空间拓展。以南京江北新区为例,江北新区是国家级产业转型升级和新城市化示范新区,南京都市圈的北部中心和综合交通枢纽,其中江北新区中心区约 16.3km², 人口约 18.5万,是一个集商务商业、文化休闲、健康医疗和生态宜居等多种功能为一体的城市中心区,是引领南京江北新区发展的活力积聚区和多功能示范区。在此定位下,提出深化和优化"小街区、密路网"模式下人车交通多方式和谐发展,从重视机动车通行向更加关注慢行环境与生活方式转变;从道路红线管控向街道空间管控转变,实现交通与用地开发、建筑设计的综合协调;从道路功能设计向街道整体空间环境设计转变,促进街道与社区的融合发展。江北新区中心区规划道路网密度达到 10.7km/km², 其中东南部核心区——中央商务区的路网密度达到 14km/km²[12] (图 19.10)。依据机动车交通特性差异、街道活动特征、空间景观特性、服务公共交通和慢行交通等要素,对道路进行功能划分,适当组织机动车单行交通,对轨道和公共交通、步行和自行车交通进行一体化规划与设计,提供高品质公交服务。南京江北新区中心区的路网规划成功营造了良好的城市道路空间环境,提高了中心区交通环境品质,形成"高效、安全、便捷、舒适、优质"的道路交通系统,是"小街区、密路网"规划建设的典范。

图 19.10 南京江北新区中心区规划路网[12]

(作者:孙晓莉、於昊)

参 考 文 献

[1] 杨涛，杨绍峰. 南京城市交通规划考察团赴日考察报告（下）[J]. 现代城市研究，1998，(6)：50-53.
[2] 卞洪滨. 小街区密路网住区模式研究[D]. 天津：天津大学，2010.
[3] 姜洋，王志高. "窄马路、密路网、开放街区"：怎么看，怎么做？[EB/OL]. https://www.thepaper.cn/newsDetail_forward_1434659 [2016-2-23].
[4] 雅各布斯. 伟大的街道[M]. 北京：中国建筑工业出版，2009.
[5] 贾冬婷. 开放小区：城市病的休克疗法[EB/OL]. http://www.lifeweek.com.cn/2016/0303/47303.shtml [2016-5-13].
[6] 向炎涛，杨中旭. 中国特色封闭小区的前世今生[J]. 中州建设，2016，(5)：54-55.
[7] 姜洋，何东全，Zegras Christopher. 城市街区形态对居民出行能耗的影响研究[J]. 城市交通，2011，(7)：21-29.
[8] 杨涛. 正解"街区制、密路网"[EB/OL]. https://www.thepaper.cn/newsDetail_forward_1436787 [2016-2-28].
[9] 彼得·卡尔索普，杨保军，张泉，等. TOD 在中国——面向低碳城市的土地使用与交通规划设计指南[M]. 北京：中国建筑工业出版社，2014.
[10] 李亮，申凤，唐芳. "密路网，小街区"规划模式的土地利用与城市设计研究——以昆明呈贡新区核心区规划为例[C]. 2014（第九届）城市发展与规划大会，天津，2014：1-9.
[11] 苏镜荣，唐翀，程德勇，等. "窄马路、密路网"规划设计要点及昆明市实践[J]. 城市交通，2017，(6)：20-27
[12] 南京市城市规划编制研究中心. 南京江北新区中心区（NJJBd010 单元）控制性详细规划[R]. 南京市规划局，江北新区管委会规划国土部，南京，2019.

第五篇 现代物流业与物流体系规划

20 现代物流业发展趋势

20.1 物流业发展历程

物流业是融合运输、仓储、货代、信息等产业的复合型服务业,是支撑国民经济发展的基础性、战略性产业。加快发展物流业,对于促进产业结构调整、转变发展方式、提高国民经济竞争力和建设生态文明具有重要意义[1]。物流业是支撑实体经济发展的重要基础,也是连接实体经济的"血脉"。国内外发展历程和经验表明,加快物流业发展,有利于提高运作效率、降低生产成本,优化产业结构、增强企业竞争力、提高经济运行质量。

詹姆斯·约翰逊(James C.Johnson)和唐纳德·伍德(Donald F.Wood)为代表的学者认为"物流"来源于军事,1905年美国少校琼西·贝克在《军队和军需品运输》一书中提出:那个与军备的移动和供应相关的战争艺术的分支就叫物流。但是,现代社会的物流,特别是作为经营领域的物流,实际上始于第二次世界大战,主要可划分为以下四大发展阶段。

第一阶段:20世纪初至50年代,物流的萌生阶段。企业开始对物流有所关注,1956年物流概念的引入,受到各方看重。在此期间,物流基础设施建设持续加大,有关码头、货场等的研究逐步增多,部分企业对企业内部的物流进行必要的设计。

第二阶段:20世纪六七十年代,以市场为导向的市场营销观念逐步形成,客户至上的理念形成。物流基础设施现代化引起重视,国内高速公路、港口码头、物流集散等基础设施逐步强化。社会企业对物流需求增加,形成众多企业物流,物流信息化逐步采用了电话、计算机等硬件设备。

第三阶段:20世纪七八十年代,物流开始向合作和专业化方向发展,进入物流合理化阶段。物流企业开始重视物流运营成本的降低和最优化,企业内部逐步出现专业物流部门,物流相关服务企业逐步出现。国内专业化第三方物流逐步成长,开始采用物流供应链管理等理念管理物流。部分现代化技术手段,如传真、条形码等技术逐步在物流企业中采用。

第四阶段:20世纪90年代至今,现代物流向信息化多元发展。现代信息技术如GPS、互联网等开始被物流企业采用,物流企业的信息化水平不断提高,物流效率在现代物流技术的推动下逐步提高,物流管理信息化持续推进。

20.2　物流业在国民经济中的作用

物流业在国民经济中的基础作用是实现商品流通。国内外发展历程和经验表明，加快物流业发展，有利于提高运作效率、降低生产成本、优化产业结构、增强企业竞争力、提高经济运行质量。总体来看，物流业在国民经济中的作用主要体现在四个方面。第一，有利于促进生产力的发展，影响社会资源的配置，有利于提高资源的利用程度和运作效率。第二，有利于优化生产力布局和资源配置，促进经济结构调整。第三，有利于改善投资环境。物流业的发展，有利于运输效率的提高，同样可提高物流运转效率，继而改善投资环境。第四，现代综合物流是提高企业经济效益的主要途径。目前我国物流成本占国内生产总值的比重远超过日本、美国等发达国家，提高物流业的运作效率有利于降低物流成本，进而降低企业运作成本，改善企业经营效益。

20.3　物流业主要分类

按照物流的组织方式，可以将物流分为第一方物流（the first party logistics，1PL）、第二方物流（the second party logistics，2PL）、第三方物流（the third party logistics，3PL）、第四方物流（the forth party logistics，4PL）和第五方物流（the fifth party logistics，5PL）[2]。

第一方物流是指由货物拥有者自发向货物需求者运送货物，以实现物资的空间位移的过程。传统上，多数制造企业都配备有规模较大的运输工具（如车辆、船舶等）和运输产品所需要的仓库等物流设施，来实现产品的空间位移。特别是在产品输送量较大的情况下，企业比较愿意由自己来承担物流的任务。

第二方物流是指由物资需求者自己解决所需物资的物流问题，以实现物资的空间位移。传统上的一些较大规模的商业部门都备有运输工具和储存商品的仓库，以解决从供应站到商场的物流问题。

第三方物流是指由物资流动的提供方和需求方之外的第三方去完成物流服务的运作方式。第三方就是指提供物流交易双方的部分或全部物流功能的外部服务提供者。在某种意义上，可以说它是物流专业化的一种形式。第三方物流随着物流业的发展而兴起，是物流专业化分工的产物。物流业发展到一定阶段必然会出现第三方物流，而且第三方物流对物流市场的占有率与物流产业的水平之间有着非常紧密的相关性。第三方物流的发展程度可以反映和体现一个国家物流业发展的整体水平。

第四方物流是指从事物流服务业的社会组织不需要自己直接具备承担物资

理移动的能力,而是借助于自己所拥有的信息技术及实现物流的充分的需求和供给信息,并加上对于物流运作胜人一筹的理解,所开展的物流服务(图 20.1)。这种业务与现有的货运代理业务十分相像,因此也可以称为物流代理业务。

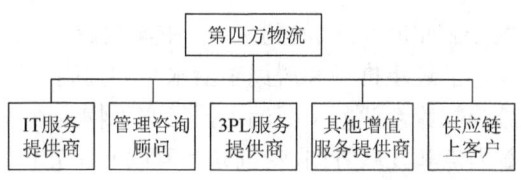

图 20.1　第四方物流

关于第五方物流的提法目前还不多,还没能形成完整而系统的认识。有人认为它是从事物流人才培训的一方,也有人认为它应该是专门为其余四方提供信息支持的一方,是为供应链物流系统优化、供应链资本运作等提供全程物流解决方案服务的一方。

多方物流形式将会长期并存,这正是社会多样化的表现。但是,其中第三方物流在物流活动中的作用将越来越重要,而第四方、第五方物流随着知识经济社会的到来,必将成为物流业发展的新领域。然而,即便如此,第一方和第二方物流仍然会与新兴的物流方长期共存下来,以满足社会某些方面的特殊需求。另外值得注意的是,从事第三方物流的企业可以同时从事第四方、第五方物流的业务,从事第四方物流的企业也可以同时介入第五方物流的业务。

20.4　现代物流产业发展主要趋势

20.4.1　发展环境

纵观国内外发展环境,未来十年仍是我国物流业发展的重要战略机遇期,既面临难得的发展机遇,也面临诸多风险和挑战,总体发展形势上呈现"新机遇、新动力、新业态、新需求、新挑战"的"五新"发展环境[3]。

新机遇:经济全球化和我国融入世界经济步伐的加快,为我国国际物流发展提供了广阔的发展空间;国家"一带一路"倡议及"长江经济带"重大发展战略的提出,国家对沿线港口、陆路通道等基础设施互联互通建设的支持力度,以及长江-12.5m 深水航道建设,将有力推动国际物流发展进入新阶段。

新动力:交通运输、物流、信息、新能源等领域新技术不断突破并在物流行业得到广泛应用,为生产流通企业提供低成本、高效率、多样化、精益化的物流服务，必将对物流业升级及效率提升带来重大促进作用；国家及省市层面关于推进物流体系化、标准化、智能化等的指导意见和扶持政策纷纷出台，为物流业的健康快速发展营造了良好的发展环境，技术创新和政策红利都为物流的持续发展提供了新的动力。

新业态：随着"工业4.0"时代的到来、"中国制造2025"国家战略的提出、"互联网＋"行动计划的逐步推进和居民生活水平的提高，电子商务、网络消费、跨境电商、社区物流等物流新业态不断涌现，拓宽了物流服务领域，为物流业持续增长提供了新的着力点和发展方向，特别是"互联网＋物流"模式的推广应用，进一步助推了物流新业态的蓬勃发展。

新需求：随着社会经济的发展，冷链物流、农产品物流的新型物流需求不断增长。居民消费升级以及新型城镇化步伐加快，对物流便捷性、时效性、个性化、多样化提出了新的需求，迫切要求建立更加完善、便捷、高效、安全的消费品物流配送体系。

新挑战：新时期物流基础设施的"硬约束"逐渐减缓，要素成本、资源环境负担等"软约束"成为物流业面临的新挑战。主要体现为物流区域竞争、同质化竞争明显；粗放经营方式下，物流人员成本、能源成本持续上升；物流用地资源匮乏突显，土地利用效率偏低；物流人才市场呈现"高端人才欠缺、低端人才过剩"的局面；物流公共信息平台建设相对滞后，信息共享机制匮乏等。同时，城乡一体化趋势越来越明晰，电商、网购等新业态对传统商业带来巨大冲击。

20.4.2 发展类型

经过几十年的发展，物流产业类型非常丰富，物流产业涉及领域很广，包括生产领域的物资管理、交通运输、流通领域的分拨配送和消费领域的服务等。我国现代物流发展类型主要趋势如下。

20.4.2.1 电子商务物流

电子商务物流又称网上物流，就是基于互联网技术，旨在创造性地推动物流行业发展的新商业模式。电子商务时代的来临，给全球物流带来了新的发展，使物流具备了一系列新特点——信息化、自动化、网络化、智能化、柔性化及绿色物流。

20.4.2.2 冷链物流

冷链物流指冷藏冷冻类的食品、医药、水果等在生产、储藏、运输、销售，到消费前的各个环节中始终处于规定的低温环境下，以保证食品、医药、水果等产品的质量,减少损耗的一项系统工程。它是随着科学技术的进步、制冷技术的发展而建立起来的,是以冷冻工艺学为基础、以制冷技术为手段的低温物流过程;是需要特别装置,需要注意运送过程、时间掌控、运输形态,物流成本所占成本比例非常高的特殊物流形式。我国因冷链问题造成每年约有 1200 万 t 水果、1.3 亿 t 蔬菜的浪费,损失高达 1000 亿,凸显发展冷链物流体系的必要性。

20.4.2.3 保税物流

保税物流是近几年新兴起的一个物流名词,也是物流精细化管理分工的结果。我国主要的保税物流形式有保税仓库和出口监管仓库、保税物流中心、保税区、保税物流园区、出口加工区、跨境工业区和保税港区等。

20.4.2.4 城乡配送物流

为适应城乡发展和人民生活水平提高带来的物流细分需求和专业化需求,需要积极推进城乡共同配送网络建设,发展以快消品、农副产品和医药等为重点的城乡配送物流,完善物流"最后一公里"建设,建设城乡和农村共同配送网络,打造城乡一体化的共同配送体系。

20.4.2.5 集装箱物流

集装箱运输是对传统的以单件货物进行装卸工艺的一次重要革命,是当代世界上最先进的运输工艺和运输组织形式,是单件杂货运输的发展方向,是交通运输现代化的重要标志。由于集装箱运输具有巨大的社会效益和经济效益,现代化的集装箱运输热潮已遍布世界,各国都把集装箱运输的普及和发展作为该国运输现代化进程的标志。目前,集装箱已进入以国际远洋船舶运输为主,以铁路运输、公路运输、航空运输为辅的国际多式联运为特征的新时期。

20.4.2.6 物流金融

物流金融是指在面向物流业的运营过程中,通过应用和开发各种金融产品,有效地组织和调剂物流领域中货币资金的运动,包括发生在物流过程中的各种存款、贷款、投资、信托、租赁、抵押、贴现、保险、有价证券发行与交易,以及金融机构所办理的各类涉及物流业的中间业务等。物流金融是物流与金融相结合的复合业务概念,它不仅能提升第三方物流企业的业务能力和效益,也可为企业融资,提升资本运用的效率。

20.4.2.7 智慧物流

智慧物流是指利用集成智能化技术,使物流系统能模仿人的智能,具有思维、感知、学习、推理判断和自行解决物流中某些问题的能力。例如，亚马逊在全球布局智慧物流中心，大力发展无人机、智能手表等智能设备；京东聚焦无人机送货和自动化物流中心的搭建。

20.4.2.8 绿色物流

绿色物流是指在物流过程中减少对环境造成危害的同时，实现对物流环境的净化，使物流资源得到最充分利用，包括物流作业环节和物流管理全过程的绿色化。从物流作业环节来看，包括绿色运输、绿色包装、绿色流通加工等。从物流管理过程来看，主要是从环境保护和节约资源的目标出发，改进物流体系，既要考虑正向物流环节的绿色化，又要考虑供应链上的逆向物流体系的绿色化。绿色物流的最终目标是可持续性发展，实现该目标的准则是经济利益、社会利益和环境利益的统一。

20.4.3 物流现代化

物流现代化是一个动态的发展过程。它是以流通体制的优化和多元化、规模化、管理制度化、组织社会化和专业化、劳动手段先进、劳动者高素质为标志，以系统性、动态性、经济性、综合性为特征，包含了物流装备设施技术的现代化、物流组织管理方法的现代化等方面的内容。

20.4.3.1 物流现代化的基本要素

物流现代化的基本要素包括许多方面，如物流理念、物流基础、物流技术及物流管理等。物流理念：物流的管理和运行需要在思想上保持一致，即需要开展物流宣传和教育，企业和物流需求者须具备物流的基本理念。

物流基础：物流基础包括"铁公水航"（铁路、公路、水运、航空），港口码头仓库，以及物流园区、物流中心等基础设施。

物流技术：技术要素范围很广，如物流信息技术中 EDI（电子数据交换）、RF（射频技术）、GIS（地理信息系统）、GPS、ITS（智能交通系统）等，信息技术的重要性将会越发突出。

物流管理：物流管理是实现物流正常运转的必备条件，如物流财务管理、物流成本分析、物流组织机构设置、物流人才使用、供应链物流管理等。

20.4.3.2 物流现代化发展方向

物流现代化意味着由传统物流的非标准化、人工作业和纸质单据传递，发展成为标准化（如集装箱化）、自动化、信息化。我国物流现代化程度较低，需大力推进物流理念和模式现代化、物流基础设施现代化、物流要素与技术装备现代化、物流组织运营现代化[4]。

1）物流理念和模式现代化

物流企业、从业人员、政府主管部门等应以系统思维、创新精神、长远眼光、全球视角充分认识到物流现代化的重要意义，在此基础上推动物流模式现代化。我国物流现代化需要商业模式的根本性转变，以用户为中心的商业模式替代传统以企业自我为中心的商业模式。物流服务朝着个性化、精益化、灵活化和多元化转变，物流运作朝着系统化、一体化、专业化转变。

2）物流基础设施现代化

物流现代化的基石为物流基础设施，包含物流枢纽节点和运输线路两个元素。物流枢纽节点包括物流专业设施和物流功能设施两类。物流专业设施是指在指定区域，具有相互关系的企业比较集中，或货运量比较集中的节点地区，包括物流园区、中心等；物流功能设施是指在物流流程的不同环节、不同的物流单元，或具备其他功能的物流设施，主要包括货场、仓库等物流设施。运输线路是指"铁公水航"和管道等不同运输方式，推动物流设施的建设，是实现我国物流现代化的重要基础。

3）物流要素与技术装备现代化

现代物流业发展需要大量的物流人才，随着物流业的快速发展，我国物流人才短缺的现象日益凸显。物流人才培养是我国教育界和物流业迫切需要解决的问题。

物流技术与装备水平是物流业现代化的关键因素之一。物流企业要在市场中取得进步、生存与发展，提升企业的物流技术装备应用水平将起到至关重要的作用[5]。

伴随着云计算、大数据、互联网等技术的发展，物流新业务、新模式不断涌现，部分企业采用互联网信息平台，获取物流需求信息或实时掌握物流运载工具的位置。多式联运、冷链运输、共同配送等先进物流组织方式迅猛发展。但是需要清醒地认识到，我国物流信息闭塞问题仍然较为突出，物流信息化仍然任重而道远。为此应大力推进物流信息共享，同时大力推动物流产业标准体系建设，如标准物流托盘、物流信息接口，促进不同物流设备设施的标准化建设。

推动物流现代化应在推动物流理念、模式及基础设施建设的基础上，推动物流人才、物流装备现代化、物流信息化、智能化和标准化建设。

4）物流组织运营现代化

一是优化流程和组织运营方式，推进设施、网络、信息、流程等连通，实现对物流全过程的精确计划、组织、协调及控制。二是按照创新、协调、绿色、开放、共享的发展理念，拓展物流企业的发展空间。将创新融入整合、优化、协同的物流发展内涵中，实现物流持续创新发展。三是打造高效供应链服务。打通上下游物流企业之间的资金流、信息流等，实现不同企业之间的互联互通，信息共享，推动物流链的持续改善和优化。

20.5　国内外城市物流业发展经验

从国内外城市发展历程看，物流业在城市产业发展中占据着举足轻重的地位，国内外城市均依托自身的交通优势、地缘优势、区位优势，发展物流业，作为城市的竞争力优势，成为城市产业的重要组成部分。国内外城市物流业发展经验主要体现在以下几个方面。

其一，政府支持是物流业发展的关键之一。例如，日本制定物流行业的法律法规，规范物流行业的发展，保证物流市场的公平性，同时支持建立物流企业做大做强；物流基础设施是物流运作的基础，但物流设施投入巨大，单靠企业投入远远不足，需要政府的支持和引导。

其二，强化信息化技术在物流行业的应用，特别是互联网、GPS、传感器等现代技术在物流企业中的应用，提高物流运作效率和管理效率。UPS 同样可以被认为是一家以技术驱动的物流企业，现代物流信息技术是 UPS 的核心优势。UPS 在过去数十年中每年对物流信息化投入的资金高达数十亿元。20 世纪 90 年代，UPS 为司机引入物流手持设备，并安装 GPS 等跟踪系统，时时掌握货物位置信息。2009 年，UPS 通过 GPS 系统，开发货运导航系统，可在最短的时间内找出最短路径，可减少众多燃料排放。2010 年以来，UPS 更是向社会推出技术物流服务，输出物流技术。

其三，强化物流人才体系的建设，特别是物流管理和经营人才，保证物流行业的可持续发展。现代物流业发展需要大量的物流人才，随着物流业的快速发展，我国物流人才短缺的现象日益凸显。物流人才培养是我国教育界和物流业迫切需要解决的问题。

（作者：何世茂）

参 考 文 献

[1]　崔介何. 物流学概论[M]. 3 版. 北京：北京大学出版社，2007.
[2]　张丽明，方力辉. 城市物流节点及其层次划分探究[J]. 城市建设理论研究，2014，（14）：1-4.
[3]　南京市商务局，南京市城市与交通规划设计研究院股份有限公司. 南京市物流业发展中长期规划（2016—2025 年）[R]. 2016.
[4]　宋杰. 物流信息化管理及发展[J]. 中国市场，2007，（15）：66.
[5]　孙建华. 关于物流企业信息化重要性的分析[J]. 法制与社会，2007，（7）：440-441.

21 现代物流体系构建

21.1 现代物流体系构成

一般来说，物流体系指城市或区域物流产业发展的总体框架体系，包括物流产业的实体载体和虚拟平台，两者相辅相成，缺一不可。物流产业的实体载体又称为物流节点体系。物流产业的虚拟平台一般指电子商务平台、公共信息平台和政策以及相关的法律法规、服务支持平台等。

21.1.1 物流产业的实体载体

根据物流节点服务功能的不同，服务范围的差异，服务需求的大小可以划分为物流集聚区、物流园区、物流中心和配送中心四个层次。

21.1.1.1 物流集聚区

物流集聚区（物流基地）是由以物流企业为主体的产业集群利用现代化物流设施与信息管理技术、以多种运输方式为全球、全国和省际供应链提供生产、消费、流通全方位物流服务的服务地域综合体。物流集聚区是物流服务功能的空间集中载体，是实现企业间"横向管理"功能的核心空间。特大型城市依托综合交通枢纽优势，集聚物流企业集群和全方位物流服务综合体功能，可形成物流集聚区。我国第一个物流基地是深圳平湖物流基地，始建于 1998 年 12 月 1 日，这是"物流基地"概念第一次被提出，其被称为"建设物流事业基础的一个特定区域"。

21.1.1.2 物流园区

物流园区是指物流作业集中的地区，在几种运输方式衔接地，将多种物流设施和不同类型的物流企业在空间上集中布局的场所，也是一个有一定规模的和具有多种服务功能的物流企业的集结点。

物流园区是物流中心发展到一定阶段的产物，是整个城市与区域的物流服务体系的主要承载地，具有 8 个功能：综合功能、集约功能、信息交易功能、集中仓储功能、配送加工功能、多式联运功能、辅助服务功能、停车场功能，主要服务于国际物流和区域物流，具有频率高、规模大和范围广的物流交换特征。

21.1.1.3 物流中心

根据国家标准《物流术语》（GB/T 18354—2006），物流中心为从事物流活动的场所或组织，应基本符合以下要求：主要面向社会服务；物流功能健全；完善的信息网络；辐射范围大；少品种、大批量；存储吞吐能力强；物流业务统一经营管理。物流中心包括集货中心、送货中心、转运中心、加工中心、物资中心等。

物流中心是城市物流的二级体系，是针对物流园区大规模、大范围的物流处理提出来的较小规模和范围的物流节点，是加工配送物流和商业配送物流的主要载体，以区域物流、专业物流和分拨业务为主。

21.1.1.4 配送中心

配送中心接受并处理末端用户的订货信息，对上游运来的多品种货物进行分拣，根据用户订货要求进行拣选、加工、组配等作业，并进行送货的设施和机构。配送中心是物流功能较为完善的一类物流中心，应分布于城市边缘且交通方便的地带，承担城乡直达配送业务。

配送中心是在城市中为有物流需要，但服务量未达到一定规模的地点建立的物流设施，可以只承担单一物资品种或单一的物流功能，也可以承担多品种、小批量的物流配送功能，主要为特定范围的用户服务，规模较小。对市政设施和商业设施要求较少。具有完善的信息网络和健全的配送功能，辐射范围小，物流活动以小批量、多品种为特点。

21.1.2 物流节点布局原则

（1）符合城乡规划原则。物流节点布局应符合城乡总体规划要求，契合城市产业发展和产业空间布局需要，做到科学合理的布局。

（2）符合交通便利原则。物流节点必须设在交通便利之处，一般安排在有两种或两种以上运输方式衔接之处，在高速公路出入口附近、铁路货运站附近，以及机场附近设置。

（3）符合经济合理原则。物流节点空间的布局要综合考虑影响物流企业布局的各种因素，选择最佳的物流节点场地和用地规模。

（4）符合适当超前原则。物流节点在空间上要预留未来发展空间，充分考虑物流的发展趋势，满足不断增长的物流需求。

21.1.3 物流产业的虚拟平台

物流产业的虚拟平台一般指物流电子商务平台、物流公共信息平台,以及物流政策与相关的法律法规、服务支持平台等。

21.1.3.1 物流电子商务平台

物流电子商务平台又称网上物流,是基于互联网技术,整合各种信息流,是物流行业新发展的商业模式(图 21.1)。网上物流能够把世界范围内物流需求方和各物流公司都整合连接到一起,提供中立、诚信、自由的电子物流交易市场,帮助物流供需双方高效达成交易,提高物流效率。通过互联网,物流公司能够被更大范围的货主客户主动找到,能够在全国乃至世界范围内拓展业务;贸易公司和工厂能够更加快捷地找到性价比最适合的物流公司。

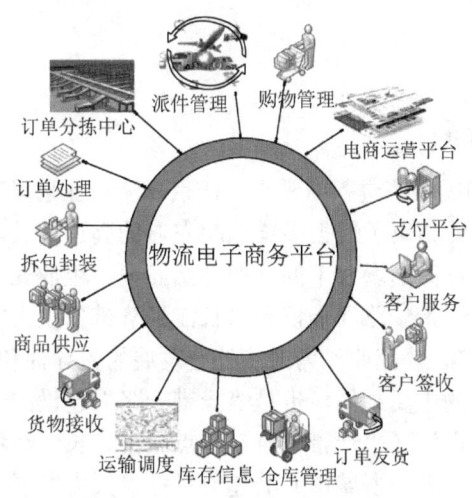

图 21.1 物流电子商务平台示意图

21.1.3.2 物流公共信息平台

物流公共信息平台是指基于计算机通信网络技术,提供物流信息、技术、设备等资源共享服务的信息平台,具有整合供应链各环节物流信息、物流监管、物流技术和设备等资源,面向社会用户提供信息服务、管理服务、技术服务和交易服务的基本特征。

物流公共信息平台工程作为《国务院关于印发物流业调整和振兴规划的通知》(国发〔2009〕8 号)中提出的九大重点工程之一,是有效解决我国信息化水平程度偏低、供应链上下游企业之间沟通不畅等导致我国物流业发展水平低下，全社会物流成本偏高等关键问题的重要手段，是建立社会化、专业化、信息化的现代物流服务体系的基石，对促进产业结构调整、转变经济发展方式和增强国民经济竞争力具有重要作用。

21.1.3.3 物流政策与相关的法律法规、服务支持平台

物流政策与相关的法律法规、服务支持平台是指国家或政府为实现全社会物流的高效运行与健康发展而制定的公共政策，以及政府对全社会物流活动的干预行为，包括有关物流的法律、法规、规划、计划、措施（对策），以及政府对全社会物流活动的直接指导等，具体包括土地政策、税费政策、财政与金融政策、交通与通关管理政策、政府的领导、协调机制、人才支持策略等。

21.2 典型案例

21.2.1 南京

21.2.1.1 发展背景

2015年以来，国民经济进入新常态，南京物流产业也呈现出新的特征。增长速度方面，南京物流业结束了过去多年20%左右的高速增长，总体运行步入温和增长阶段，长期掩盖在高速增长下的问题开始显现，粗放式运行方式难以为继。新时期，国家提出"一带一路"倡议和"长江经济带"重大发展战略，为国家新时期的发展指明了方向。物流业作为经济社会发展的先导性和服务性行业，是"一带一路"形成和发展的主要载体，也是"一带一路"建设的优先领域。同时，南京提出建设"四个城市"（"一带一路"节点城市、长江经济带门户城市、长三角区域中心城市、国家创新型城市）的建设目标，大力发展"五型经济"（创新型、服务型、枢纽型、开放型、生态型）的发展思路，大力发展包括现代物流行业在内的服务型经济，争取把南京打造成为全国重要的现代服务业中心。在此背景下，面对现代物流业发展的新环境、新形势，南京正不断完善物流体系。

21.2.1.2 南京物流体系构建

《南京市物流业发展中长期规划（2016—2025年）》提出"强基础、筑平台、调结构、促改革、助发展"的南京市物流业中长期发展思路，确立以物流业转型升级为主线，以"提总量、强技术、增效益、降成本、建体系"为核心发展目标，以物流基础设施平台、物流公共信息平台和物流发展政策平台为发展基

础，以航运物流、精益物流、电商物流、民生物流、智慧物流和绿色再生物流为重点发展方向，以"枢纽引领、环带集聚、分区覆盖"为总体空间布局思路，确立到2025年规划形成"3区、6园、5中心"的物流发展空间格局。其中"3区"分别为禄口国际航空物流集聚区、龙潭国际综合物流集聚区、下关长江国际航运物流服务集聚区；"6园"分别为滨江物流园、七坝物流园、六合空港物流园、永宁物流园、湖熟物流园、江北化工物流园；"5中心"分别为上坊物流中心、尧化门物流中心、淳熙物流中心、永阳物流中心、东扬物流中心。到2030年，规划最终形成"3平台、6重点、3区、6园、5中心"的南京市物流业发展总体框架体系（图21.2）[1]。

21.2.2 苏州

21.2.2.1 发展背景

国际环境上，随着经济全球化和我国融入世界经济的步伐加快，为苏州发展国际物流提供了广阔的市场空间；但是，发达国家财政金融风险上升、增长动力减弱所引发的贸易保护措施和技术壁垒增多，苏州的国际物流发展将面临更大的难度。

国内环境上，国家已经把优先发展现代物流等生产性服务业作为推动产业结构优化升级的战略重点，为苏州物流业发展创造了极佳的政策环境和发展机遇；随着长三角区域一体化发展并上升为国家战略，区域经济一体化进程将大大加快，将大大推动物流发展形成新局面；但是，国务院赋予上海"两个中心"的建设，以及全球性城市对周边的虹吸效应，也使得苏州要与周边城市在资源和市场竞争中实现竞合。

从苏州实际看，经过多年发展，物流业规模显著扩大，为苏州建设长三角重要的现代物流枢纽城市提供了良好的外部环境。但苏州物流业总体发展水平不高、增长方式还比较粗放、服务水平和质量有待提高。

21.2.2.2 苏州物流体系构建

依据《苏州市"十二五"物流业发展规划》，苏州综合考虑经济发展需求、产业布局、货物流向、资源环境、交通条件等众多因素，现代物流发展的空间布局将重点提升优化三个物流产业带，建设一批物流园区、物流中心和物流基地，打造物流信息化网络平台，搭建融资平台；结合苏州经济发展要求和物流需求，依托重点行业、重点企业和重点项目，发展保税物流、港口物流、商贸配送物流、IT物流，积极发展专业特色物流。最终形成"二平台、五重点、三带、多节点"的物流发展总体框架（图21.3）。

其中"二平台"指物流信息化网络平台和融资平台；"五重点"指保税物流、港口物流、IT物流、钢铁物流、粮食和农产品流；"三带、多节点"指沿江港口

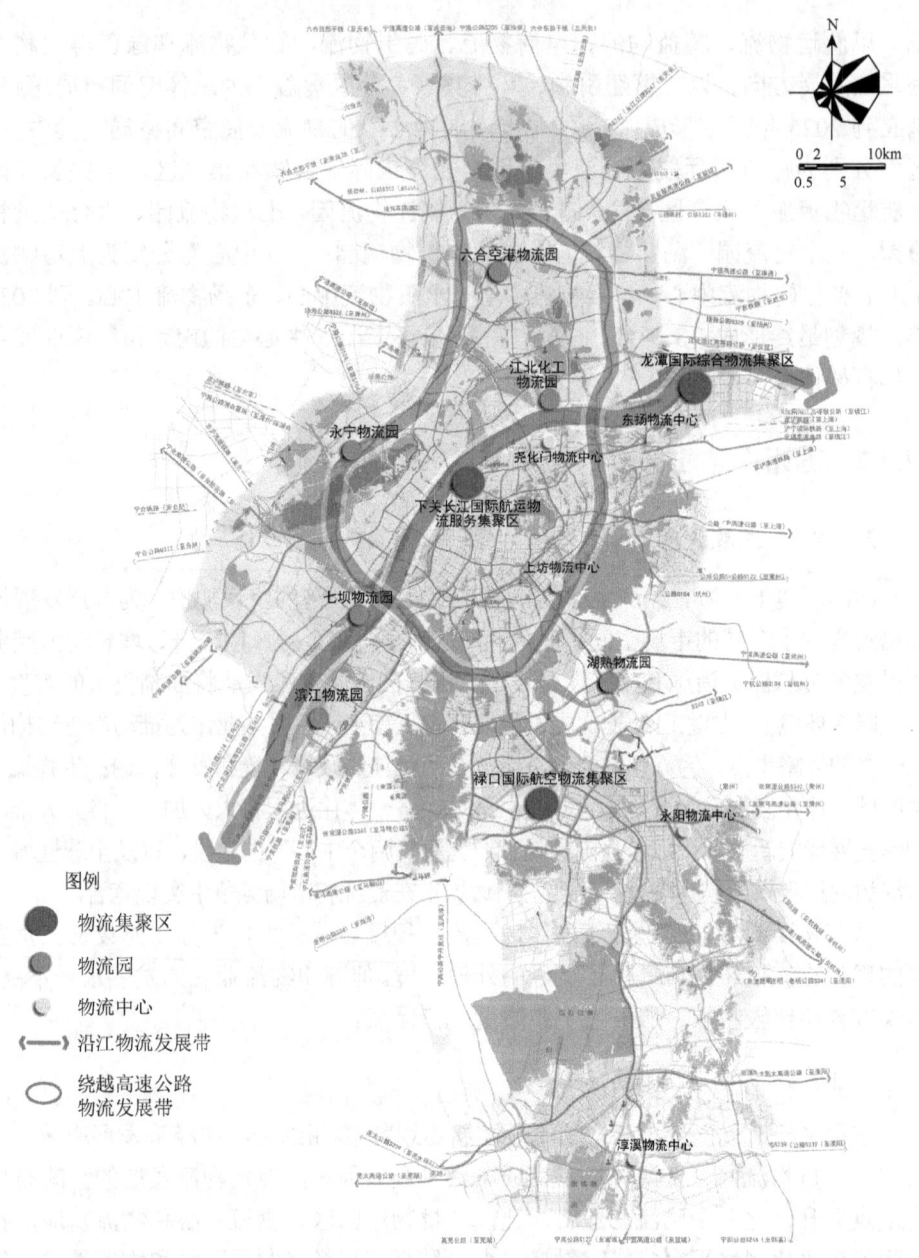

图 21.2 南京市物流产业 2025 年总体布局图

物流带、沿沪宁物流带、沿苏嘉杭物流带以及三条物流带上的常熟国际物流产业园、张家港保税物流园、苏州工业园区现代物流园、吴中出口加工区物流园等 14 个物流园区节点[2]。

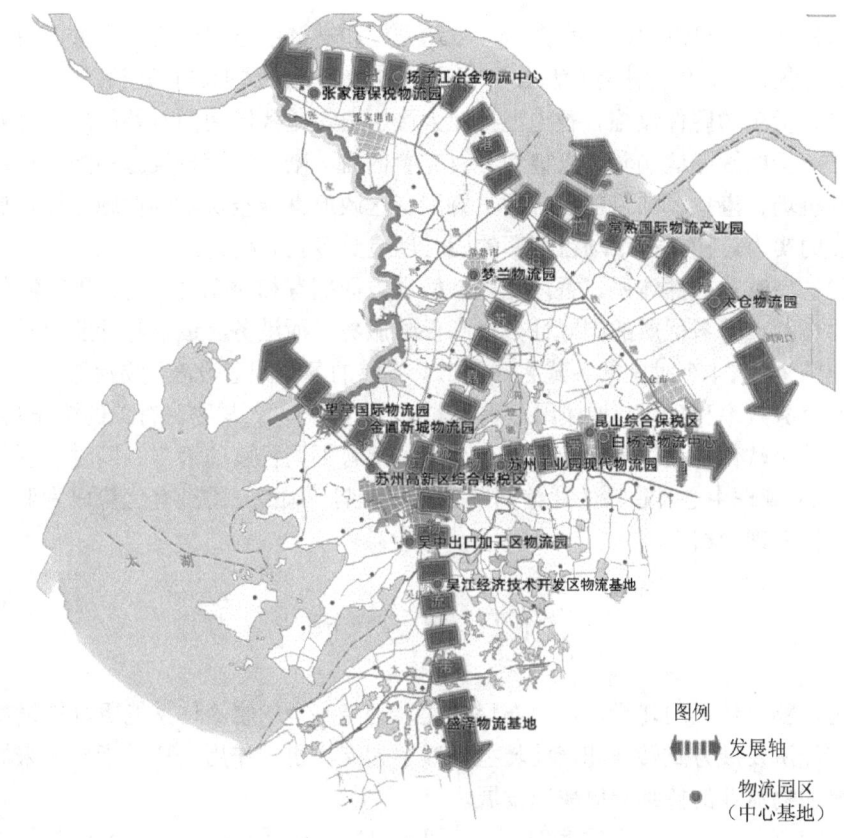

图 21.3　苏州物流业空间布局图

21.2.3　香港

21.2.3.1　发展背景

作为地区性的国际贸易中心，香港也是一个传统的国际物流中心。长期以来，香港有大量中小型贸易公司从事转口贸易活动，贸易代理、运输、保险等与贸易相关的服务业是香港重要的产业之一。1980年以后，随着香港和珠江三角洲广大地区"前店后厂"关系的形成和迅速发展，香港制造业的范围和规模大为扩张，在珠江三角洲庞大腹地的支持下，给物流事业带来了巨大的发展空间。

21.2.3.2　香港物流体系构建

（1）特区政府的强力支持。香港特区政府明确了香港要建成国际和地区首选的运输和物流枢纽中心的定位，成立了物流发展督导委员会和物流发展局。物流发展局成员由有关政府部门的官员和码头、空运、公路运输等行业的代表担任，对基建发展、资讯流通、人力素质、市场推广和支持中小型企业 5 个方面设立了 5 个专项小组,具体地进行商讨、并提出促进物流业发展的具体建议。

(2) 优越的硬件设施。香港地处亚太区中心,是我国南面对外门户,是亚洲区首屈一指的国际运输和物流枢纽,有完善的海、陆、空运输设施和配套设备。在国际机场、港口、陆路建设方面,香港特区政府继续投资基础设施建设,加强物流业的实力,在保持市场占有率的同时创造更多就业机会。

(3) 完善的软件体系。香港在软件配套方面拥有相对完善、为外国商家信任的法律体制;具备优质的国际性金融和保险服务;而港务、运输等行业也具有富有专业精神的 24 小时制的各式客户服务。香港的各类配套设施、物流服务、货柜码头的服务效率和素质,均属国际水准。在软环境方面,与物流有关的资讯科技、网站,甚至软件物流供应链管理设计公司,都有不同程度的参与。同时,要作为供应链 IT 管理中心,香港的通信网络是另一优势。因此,香港有优势成为亚太区的供应链管理枢纽[3]。

21.3 启 示

推进物流体系的建设,构建布局优化、功能齐全的物流体系能更好地发挥物流业在经济发展方式转变和产业转型升级中的支撑引领作用,科学指导未来城市或区域的物流业的持续健康快速发展。

从南京、苏州和香港的案例中,可以看到物流体系构建,包括实体载体与虚拟平台两个方面。物流产业的实体载体是物流产业的发展基础,而随着全球物流业的发展,物流产业的虚拟平台越来越重要,政府的支持、合理规划与指导、物流业信息化、发展服务支持等已成为现代物流业发展的必由之路。我国目前在虚拟平台建设上相对滞后,主要体现在单个政府支持、企业或局部行业的信息共享建设,没有从整体、系统的角度建设虚拟平台,这是未来需要重点关注、建设的内容。

(作者:韩雪松)

参 考 文 献

[1] 南京市商务局,南京市城市与交通规划设计研究院股份有限公司. 南京市物流业发展中长期规划(2016—2025 年)[R]. 2016.
[2] 苏州市发展和改革委员会. 苏州市"十二五"物流业发展规划[EB/OL]. http://www.suzhou.gov.cn/asite/zt/2012/06/sew/wly.html[2017-2-23].
[3] 佚名. 港澳台物流发展现状[EB/OL]. http://www.zhihu.com/question/26242519[2015-10-28].

第六篇　人性化城市交通

22 创建体贴、多样的人性化城市交通

22.1 人性化交通的发展历程

"人"作为交通的最重要组成部分,在城市化发展的早期却受到了严重的忽视。以车为本的交通发展理念导致了 20 世纪 60 年代以小汽车为导向的交通发展模式与城市蔓延发展,在美国与西欧等发达国家逐渐表现出一系列不可持续的后果。面对交通公害和环境保护问题的提出,美国最先在城市交通规划中提出了一系列人本主义理念,将"人"作为发展取向,综合考虑人的生活价值与交通发展策略。在这些发展理念的指引下,人性化交通先后经历了公交与慢行交通的复权、新城市主义下的 TOD 模式、更为精细化的城市管理等多个重要发展阶段,逐步成为兼顾经济效率、社会公平、环境保护及交通职能的交通发展取向与发展理念。

具体而言,20 世纪 70 年代,美国与西欧等机动化问题突出的发达国家开始将私人交通与公共交通放在同等位置,提倡各项城市交通规划的连续性。从 80 年代开始,政府逐渐加大对公交的投入,提高公交的服务水平。包括大规模建设轨道交通和公交专用车道,鼓励建设多乘员车道(high-occupancy vehicle lane,HOV),同时创造条件鼓励民众使用自行车。90 年代初,新城市主义代表人物之一的彼得·卡尔索普提出了 TOD 模式,人性化交通由此进入了交通与城市发展进行有益互动的发展阶段。TOD 模式积极主张土地利用与城市公交系统相结合,促进城市向高密度、功能复合的城市形态发展,以慢行为核心组织公交站点周边空间,强化居民的步行通行空间的连续,以进一步提高公交乘坐率与分担率。21 世纪以来,随着公交优先、公交引导城市发展等理念逐渐稳固,人性化交通逐渐由宏观的战略发展走向微观的细节发展,以人为本的精细化城市交通管理与设计成为发展重点之一,重点包括交通设施设计的人性化以及交通管理措施的人性化等。

22.2 当前我国人性化交通存在的问题

22.2.1 规划层面,交通与城市空间协同的规划编制体系尚未完全形成

目前,多数大城市在城市总体规划中,对交通发展的思路已从过去仅关注机

动车路网转变为考虑公共交通与城市空间的互动关系，开始形成公共交通导向下的交通与城市空间协同规划[1]。但是，在不少中等城市，特别是公交发展方向尚不明确的城市，在城市总体规划中对交通还会沿用原来的思路，形成宽马路、稀路网，出现了大量的双向六车道、八车道的道路，步行和非机动车交通系统严重不足，难以体现人性化。

城市总体规划之外，在下一层级的控制性详细规划、修建性详细规划阶段，由于缺乏明确的交通人性化编制要求，交通规划仍主要停留在机动车通道规划上，无法充分地根据交通容量反馈用地开发，无法充分预留公交车站、自行车停放点等公交、慢行设施空间，造成了很多地区按照规划一旦建设实施，交通拥堵也接踵而来的现象。

22.2.2 设施层面，以人为本的交通空间缺乏充分保障

目前，我国在道路交通设施设计、建设过程中"车本位"的思想尚未完全打破，不少道路设施的设计、建设不是从人的角度出发，而是仍基于车的角度，以保证车辆的运行和停放为主要原则安排交通空间，造成常规公交运行速度难以保证，步行、自行车出行空间只能被挤到一起，出行的舒适度、安全性不断恶化。

22.2.3 管理层面，交通管理与服务的品质尚需提升

交通管理和服务重点面向每一位交通参与者，涉及的内容很多，其细节都与人性化交通密切相关，但目前一些交通管理措施、服务举措很难说是人性化的。举例来说，在管理上，为了解决眼前的停车难问题，不少城市无限制地施划路内停车位；为了分流主路拥堵，有些城市把支路无限制地安排机动车运行，这些看似缓解了停车难、行车难问题，但实际上却使不同类别的道路功能不能正常发挥、引发占据步行和自行车空间等不人性化的问题。在服务上，我国的道路指路信息仍不完善，公交的准点率难以保证，到站信息无法精确提供，交通服务只能照顾到年轻人，对老年人、残疾人等特殊群体的服务还存在很大不足。

22.3 人性化交通的实现

人性化交通概括来说就是从人的本源需求出发，用以人为本的原则指导城市交通规划、设计、建设、管理各个阶段。

22.3.1　交通规划阶段的人性化

交通规划的人性化，不能局限于交通本身，而要跳出交通，将交通作为人们生活的一种联系方式，以满足人们的生活、出行需求作为规划的目标与方向。因此，首先应在交通产生的根源即城市规划上入手，然后才在交通规划上保证人性化。

在城市规划上，由于城市规划重点关注城市空间规模和结构形态，以人为本就意味着需要根据人们不同出行目的下的出行时间、主要的交通方式，合理确定城市发展规模，安排城市空间形态与用地类型，控制合理的尺度。国内外长期倡导的公交引导城市发展正是规划人性化的集中体现之一，通过在轨道站点周边步行范围内安排需求最集聚的商业、办公、居住设施，缩短职住、生活之间的距离，尽可能减少出行的时间[2]。

在交通规划上，人性化意味着不能只考虑机动车的规划要求，还应考虑各性别、各年龄层、各种身体条件、各种目的、各种交通方式的出行需求，即使这一部分出行在总体中所占比例不大，也应作为规划的影响因素之一，形成综合系统的交通规划方案。

22.3.2　交通设计与建设阶段的人性化

交通设计与建设的人性化集中体现在交通设施上，包括交通设施空间的人性化和交通指引的人性化等多个方面。

22.3.2.1　交通设施空间的人性化

交通设施空间的人性化要求交通空间符合各种目的使用者的出行需要。例如，道路应综合考虑保障小汽车、公交、步行、自行车等各类道路使用者。国内外城市均已认识到这一点，出现了精细化、完整街道等多种理念，指导交通空间的设计与建设实施。在人性化理念指导下，美国、欧洲等城市都已开始重新梳理道路空间，提出了调整原机动车道，将空间更多地提供给步行、自行车和公交等各类出行的人性化举措。

对主要提供生活出行服务的社区级道路，欧美、日本等发达国家更是进一步深化，提出了交通稳静化（traffic calming）的建设理念，即在社区级的道路上，依据交通工程学、交通安全工程、人机工程学方法的整合，对机动车交通进行流量管制和速度管制，通过降低机动车通行的便利性，抑制机动车出行，把社区道路更多地提供给绿色交通与休闲生活出行。稳静化的交通，既包括了顶层的政策、标准规范建立，也包括了具体的工程设施设计。

22.3.2.2 各类人群的人性化

各类人群的人性化要求充分保证老年人、残疾人、孕妇、儿童等交通出行的弱势群体的出行设施条件。

对于老年人、残疾人等，重点强化无障碍设施，包括合理规划设计无障碍设施布局、充分利用最新技术提高无障碍设施水平，加强对既有设施的管理维护，提高实际运行效率等举措。

对于孕妇、儿童则更多强调出行环境中对舒适度和休息设施的要求。例如，在公交站点安排座椅，扩展坡道和婴儿车推行空间等。

22.3.2.3 指示系统的人性化

在人性化的交通指示系统的设计与建设中，应首先考虑为广大的使用者服务。具体来说，交通指示系统的设置应以不熟悉交通设施的使用者为对象，通过交通标志、标线等提供准确、及时的信息和引导，使交通使用者能够正确选择路线和方向，顺利快捷地抵达目的地。

22.3.3 交通管理服务阶段的人性化

任何一项交通管理与服务措施，不应是为了管理而管理，为了服务而服务，而是通过交通管理与服务让出行更加安全、安心、舒适、便捷。当然，交通管理的人性化也并不是指管理软弱乏力，任由人随意出行。相反地，越是出于人性化的需要，越是需要加大交通宣传教育与交通违法的处罚力度，从而保证良好的交通环境。

人性化的交通服务不可能做到对所有交通方式提供统一的服务，而是要有所侧重，特别要侧重公交、步行、自行车等绿色交通方式，通过提供高水平、人性化的服务以提升吸引力。国内外城市在这些方面都做了大量的工作。例如，日本东京、大阪等大城市采用轨道公交一日定期券、月度优惠票等，居民可以乘坐市营的各种公交工具得到优惠。江苏已经不断推进全省公交一卡通、手机扫码支付等，都在为提升城市公交服务发挥着重要作用。

进入信息化时代后，随着智能手机、互联网、大数据技术在交通领域的应用，交通服务的人性化也有了新的方法与手段，智能交通服务在原有基础上向着更实时、更准确的方向迈进。北京、上海等城市均建立了交通拥堵指数系统，通过道路上的可变信息板，准确发布实时的交通拥堵与引导信息；公交电子站台不断扩容,提供公交到站信息等人性化的服务,使得公交出行的可靠性得到大幅提升。

在"互联网+"新发展形势下,除了常规的智能交通外,人性化服务正在与传统交通方式进一步融合发展。例如,日本等国家出现了老人、医疗定制出租车等新的服务形式。我国目前则将互联网技术与公交充分结合,发展了一批需求响应式定制公交项目,为居民的出行提供了更为人性化、个性化的服务。

(作者:杨明)

参 考 文 献

[1] 伯特·瑟夫罗. 公交都市[M]. 宇恒可持续交通研究中心, 译. 北京: 中国建筑工业出版社, 2007.
[2] 杨涛, 张泉. 公交优先导向下的城市总体规划——构建公交都市的空间框架[J]. 城市规划, 2011, 35 (2): 22-25.

23 人性化的公交票制票价

23.1 公交票制分类

公交票制是指公交票价的结构体系。目前国内外的公交票制大致可分为两类，即单一票制和计程票制[1, 2]，每种票制都有其自身的特点（表 23.1）。国内外一些城市还推行了一系列辅助票种，如日票、周票、月票、年票等计时票以及计次票，以满足特定人群的需求（图 23.1）。

表 23.1 公交票制特点说明

分类	说明	优点	缺点
单一票制	不论乘坐距离，统一支付相同的票价	乘客使用和运营票务管理方便	造成票价与运输价值的背离，对吸引短程乘客不利
计程票制	按乘坐里程计价，通常以 1km（里程计程）或规定里程（区段计程）为计价单位，累计加价	收费标准精确合理，能反映价格与价值的关系，兼顾长、短途客流	票制系统复杂度高，票务管理相对复杂

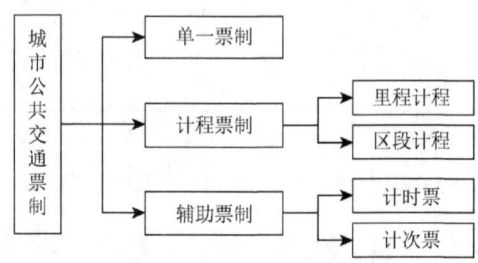

图 23.1 城市公交票制分类

众所周知，居民一次出行可能包含几种公交方式。对乘客来说，如果一次出行需要多次购买车票，不仅会造成出行者时间上的浪费，还会因转乘公交重复付费，给乘客造成公交票价昂贵的印象，影响整个公交系统的吸引力。为确保人们在不同交通方式之间无缝换乘，需解决以下几项障碍：①物理性的障碍（上下移动过多、水平移动过长等）；②时间上的障碍（从换乘到上车花费时间长等）；③经济上的障碍（换乘引起的出行费用提高等）；④心理上的障碍（线路网、换乘方法不易看懂等)。为实现不同交通方式之间的无缝衔接,需安排一个换乘更便捷、运行时间衔接更好、收费体系一、为旅客提供适宜的信息、便利性极高的公交系统,即实现客运交通的一体化。对公交票制而言,就是要采取一体化的收费措施。

票制和票价两者在城市公交票务管理中相辅相成,只有采用恰当的票制、制定合理的票价、建立一体化的票价管理系统,才能辅以一体化的公交网络和设施衔接,充分发挥公交效率,提高整个公交系统的吸引力[3]。

轨道与公交票制票价的一体化整合包括售票服务整合和收费体系整合两个方面,通过建立与同一地区所有公交网络售票服务系统相关的综合收费方式,实行通用票价制度,为居民提供无换乘感觉的公交服务,从而鼓励居民采用公交出行。

23.2 票制票价一体化的具体措施

票制一体化需要建立统一的 IC 卡系统和票款分账约定体系,包括鼓励联乘和换乘的折扣、分时段收费和奖励分值等。对已经建立了统一的 IC 卡系统的城市,未来公交票制体系的发展重点包括两个方面:一是面向轨道、出租车、"P+R"等新增交通方式的一体化转变;二是向通勤圈以至更大范围内的广域收费一体化转变。具体措施如表 23.2 所示。

表 23.2 收费一体化的发展重点和具体措施

票制体系发展重点	具体措施
车票整合,推行方便换乘的收费体系	实施轨道、公交、"P+R"一票/卡制。特别是"P+R"收费需融入公交票价系统中,便于计算多方式间换乘的优惠补贴; 在相邻城市之间实现收费一体化,并逐渐扩展收费一体化的范围
确定轨道、公交等各类车票的合理价格比例关系	对与轨道线路有直接竞争关系的公交线路采用不同的收费方式,适当调高票价或减少该线路的补贴
实施轨道与公交的联合票价	建立多城市、各运营单位间的自动分账系统; 扩大智能 IC 卡收费系统的应用范围和便利性,重点向出租车扩展,以实现多种交通方式的单次出行可以采用综合票价

23.3 典型案例

23.3.1 名古屋

日本名古屋巴士线路采用的是一票制,票价一律是 200 日元,儿童半价。地铁线路则采用计程收费票制，3km 以内的起步价是 200 日元，3～15km 每 4km 加 30 日元，15km 以上统一为 320 日元，儿童同样是半价。

乘客可选用有利卡（Yurika 预付卡）来搭乘公交工具，Yurika 预付卡只用于平日的 10:00~16:00，10:00 前和 16:00 后不能使用。在搭乘市内巴士时，如果使用的是 Yurika 预付卡，在转乘下一辆车时，还有一定的折扣。为满足乘坐公交频繁的乘客的需要，名古屋巴士与地铁推出一系列特殊票种以提供优惠。例如，各类一日乘车券（图 23.2），可供乘客在一日内无限制多次搭乘交通工具。相比之下，儿童票比普通票优惠 48%～54%。同时搭乘巴士和地铁的乘客还能得到进一步的优惠。周六、周日和国家假日以及每月 8 号环保日，购买巴士·地铁一日券，价格和地铁一日券相同，成人是 600 日元，儿童是 300 日元。

公共汽车·地铁
（售价850日元）

公共汽车·地铁
（儿童：售价430日元）

公共汽车全线
（售价600日元）

公共汽车全线
（儿童：售价300日元）

地铁全线
（售价740日元）

地铁全线
（儿童：售价370日元）

图 23.2　名古屋各类公交一日乘车券

图片来源：http://wenzhang.16fan.com/a/509304.html

23.3.2　南京

23.3.2.1　公交票制票价

1）常规公交

南京公交车票种主要有投币、移动支付、IC 卡（金陵通智汇卡、市民卡）。计价方式主要包括两种：一种是一票制，主要针对中心城区范围内的公交线路，空调车 2 元；另一种是分段计价制，主要针对通往市郊的部分较长线路，空调车按照里程远近计价 2~6 元，城际公交线路，如宁句线（南京—句容）等也是采用分段计价制。

2）地铁

南京地铁乘车票种主要有四种形式，分别为是单程票、IC 卡、移动支付和应急纸票。

（1）地铁票制。

①单程票。适用于所有乘客，限单人、单次、限时使用（图 23.3）。

图 23.3　南京地铁单程票

②IC 卡。由南京公用事业 IC 卡有限公司发行的适用于南京市公交、出租、轮渡和地铁等应用的 IC 卡，即金陵通智汇卡、市民卡等。

③移动支付。南京地铁所有车站均支持银联闪付和支付宝二维码两种支付方式（图 23.4）。

图 23.4　南京地铁移动支付

④应急纸票。当出现车站自动售票机故障导致乘客无法正常进站、车站出现有预见性或临时性大量客流、票务系统无法应付等特殊情况时，使用应急纸票。可分为普通应急纸票与通票（图 23.5 和图 23.6），售卖当日内有效，可乘坐相应金额的车程。普通应急纸票的票面印有售卖车站名称与票价，只可在售卖车站售卖。通票的票面印有票价，无售卖车站名称，可在全线各车站售卖。

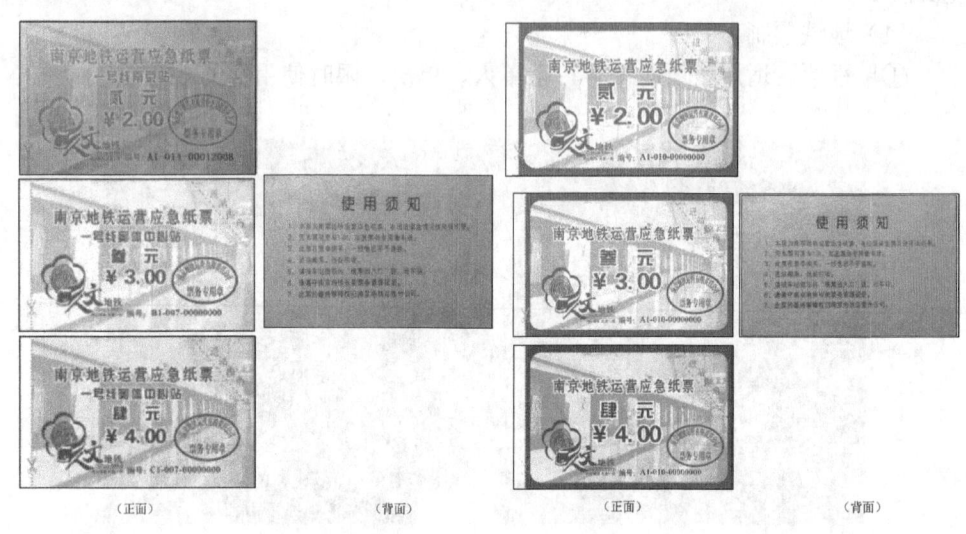

图 23.5　南京地铁普通应急纸票　　　　图 23.6　南京地铁应急纸票通票

（2）地铁票价。

2014 年 7 月 1 日起，南京地铁改变按站点分段计费的票制，实行里程计费票制，具体如下：起步价 2 元可乘 10km；10km 以上部分，10~16km 单程票价 3 元；16~22km 单程票价 4 元；22~30km 单程票价 5 元；30~38km 单程票价 6 元；38~48km 单程票价 7 元；48~58km 单程票价 8 元；58~70km 单程票价 9 元；70km 以上每 1 元可乘 14km。

3）公交优惠政策

南京公交优惠主要针对刷卡用户，投币或购买单程票的无法享受。

（1）刷卡乘车优惠。

成人刷卡用户在乘坐公交车时享受 8 折优惠，乘坐地铁享受 9.5 折优惠，乘坐轮渡享受 9 折优惠。

（2）特殊人群乘车优惠。

①60~69 周岁老人、18 周岁以下的中小学生乘坐公交车、地铁、有轨电车、轮渡刷卡（老年卡、学生卡）时，在成人卡的基础上再享受 5 折优惠。

②离休干部、革命伤残军人、现役军人、革命伤残警察、盲人、70周岁以上老人凭有效证件乘坐公交车、地铁、有轨电车、轮渡免费。

（3）空调车季节优惠。

南京市从2008年3月1日起实施空调车季节票价,成人刷卡用户3月、4月、5月、10月、11月这5个月乘空调车可以享受6折优惠。

（4）南京公交换乘优惠。

南京公交换乘优惠从2014年8月1日开始实施,成人刷卡用户在公交、地铁、有轨电车、轮渡之间换乘全部实施优惠,首次刷卡计时（地铁、有轨电车按刷卡进闸机计时）90min之内,公交车、有轨电车、轮渡之间换乘以及地铁换乘公交车、有轨电车、轮渡优惠1.6元/人次,公交车、有轨电车、轮渡换乘地铁优惠1.0元/人次。其中,老年卡、学生卡不能享受换乘优惠。

23.3.2.2 南京城市公交"一卡通"

金陵通是南京城市交通卡品牌（图23.7）,金陵通可以乘坐公交、地铁、有轨电车、出租车、轮渡。在业务领域方面,金陵通逐渐向旅游景点、超市、汽车租赁、停车场等相关领域拓展,由城市交通"一卡通"向城市"一卡通"转变;在地域方面,南京积极推进"南京都市圈"和"长三角地区"互通,无记名金陵通已经在扬州、镇江、淮安、泰州、芜湖实现城际互通互用,为"南京都市圈"乃至"长三角地区"的交通一卡通奠定了坚实基础。

图23.7 南京城市"一卡通"——金陵通智汇卡

23.3.2.3 全国交通一卡通

2014年7月底,江苏省作为交通运输部的全国统一公交IC卡规范试点省份。2015年12月31日率先在全国范围内实现交通一卡通互联互通(图23.8),江苏省居民只需持有一张卡就可以在省内不同城市乘坐公交、地铁、支付出租车费(图23.9)。还可与北京、天津、上海等全国40多个城市互联互通。

图 23.8 南京轨道站全国交通一卡通通道

图 23.9 南京发行的江苏交通一卡通

23.4 结　　论

在国外许多城市，公交票价水平和一票换乘收费方式在公交服务架构中十分重要。一票换乘（一票制）或一体化的票价（换乘优惠）不仅适用于同一公交模式或运营商，也适用于不同交通模式或运营商。

现代化的电子收费技术和"智能卡"系统的应用，使一票换乘的实现更为可能[4]，这样对运营商和乘客都有益处。例如，降低了常规公交线路之间的换乘票价，减少了换乘引起的额外收费之后，常规公交的运营变得更有效率；在轨道和公交线路之间采用一票换乘，使得轨道的利用率提高，从总体上提高了公交系统的使用效率；采用一票换乘也对小汽车使用的管理更为有效。

在总结国内外经验的基础上，本书提出如下建议[1]。

（1）建立多元化的票制。根据是否工作日、高峰时段、不同距离制定不同的票价，强化政府通过票制票价调节居民出行方式的能力。根据交通资源状况，建立日票、周票、月票票制票价策略，对出行方式进行调节，同时减少流动人口因流动过快过多带来的经济负担。

（2）合理确定公交票价。要逐步完善城市公交定价、调价机制，按照基于成本定价的原则，综合考虑各方面因素，科学制定群众能接受、财政能承担的城市公交价格。适时建立公交票价与企业运营成本和物价水平的联动机制。

（3）根据区域发展策略制定不同的票制票价。例如，在旅游区、商业区或工业区制定不同的票制票价，为区域经济的发展、人民生活水平的提高起到一定的调节作用。

（4）进一步加强公交票制票价一体化。在同一城市，无论是中心城区还是郊区，宜统一定价标准，同时推进城市之间的"一卡通"互联互通、享受同等优惠待遇，切实降低人们特别是郊区居民、流动人口的出行成本。

（作者：冯建栋）

参 考 文 献

[1] 王超，徐文勇. 北京市与国际大都市公交客运票制票价对比分析[J]. 河南商业高等专科学校学报，2010，23（4）：39-44.
[2] 周明保，张宁，何铁军，等. 城市轨道交通票制与票种关系分析[J]. 都市快轨交通，2009，22（4）：30-33.
[3] 刘华，殷文杰. 上海公共交通票制票价多样化研究[J]. 价格理论与实践，2013，（12）：48-49.
[4] 谢振东，曾烨，龚惠琴. 我国公共交通一卡通发展现状、趋势及挑战[J]. 金卡工程，2015，（4）：19-22.

24 人性化的交通指引系统

在我国城市规模日益扩大、机动化水平迅猛发展的背景下，良好的交通指引系统的作用更加突显，它的作用不仅是指引方向，还对减少交通参与者寻找目的地或走错路线导致的无谓绕行和能源浪费、提高交通安全和效率都有着至关重要的作用。本章介绍了人性化的交通指引系统的设置，包括对公交车、小汽车、行人和自行车的指引标志和标线等，阐述了如何在复杂的城市道路网络和交通环境中，通过人性化、精细化的指引系统，为各类交通参与者的通行提供明确的指引，减少交通冲突和无谓的绕行、错行，提升交通安全和效率。

24.1 公交指引

公交指引除了包括对公交专用车道的指引，也包括对公交专用车道在交叉口、停靠站、沿线进出口处的路权明确化处理，从而规范社会车辆的行车行为，保障公交专用车道的路权，实现路网整体的交通安全与效率。

24.1.1 公交专用车道的指引

对公交专用车道的指引，最重要的是科学、准确、清晰地界定公交车专用行驶路权，通过标志标线等交通语言，及时、准确地传达给社会车辆驾驶人，使驾驶人能够清楚地知道交通管制方式，自觉遵守，不误闯公交专用车道。江苏省大部分城市的公交专用车道设置在最外侧车道，这样设置的优点是乘客上下车不必穿越车行道，安全方便，右转弯公交车不必忍受信号灯的控制，等等。但是由于设在最外侧，公交专用车道受沿线地块出入口、支路街巷等横向交通的影响比较大，公交专用车道的实际路权碎片化，其整体效能因这些节点的处理未做到位而无法充分发挥。因此，公交专用车道的指引系统在上述节点的精细化处理要清晰、醒目，处理好横向交通的行驶秩序，从而最大限度地降低来自横向交通的干扰。

香港在公交指引方面积累了丰富、成熟的经验，并且达到了精细化管理的程度，真正有效地保障了公交专用车道空间。香港的公交专用车道标线为白色实线，线宽根据道路宽度可选25cm或30cm，使之与车行道分界线明显区分开来。在公交专用车道的起点处，采用白色的实线或虚线施划过渡段，过渡段的角度根据道路限速而有所区别，必要位置还会施划汇入箭头，使得社会车辆能够在一定的行驶速度下安全、有序地汇入指定车道。这种尊重驾驶心理和车辆行驶特征的精细化处理手段，有效引导了社会车辆行驶，反过来其实是保障了公交车的路权空间，保障了公交车的运行可靠性（图24.1）。在公交专用车道内，路面施划"BUS LANE 巴士线"文字，并每经过一处路口重复施划一次，如果路段过长还会在路段重复施划，十分醒目（图24.2）。在公交专用车道的终点处，路面施划"END OF BUS LANE 巴士线终止"，实现了公交专用车道的全线空间路权的文字标明，有始有终（图24.3）。

图 24.1　香港公交专用车道起点处的标线[1]

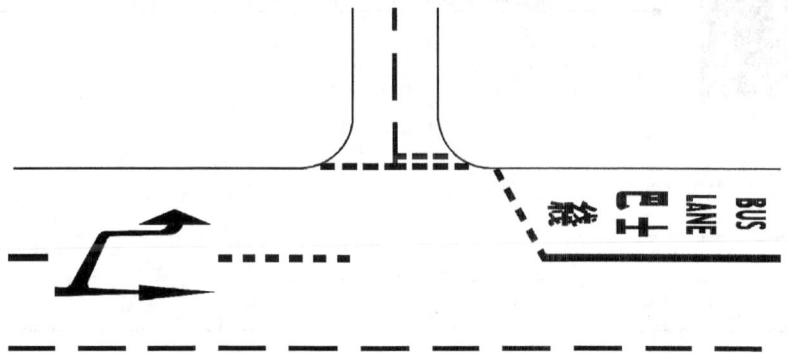

图 24.2　香港公交专用车道在沿线支路街巷的处理[1]

图 24.3　香港公交专用车道在终点的处理[1]

南京和苏州在国家标准《道路交通标志和标线 第 3 部分：道路交通标线》(GB 5768.3—2009)的基础上，对公交专用车道标线进行了精细化的规定（图 24.4 和图 24.5）。南京在公交专用车道的起点、沿线地块开口等处设置了黄色三角形过渡区，引导横向车辆驶入内侧社会车道。在夜间路灯光线下，当黄色标线与白色标线的颜色差异缩小时，三角区的施划可大大增强公交专用车道的辨识度。黄色三角区还有

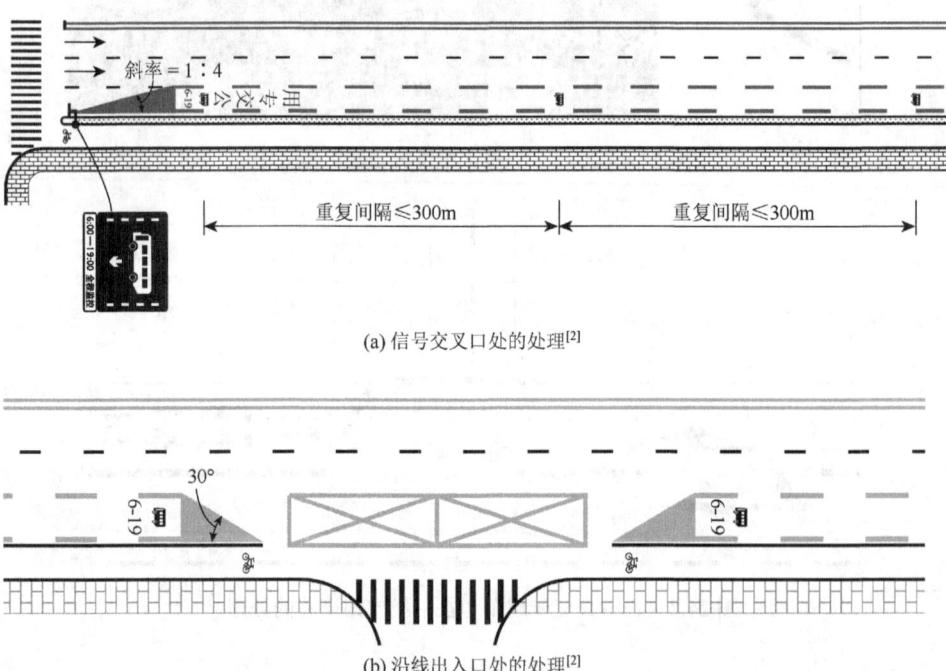

(a) 信号交叉口处的处理[2]

(b) 沿线出入口处的处理[2]

(c) 实景照片

图 24.4　南京公交专用车道标线设置示例

利于配合电子警察抓拍，清晰识别交通违法行为，有利于交通管理部门执法。在沿线地块出入口处施划黄色网状线，不允许社会车辆在此范围内做任何形式的停留，从而保障公交车的运行尽量不受沿线地块进出交通的影响。此外，为增强路段公交专用车道的醒目性，南京采用的公交专用标线的宽度为25cm或30cm，高于国家标准。苏州虽未采用黄色三角形过渡区，但标线宽度采用国家标准的上限，即25cm。

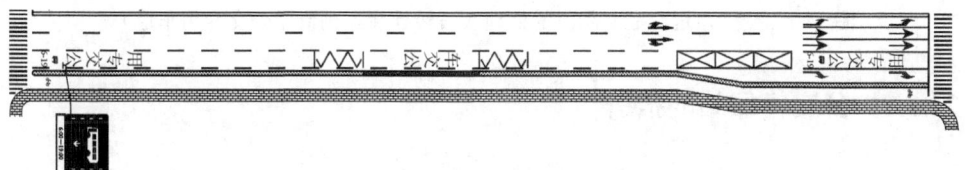

图 24.5　苏州公交专用车道标志标线设置[3]

　　对交叉口处的细节处理，重点是解决右转车辆与公交车的交织，即在车辆行驶中，如何减少二者的交织干扰范围。一般分为两种情形，情形一是交叉口进口开辟了右转专用车道、公交专用车道设在直行车道上，此时右转社会车辆必须穿越公交专用车道。南京和苏州采用了简化网状线来界定交织区的范围，网状线从渠化渐变段起点开始施划，表示在此范围内允许社会车辆穿越公交专用车道（图 24.6）。

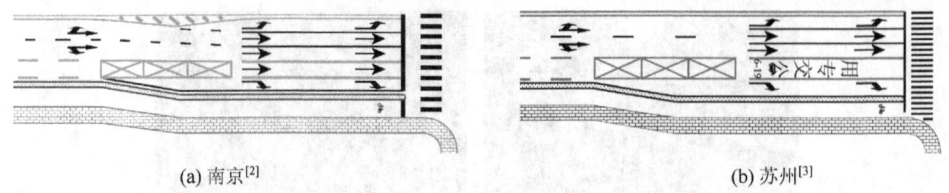

(a) 南京[2]　　　　　　　　　　　　(b) 苏州[3]

图 24.6　交叉口进口道交织段的处理（有右转专用车道）

情形二一般出现在老城区，交叉口进口因用地限制等无法开辟右转专用车道。此时往往不得不允许社会车辆借用公交专用车道进行右转。南京和苏州根据路口排队长度确定交织区的起点，采用简化网状线、交通标志来明确社会车辆借用公交专用车道右转的通行规则，允许社会车辆在简化网格线范围内开始驶入公交专用车道（图 24.7）。

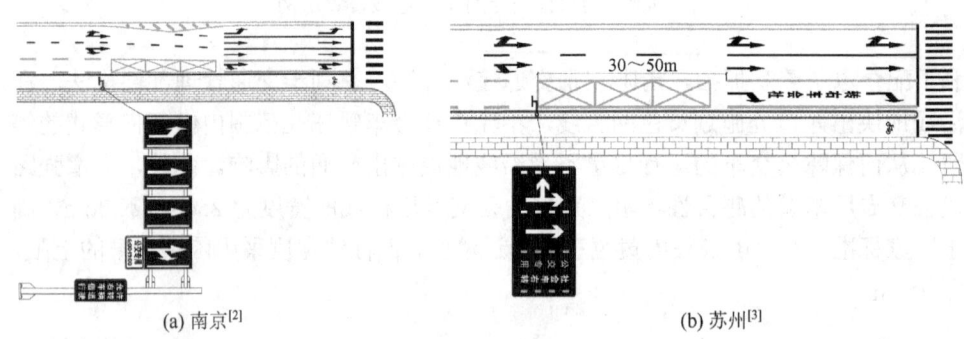

(a) 南京[2]　　　　　　　　　　　　(b) 苏州[3]

图 24.7　交叉口进口道交织段的处理（右转社会车辆借用公交专用车道）

24.1.2　公交停靠站的指引

公交车停靠是公交运行的重要环节。为了尽量不影响主线交通的正常运行，用地条件允许的采用港湾式停靠站。无法设置港湾式停靠站时，可采用直接式。停靠站台的长度应综合考虑公交停靠线路的条数、发车间隔等，保证公交车的顺利停靠和驶离。

香港采用白色虚线标明公交停靠站的范围，路面施划"BUS STOP 巴士站"，十分醒目［图 24.8（a）］。对直接式停靠站来说，其最主要的干扰是社会车辆的随意停车阻碍公交车的顺利驶入或驶出，因此南京和苏州依据在公交车驶入和驶离的区间范围施划黄色实折线，禁止社会车辆在此范围内停车［图 24.8（b）和图 24.9］。

24 人性化的交通指引系统

(a) 港湾式停靠站

(b) 直接式停靠站

图 24.8　香港公交停靠站示例[1]

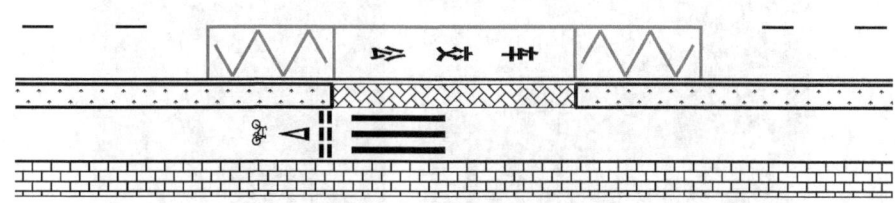

图 24.9　南京与苏州的直接式公交停靠站标线设置示例[2, 3]

在老城区里，为了提高公交服务覆盖，站点尽量接近居民出行起终点，在道路宽度有限、交通流量不大的较低等级道路上也会布置一些公交线路。因用地局促，有可能采用路边式停靠站，即公交车直接停靠在人行道边。此时最重要的是处理公交车与自行车相互干扰的问题。南京和苏州根据多年的管理经验，规定了公交车驶入、驶离停靠站的起终点范围，在此范围内自行车应为公交车让行（图 24.10）。

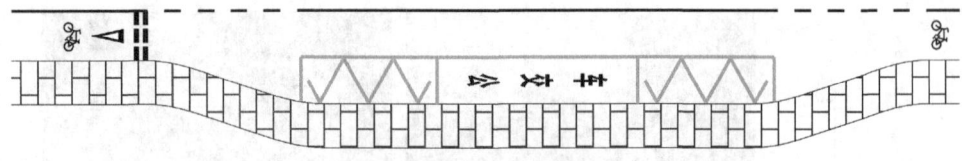

图 24.10 南京与苏州的路边式公交停靠站标线设置示例[2, 3]

24.1.3 应用效果

根据南京龙蟠中路（瑞金路—白下路）公交车专用车道交通标志标线的提升改造前后对比（图 24.11），发现改造以后社会车道和公交专用车道在高峰小时的流量均出现了不同程度增长，说明新型公交专用车道线的施划不但大幅减少了社会车辆对公交专用车道的干扰，提高了公交车的运行效率，对社会车辆的运行也有提高作用[4]。

图 24.11 南京龙蟠中路公交专用车道改造前后对比[4]

24.2 小汽车指引

城市中纵横交错的道路形成了一个复杂的系统，对驾驶人来说，每一个交叉口都面临一次选择，驾驶人必须经过无数次的选择才能到达目的地，指路标志系统就是承担了引导驾驶人做出正确选择的重要任务。因此，指路标志系统必须是结合路网类型、环环相扣的系统，其信息的传递必须简明、易懂、连续，重要的信息还应适当重复，以引导小汽车按最合理的路线到达目的地。一旦出现信息链中断、信息不足或过量，容易对驾驶人产生误导或引起驾驶混乱，增加路网中因指路信息不清引起的无谓行驶、交通拥堵、交通能耗与排放。此外，指路系统还应与其他道路交通管理设施相互协调。因此，应根据道路在路网中的区位、道路功能、交通组成、交通流量等因素，选取适当的指路信息。

24.2.1 指引信息

我国的城市道路指引系统是以指示道路名称为主，指示地点名称为辅。南京和苏州的指路标志系统在选择第二条信息时，市区道路以地区名称为主，交通枢纽区道路以枢纽名称为主，旅游风景区道路以景区和文体设施名称为主，产业或物流基地附近道路以地物名称为主，与国省干线重合的城市道路以远程控制性地名为主。同一处的标志上不超过4条目的地名称。

24.2.2 一般城市道路指路标志

大多数的城市道路交叉口为十字形交叉，也有T形、Y形、环形、多路交叉等情况。因此，一般城市道路的指路标志采用的是近似十字交叉图形式的版面，对T形等特殊形状路口，采用图形化的表达方式。

南京采用"路网式"版面，最大程度上模拟地图，一目了然，简单易懂，其道路名称排列与前方路口的形状一致，同时标明到前方和左右方向路口的距离（图24.12）。苏州采用近似十字交叉图形式的版面（图24.13）。

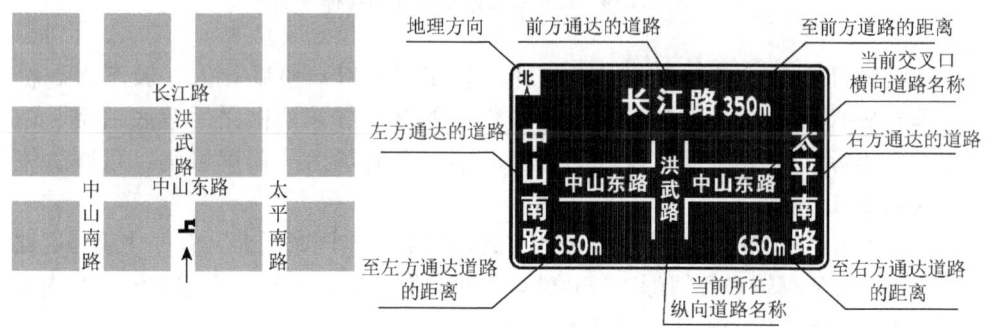

图 24.12　南京一般城市道路指路标志[2]

图 24.13　苏州一般城市道路指路标志[3]

江苏城市历史悠久，尤其在老城区，存在着大量的小支路、街巷，这些支路街巷与城市干路系统共同组成了整个城市的路网体系，是城市路网不可缺少的毛细血管，也联系着各个出行目的地。然而，目前部分城市在对支路、街巷的指引方面还存在着一定程度的不足。为扭转这一局面，南京和苏州在干路上采用小尺寸标志对无信号灯控制的支路街巷进行指引（图 24.14）。支路上的指路标志也采用小尺寸指路标志，从而完善了指路标志系统。

(a) 南京[2]　　　　　　　　(b) 苏州[3]

图 24.14　南京和苏州小尺寸指路标志

道路的确认标志一般采用路名牌，设在交叉口，帮助行人、骑车人、机动车驾驶人在出行过程中正确定位。南京的路名牌东西向采用蓝底白字、南北向采用绿底白字便于辨认方向；上海的路名牌加上了门牌号码，可减少绕路（图 24.15）。

如果指路标志中未标明所行驶的主线道路名称，同时道路又有绿化遮挡、路面过宽、大型车较多等情形，导致驾驶人识认路名牌有困难，则需在绿化带内设置道路名称标志作为确认标志（图 24.16）。

(a) 南京

(b) 上海

图 24.15　路名牌示例

图 24.16　设在绿化带内的道路名称标志

24.2.3　快速路指路标志

城市快速路和城区高速公路作为城市道路的主骨架，承担着跨区域、跨组团，以及对外交通的联系功能，因此应能够对周边交通有一定的吸纳和辐射能力，即引导周边一定范围内的长距离交通尽快转入快速路和高速公路上来。

南京和苏州快速路入口指引标志设置顺序：入口预告标志→入口处地点方向标志→路名标志→地点距离标志（图 24.17）。快速路出口指引标志设置顺序：出口预告标志（下一出口预告标志、远方控制性地点信息标志）→出口标志（下一出口预告标志）（图 24.18）。

除在衔接快速路入口匝道的第一个地面道路交叉口处设置入口预告标志以外，还进一步拓展到不少于两个主要交叉口处，设置单独标志或结合一般城市道路指路标志对快速路入口进行指引（图 24.19）。

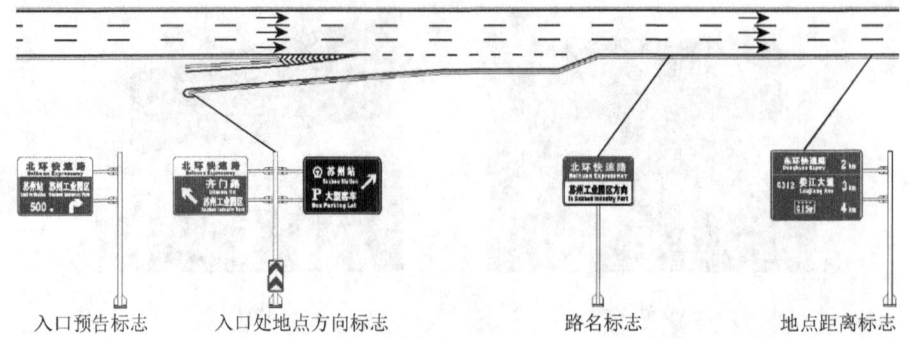

图 24.17　快速路入口指引标志示意图[3]

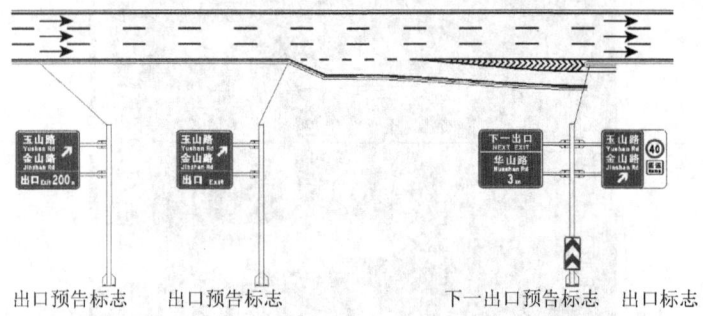

图 24.18　快速路出口指引标志示意图[3]

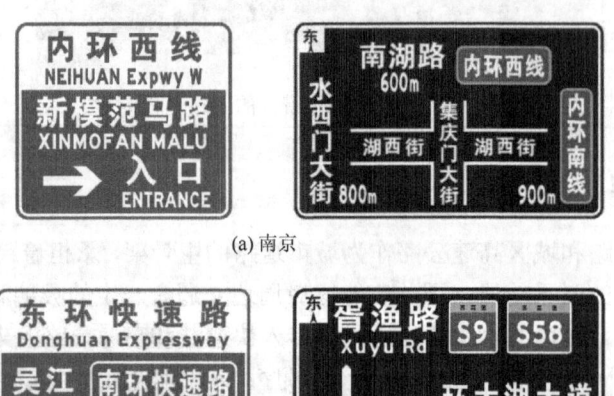

(a) 南京

(b) 苏州

图 24.19　南京和苏州快速路与高速公路入口预告标志示例

香港的快速路指路标志信息主要是区域和子区的名称，将香港划分为九龙、香港岛和新界三个区域，每个区又进一步划分为若干个子区。在某些地点，当指引道路名称比指引区域/子区域名称更有优势时，也会指示道路名称。此外，香港大量采用路面文字预告前方通达的目的地名称，驾驶人只需沿着车道行驶即可顺利到达目的地，从而减少来回转换车道，减少了交通交织，提高交通安全和秩序（图 24.20）。

图 24.20　香港指路标志标线示例[1]

24.3　步行和自行车指引

24.3.1　行人和自行车指引

24.3.1.1　行人指引

行人和自行车的指引系统主要包括路名牌、行人指路标志、地面引导标记等。行人指路标志一般设置在通往人流密度较大的公共场所和重要的公共设施的路口人行道处，以及其他的决策点（如分流点）处，提供地理方向、周边道路、重要公共设施、交通信息、重要地物信息、公交信息等（图 24.21）。应注重指引信息的连续，并与机动车交通、公交指引系统衔接，包括对公交的指引、公交换乘指引、公交站点处的客流疏散引导等。

图 24.21　南京长江路行人指路标志示例

24.3.1.2　自行车指引标志

当前很多城市建设了诸如绿道或具有物理隔离和独立路权的自行车专用路。对自行车专用路的指引，一般是在交叉口前的适当位置设置路径指引标志。路径指引标志的目的地信息不应超过三个，可同时标明目的地的距离（图 24.22）。

图 24.22　自行车指引标志[5]

24.3.2　轨道站指引

24.3.2.1　轨道站外指引系统

轨道站外指引标志一般设置在距轨道出入口 300~500m 范围的交叉口或路段的醒目位置，标明线路信息、行走方向、距离等（图 24.23）；在轨道入口处设置确认标志，标明轨道线路、入口编号等（图 24.24）。香港的轨道站指引标志主要是标明轨道站名称，有些标志还标明是否有无障碍设施，充分体现了人性化的一面；南京和苏州主要是标明轨道线路和步行站点的距离等。

(a) 香港　　　　　　　(b) 南京　　　　　　　　(c) 苏州

图 24.23　香港、南京和苏州的轨道站点指引标志示例

(a)香港　　　　　　　(b)南京　　　　　　　　(c)苏州

图 24.24　香港、南京和苏州轨道站入口处确认标志

24.3.2.2　轨道站内指引系统

轨道站内指引系统按照功能可分为定位标识、方向标识和辅助标识三类。

（1）定位标识。采用壁挂等形式帮助行人进入站点后进行位置定位，并进行方向引导（图 24.25）。

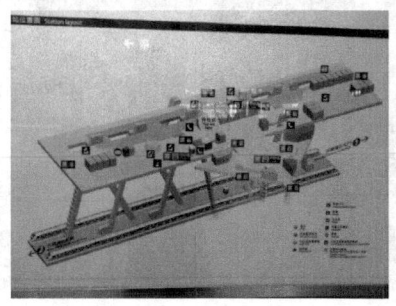 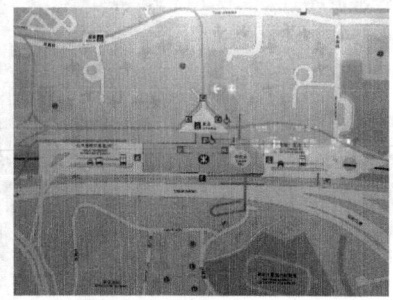

图 24.25　香港轨道站内定位标识示例

（2）方向标识。采用悬挂、壁挂和地面标识等形式，根据不同需求和实际情况设计。方向标识牌正反两面的指向信息相反，正面信息可以指导出站人流快速、有序地下车出站，而进站人流又可以根据标识系统反面的表述信息很顺利地进站乘车。行人进入车站的引导标识应从轨道站入口以后，根据行人路线和设施布局，对售票、问讯、票价、进站、乘车方向、轨道线路图、列车等进行明确而清晰的指引（图24.26）。乘车平台上设置各方向列车乘车方位、本站名称、轨道线路图，电子屏显示列车到站时间（图24.27）。行人走出车站的引导标识应在轨道站内对周边地区的状况做出清楚的交代，包括出站指示牌、各出口周边街道图和公交换乘信息（图24.28）。有条件的还应对周边的主要机构和公共场所作适当的介绍，使出站的旅客能借助标识迅速找到自己需要的方向和交通工具，换乘站还应指引换乘轨道线路和方向（图24.29）。

图24.26　南京进站指引标识示例

图24.27　南京轨道乘车平台上的指引标识

图 24.28　南京出站指引标识示例

图 24.29　南京换乘指引标识示例

（3）辅助标识。辅助标识主要提供无障碍电梯、卫生间等信息（图 24.30）。

图 24.30　南京地铁辅助标识示例

24.4　案例启示

城市各类交通的安全、高效、有序运行离不开科学、规范、合理、统一的指示系统。尤其是在车流、人流大量集散的地区，应在充分研究路网区位和布局、交通组织、交通特性、交通流量流线，充分了解人的需求的基础上，进行信息的有效筛选，统筹安排指引标识的布局、标识形式的规范化和精细化设计。公交、小汽车、步行和自行车交通指引系统在内部自成系统的同时，相互之间也应相互协调和衔接，并与轨道、大型公共设施等的标识系统无缝衔接，共同组成一个统一的整体，从而实现真正人性化的交通指示系统。

（作者：孙晓莉）

参 考 文 献

[1] 香港交通运输署 道路安全及标准研究部，Transport Planning & Design Manual 第 3 部分：Traffic Signs & Road Markings[S]. 香港：香港交通运输署，2001.

[2] 钱林波，孙晓莉，叶坚，等. 城市道路交通设施设置规范：DB 3201/T 256—2015 [S]. 南京：南京市质量技术监督局，2016.

[3] 钱林波，孙晓莉，顾丰，等. 苏州市城市道路交通管理设施设置标准[S]. 苏州：苏州市公安局交通警察支队，2014.

[4] 邹礼泉，杨诚一，孙晓莉，等. 南京市新型公交专用车道标志标线应用研究[C]. 2015 年北京交通工程学会征文，2015.

[5] 21 国家市场监督管理总局，国家标准化管理委员会. 道路交通标志和标线 第 7 部分：非机动车和行人：GB 5768.7—2018[S]. 北京：中国标准出版社，2019.

25 无障碍交通服务

25.1 研究背景和意义

随着我国社会经济水平的提高,交通弱势群体对积极参与社会经济和日常生活提出了更高的诉求,另外,机动化的快速发展也给交通弱势群体带来了更多挑战。无障碍交通服务不仅是体现对交通弱势群体的关爱,更是关系到社会公平、社会和谐的重要议题。

根据 2010 年第六次全国人口普查和 2006 年第二次全国残疾人抽样调查,我国残疾人总数为 8502 万,其中视力残疾 1263 万,听力残疾 2054 万,言语残疾 130 万,肢体残疾 2472 万,智力残疾 568 万,精神残疾 629 万,多重残疾 1386 万。残疾人数量约占总人口的 6.2%,平均每 5 户家庭中就有 1 个残疾人。庞大的残疾人群是我国人民不可忽视的一分子,需要他们更好地融入社会,发挥能量。新时期他们的出行需求也日益增长,对建设无障碍交通环境的要求也在不断提高[1]。

交通弱势群体不仅包括残疾人、伤病人,也包括孕妇、幼儿和老年人。我国人口老龄化不仅发展迅速,而且老年人口数量的绝对值高、老龄化向高龄化发展。2017 年年底,我国 60 岁及以上老年人口已达 2.41 亿,占总人口的 17.3%[2]。国际上,当一个国家或地区 60 岁以上老年人口占人口总数的 10%,或 65 岁以上老年人口占人口总数的 7%,即意味着这个国家或地区的人口处于老龄化社会。根据江苏各市的统计年鉴,2017 年江苏全省 60 岁以上人口占 22.76%,老龄人口比例最高的南通,60 岁以上人口占比 28.47%。从老年人口数量来看,南通、苏州、盐城、徐州、南京、无锡、泰州、扬州 8 城 60 岁以上人口数量超百万,其中南通 60 岁以上人口最多,达到 208 万,其次是苏州 173.8 万。盐城、徐州、南京 60 岁以上人口超 150 万。数量庞大的老年人对无障碍交通环境的需求与残疾人的需求是类似的。也就是说,无障碍交通设施已面临普及化推广的急迫需求。

由此可见,加快无障碍交通环境的建设,并不只是为了满足少部分特殊出行者的需求,而是为了满足每个人一生中某些阶段的出行需求,具有普遍性的现实意义。1974 年,联合国组织提出无障碍设计(barrier free design)这个概念,通过有关人类衣食住行的公共空间环境以及各类建筑设施、设备的规划设计,营造一个保障人类安全、舒适的现代生活环境。城市交通关系到社会中的每一个人,交通规划不仅应考虑交通设施,还应从人的生理心理和社会环境的角度考虑更好地服务每一位使用者,构筑无障碍交通环境是城市现代化和构建平等、友好社会环境的重要组成部分。

25.2 国际经验

25.2.1 美国的无障碍经验

美国 1961 年制定了世界上最早的无障碍设计标准《便于肢体残疾人进入和使用的建筑设施的美国标准》,并在实践中不断评估、总结和修改,至今已形成十分完备的无障碍设计法律法规和技术规范体系,保障了美国无障碍出行环境的建设(表 25.1)。

表 25.1 美国的无障碍法案和技术规范发展[3, 4]

年份	相关法案或技术规范
1961	美国国家标准协会(ASA)提出《便于肢体残疾人进入和使用的建筑设施的美国标准》
1968	美国国会通过了《建筑障碍法》,成为公共建筑与设施的无障碍设计基本法,美国国民由此开始认识"无障碍设计"
1973	美国修订了《康复法》(Rehabilitation Act of 1973)
1976	设置改善建筑物和交通障碍委员会(The Architectural and Transportation Barriers Compliance Board, ATBCB)
1989	北卡罗来纳州立大学设立"通用设计中心"
1990	美国国会通过《美国残疾人法案》(The Americans with Disabilities Act of 1990,ADA),取代了《建筑无障碍法》的核心地位
1991	《残疾人法案无障碍纲要》(ADA Standards for Accessible Design,ADAAG)全面规定无论是否接受政府补助,公共建筑、交通设施、一般营业设施,都必须符合无障碍标准,其范围更扩大到视觉与听觉障碍所需的通信系统设置
1996	美国政府通过《通讯法案》,目的在于促进信息通信范畴等方面的无障碍设计
2010	原《残疾人法案无障碍纲要》修订为《残疾人法案无障碍设计标准》(The 2010 ADA Standards for Accessible Design),仍然主要针对公共建筑的无障碍设计
2016	美国国会通过《美国残疾人法修正案》(The ADA Amendments Act)进一步明确了联邦和地方政府,以及公共设施和商业设施对无障碍的相关要求[4]

其中,1961 年制定的《便于肢体残疾人进入和使用的建筑设施的美国标准》是世界上最早的无障碍标准[3]。美国的无障碍设计起初是为了照顾第二次世界大战的残疾军人,而后,由于小汽车车祸率的上升和人口老龄化的加剧,无障碍设计逐渐转向通用设计(universal design),设计对象也由早期少数的身心障碍者逐渐扩大到普通人群,设施建设也扩大到普通设施的无障碍化[3]。

25.2.2 英国的无障碍经验

英国的无障碍环境建设，更多的是依靠残疾人协会、地方准入组织、建设设计协会等发达的民间组织推动，并由自发的公众参与决策、研究部门论证的方式实现。英国在 1970 年颁布《慢性病人和残疾人法令》开始涉及无障碍设施，后经 1981 年的《残疾人法令》、1986 年的《无障碍进行信息交流》逐步完善相关条文后，于 1995 年颁布了具有里程碑意义的《反残疾人歧视法》（*The Disability Discrimination Act*，DDA），该法律颁布后残疾人具有了"无障碍平等通行权"，意味着无障碍设计正式成为强制性规定，任何法律规定的场所、区域都必须给予残疾人通行或使用的便利。2001 年通过了《特殊需求与残疾人法案》（*Special Educational Needs and Disability Act*，SENDA），并于 2002 年生效，这是对《反残疾人歧视法》的修订，要求无论教育机构还是其他组织提供的电子资源（包括网站）对于残疾人群应该是易访问的[5]。2010 年，《反残疾人歧视法》被并入新的《平等法案》（*Equality Act 2010*），反对在工作、教育、生活等各种场合的对不同身体残疾、年龄、性别、怀孕、种族、信仰等的歧视，从而进一步扩展了公民权益的保护范围[6]。

英国的无障碍更体现"包容性设计"。完善的无障碍公交系统包括站点的无障碍建设、交通工具的无障碍建设、无障碍设施的安全性、信息的无障碍性以及无障碍的人性化服务等诸多方面。例如，伦敦的大部分地铁出入站都有升降平台，站内提供声音与视屏提示为视听障碍者服务，车厢内有固定轮椅的设施和空间，并专门制定了无障碍地铁线路图（图 25.1）。

25.2.3 日本的无障碍经验

日本在 20 世纪 70 年代就进入老龄化社会且老龄化程度严重，因此在无障碍交通设计方面的研究实践开始较早，并于 90 年代由主要面向残障人士的无障碍设计进入通用设计阶段。

实际上，日本 1949 年便提出了《残障人士福利法》，1980 年后受到国际残障协会的影响，改善残障者生活环境大规模地在各地展开。日本政府在 2000 年 5 月公布了《交通无障碍法案》，其主要目的是促进老年人和身心障碍者使用公交的方便性和安全性[3]。2005 年将《爱心建筑法》和《交通无障碍法》合并，修订为《关于促进高龄者、残疾者等的移动无障碍化的法律》。2006 年进一步颁布《关于促进老年人、残疾人等的移动无障碍化的法律》。2013 年颁布了《障害者差别消除法》。为迎接 2020 年东京奥运会，根据残奥会的要求制定了关于赛场观众席

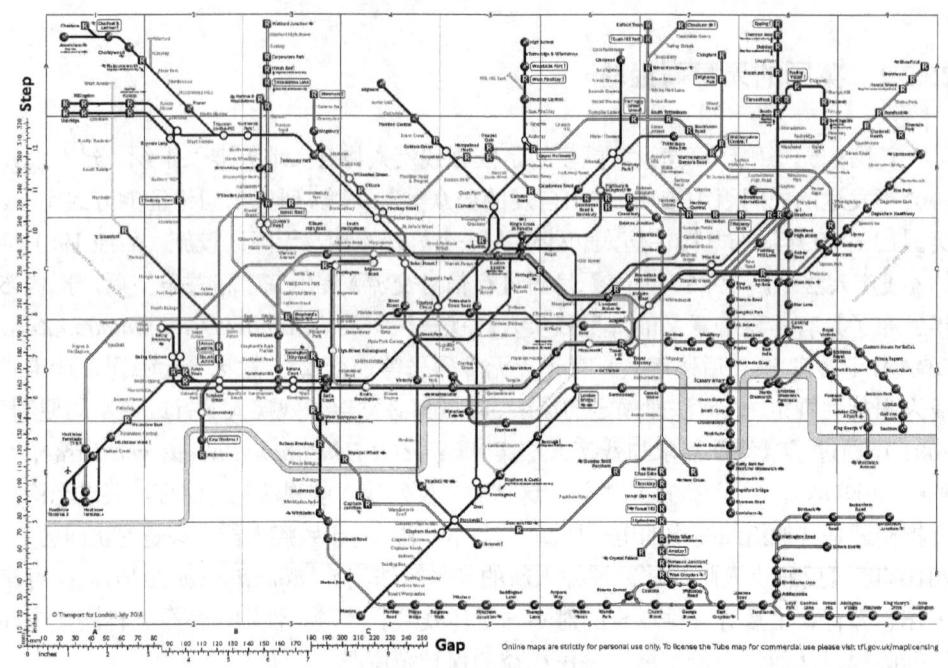

图 25.1 伦敦的无障碍地铁线路图[7]

位的要求，同时考虑到访日外国游客和高龄社会。2017 年 3 月，《无障碍新法》修订完成，保障进一步推进全国建筑的无障碍化[8]。

日本具有完善的公交系统无障碍设计规范。公交停靠站与城市道路间铺设连续安全的盲道；枢纽站等客流量较大的站点设有残疾人等待区；公交站台装有盲文站牌；公交车门处设置轮椅上下车专用坡道；公交车内部设置轮椅专用位置，并提供固定轮椅用的皮带[8]。

25.3 我国无障碍交通发展现状与问题

我国于 1985 年开始研究无障碍技术，制定无障碍法规，建设无障碍环境[1]。

在法律法规层面上，我国 1986 年 7 月颁布了第一部《方便残疾人使用的城市道路和建筑物设计规范（试行）》，1996 年 8 月颁布了《中华人民共和国老年人权益保障法》。近几年各地方政府也在积极制定相关条例，北京于 2000 年 9 月颁布了《北京市无障碍设施建设和管理条例》，是我国第一个关于建设无障碍设施的地方规章。在江苏省，南京于 2004 年颁布《南京市无障碍设施建设管理办法》，苏州、常州等市也先后发布了本市的无障碍设施建设管理办法，有效推动了江苏省无障碍设施的建设发展。2018 年交通运输部会同住房和城乡建设部、中国残联、全国老龄办等6部门联合印发《关于进一步加强和改善老年人残疾人出行服务的实施意见》，明确到2020年，我国的火车站、汽车站等客运站将实现老年人、残疾人无障碍设施全覆盖。

在技术层面上，我国于2001年颁布了《城市道路和建筑物无障碍设计规范》（JGJ 50—2001），并于2012年修订为《无障碍设计规范》（GB 50763—2012），从技术规范上保障城市道路和建筑物无障碍设施的设计建设。同时，我国在城市道路及其交通安全和管理设施的规划设计规范中，也有关于无障碍设施的相关技术条文。

经过30多年的实践，我国在城市和交通设施无障碍化建设中付出了很大的努力，取得了很大成就。但是整体来看，无障碍化设计仍处于基础硬件设施的改造工程阶段上，即无障碍设计的最初阶段，虽然花费了大量的财力物力，但是效果却并不尽如人意（图25.2）。尤其是无障碍设施精细优化、服务提升等方面仍然无法很好地满足居民出行全程无障碍化的需求，其主要问题表现在以下四个方面。

图25.2　盲道设置的反例

1）对无障碍交通的相关政策标准执行力度不够

按照国家规范要求，新建城市道路和公共建筑必须严格按照《无障碍设计规范》（GB 50763—2012）的要求建设无障碍设施；已建成的道路和重要的公共建筑凡没有无障碍设施的，都应有计划、有步骤地进行改造。近年来，江苏省大部分公共设施均设置了无障碍设施，但仍存在无障碍设施配置不合理、中途中断、不同构筑物主体的无障碍设施之间缺乏无缝衔接等问题，没有完全形成连续、安全、便捷、门到门的无障碍交通出行链，难以满足交通弱势群体出行需要。

2）无障碍设施的设计和开发相对滞后

相比西方发达国家，我国无障碍设施建设起步晚。30多年来，交通无障碍设施的设计和开发以模仿先进国家经验为主，且在人性化的精细设计设置方面考虑不足。例如，一些公共建筑虽然设置有盲道和盲文站牌，但盲道和盲文站牌之间距离过长或缺乏有效的引导设施。无障碍设施设置和设计不够人性化，使无障碍设施的功能无法充分发挥。

3）无障碍交通设施的管理维护缺乏

无障碍交通设施被侵占、破坏的现象十分普遍。例如，目前盲道虽然已成为城市道路的标准配置，但是对盲道往往"重建设、轻维护"，部分盲道破损严重，被遮挡、阻断，被停车和路边摊贩等侵占的情况非常普遍，使得盲道形同虚设。

4）公众对无障碍通行的意识淡薄

目前，我国公众对无障碍通行的观念不足，对交通弱势群体不够了解、不够关注，对盲道、坡道等无障碍设施的作用和意义没有充分的认识。国家规范对无障碍设施的设计规定了下限，由于缺乏从交通弱势群体角度的细致考虑、缺乏对交通弱势群体的主动服务，无障碍设施的设计和建设比较粗放，实际使用起来不够方便，甚至被随意侵占和破坏。公众对无障碍通行的认识不到位，在一定程度上制约了无障碍交通环境的发展。

25.4　无障碍交通服务策略

25.4.1　建立无障碍设施建设、运营、管理的保障体系

创造有利于交通弱势群体出行的无障碍交通环境，首先需要体系内容完备的法律法规作为政策保障，相关设计规范作为技术保障，同时还要由民间组织和交通弱势群体共同参与监督设施建设和管理。

美国、日本和英国的无障碍设计均早于法律法规的颁布，其主要是民间组织和公众进行推动，继而由政府颁布相关法律，专业机构颁布技术规范，并与民间组织和公众一起形成无障碍环境的保障体系，推动无障碍设施的建设和监督。我国要继续加强无障碍设施的建设、运营和管理的保障体系，首先，需要进一步完善法定性的保障和监督条例，确立无障碍交通的法律基础；其次，要进一步推动相关技术规范，并加强技术标准的执行力度；最后，要联合中国残疾人联合会等

组织共同参与无障碍设施的规划、设计和管理监督,让每一位使用者成为无障碍交通的有效监督者。

25.4.2 深化无障碍交通设施技术标准的制定

无障碍交通设施产品的技术门槛并不是很高,我国已在短时间内形成了无障碍交通设施的基础技术规范,但人性化和精细化设计还不足,应在充分借鉴发达国家及地区经验基础上,结合我国情况,加快制定和出台无障碍交通设施的技术标准,由面向残障人士的无障碍设计向面向行动力降低的普通使用者的通用设计推动,将通用设计的基本原则变成建筑、交通及其他产品设计的核心理念,将通用设计扩展到人民的衣食住行各个方面(图 25.3)。目前国际通用的无障碍设计标准大致有以下几方面。

图 25.3 香港的无障碍设施标志

(1)盲道铺设应连续、安全,合理设置行进盲道和提示盲道,可辅以音响设施起提示作用。

(2)一般坡道坡度为 8%~15%,常用坡道为 10%~12%,供残疾人使用的坡道坡度为 12%;轮椅坡道的净宽不应小于 1.0m,坡面应平整、防滑、无反光。

(3)门的通行净宽度要在 0.8m 以上,不应采用力度大的弹簧门,采用旋转门的需另设残疾人入口。

(4)公厕应设有无障碍厕位和洗手盆,入口和通道应方便乘轮椅者进入和进行回转,回转直径不小于 1.5m,门应方便开启,通行净宽度不小于 0.8m。

(5)无障碍电梯呼叫按钮高度为 0.9~1.1m,出入口处宜设提示盲道,候梯厅应设电梯运行显示装置和抵达音响。

(6)垂直升降平台只适用于场地有限的改造工程,传送装置应有可靠的安全防护装置。

（7）应将通行方便、行走距离线路最短的停车位设为无障碍机动车停车位，并设置相应的停车线、轮椅通道和无障碍标志。

（8）无障碍标志应纳入城市环境或建筑内部的引导标志系统，形成完整的系统，清楚地指明无障碍设施的走向及位置。

25.4.3 建立连续安全的无障碍出行链系统

连续性是保证交通弱势群体从门到门无障碍通行的关键。先进国家均已将发展具有连续性的无障碍公交系统作为帮助交通弱势群体出行的重要内容，在交通信息获取、交通工具乘坐和换乘等全出行链实现无障碍。

江苏省持续推进无障碍基础设施建设，南京、苏州、无锡等市逐步引入了可服务轮椅乘客的公交车，公交车上专设轮椅停放处（图25.4），车门可以允许长1.2m、宽0.7m、高1.09m的轮椅进出，另外，轮椅停放处的把手上设有"停车按钮"，方便残疾人在有突发情况时，及时与司机沟通，并能提前报站。停车按钮的颜色与车内的背景成对比色，很容易找到，按钮的高度不超过地面1.3m，残疾人能很容易触碰到。依靠轮椅出行的残疾人士可借助公交车扩大自己的活动范围。

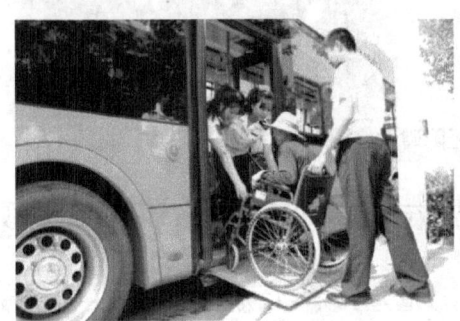 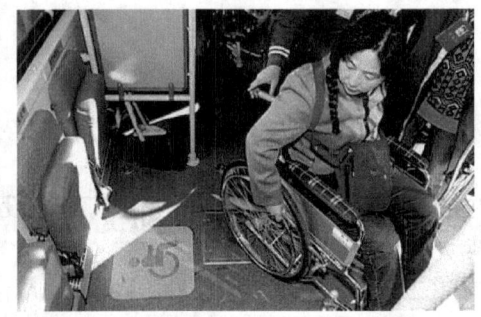

图25.4　公交车配备承载轮椅功能

此外，江苏省所有的地铁站出入口都设置了轮椅可通过的宽闸机通道，无障碍电梯与城市无障碍环境相衔接，有效改善了交通弱势群体的出行环境（图25.5）。

但是从总体上看，我国目前的无障碍设施建设仍主要体现在盲道的建设上，无障碍公交、无障碍出租车等人性化服务设施远未普及。目前基本上尚未实现连续的、可自助的无障碍乘坐系统，交通弱势群体公交出行仍需依赖他人帮忙。建议进一步学习日本、英国、美国等先进国家在整个出行链的连续无障碍方面的理念、原则、法律法规、设计经验和产品，完善我国的无障碍出行系统。

图 25.5 地铁宽闸机通道和无障碍电梯

25.4.4 引进新技术，提升无障碍设施的便捷性

我国的无障碍交通改善还主要停留在盲道、扶手和电梯的建设，公交置换和高新技术还处于初级阶段。应积极探索新技术应用，改变交通弱势群体只能困守一地的处境，提高他们出行的机动性和自主服务性。借助互联网技术，可积极开发交通信息服务技术，包括交通信息获取、自动售票、预约服务等；借助于车辆升级技术，提高交通弱势群体自助服务能力，包括引进低地板、装配无障碍设施的公交车辆，使轮椅使用者即使独自出门也能乘坐公交车，引进残疾人专用出租车，提高交通弱势群体出行的机动性。对已建成的公众场所，如缺乏无障碍设施，应利用新技术实施无障碍改造，包括在楼梯上增加斜拉式升降装置等（图 25.6）。

图 25.6 斜拉式升降装置

25.4.5　加强对无障碍设施的管理维护

保障无障碍设施的安全性、完整性、连续性是无障碍设施管理维护的关键。应由专门部门负责管理维护现有的无障碍交通设施，定期地维修与保养，对已经毁损的设施及时维修；对设置不合理的设施及时改造。执法部门应加强无障碍设施的管理，杜绝侵占无障碍交通设施的行为，初期以宣传教育为主，在适当的位置设置无障碍交通设施警告牌，提醒公众保护无障碍设施的行为准则；中期应加强违法行为的惩处。

25.4.6　提高公众的无障碍交通意识

我国已立法保障无障碍设施的设置，相关法律法规和技术标准正逐步趋于完善。但当前阶段，人们对无障碍通行的意识仍比较淡薄，对交通弱势群体的出行环境不重视，导致影响交通弱势群体出行环境的举动时有出现。应同时对公众和交通弱势群体加强相关法律法规的宣传教育，增强广大人民的人本交通意识、法律意识，使其自觉约束行为，维护无障碍设施。同时应鼓励公众参与，引导无障碍设施更有效地设置、设计、维护和使用，共同推动宽容性设计、通用设计基本理念深入人心，不仅为交通弱势群体，也是为每个人创造安全、便利的出行环境，使每个人都能够和谐地参与到现代化的城市经济社会活动中，共同建设现代化的和谐社会。

（作者：黄娟、孙晓莉）

参 考 文 献

[1]　苏鑫, 路峰. 建设和谐社会无障碍交通环境的对策研究[J]. 交通标准化, 2007（8）：46-49.

[2]　中国老龄科学研究中心, 社会科学文献出版社. 老龄蓝皮书：中国城乡老年人生活状况调查报告（2018）[M]. 北京：社会科学文献出版社, 2018.

[3]　张晓, 牛元莎, 宋敏. 基于社会公平的无障碍交通发展模式[J]. 建设科技, 2015,（24）：88-89.

[4]　美国残疾人保障法案官方网站. The Department's ADA Rulemaking History [EB/OL]. https://www.ada.gov/2010_regs.htm[2020-6-2].

[5]　英国国家档案馆. 特殊需求与残疾人法案 Special Educational Needs and Disability Act 2001[EB/OL]. http://www.legislation.gov.uk/ukpga/2001/10[2019-12-1].

[6]　英国政府官方网站.《平等法案2010》的内容指南 Equality Act 2010: Guidance [EB/OL]. https://www.gov.uk/guidance/equality-act-2010-guidance.[2019-12-1].

[7] 伦敦交通局网站. 伦敦的无障碍地铁线路图[EB/OL]. http://content.tfl.gov.uk/step-free-tube-guide-map.pdf [2019-12-1].

[8] 清华大学无障碍发展研究院. 日本多项政策与标准,助力高质量无障碍环境发展[EB/OL]. https://www.sohu.com/a/246280056_825773[2018-8-10].

26 交通稳静化设计

在机动化发展浪潮中，越来越多的空间被机动车占用，机动车交通对居民出行的安全和居住质量产生越来越严重的负面影响。为了保持良好的生活环境，人们开始反思如何提高交通机动化水平与生活环境的相容性，开始重视机动性与可居住性问题，也更加关注行人、自行车等弱势群体的交通安全问题。为减少社区穿越性交通，降低车辆速度，保障居民出行安全，提高居住质量，出现了交通稳静化理念。

26.1 交通稳静化发展历程

交通稳静化理念最早起源于 20 世纪 60 年代荷兰的第一个 Woonerf 计划，即将街道空间回归为行人使用[1]。该计划通过道路分流、道路物理限速、限制转向等措施来改善社区居住和出行环境并取得了成功。1963 年，柯林·布坎南在英国伦敦出版了"Traffic in Towns"，有效推动了交通稳静化理念的传播，并在德国、瑞典、英国、法国、瑞士等欧洲国家的居住区道路上得到普遍应用[2, 3]。1975 年，美国伯克利采用了一个全市范围内的交通管理规划，其中特别包含了交通稳静化措施[1]。20 世纪 80 年代，德国 Verkehrsberuhigung（交通稳静区）计划也开始推动针对区域范围内的交通稳静化措施。

英国、德国、荷兰等欧洲国家的全面运输策略包括自行车和公交的推广使用，交通稳静化一直被视为其中的重要组成部分。20 世纪 90 年代提出应限制机动车通行空间和停车空间，这种思想已经得到一些国家的彻底领悟，瑞士、荷兰、德国等国家开始对城镇中心和人口稠密区的汽车实施远比以前更为严格的限制，公交、自行车和步行得到优先考虑，他们相信，只有当私人汽车交通受到限制时，才能有效实现交通稳静化[4]。

1997 年，美国交通工程师协会（Institute of Transportation Engineers，ITE）明确了交通稳静化的定义：通过系统的硬设施（如物理措施等）和软设施（如政策、立法、技术标准等）降低机动车对居民生活环境的负效应，改变鲁莽驾驶行为，改善行人和非机动车环境，以期实现社区交通安全、可居住、可活动的目的[5, 6]。

26.2 交通稳静化措施

交通稳静化措施可以分为三个层面：一是规划设计层面，主要是通过土地混合使用、密路网规划，以及提供便捷的步行和自行车设施以减少机动化出行；二是工程设计层面，通过道路设施设计手段，减少穿越性机动车，抑制机动车行驶速度，进而达到交通稳静化的目标；三是交通管理层面，通过交通法规、交通执法手段，对社区道路设置较低限速，对机动车超速行为严格执法，减少鲁莽驾驶行为，提高社区安全性和可居性。

26.2.1 规划设计层面的交通稳静化策略

26.2.1.1 坚持"多中心组团式"城市空间布局

城市空间布局方案重视对组团功能的完善，组团内构建基于步行和自行车出行尺度的生活圈，完善社区商业、文体、教育、医疗等社区配套服务设施，在短距离内满足日常生活所需；在组团内部或在轨道沿线组团之间尽量实现职住平衡。组团内部强调慢行优先，鼓励采取共享街道和全铺装交叉口等交通稳静化措施改善慢行环境，提高组团内部步行和自行车出行比例，以减少长距离小汽车出行。

26.2.1.2 在城市交通分区中引入交通稳静区

根据交通特征、用地功能、发展要求、资源保护对象特点等因素，明确交通稳静区，并提出引导策略，包括混合用地布局的引导策略、道路横断面、道路线型、道路限速、交通设计的引导策略等。

26.2.1.3 重视步行和自行车系统规划

步行网络由道路两侧人行道、步行专用道、步行街区等构成。依地形规划步行系统，串联城市中重要的步行街区、生态公园和旅游景点，形成集商业、通勤、旅游、休闲健身等多功能于一体的步行空间。自行车道网络包括道路非机动车道、自行车专用路和街巷集散道路。利用各等级道路，规划安全、连续、舒适的自行车网络。在行人和自行车交通量大的道路上，采取稳静化措施，提升步行和自行车交通的安全性，鼓励中短距离采用步行和自行车出行。

26.2.2 交通稳静化工程设施设计和交通管理

交通稳静化工程设计的主要目的是采取纵向或横向几何设计、景观设计等多种措施降低车速、减少车流量、减少交通冲突、减少对环境影响、合理分流交通、有效组织交通等。机动车速度控制设施可为垂直式、水平式、路宽缩减式速度控制设施和流量控制设施等。垂直式是在路面垂直方向强制机动车减速（如减速带、减速垫）；水平式是在道路侧向方向施加影响迫使机动车谨慎慢行（如隔离岛、波纹形道路）；路宽缩减式则运用驾驶员视觉和心理紧张达到减速效果（如渠化岛）。机动车流量控制设施多数采用路障式，以造成驾驶人行驶不便而减少穿越性交通[7]。交通工程设施的设计应注意救援、消防等特殊车辆通行性问题、对非机动车的影响、设施投资及维护成本。

稳静化措施的选择是居民对自身出行便利和安全性考虑的权衡结果。步行、自行车与机动车各种交通方式的速度匹配、空间匹配和由此产生的安全性影响是问题的核心。稳静化措施将机动车速度和自行车速度控制在11km/h和8km/h的安全界限范围内，使行人的心理安全间距增大，步行环境安全感提升[7]。经交通稳静化措施实施前后对比研究发现，减速带、减速垫等垂直式速度管制措施能有效控制车速在11km/h以下；水平式速度管制措施限速作用相对弱，从强到弱排序依次为路段宽度缩减、波纹形道路和路中间隔离岛[8]。

交通稳静化措施的使用，应配合设置相应的禁令、警告、指示等交通标志标线，以及其他必要的交通管理设施，并加强执法（表26.1）。

表 26.1 交通稳静化措施和作用

类别	稳静化措施	降低车速	减少车流	减少事故	降低污染
水平式速度控制设施	路缘延伸	☆☆	—	—	☆
	转盘	☆☆☆	☆☆	☆☆	☆
	波纹形道路	☆☆	—	☆☆	☆
垂直式速度控制设施	速度坡	☆☆☆	—	☆☆	
	速度垫	☆☆	—	☆☆	
	垫高的交叉口	☆☆	—	☆☆	
	垫高的行人过街	☆☆	—	☆☆	
路宽缩减式速度控制设施	路口宽度缩减	☆☆☆	—	☆☆	
	路口车流渠化岛	☆☆	☆☆	☆☆	
	路中间隔离岛	☆☆	—	☆☆	
	路段宽度缩减	☆☆☆	☆☆	☆☆	—

续表

类别	稳静化措施	降低车速	减少车流	减少事故	降低污染
流量控制设施	街道全封闭设施	—	☆☆☆	☆☆☆	☆
	街道半封闭设施	—	☆☆☆	☆☆	☆
	路口转向半封闭设施	☆☆	☆☆	—	☆
	路口对角线封闭设施	—	☆☆☆	—	☆

注:"☆☆☆"表示作用显著;"☆☆"表示作用中等;"☆"表示作用微弱;"—"表示无作用。

26.3 江苏省交通稳静化实践

我国大概从 2000 年前后逐渐引入交通稳静化理念,并在部分居住区应用。2011 年,江苏省颁布《江苏省城市综合交通规划导则(2011 年修订)》,强调在城市综合交通体系构建时要明确交通分区和引导策略,明确各分区在公交发展水平、路网密度、慢行设施、停车调控、货运交通管理等方面的控制性要求,在综合交通规划层面为交通稳静区奠定了实施基础。2012 年发布《江苏省城市步行和自行车交通规划导则》,对提高城市步行和自行车交通规划工作的质量和水平,改善步行和自行车交通环境,促进交通节能减排,发展绿色交通具有重要作用,是实施交通稳静化的一个重要方面。2015 年颁布《江苏省城市道路交通设计指南》,明确提出在居住区等强调行人优先、地区活力的区域采取稳静化措施,并对城市道路交通稳静化设计给出了适用性建议和详细设计指引,有利于推广实施,提出的设计指南整理(表 26.2)。

表 26.2 交通稳静化措施示例[9]

交通稳静化措施	设计示例
区域禁令标志。包括区域禁止停车标志、区域限制速度标志等,应设在禁止区域的所有入口处(区域禁令标志)和出口处(区域禁令解除标志)。在 30km/h 限制速度区内,宜同时采取交通稳静化措施和交通违法行为自动监测记录措施,确保机动车速度降到 30km/h 以下	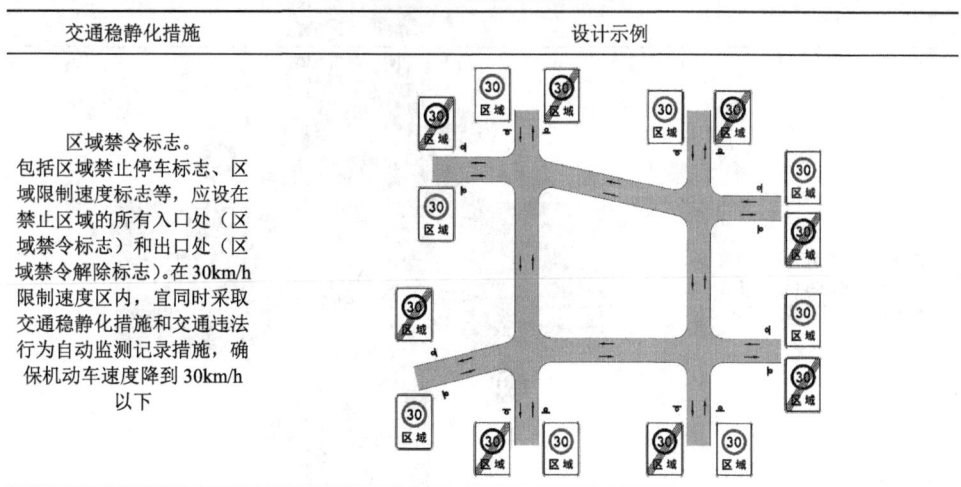

续表

交通稳静化措施	设计示例
路段全封闭。在路段机动车道设置物理障碍，阻止机动车通行	
交叉口半封闭。封闭交叉口的某个出口，但不封闭其进口。封闭时应保留自行车道，宽度宜为2.5m	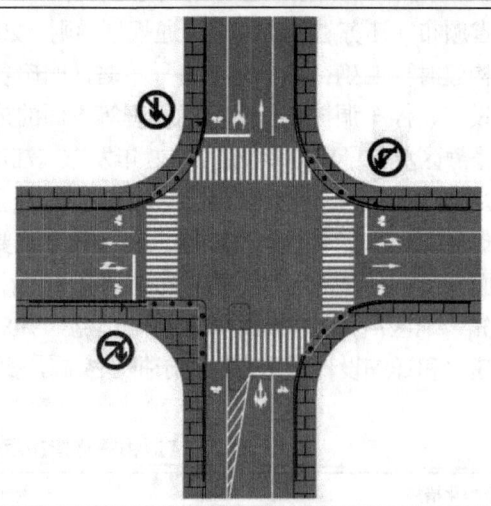
对角分流。对角线方向的障碍物应留有不少于一处的供自行车通行的间隔，宽度宜为2.5m	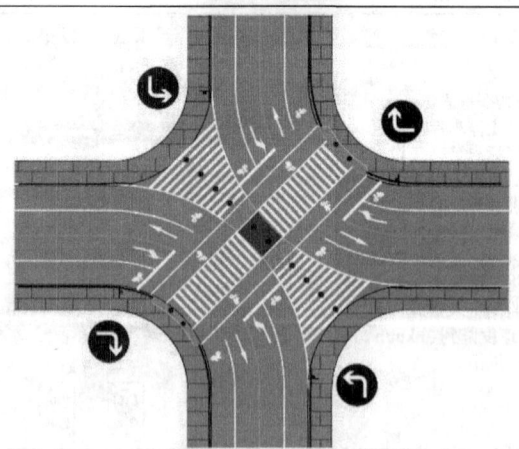

续表

交通稳静化措施	设计示例
对角分流。对角线方向的障碍物应留有不少于一处的供自行车通行的间隔，宽度宜为2.5m	
交叉口中央分隔带。中央分隔带应留有不少于一处的供自行车通行的间隔，宽度宜为2.5m	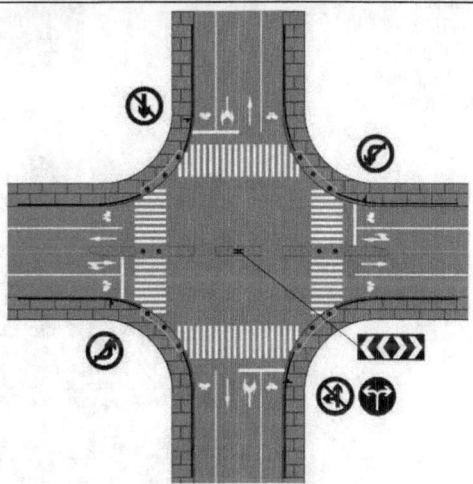
强制转向岛。应配合设置相应的禁行标志或指示标志	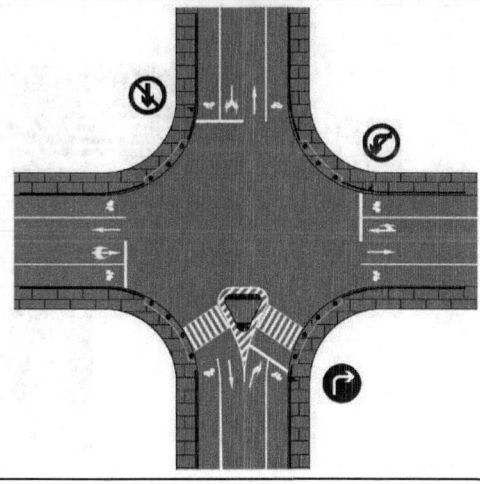

续表

交通稳静化措施	设计示例
交叉口抬高。利用交叉口抬高措施降低机动车通过交叉口的行驶速度。交叉口整体抬高后的高度宜与人行道水平	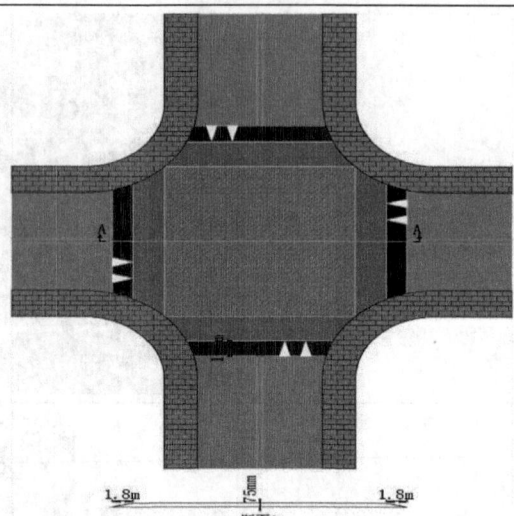 
小型环岛。利用小型环岛组织机动车过街交通，降低通过交叉口的行驶速度。小型环岛半径宜为2.0～7.5m，路缘石宜采用小半径	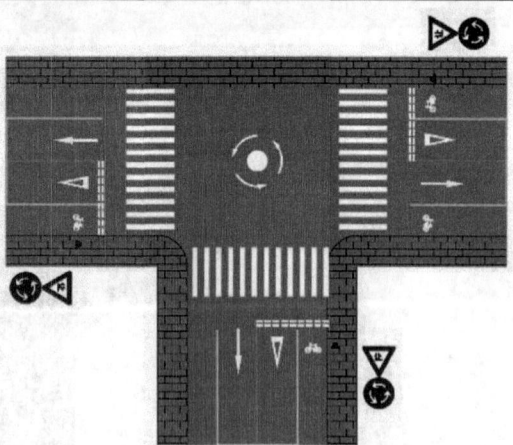

续表

交通稳静化措施	设计示例
小型环岛。利用小型环岛组织机动车过街交通，降低通过交叉口的行驶速度。小型环岛半径宜为 2.0~7.5m，路缘石宜采用小半径	
环形交叉口。相较于小型环岛交叉口，环形交叉口通常应用于交通流量较小的交叉口，环岛半径宜大于 8m，环道宽度宜为 5~6m	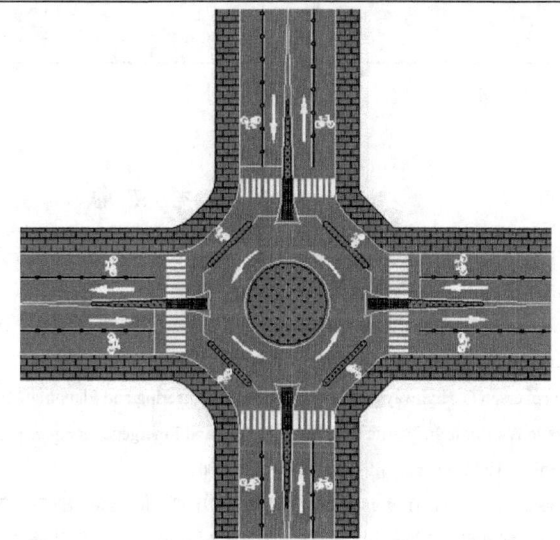
减速台。当利用减速台顶面设置人行横道时，减速台顶面的高度应与两侧人行道水平，宽度应不小于人行横道线的宽度，在接近路缘石处，应合理进行道路排水设计	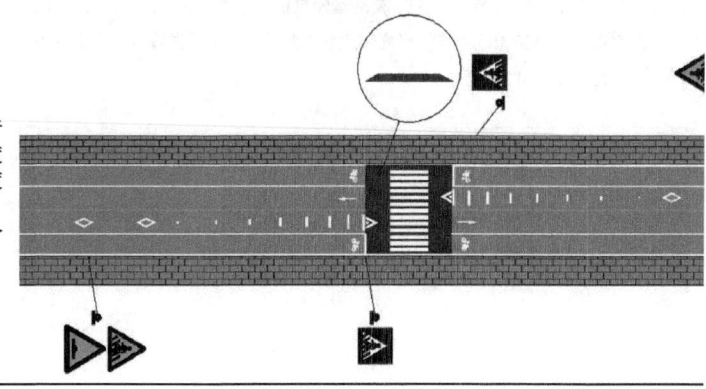

交通稳静化措施	设计示例
车道偏移（减速弯道）。通过拓展路缘或设置路侧障碍增加道路弯曲度，以降低车辆行驶速度	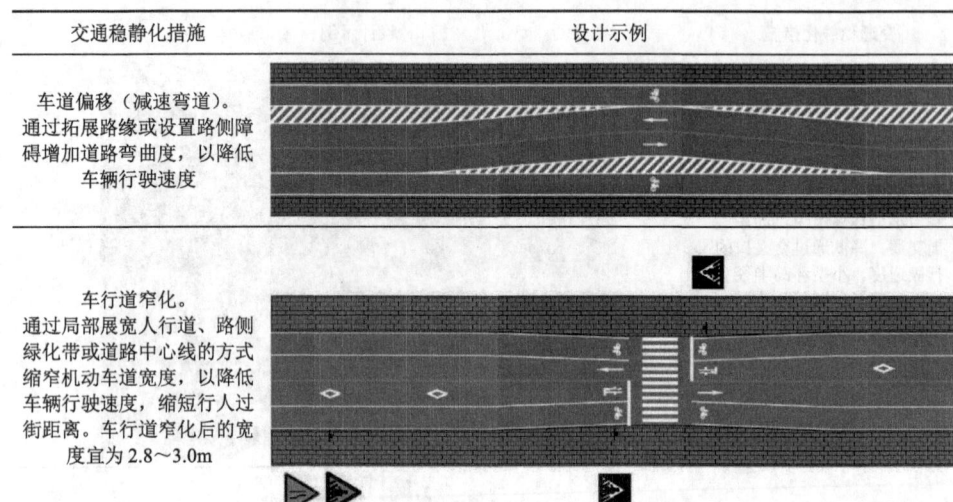
车行道窄化。通过局部展宽人行道、路侧绿化带或道路中心线的方式缩窄机动车道宽度，以降低车辆行驶速度，缩短行人过街距离。车行道窄化后的宽度宜为2.8~3.0m	

（作者：黄娟、孙晓莉）

参考文献

[1] 卡门·哈斯克劳，英奇·诺尔德，格特·比科尔，等. 文明的街道—交通稳静化指南[M]. 郭志峰，陈秀娟，译. 北京：中国建筑工业出版社，2008.

[2] Buchana C. Traffic in Towns：A Study of the Long Term Problem of Traffic in Urban Areas[R]. London：Her Majesty's Stationery Office，1963.

[3] Macpherson G. Highway and Transportation Engineering and Planning[M]. UK Harlow：Longman，1993.

[4] Leslie W, Bunte Jr. Traffic Calming Programs and Emergency Response：A competition of Two Public Goods [D]. Austin：The University of Texas at Austin，2000.

[5] Lockwood I. ITE Traffic Calming Definition[J]. ITE Journal，1997：67.

[6] 金键，郭孜政. 城市居住区交通稳静化措施研究[J]. 交通运输工程与信息学报，2006，4（3）：42-45，70.

[7] 金键. 城市交通稳静化探讨[J]. 交通运输工程与信息学报，2003，(2)：82-86.

[8] 南京市城市与交通规划设计研究院股份有限公司. 江苏省城市道路交通设计指南[S]. 南京：江苏省住房和城乡建设厅. 2015.

后 记

　　本书缘于2016年初，江苏省住房和城乡建设厅为筹办省委全省城乡规划建设工作会议而下达的一项应急指令任务——为出席该会议的全省及各市主要党政领导干部撰写一本针对城市交通热点难点重点问题，基于专业理性的，既有普及性、系统性，更有战略高度与政策导向性的论文专辑。城市交通的热点难点重点问题，涵盖了高铁与高铁枢纽、轨道公交及公交都市、机动化与交通治理、道路网体系、步行与自行车交通、现代物流体系等。这项紧急任务是在元旦后布置，要求三个月内就要尽快交第一稿，前后只有两个多月时间。

　　这是一项非常具有挑战性的艰巨任务！不仅写作时间特别紧张，而且还必须有国际视野、战略高度、专业深度和案例佐证，还需要通俗易懂。接受这样的艰巨任务，我心里既感到欣慰自豪，也有些忐忑紧张！欣慰自豪当然不用多说，厅里能放心把如此重大艰苦和富有挑战性任务交给我们，说明领导对我和我院技术团队的高度信任与认可。忐忑紧张也是必然的，在如此短时间内要写出如此高要求、如此大数量的论文专辑，真的没有十足的信心和把握。虽然我知道要如期高质量完成任务是带有一定敏感性和风险性的，但是，既然领导如此信任厚爱，我们也必须义不容辞、全力以赴了。院里接到写作任务后，做了紧急部署，6位院高管每人负责一个分主题论文写作及该分主题专题论文审核把关；20多位所副总工以上业务骨干各负责1~2篇专题论文写作。而这段时间也是各项工作最繁忙紧张的时候。令人欣慰的是，大家对此指令任务极其重视、高度负责，都以比正常生产性规划咨询项目更加认真的精神，按时完成了初稿写作。

　　本书作者均为我国改革开放后，由东南大学、同济大学等本土知名高校培养毕业的交通工程、交通运输、城市规划等专业毕业生，都具有博士或硕士学历学位。他们是改革开放后尤其是近20年来我国快速城市化、机动化，城市大发展、交通大建设，高铁技术、共享交通等新技术、新业态的经历者、参与者和见证者。他们不是高校或者科研院所的理论研究工作者，也不是政府机关公务员、管理工作者，而是一群常年战斗在城市与交通规划设计咨询实务一线的规划设计师。

　　作为本书的技术主编，当我收到各位百忙中按时提交上来的初稿，一口气匆匆读完，心里充满了激动和感动！一颗悬着的心也终于落地！稿子发给省厅领导审核，得到了高度肯定。但省厅领导认为，各篇稿子篇幅均偏长，理论性阐述偏多，作为学术著作出版没有问题，也很有价值，建议原稿经整理完善后另行出版。

而要给领导干部阅读，还需要删改浓缩，大约减少一半篇幅。这其实对我们提出了更高要求，写文章本不容易，要在已经相当浓缩精炼的稿子上进一步大幅度删改，还要保持文章的广度、高度和深度，就更不容易了。好在同事们都非常认真努力按照要求按时完成了修改任务，使省厅为省委城市工作会议定制主编的《江苏建设》之"城市交通"专辑于2016年5月正式出版发行。而本书则是根据省厅领导建议，并得到科学出版社鼎力支持，得以另行编辑出版。在此，特向对本书做出关键性指导与审阅斧正的江苏省住房和城乡建设厅周岚厅长、张鑑副厅长表示衷心感谢！向为本书编辑、修改、校对付出辛勤劳动、提供宝贵意见的科学出版社编辑部同志们表示衷心感谢！也向负责本书通稿、校对、图文规范化处理的我院技术创新部的於昊、孙晓莉、施艳秋、匡琳等同志表示衷心感谢！

杨　涛

2020年4月6日